〈제5판〉

실기교육방법론

이무근 · 김재식 · 김판욱

교육과학사

급속한 과학기술의 발달로 4차 산업혁명의 도래, 인구 변화, 세계화, 자원·에너지부족과 기후·환경 변화, 그리고 노동시장 변화를 비롯한 사회·문화 변화 등은 미래 사회에 절대적으로 영향을 미치고 있다.

이들 미래 변화 요인들은 교육에도 큰 영향을 미치면서 획기적인 교육개혁을 요구하고 있다. 특히 미래를 이끌어 갈 젊은이들에게는 지금보다 차원 높은 창의성과 문제해결력을 비롯한 고등정신기능적 역량 개발을 기대하고 있다. 이들 역량을 개발하기 위해서는 실기교육을 비롯한 전 교과교육에서의 교수·학습 방법도 개혁이 이루어져야 한다. 그래서 이미 다각적인 교수·학습 방법이 소개되고 활용되면서 큰 변화가 이루어지고 있다.

21세기 디지털시대를 맞아 전통적인 교수·학습방법을 비롯하여 많은 디지털 매체가 새롭게 개발되어 활용되고 있다. 새로운 디지털 매체인 전자칠판, 컴퓨터, 3D 프린팅, 증강현실과 가상현실기기, 온라인을 기반으로 하는 교수·학습 방법인 스마트러닝 방법들인 원격교육, 이러닝, 모바일러닝의 활용, 그리고 교수·학습 상황에서 학습내용과 학습자, 교수, 전문가 그리고 학부모들을 연결해주는 매체로 소셜 미디어의 활용 등이 그 예다.

이상과 같은 새로운 교수·학습 방법과 수업 매체를 소개하여 수업의 효과를 높이기 위하여 이번에 다섯 번째 개정판을 발간하게 되었다.

각 장별로 개정 내용의 핵심을 요약해서 제시한다면 다음과 같다.

제1장 '실기교육의 의의', 단원 1. '실기교육의 개관'에서는 산업교육진흥 및 산학연협력촉진에 관한 법률의 개정에 따라, 산업교육기관의 정의에 관한 내용을 보완하였다.

제6장 '실습과제의 선정과 조직'과 제7장 '실습장의 조직과 관리'에서는 전문용어를 적재적소에 정확하게 서술하려고 노력하였다. 아울러 문장도 좀 더 상세하면서도 쉽게 서술하려고 하였다.

제8장 '교수·학습 방법'에서는 단원 4. '탐구중심의 수업'에서 블렌디드 러닝과 플립러닝을 추가하였다.

제9장 '수업 매체의 선정'에서는 단원 5. '상호작용 매체' 현재 내용을 모두 삭제하고 새롭게 디지털매체, 스마트 러닝, 소셜 미디어를 소단원으로 설정하여 서술하였다.

제11장 '현장실습의 지도'에서는 현장실습에 관련된 법령의 개정사항을 관련된 단원의 내용에 반영하였다. 특히, 직업교육훈련촉진법 시행령에 따른 "현장실습 이수기관의 범위"에 관한 내용을 전면적으로 교체하였으며, 2015 교육과정에 포함되어 있는 특성화고등학교에서의 현장실습의 편성과 운영에 관한 내용과 함께 "특성화고등학교 현장실습 매뉴얼"(교육부, 2013) 및 "학습중심 현장실습의 안정적 정착방안"(교육부, 2018)을 소개하였다. 동 매뉴얼에 나타난 현장실습의 의의와 목적을 관련 단원의 내용으로 추가하고, 현장실습 평가표와 현장실습 추진 절차 등에 관한 내용도 수정하였다. 이어서, 기존의 노동부 고시에서 교육부 고시로 소관부처가 변경된 "현장실습 표준협약서" 내용도 최신 자료로 교체하고, 기타의 현장실습 관련 실무 서식은 삭제하였다. 끝으로, 학교기업과 관련한 내용 중에서 지엽적인 내용은 삭제하고, 학교기업에서의 현장실습에 관한 내용을 전면 수정하였다.

제13장 '자격의 개념과 기능'에서는 단원 4. '자격제도의 현황'의 내용을 최근의 것으로 전면 개편하여 수정 보완하였다.

이 책은 세 명의 교수가 집필하였다. 김재식 교수는 제1장 실기교육의 의의, 제2장 학습이론의 이해, 제3장 기능의 학습과 교수, 그리고 제11장 현장실습의 지도 단원 등을 집필하였다. 김판욱 교수는 제6장 실습과제의 선전과 조직, 제7장 실습장의 조직과 관리, 제10장 실험·실습의 지도, 그리고 제12장 실기평가 단원(이무근 교수와 공동) 등을 집필하였다. 이무근 교수는 제4장 실기 수업과정의 모형, 제5장 수업계획과 수업목표, 제8장 교수·학습 방법, 제9장 수업 매체의 선정, 그리고 제13장 자격의 개념과 기능 단원 등을 집필하였다.

이번에 다섯 번째로 개정된 실기교육방법론이 교육현장에서 실기교육을 교수·학습함에 있어 더 큰 도움이 되기를 기대한다.

끝으로 계속해서 더 좋은 실기교육방법론을 출판할 수 있도록 노력해주시는 교육과학사 사장님을 비롯한 관계자분들의 배려와 노고에 감사의 말씀을 드린다.

2020년 1월

저자 일동

최근 학술대회에 참여하다보면 지식이 2년 주기로 2배씩 늘어나고 있다고 발표하는 사례들을 접할 수 있다. 교수−학습 방법의 변화도 예외가 아니어서 끊임없이 변화하고 있다. 따라서 실기교육방법론의 개정 주기도 계속 단축되고 있으며 3판 개정 후 4년이 지나니 개정의 필요성을 느껴 4판의 개정판을 내게 되었다.

제4판 개정의 핵심 내용은 전체적으로는 내용이 다소 오래되었다고 판단되는 것에 대해서는 새로운 이론과 정보로 대체하였고, 3판 출간 후 개정된 관련법이나 규정 등을 최신 것으로 대체하였으며 내용을 좀 더 쉽게 이해할 수 있도록 문장 표현을 바꾸었다.

각 장별로 개정 내용의 핵심을 요약해서 제시한다면 다음과 같다.

제3장 '기능의 학습과 교수'에서 '2. 기능의 학습단계' 내용을 보완하였다.

제4장 단원명을 '수업과 수업과정의 모형'에서 '제4장 실기 수업과정의 모형'으로 바꾸고, 3개의 소단원이었던 것을 1.학습과 수업, 2.일반 수업과정의 모형, 3.4단계 실기지도 모형, 4.실기수업 모형 실례 등 4개로 나누었다.

제9장 '수업 매체의 선정에서는 대부분의 도표를 삭제하였다.

제11장 '현장실습의 지도'에서는 '2.현장 실습의 계획과 운영'에 필요한 각종 양식과 표 및 지침서를 작성하여 제시하였고 '3. 학교 기업을 통한 현장실습'에서는 '가. 학교기업제도의 의의'와 '나. 학교기업의 개념'을 통합하여 '가. 학교기업제도의 개념과 의의'로 하였고 '마. 학교기업 운영 규정'을 신설하였으며 '바. 학교기업운영사례' 단원을 삭제하였다. 그리고 '4. 현장실습과 직장 예절' 단원을 신설 추가하였다.

제13장 '자격의 개념과 기능'에서는 '3. 자격의 유형'과 '4. 자격제도의 현황' 단원을 거의 대부분 새로운 내용으로 대체하였다.

4판 개정판을 내는데 개정 원고를 검토해주신 서희전 교수님과 원고 정리에 도움을 준 조민혜・류재열 선생께 감사를 드린다. 또한 항상 직업기술교육에 관심을 가지고 전문서적을 출간해주시는 김동규 사장님을 비롯한 관계자님들께 감사를 드린다.

2011년 12월

저자 일동

제3판을 내면서

지식기반사회를 맞아 지식과 기술이 너무나 빠른 속도로 변화고 있다. 교육학 분야도 예외가 아니어서 교수-학습 방법에 많은 변화가 이루어지고 있다. 그래서 실기교육방법의 입장에서 새로운 교수-학습 방법을 소개하고 각 영역별로 최근에 변화된 내용을 보완하고자 세 번째 개정판을 내게 되었다.

제3판의 주된 개정 내용은 다음과 같다.

첫째, 제3장 '단원 1. 운동기능과 손재주'를 '근골격 체계와 운동기능'으로 바꾸고 '가. 근골격 체계'를 추가하였다.

둘째, 제6장 실습과제의 선정과 조직에서 기존의 '단원 1. 실습과제의 선정'을 삭제하고 '단원1. 직무분석', '단원 2. 교육·훈련 방법과 실습과제 선정'을 새롭게 추가하였다.

셋째, 제8장 교수·학습 방법에서 '단원 4. 탐구 중심 수업'의 '가. 컴퓨터 보조 수업'을 '가. e-Learning'으로 대체하여 내용을 새로운 것으로 전개하였다.

넷째, 제9장 수업매체 선정에서 '단원 5. 상호작용 매체', '가. 컴퓨터', '나. 멀티미디어', '다. 인터넷'의 내용을 보완하였다.

다섯째, 제11장 현장실습지도의 '단원 2. 학교기업을 통한 현장실습'의 내용을 대폭 개정하고 확대하였다.

여섯째, 제12장에서 '단원 4. 학습안내서와 수행 평가'를 추가하였다.

일곱째, 제13장 자격의 개념과 기능에서 '단원 3. 자격의 내용'을 새로운 내용으로 거의 수정하였다. 또한 '단원 4. 국가기술 자격제도'를 삭제하고 '단원 4. 자격제도의 현황'으로 새롭게 대체하였다.

여덟째, 교육관련 법, 예를 들면 2003.5.27 법률 6878호로 개정된 산업교육 진흥 및 산학협력 촉진에 관한 법률에 의거하여 '실업교사'를 '산업교원'으로, '실업교육'을 '산업교육'이란 용어로 개칭 사용하였다.

끝으로 실기교육과 관련된 최신 문헌을 참고하여 기존의 내용을 수정 보완하였다. 따라서 요약, 토의 주제, 참고 문헌도 대부분 수정 보완되었다.

수정 보완된 제3판의 실기교육방법론이 현장의 실기교육을 위한 교수-학습에 더 큰 도움이 되기를 기대한다.

아울러 항상 교육관련 책을 출판하기 위해 헌신하고 계시는 교육과학사 김동규 사장님을 위시해서 관계자님의 협조와 노고에 감사를 드린다.

2005년 11월
저자 일동

초판을 발행한 지가 15년이 지나 그 동안 실기교육방법에 관한 이론과 실제에 새로운 것들이 많이 제시되었다. 반면에 이미 낡은 이론과 방법도 있어 이들을 다시 정리하여 개정판을 펴낼 필요성이 있었다.

이번 개정판은 초판에 비해 다음과 같은 특성이 있다.

첫째, 체제면에서 매장마다 요약, 토의주제 외에 학습목표를 제시하는 것을 추가하였다.

둘째, 초판에서는 제1부 실기교육의 기초 부분이 실기교육의 이론적 기초와 수업과정의 모형 등 2개의 장으로 구성되어 있었는데, 개정판에서는 실기교육의 의의, 학습이론의 이해, 기능의 학습과 교수, 수업과 수업모형 등 4개의 장으로 늘려 실기교육의 기초를 이해하는 데 강조점을 두었다.

셋째, 초판에서는 안전교육이 제3부 실기교육의 전개부문에 독립된 하나의 장으로 구성되었는데 개정판에서는 제2부의 실기교육의 계획 부문 중 실습장 조직과 관리의 장에 하나의 단원으로 통합시켰다.

넷째, 제3부 실기교육의 전개에서 교육·학습 방법, 수업매체 선정, 현장 실습지도의 각 장별 내용을 현실에 맞게 대폭 개정하였다.

다섯째, 제4부 실기교육의 평가 부문에서 자격의 개념과 검정의 장 내용을 완전히 새로운 내용으로 대체하였다.

여섯째, 각 장마다 현실에 맞지 않는 내용은 과감하게 삭제하고 새로운 것으로 대체하도록 노력하였다.

일곱째, 내용의 진술에 있어 개정판은 초판에 비해 가급적 이해가 쉽도록 진술하였다.

위와 같은 개정판이 발간될 수 있도록 원고정리를 하여준 박동열 연구원과 이희섭 양의 노고에 감사드리며, 표지 디자인을 해준 정향진 연구원과 출판을 해주신 교육과학사 김동규 사장님을 위시해서 관계 기관의 협조와 노고에 감사를 드린다.

1999. 11.

집필자 일동

교육이 이루어지는 과정을 보면 먼저 교육 목표를 설정하고, 그 다음에 목표 달성을 위한 학습 경험을 선정, 조직하며, 이어서 그것을 실제로 체험할 수 있게 하는 교수-학습 활동, 즉 수업의 전개가 이루어지고, 마지막으로 학습 결과에 대한 평가를 하게 된다.

위의 과정 중에서 효과적인 교수-학습 활동의 단계는 대단히 중요하다. 왜냐하면 아무리 교육 목표가 잘 설정되고 교육 내용이 합리적으로 선정되고 조직되었다 하더라도 교사가 교육 내용을 잘 전달하지 못하고, 또 학습자들이 효과적으로 학습할 수 있도록 지도, 조언하지 못한다면 학습자는 제대로 학습하기가 어렵기 때문이다.

그런데 수업을 어떻게 전개하는 것이 바람직한가를 한마디로 표현하기는 어렵다. 왜냐하면 교수-학습 방법은 그 수업을 통해서 학생들에게 기대하는 의도된 행동의 변화가 무엇이냐에 따라 다르기 때문이다. 의도된 행동의 변화가 지적이냐 정의적이냐 아니면 기능적이냐에 따라 달라진다. 즉, 기술이나 기능을 습득하려면 실험과 실습을 통한 수업이 효과적이고 태도나 가치관의 변화를 위해서는 토의나 문제 해결법이 바람직하다.

뿐만 아니라 교수-학습 방법은 교과 영역에 따라 강조되고 권장되는 것들이 있다. 예를 들면 농업, 공업, 상업, 수산, 해양, 가정, 가사, 보건, 간호 등 기술과 기능의 함양이 중요시되는 교과에서는 문제 해결법, 프로젝트법, 교내외를 통한 실험·실습 등이 강조되고 있다.

그래서 교육학에서는 교과 교육론이 강조되고 있고 교직 과목 중에서 각과 교수법이 필수 교과로 개설되고 있다. 그런데 고등학교나 전문대학, 또는 대학 그리고 사회 교육 기관에서 농업, 공업, 상업, 가정, 가사, 보건, 간호 등의 교과에서 실기 지도를 하려고 할 경우에 실기 지도법에 관해 도움을 줄 만한 교재가 많지 않다. 그래서 이 책은 위의 교과 영역에서 실기 지도를 담당하는 교원들이 실기 지도에 관한 기초 이론을 이해하고 교육 현장에서 실기 지도를 효과적으로 할 수 있는 능력을 함양토록 하기 위하여 집필되었다.

이 책은 4부 12장으로 구성되어 있다. 제1부에서는 실기 교육의 이론과 수업 과정의 모형에 관하여 다루었다. 제2부에서는 수업 계획과 목표, 실습 과제의 선정과 조직,

실습장 조직 관리에 관하여 다루었다. 제3부에서는 교수－학습 방법, 수업 매체, 학교에서의 실험 실습 지도, 산업 현장에서의 현장 실습 지도 그리고 안전 교육에 관하여 다루었다. 제4부에서는 실기 지도의 평가와 자격 검정 제도에 관하여 다루었다.

실기가 중요시되고 있는 교과 영역의 범위가 너무 광범위하고, 또 실기 지도에 관한 이론과 실제를 종합적이고 체계적으로 집필한다고 하는 것이 한 사람의 힘으로 한계가 있으므로 이번에 직업·기술 교육을 전공한 이무근, 공업 교육을 전공한 김판욱 그리고 상업 교육을 전공한 김재식 교수가 처음 펴내었던 실기 교육 방법론을 대폭 개정하여 농업, 공업, 상업, 수·해양, 가정, 가사, 보건, 간호 등과 같은 영역의 실기 교사가 되기 위해서 필수적으로 이수하게 되어 있는 실기 교육 방법론의 교재로 사용하는 데 적합하도록 집필되었다.

이 책을 펴내는 과정에 원고를 처음부터 끝까지 읽고 많은 조언을 해 준 정철영 박사와 신주현 여사에게 감사의 말을 전하며 또한 직업·기술 분야 책을 계속 출판해 주시는 권태덕 사장님과 관계 직원에게도 감사의 말씀을 드린다. 집필자 일동은 이 책이 실기 지도를 하는 데 많은 도움이 되기를 기대하면서 또한 미진한 점에 대해서는 계속 연구하여 보완할 것을 약속드리면서 머리말에 가름한다.

1991년 2월

저자 일동

제2부 실기교육의 계획

제3부 실기교육의 전개

제4부 실기평가

제1부

실기교육의 기초

제1장 실기교육의 의의

제2장 학습이론의 이해

제3장 기능의 학습과 교수

제4장 실기 수업과정의 모형

제1장

실기교육의 의의

〈학습목표〉

1. 실기교육의 개념을 정의할 수 있다.
2. 산업교원에게 요구되는 역할과 자질을 설명할 수 있다.
3. 학습에서 준비성의 개념을 이해할 수 있다.
4. 학습에 있어서 개인차의 중요성을 이해할 수 있다.
5. 학습 동기유발의 개념과 방법을 이해할 수 있다.
6. 학습자의 기대수준과 학습효과의 관계를 설명할 수 있다.

1 실기교육의 개관

가. 실기교육의 필요성

우리는 일상생활에서 「이론과 실제」라는 말을 자주 사용한다. 특히 책의 제목에 이런 유의 말이 사용되는 경우도 있다. 교육의 대상이 되는 내용을 구분할 때도 이와 비슷하게 「이론과 실기」라는 개념이 자주 사용된다. 이론과 실기가 확실하게 구분되는 경우도 있지만, 두 개념은 상호 연관되어 있어서 어디까지를 이론적인 내용이라고 하고, 어디서부터를 실제적인 내용이라고 구분하기 어려운 경우도 있다. 그러나 교육방법적인 측면에서 이들은 차이가 있다.

교과에 대한 구분은 그 기준에 따라 여러 가지가 있을 수 있다. 이론성과 실제성이라고 하는 기준에 따르면 이론교과와 실기교과로 구분할 수도 있다. 실기와의 관련성이 높은 교과 영역으로는 직업·기술 교육 분야와 예체능 분야에 속한 교과목들이 있다. 직업·기술 교육 분야에 속한 교과라 할지라도 주로 인지적 영역에 속한 직무 능력을 키워주기 위한 이론 교과는 일반 교육학에서 이용되고 있는 교수 방법의 원리를 적용해도 별로 무리가 없다. 그러나 교과의 성격상 실제성이 강한 실기 교과에 있어서는 다르다. 왜냐하면 기능적 영역에 속하는 능력을 키워주기 위한 실기 교과는 교수 방법, 매체, 학습 상황 등에서 이론 교과와는 매우 상이하기 때문이다. 따라서 직업·기술 교육 분야에 있어서 실기교육이 효율적으로 이루어지기 위해서는 실기교육에 적합한 교수·학습방법의 개발이 중요하다.

현대 산업 사회에서는 교육과 훈련의 수료증서가 취직과 승진을 크게 좌우한다. 그러나 이것이 인정되는 것은 학교의 졸업 증서가 돈에 대해서가 아니라 능력과 근면에 대해 주어지는 경우에 한한다. 즉 교육은 학생에게 도움이 되는 기술을 가르치는 동시에 덕을 쌓게 하는 것이어야 한다.

따라서 학생이 무엇을 아느냐에 중점을 두기보다는 무엇을 행할 수 있는가에 관심을 두어야 하는 실기교육은, 대부분의 사람들이 조직 속에서 살아가고 있다는 사실에 비추어 볼 때, 개인의 직업적 성취를 위해 매우 중요하다. 조직 속에서의 능력이라고 하는 것은 조직에 기여하는 범위 내에서만 인정된다. 조직의 계층상 대다수를 점하고 있는 생산, 유통, 사무 분야 등의 근로자들은 기능적 영역의 능력을 많이 필요로 한다. 따라서 현대의 직업·기술 교육 기관은 학생들에게 직업적 성취를 통해 자아실현을 이루는 데 필요한 기초적인 능력을 키워주기 위한 방편으로서 실기교육에 보다 많은 관심을 두어야 할 것이다.

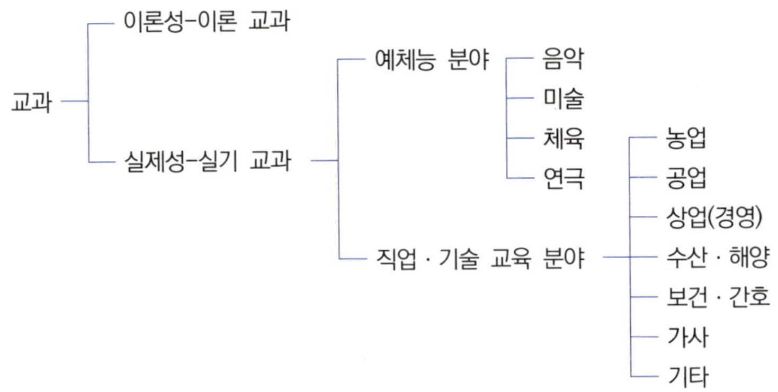

[그림 1-1] 실기교육의 구분

나. 실기교육의 정의

실기의 사전적 의미는 「실제의 기능이나 기술」이다. 그러면 기능이나 기술은 어떤 의미를 가지고 있는가? 기술에 대해 사전에서는 (1) 어떤 일을 정확하고 능률적으로 해내는 솜씨, (2) 과학 지식을 생산, 가공에 응용하는 방법이나 수단 등으로 정의하고 있다.

기술이란 용어와 관련된 영어단어는 여러 가지가 있는데 technic(s), technique, 그리고 technology가 그 예이다. 이 세 단어는 각기 서로 다른 의미를 지니기도 한다. Technic(s)이란 특정한 기술적 행동 또는 행위와 관련된 특수한 기능들(specific technical skill), 즉 우리가 흔히 말하는 기능을 말한다. Technique는 주어진 분야의 기술적 노력에 사용되는 전문화된 지식과 절차의 덩어리(a body of specialized knowledge and procedure)를 의미한다. Technology란 학문의 한 분야를 의미하기도 하고, 도구 및 도구의 사용과 그 사회적 효과를 의미하기도 하며, 또한 인간이 발명 창조하는 물질적 요소들을 의미하기도 한다.

이상의 세 용어를 비교해 보면 technique는 특수한 분야에 쓰이는 전문적인 방법이나 방식 또는 기법을 의미하는 가장 좁은 뜻을 지니고 있다. Techincs는 technique가 가지고 있는 뜻에다가 특수한 기능들을 포함하고 있다. Technology는 앞의 두 용어의 뜻을 모두 포함하면서 인간 생활에서 발생하는 기술적 문제해결을 위한 모든 방법들의 총체라고 할 수 있다. 위와 같은 뜻을 지닌 기술이 갖는 특성은 다음과 같다.

첫째, 기술은 도구와 기계를 사용하여 물품을 생산하는 지식, 절차, 방법들을 의미한다.

둘째, 기술은 인간의 필요에 부응하여 주어진 환경을 변경하거나 극복하는 인간의 정신적·신체적 활동이다.

셋째, 기술과 인류 문명의 발전과는 직접적이고 정적인 상관 관계가 있다.

이상과 같은 특성을 종합해 볼 때 기술이란 인간의 환경에 적응하거나 환경을 개선하기 위한 정신적·신체적 활동이며, 사회적·경제적·역사적 상황과 상호작용하는 인간의 생산적 실천에 관한 지식의 총체라고 할 수 있다.

기능에 대한 정의도 다양하고 복잡하기 때문에 한마디로 표현하기는 어렵다. 기능의 구체적인 내용에 대해서는 뒤로 미루고 여기에서는 기능에 대한 정의만을 간단히 하고자 한다. 기능이란 학습한 개념이나 원리를 효과적으로 자유롭게 활용하는 능력, 또는 신체적 활동이나 학습 과제의 수행에서 보이는 정교성과 협응성, 즉 어떤 일을 유능하게 행하는 학습된 능력을 의미한다. 따라서 실기는 광의로 해석하면 실제의 기술로 정의할 수 있고, 협의로 해석하면 기능이라고 정의할 수 있다.

실기교육은 실습을 통하여 이루어지는데, 실습이란 기능을 일정 수준까지 숙달하도록 하고 일에 대한 올바른 태도와 습관을 갖도록 하기 위하여 계속적이고 반복적으로 실행하는 육체적, 정신적 학습활동을 의미한다. 따라서 실기교육이란 학생들에게 실기를 습득시키고 그에 따른 건전한 태도와 습관을 기르는 것을 목적으로 실험 실습을 중심으로 이루어지는 교육이라고 정의할 수 있다.

실기교육의 대상에는 특성화 고등학교와 마이스터 고등학교, 전문대학, 대학, 고등기술학교, 직업전문학교, 폴리텍대학, 사내 기술대학, 기술계 사회 교육기관의 학생은 물론 산업교원을 양성하는 대학에 속한 학생들도 포함된다.

실기교육
- 대상 – 직업 · 기술교육 기관의 학생
- 내용 – 각 직업 · 기술 영역에서 필요로 하는 능력 중 사용 빈도와 교육적 가치가 높은 것
- 기관 – 특성화고 고등학교, 전문대학, 대학, 고등기술학교, 직업전문학교, 폴리텍대학, 사내기술 대학 등을 포함한 사회교육기관, 산업교원 양성 기관
- 목적 – 실제적 능력의 습득과 그에 따른 건전한 태도 · 습관의 함양

[그림 1-2] 실기교육의 정의

실기교육의 내용은 농업, 공업, 상업(경영)을 비롯해서 수 · 해양, 보건 · 간호, 가사, 예체능 등 각 직업 영역에서 필요로 하는 능력 중에서 사용 빈도와 교육적 가치가 높은 것을 선정한다. 구체적으로 농업 분야의 경우 작물의 재배, 가축의 사육, 농기계의 취급, 농산물의 가공 등에 관련된 각종 기능을 실기교육을 통해 습득하게 된다. 공업의 경우는 각종 기계 기구의 생산 및 취급 기술, 제도나 시공 기술 등을, 상업(경영)의 경우는 키보딩, 사무처리, 회계, 컴퓨터 등에 관련된 기능을, 그리고 가사의 경우는 양재나 조리 등에 관한 기능을, 보건 · 간호 등에서는 환자를 대면하고 간호하는 기법 등을, 예체능 분야에서는 음악의 연주, 그림 그리

기, 운동의 숙련 등을 실기교육을 통해 습득한다.

넓은 의미에서 실기교육은 초등학교에서부터 대학에 이르기까지 거의 모든 단계에서 이루어지고 있다. 예를 들어 초등학교 저학년부터 미술 · 음악 · 체육 등의 실기를 배우게 되며, 고학년에서는 실과과목을 통해 여러 가지 간단한 기능을 습득한다. 그러나 직업 · 기술 교육적 차원에서의 실기교육은 주로 특성화고등학교나 전문대학, 직업전문학교, 폴리텍대학에서 이루어지고 있다. 주로 특성화고등학교를 대상으로 하는 "전문 교과에는 국가직무능력표준에 따라 경영 · 금융, 보건 · 복지, 디자인 · 문화콘텐츠, 미용 · 관광 · 레저, 음식 조리, 건설, 기계, 재료, 화학 공업, 섬유 · 의류, 전기 · 전자, 정보 · 통신, 식품 가공, 인쇄 · 출판 · 공예, 환경 · 안전, 농림 · 수산해양, 선박 운항 등에 관한 과목이 포함되어 있다(2015 교육과정)".

실기 담당교사 양성은 4년제 대학 산업 교육 계열의 학과와 전문대학의 일부 학과를 통해서 이루어지고 있다. 4년제 대학의 경우 농업 · 공업 · 상업(경영) · 수 · 해양 분야의 사범계 학과와 이들 산업 분야의 학과 중에서 교직 과정을 설치한 일부 학과에서 실기와 관련된 분야의 중등 2급 정교사 자격증이 수여되고 있다. 한편 전문대학의 지정된 일부 학과에서 중등학교 실기교사 자격증이 수여되고 있다.

다. 실기교육방법론의 구성

이 책의 중심 내용은 실기를 가르치는 데 적용할 「교육방법」에 관한 것이다. 교육방법이란 「교육을 하는 방법」이다. 방법이란 「어떤 목적을 달성하기 위하여 취하는 수단」이라고 할 수 있다. 따라서 방법이라는 말 속에는 우선, 목적이 전제되고 있다. 이러한 목적은 아직도 도달하지 못한 「현재의 상태」를 전제로 한다. 예를 들어, 컴퓨터를 효율적으로 사용할 수 있기 위해서는 먼저 키보딩 방법을 알아야 한다. 키보딩은 「ㅁ, ㄴ, ㅇ, ㄹ, ㅓ, ㅏ, ㅣ, ;」라고 하는 8개의 기본 글쇠를 중심으로 하는 운지법에 따라 훈련한 후에 습득될 수 있는 능력이다. 다음으로 방법이라는 말 속에는 목적에 도달하기 위한 이론적 지식과 이를 실현시킬 수 있는 실행능력을 포함하고 있다. 워드프로세싱을 할 수 있다고 하는 것은 워드프로세싱에 필요한 절차를 말이나 글로 설명할 수 있는 이론적 지식과 이 지식을 바탕으로 문서를 작성할 수 있는 실행능력을 포함하고 있다. 다음의 [그림 1-3]은 방법이 전제로 하고 있는 현재의 상태와 목적, 그리고 방법이 내포하고 있는 이론적 지식과 실행능력 간의 관계를 보여주고 있다.

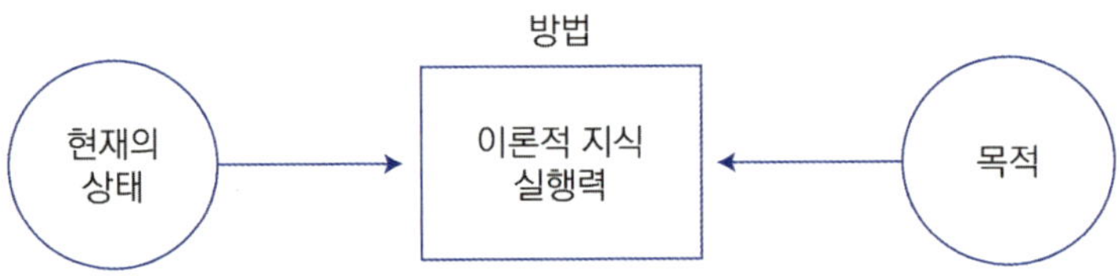

[그림 1-3] 방법의 특성

자료: 변영계, 김영환(1996). 교육방법 및 교육공학. 학지사.

실기교육을 투입-과정-산출이라고 하는 하나의 동태적 시스템으로 보았을 때, 각 부문에 포함될 요소는 [그림 1-4]와 같다. 따라서 이 책의 제1부는 이러한 시스템의 기초가 되는 전제에 대한 설명이고, 제2부는 투입 부분에 해당되는 교육과정과 자원에 관련된 내용을 다루고 있다. 제3부는 과정 부문에 해당하는 것으로서 이 책의 핵심을 이루고 있다. 제4부는 산출 부문으로서 실기교육의 평가에 대해 다루고 있다.

투 입	과 정	산 출
• 자원 －예산 －시설 －장비 －자재 • 지역 사회의 요구 • 교육과정 • 인적 자원의 특성 －학생, 교사, 행정가	학교 ─ 이론 실험 실습 • 학생: 학습 현장 ─ 실습 매체 • 교사: 교수	• 학생의 성취도 －기능 습득 －자격 검정 • 학생의 태도, 습관 －직업인으로서 －시민으로서 －가족으로서

[그림 1-4] 실기교육의 동태적 시스템

2 산업교원의 역할과 자질

가. 산업교원의 역할

'산업교육진흥 및 산학연협력촉진에 관한 법률'에 의하면 산업교육이란 산업교육기관이 학생에게 산업에 종사하거나 창업하는 데 필요한 지식과 기술 등을 습득시키고 기업가정신을 함양시키기 위하여 하는 교육을 말한다. 여기서 말하는 산업교육기관에는 (1) 산업수요에 연계된 교육 또는 특정 분야 인재양성을 목적으로 하는 학교로서 대통령령[1]으로 정하는 고등학교·고등기술학교, (2) 직업 또

1) 여기에는 다음과 같은 수준의 고등학교가 포함된다.
  1. 「초·중등교육법 시행령」 제90조제1항제10호에 따른 산업계의 수요에 직접 연계된 맞춤형 교육과정을 운영하는 고등학교에 해당하는 특수목적고등학교
  2. 「초·중등교육법 시행령」 제91조에 따른 특성화고등학교(자연현장실습 등 체험위주의 교육을 전문적으로 실시하는 고등학교는 제외한다)
  3. 산업수요 맞춤형 학과 또는 전문계 과정(課程)을 설치한 일반고등학교

는 진로와 직업교육 과정을 운영하는 특수학교, (3) 대학(고등교육법 제2조 각 호에 따른 학교, 그 밖에 다른 법률에 따라 설립된 고등교육기관 중 대통령령[2]으로 정하는 기관) 등이 포함된다.

또한 동법에 의하면 '산업교원이란 산업교육기관에서 산업교육을 실시하는 초·중등교육법 제19조 및 고등교육법 제14조의 규정에 의한 교원을 말한다'라고 정의하고 있다. 따라서 앞으로는 실업교육과 실업교사라는 용어보다는 산업교육과 산업교원이란 용어를 사용함이 더 바람직하다고 생각된다.

산업교육을 실시하고 있는 학교에서 전문교과를 가르치고 있는 교사는 보통교과를 가르치고 있는 교사와 동일한 직무를 수행하는 것도 있지만, 특수한 직무를 수행하여야 하는 경우도 있다. 특수한 직무를 수행하는 경우에도 직무 내용(task)을 분석해보면, 전문교과를 담당하고 있는 교사들 간에도 역할 면에서 상당한 차이가 있을 수 있다(이무근, 1991).

예를 들면, 특성화 고등학교의 경우 전공 교과는 전체 수업시간의 상당 비율 이상을 실험·실습하게 되어 있다. 따라서 전문 교과 담당 교사는 보통 교과 담당 교사에 비해 실험·실습 지도에 많은 시간을 할애하게 된다. 또한 보통 교과의 경우 교과목의 학업 성적이 우수하면 교육목표가 어느 정도 달성되었다고 할 수 있을 것이다. 그러나 특성화 고등학교에서는 학생들의 전공 교과의 학업 성적뿐만 아니라 학생들이 전공과 관련 분야에 취업하였을 때 그들이 맡은 직무를 잘

---

4. 「초·중등교육법」 제54조에 따른 고등기술학교

2) 여기에는 다음과 같은 고등교육기관이 포함된다.

1. 「근로자직업능력 개발법」 제2조제5호에 따른 기능대학
2. ~10호: (생략) 「국방대학교 설치법」에 따른 국방대학교
3. 「사관학교 설치법」에 따른 사관학교
4. 「국군간호사관학교 설치법」에 따른 국군간호사관학교
5. 「육군3사관학교 설치법」에 따른 육군3사관학교
6. 「경찰대학 설치법」에 따른 경찰대학
7. 「한국과학기술원법」에 따른 한국과학기술원
8. 「광주과학기술원법」에 따른 광주과학기술원
9. 「대구경북과학기술원법」에 따른 대구경북과학기술원
10. 「울산과학기술원법」에 따른 울산과학기술원

수행할 수 있도록 교과 지도를 하는 것도 중요하다. 때문에 산업교원은 전공 관련 산업 현장의 직무 능력을 잘 고려할 수 있도록 수업을 계획하고 전개・평가하는 데 많은 정력을 쏟게 된다. 그리고 산업교원은 보통 교과를 가르치는 교사에 비해 현장 실습 지도도 하여야 하고, 특히 졸업생들의 진로지도를 취업과 관련하여 병행하여야 한다. 산업교원이 지역 사회와의 긴밀한 유대는 물론 산업 사회의 변화, 직업 구조의 변화를 조사분석하고, 그리고 산학 협동을 활성화하기 위하여 담당하여야 할 역할을 제시하면 다음과 같다.

① 담당 교과에 대한 수업 계획 수립
② 교재의 연구 및 준비
③ 실내 수업전개
④ 실험 실습지도
⑤ 실험 실습장 조직 관리
⑥ 수업평가
⑦ 현장 실습・계획지도, 평가
⑧ 학교와 지역 사회 및 전공 관련 산업체와의 유대 강화
⑨ 생활지도
⑩ 학급경영
⑪ 학교 행사 참여 및 공문 처리
⑫ 진로지도
⑬ 산업교원으로서의 전문성 제고를 위한 현장 연구 및 현직 연수 참여

나. 산업교원의 자질

지식・정보화 시대를 맞아 기술 문명은 빠른 속도로 변하고 있어 그것을 일일이 뒤따라갈 수 없다. 그래서 지식・정보화 사회에서는 머리에 얼마나 많은 지식을 가지고 있느냐보다는 얼마나 유연하게 새로운 기술 문명에 적응할 수 있느냐

가 더 중요하다(김재식, 1991). 학생들이 힘들여 어떤 새로운 기술을 배우고 나면 어느새 더 새로운 기술이 개발되어 앞의 기술은 낡은 것이 되기 때문이다. 새로운 시대는 미래 지향적이고 독창적이며 개성이 강한 인재를 요구한다. 이런 인재를 양성하기 위해서 비즈니스 담당교사를 비롯한 산업교원은 ① 모든 교육받은 사람에게 요구되는 능력과 태도, ② 비즈니스 또는 비즈니스의 한 부문에 대한 능력, ③ 교수의 원리, 방법, 실제에 대한 지식, ④ 일반 문화적 교양 등을 가지고 있어야 한다. 즉 교사가 되기 위한 최소한의 요구 조건은 일정한 수의 학점이 아니라 일정한 수준의 능력이어야 한다(Schrag & Poland, 1987).

산업교원은 일반교사로서의 역할을 수행하는 데 필요한 자질을 구비하여야 함은 물론, 다음과 같은 관점에서 일반교사보다 더 부수적인 일을 하여야 한다(이무근, 2004).

첫째, 산업교원은 학교교육과 산업 사회와의 요구를 가급적 일치시키도록 하기 위한 교육과정을 계획·운영하여야 하고, 학교와 산업 현장과의 유대 강화를 위하여 산학협동교육을 잘 조직·운영할 수 있어야 한다. 이를 위해 직업교육은 지역 사회 조사, 특히 관련 분야의 산업체나 유관기관에 관한 조사와 이들과의 긴밀한 유대를 가질 수 있어야 한다.

둘째, 산업교원은 전공분야에 관한 지식뿐만 아니라 특히 기능적인 면에 능력이 있어야 하고, 지식과 기능을 잘 수업할 수 있는 능력이 있어야 한다. 다시 말하면, 일반교과에서는 일반적으로 인지적인 면과 정의적인 면이 강조되는 경우가 많은데, 산업교육에서는 인지적인 면과 정의적인 면 이외에 기능적인 영역이 매우 강조되는 경우가 많다. 따라서 산업교원은 이에 대한 능력을 지니고 있어야 할 뿐만 아니라, 그 능력을 학생들에게 잘 교수할 수 있는 실기교육방법에 관한 능력이 있어야 한다.

셋째, 산업교원은 자기가 담당하고 있는 교과가 현장의 직무와 어떤 관계가 있느냐를 알고 교육에 반영하기 위하여 직무분석에 의한 수업 전개를 할 수 있어야 한다. 또 이러한 능력을 함양하기 위하여 산업교원은 전공분야와 관련 있는 산업 현장이나 교육기관에서 직전교육이나 현장교육을 통해 실제적인 경험을 갖는 것이 바람직하다.

넷째, 진로지도를 잘 하여야 한다. 산업교원의 경우 진로지도는 직업지도, 그 중에서도 취업지도와 졸업생에 대한 추수지도를 잘 수행하여야 한다. 즉 산업교원은 대부분의 경우 학생들이 적성, 흥미, 능력에 알맞은 직업을 선택・준비・취업할 수 있도록 지도하고, 졸업 후 직업의 세계에 종사하게 되면 추수 지도를 통하여 졸업생들의 산업 현장에서의 직무 능력을 평가하고, 또 지도 조언하며 그 결과를 학교교육에 다시 반영할 수 있도록 하여야 한다.

산업교원으로서의 역할을 제대로 수행하기 위해서 최소한 다음과 같은 능력이 있어야 한다.

① 소속과의 교육 과정을 교과 이론중심보다 직무 능력 함양을 위해 계획하고 운영할 수 있는 능력
② 담당 전공 교과에 관한 충분한 지식과 기술
③ 담당 교과를 잘 가르칠 수 있는 능력
④ 학습 능력이 부족한 학생을 대상으로 수업을 잘 전개할 수 있는 능력
⑤ 수업에 필요한 자료를 준비하고 제작할 수 있는 능력
⑥ 실험・실습을 위한 계획을 수립하고 실습장을 교육목표 달성을 위해 조직하고 운영할 수 있는 능력
⑦ 수업 결과를 학업 성취도와 현장 직무 능력과 관련하여 평가할 수 있는 능력
⑧ 현장 실습을 계획하고 지도하여 평가할 수 있는 능력
⑨ 학교와 지역 사회 간에 유대를 공고히 하고 특히 산학협동을 적극적으로 추진할 수 있는 능력
⑩ 생활 지도를 잘 할 수 있는 능력
⑪ 담당 학급을 잘 경영할 수 있는 능력
⑫ 학교 행사에 적극적으로 참여하고 공무를 신속・정확하게 처리할 수 있는 능력

⑬ 진로지도, 특히 직업지도를 잘 하고 졸업생들의 추수지도를 활성화할 수 있는 능력
⑭ 전문 교과와 관련된 최신의 지식과 기술을 계속 수집・분석하여 담당 교과에 대한 전문성을 제고할 수 있는 능력
⑮ 컴퓨터를 교육에 적극적으로 활용할 수 있는 능력
⑯ 필요에 따라 부전공 교과를 잘 가르칠 수 있는 능력

3 학습자의 조건

산업교육 분야에서 실기교육이 효과적으로 이루어지기 위해서 학습자가 지닌 여러 가지의 특성을 파악하고 이해하는 것이 중요하다. 넓게는 학습자의 신체적, 정신적, 정서적, 사회적 측면이 고려되어야 한다. 그러나 여기에서는 실기교과에 대한 학습에 있어서 기본적인 조건이 되는 학습자의 준비성, 개인차, 동기유발, 기대수준에 한정시켜 논의하기로 한다.

가. 준비성

학습 효과의 문제는 교수・학습의 과정에서 매우 중요하다. 효과를 예상하지 않은 계획이나 활동은 있을 수 없으며, 교사의 노력은 바로 학습 효과에 초점을 두어야 한다. 준비성은 일정한 학습을 효과적으로 수행할 수 있게 하는 데 필요한 준비 상태나 정도를 말한다. 즉 어떤 학습 과제를 능히 또는 적당한 곤란함이나 도전감을 가지고 행할 수 있는 지적, 정서적, 사회적, 신체적, 기타 여러 가지 측면의 특성이 충분히 갖추어져 있다는 것을 의미한다(김용래, 2002).

학습자에게 일정한 과제를 학습시키고자 할 때 전제되어야 할 조건에는 여러 가지가 있지만, 중요한 것은 그 과제를 학습하기에 적합한 발달 수준에 학습자가 도달되어 있느냐 하는 것이다. 발달 수준에 미치지 못한 학습자는 학습에 대한 흥미나 의욕이 상실되기 마련이다. 이러한 준비성을 결정짓는 요인 중 대표적인 것만을 살펴보기로 한다.

1) 성숙

성숙과 발달은 상호 밀접한 관계를 가지고 있다. 인간의 전체적인 발달은 성숙과 학습의 상호 작용의 결과라고 해도 과언이 아니다. 힐가드는 성숙과 학습에 관한 여러 개의 연구 결과를 다음과 같이 종합하고 있다(김용래, 2002).

① 발달 도상에 있을 때 얻은 행동이 가장 잘 학습된다. 외국어도 말하기 시작할 때 가장 잘 배우고, 일단 말을 다 배우고 나면 외국어 발음이 어려워진다.
② 발달 속도는 환경의 영향에도 불구하고 비교적 일정하다. 훈련을 시키는 것이 전혀 영향이 없는 것은 아닐지라도 성숙이 이루어지지 않는다면 그 효과는 적다.
③ 유기체는 성숙할수록 훈련이 덜 필요하다. 따라서 성숙은 어떤 행동을 학습할 수 있는 준비를 마련한다.
④ 성숙 전의 훈련 효과는 전혀 없거나 또는 일시적인 효과뿐이다.
⑤ 성숙 전 훈련이 유아의 좌절을 일으키면 해롭다.

성숙과 학습에 관한 원리를 제시하면 다음과 같다.

① 일반적으로 성숙되어 있지 않은데도 불구하고 미리 훈련시키는 것보다 성숙된 후에 훈련시키는 것이 훨씬 더 효과적이다.
② 훈련 또는 연습은 기능이 동일하다 할지라도 단순한 것과 복잡한 것 사이에 차이가 있다. 따라서 기능에 따라 학습의 강조점은 달라져야 한다.

③ 훈련 기간의 길이와 방법에 따라 효과는 달리 나타난다.

④ 일반적으로 운동 기능 활동보다는 지적 조작을 포함한 복잡한 활동이 훈련의 영향을 쉽게 받는다. 그러므로 지적 방면의 학습은 가능한 한 일찍부터 학습하는 것이 효과적이다.

⑤ 어떤 기능이나 활동에는 훈련의 영향을 쉽게 받는 시기가 있다. 이 시기를 파악하여 적절한 지도와 훈련이 따르게 되면 성공적으로 이끄는 기회가 된다.

2) 생활 연령과 정신 연령

준비성과 관련하여 중요하게 고려되어야 할 특성 중의 하나는 생활 연령(chronological age)이다. 교육 기준은 거의 생활 연령과 밀접한 관계를 가지고 있다. 학습지도에 있어 10세 된 학습자와 12세 된 학습자를 같이 다룰 수는 없다. 10세인 학습자에게는 그에게 알맞은 학습 지도를, 12세인 학습자에게는 그에게 적당한 학습방법이 제시되어야 한다. 따라서 생활 연령에 따라 학습 자료와 질에 차이가 생긴다.

정신 연령(mental age)이란 지적 능력을 생활 연령 척도로 표시한 것이며, 이를 지적 연령이라고도 한다. 예를 들어 각 연령에 따라 그 나이의 학습자가 모두 풀 수 있는 문제를 연령별로 나열해 놓았다. 만약 생활 연령이 8세인 학습자가 6세의 문제밖에 풀지 못하였다면 그의 정신 연령은 6세인 것이다. 이것을 구체적으로 설명하면 각 문제를 연령별로 묶어 놓고 표준 집단의 6세 아동이 풀 수 있는 문제를 6세 문제라고 한다. 이러한 정신 연령의 개념이 도입된 후부터 정신 연령에 따른 학습자의 자료, 질, 단계 등을 연구하고 거기에서 나온 결과에 따라 학습을 지도하려는 추세가 생긴 것은 당연한 일이다. 교사는 학습 지도에서 학습자의 정신 연령의 작용을 인식하여야 하고, 아울러 정신 연령의 의미를 적용하여야 한다.

나. 개인차

학습자에게 제공되는 학습 과제의 양과 질, 학습지도, 기술 및 지도 방법은 반드시 개인차가 고려되어야 한다. 학습 효과를 높이기 위해서는 개인차를 파악하고, 이에 적절한 조치는 물론 미비점을 학습자에 따라 조정하여 적용하여야 한다.

개인차는 심리학에서 두 가지로 구별하고 있다. 하나는 개인간차(個人間差)이다. 또 하나는 개인내차(個人內差)이다. 전자는 눈에 보이는 객관적인 것이고 개개인이 지닌 특성을 말한다. 후자는 눈에 보이지 않는 것으로 개인이 지닌 능력, 흥미, 적성, 요구, 동기 등이 개인 내에서 그 정도나 수준의 차이를 가지는 것으로 지적, 정의적 영역에 속하는 것이 대부분이다.

특히 개인차는 성별, 연령별, 사회 계층별로 뚜렷하다. 이와 같이 각 영역에 있어서의 학습자의 개인차를 가능한 한 정확히 이해·파악하여 학습 지도에 임해야만 학습 효과를 향상시킬 수 있다.

다. 동기유발

1) 의의

동기(motive)란 학습자의 행동을 어떤 목표로 이끌어가는 내적 충동 상태이다. 즉 부여된 환경에서 행동의 성질을 결정하는 준비 태세이다. 그러므로 동기란 개체가 어떤 일정한 형식의 행동을 하려는 결정 경향 내지는 태세라고도 할 수 있다(민영순, 2002). 동기유발(motivation)이란 어떤 행동의 근원이 되는 힘인 동기를 학습자에게 환기시키는 것을 말한다. 즉 동기유발은 학습에 있어서 학습자가 하고자 하는 경향이 생기게 되는 것을 말한다.

학습 동기란 학습자가 그 학습에 대한 의욕을 가지고 학습 활동을 전개하는 힘을 말한다. 이 학습 동기유발은 크게 두 가지로 나누어 생각할 수 있다. 하나는 학습자가 자발적으로 학습하려는 의욕을 갖게 되는 동기이고, 다른 하나는 외부에서 학습 활동을 일으키도록 하는 유인이다. 흔히 사용되는 유인이란 말은 엄격하게 따지면 동기가 아니고, 동기를 만족시키기 위해서 어떤 행동을 유발하는 외적 조건이다. 그렇기 때문에 학습의 실제에 있어서는 동기와 유인이 동반되는 것이 보통이다. 따라서 학습 활동을 실제로 지도하는 데 있어서는 이 점을 충분히 유의하여 학습자의 행동 원인, 즉 동기가 어디에 있으며 또 그 동기에 자극을 주어 만족할 수 있는 방향을 찾게 하는 유인이 무엇인가를 알아내는 것이 중요하다.

2) 동기유발 방법

동기는 역동적인 것이기 때문에 동기의 강약에 따라 학습의 능률도 크게 좌우된다. 하기 싫은 학습을 억지로 하는 학습자와 하고 싶어서 덤벼드는 학습자와는 그 능률에 있어서 큰 차이가 생긴다. 학습 지도에 있어서는 학습 동기를 일으키고, 학습 활동에 추진력을 주기 위한 여러 가지 방법이 쓰인다. 학습 동기유발의 방법으로는 다음과 같은 것을 생각할 수 있다.

첫째, 학습자가 학습 활동에 대한 흥미를 가지고 있는 경우, 학습이 능률적이고 효과적으로 이루어진다는 것이다. 교사에게는 학습자의 흥미가 어디에 있는가를 발견하는 일이 중요하다. 흥미는 그 속에 동기를 핵심적인 요소로 갖고 있기 때문에, 학습의 동기를 일으키는 데 있어 가장 큰 비중을 갖는다.

둘째, 상이나 벌이 학습의 동기유발에 효과가 있다. 일반적으로 상이 벌보다 동기유발의 효과가 있다고 알려져 있다. 벌도 학습자를 분발하게 하는 좋은 동기유발이 되기도 하고, 때로는 그와 같은 경우가 필요하기도 하며 오히려 상보다 효과가 클 수도 있다. 그러나 학습 지도에 임하는 교사는 상이나 벌이 목적이 아니고 수단이라는 것을 잘 인식하고 적당한 학습 장면에서 효과적으로 사용해야 한다.

셋째, 경쟁과 협동에 의하여 동기유발의 효과가 나타난다. 일반적으로 경쟁이 협동보다는 동기유발에 있어 유효하다. 그러나 협동에 의한 동기유발은 협동 집단이 경쟁 집단보다 응집력이 강하고 우호적 분위기를 형성할 수 있는 효과가 있다. 때문에 학습자는 상호 원조하여 집단의 생산성을 높이고 문제를 해결함으로써 만족감, 성취감, 책임감을 가지게 되는 점에서 행동이 민주적 방법이라 할 수 있다.

이와 같이 경쟁과 협동을 동기유발에 이용하는 경우, 여러 가지 장·단점이 있다. 따라서 자신의 학습 방법과 노력을 비교하여 외적 동기유발로 학습 의욕을 높인 후에 다른 사람의 성격을 객관적으로 인정하여 협동하는 태도를 기르는 것이 중요하다.

라. 기대수준

학습자가 어떤 특수한 학습과제에 당면했을 때 어느 정도의 성취를 하겠느냐를 결심하는 것, 즉 구체적 과제에서의 구체적 성취도 또는 포부의 수준을 기대수준(goal expectancy level: GEL) 또는 포부수준(level of aspiration: LOA)이라고 한다. 성공과 실패는 그 과제에 대한 자신감에 영향을 미치고, 그것이 누적됨에 따라 그 과제 또는 상황과 관련하여 자기 자신을 평가하는 태도가 달라진다는 점에서 자아개념과 밀접한 관계가 있다.

여기서 자아개념(self-concept)이란 학교에서 계속 성공해 온 학생은 자기 자신을 긍정적인 관점으로 보게 되는 반면, 계속 실패해 온 학생은 자기 자신을 부정적으로 보는 경향이 있는데, 이와 같이 자기 자신에 대한 관점을 말한다.

기대수준의 개념을 소개한 호프(Hoppe)에 의하면 한 개인이 어떤 과제에서 성공한 뒤에는 그 과제 수행에 대한 기대수준을 높이고, 실패한 뒤에는 낮추는 경향이 있다. 이러한 경향 때문에 계속적 실패를 피할 수 있고, 또 성취감을 주지 않는 너무 쉬운 과제에서는 성취도에 만족하지 않게 된다. 그러므로 기대수준은 두 가지의 상반되는 경향 간의 절충으로 설정된다. 즉 실패에 수반하는 실망감을 피하고자 하는 욕망으로 인하여 기대수준을 낮추려는 경향과, 가능한 한 높은 수준의 성공을 하려는 욕망으로 인하여 기대수준을 높이려는 경향 간의 절충이, 어떤 과제에 당면했을 때 의도하는 기대수준이 되는 것이다. 경우에 따라서는 이와 같은 자기 보호기제가 균형을 잃을 수도 있다. 따라서 달성 가능하면서도 적절히 도전적인 기대수준을 설정하는 것이 가장 현실적이다.

기대수준에 관한 여러 연구결과 등을 종합해 볼 때 다음과 같은 결론을 제시할 수 있다(이성진, 2005).

① 과거에 성공경험이 많은 학생들은 어떤 과제에 당면했을 때 그들의 기대수준을 현실적으로 높이는 경향이 있다.

② 장기간의 실패경험을 맛본 학생들은 그들의 기대수준을 낮춤으로써 실패만을 피하려는 경향이 있다.

③ 어떤 학생들은 마치 성공하겠다는 희망만이 성공을 가져다주는 듯이 그들의 기대를 비현실적으로 높게 가지기도 한다.

요약

주로 기능적 영역에 속하는 능력을 키워주기 위한 실기교과는 교수방법, 매체, 학습상황 등이 이론교과와는 매우 상이하다. 현대의 교육기관은 학생들에게 직업적 성취를 통해 자아실현을 하는 데 필요한 기초적 능력의 개발에 보다 많은 관심을 두어야 한다. 이를 위해서는 효율적인 실기교육이 매우 중요하다. 실기교육이란 학생들에게 직업, 기술 영역에서 필요로 하는 실제적 능력을 습득시키고 그에 따른 건전한 태도와 습관을 기르는 것을 목적으로 각급 직업교육기관에서 실시하는 교육을 말한다.

실기교육방법론은 실기를 가르치는 데 적용할 교육방법에 관한 것이다. 방법이란 어떤 목적을 달성하기 위하여 취하는 수단이라고 할 수 있다. 이 책에서는 실기교육을 투입 - 과정 - 산출이라는 하나의 동태적 시스템으로 보고 접근한다. 실기교육의 중요한 영향변인의 하나는 교사이다. 실기교사를 포함한 산업교원에게 요구되는 역할과 자질은 일반교과를 담당하는 교사의 것과는 다르다. 일반교사에게 요구되는 공통적인 역할과 자질 이외에 산업교원은 실기지도, 진로지도 등과 같은 추가적인 과업을 처리할 수 있는 능력이 요구된다.

효과적인 학습이 이루어지기 위해서 학습자가 갖추어야 할 조건은 실기교과나 이론교과나 큰 차이가 없다. 즉 어떤 유형의 교과를 학습하든지, 학습자의 준비성, 개인차, 동기유발, 자아개념 등과 학습효과 간에는 깊은 상관이 있다. 따라서 실기교사는 본격적인 학습지도에 앞서서 이와 같은 학습자의 개인적 상태를 파악해서 적절한 교수전략을 구사해야 소기의 목적을 효과적으로 달성할 수 있다.

토의주제

1. 실기교육에 관련된 용어의 사전적 의미와 학술적 의미를 조사해서 비교해 보자.
2. 교사에게 요구되는 공통적인 자질과 실기교과를 담당하는 교원이 갖추어야 할 자질을 비교해 보자.
3. 학습자의 준비성과 개인차가 학습효과에 미치는 영향에 관해서 주변에서 관찰할 수 있는 사례를 중심으로 논의해 보자.
4. 자신의 학습경험을 통해서 동기유발이나 기대수준이 학습성과 증진에 유용했던 경험을 서로 이야기해보자.

참고문헌

김용래(2002). 「교육심리」. 서울: 문음사.

김재식(1991). “상업교사 양성교육의 문제점과 개선방안”. 「직업교육연구」 제10권 제2호. pp.64~79.

나성현 역(1999). 「동기 유발의 원칙」(라인하르트 K. 슈프렝어). 서울: 생각의나무.

민영순(2003). 「교육심리학」(개정판). 서울: 문음사.

박승재 외(1999). 「교수－학습이론과 과학교육」. 서울: 교육과학사.

변영계(2005). 「교수 학습 이론의 이해」. 서울: 학지사.

변영계 · 김영환 · 손미(2006). 「교육방법 및 교육공학」. 서울: 학지사.

이무근(2004). 「직업교육학원론」. 서울: 교육과학사.

______(1991). “실업계 교원양성을 위한 교육과정 구성방안”. 「직업교육연구」 제10권 제2호.

이성진(2005). 「교육심리학 서설」. 서울: 교육과학사.

Schrag A. F. & Poland R. P.(1987). *A System for Teaching Business Education.* NY: McGraw-Hill, p.10.

제2장

학습이론의 이해

<학습목표>

1. 학습이론의 주요 유형을 구분하고 대표적인 이론을 예시할 수 있다.
2. 행동주의 학습이론의 요지와 그 학습원리를 이해할 수 있다.
3. 인지주의 학습이론의 요지와 그 학습원리를 이해할 수 있다.
4. 인간주의 학습이론의 요지와 그 학습원리를 이해할 수 있다.
5. 정보처리이론의 개념과 정보처리 과정을 단계별로 설명할 수 있다.
6. 매슬로의 욕구단계설을 설명할 수 있다.

1 행동주의 학습이론

올바른 실기수업을 계획하고 전개하기 위해서는 우선 학습에 대한 이해가 선행되어야 한다. 가르치는 것과 배우는 것은 상호불가분의 관계 속에 있기 때문에, 학습이론은 교수이론이나 수업설계이론 등의 근간이 되고 있다. 대표적인 학습이론은 행동주의와 인지주의 학습이론이다. 이들 이론은 학습에 대한 정의와 학습을 돕는 원리는 무엇인가에 대한 이해를 제공함으로써 수업설계의 이론적, 실제적인 면에 많은 영향을 주었다. 최근에는 이들 이론과는 다른 패러다임을 주장하는 인간주의 이론이 등장하여 새로운 도약이 기대된다.

행동주의 입장에서 학습이란 「환경의 조성에 따른 학습자의 행동 변화」라고 규정할 수 있다. 여기서 환경이란 학습자의 바람직한 행동의 변화를 가져올 수 있는 학습의 외재적 조건을 말한다. 행동주의 학습이론은 교육방법의 개발과 발달에 많은 영향을 주었다. 특히 프로그램 학습은 행동주의 학습원리를 반영한 대표적인 학습체제라고 할 수 있으며, 현재에도 많은 교육프로그램이나 교수자료 개발의 이론적 기초가 되고 있다.

가. 손다이크(Thorndike)의 시행착오설

1) 개념

이 이론은 연결설(connectionism), 연합설, 효과설이라고도 한다. 어떤 목적을 달성하기 위하여 또는 어떤 문제사태에 부딪쳤을 때, 어떻게 하는 것이 좋을지 모르게 되면 자연히 여러 가지 시도를 해보게 된다. 이와 같이 목표에 도달하기 위한 행동에 있어서 확실한 방법적인 안이 없이, 비교적 막연한 가운데서 시행과 착오를 되풀이하다가 우연히 목표에 도달하게 되는 것을 시행착오설이라 한다.

2) 손다이크의 실험

(1) 고양이의 문제함 실험

닫힌 상자 안에 배가 고픈 고양이를 넣고 바깥에 고양이가 좋아하는 음식물을 놓아둔다. 이 음식이 학습목표인 것이다. 상자 안에는 발판을 만들어 놓았는데 이것을 밟으면 자동적으로 문이 열리게 되어 있다. 처음에 고양이는 음식을 먹으러 밖으로 나가려고 여러 가지 방법의 시행과 착오를 거듭하다가, 우연히 발판을 밟게 되어 문이 열려 먹이(목표)를 먹게 된다. 이러한 과정을 수십 회 거듭한 끝에 고양이는 한 번의 시행과 착오도 없이 즉시 발판을 밟고 나와 먹이를 먹게 된다. 즉 시행착오를 거쳐 행동의 진보적 변화를 가져온 것이다.

(2) 쥐의 미로 실험

입구에서 출구까지 복잡한 미로를 만들어 놓고 출구에는 먹이(목표)를 놓아둔다. 시장기가 있는 쥐는 입구로 들어가 이리 들어가 보고 저리 들어가 보고 하여 우연히 목표에 닿을 수 있었다. 이와 같은 과정을 여러 번 되풀이한 결과, 쥐를 입구에 넣자마자 한 번의 착오도 없이 출구에 도달할 수 있었다. 새롭고 진보적인 행동의 변화를 가져오게 되었다. 즉 학습의 의미를 보여주게 되었다.

(3) 학습의 법칙

이와 같은 동물 실험을 통해 손다이크는 학습을 시행착오의 과정을 통해서 선택되고 결합되는 것으로 보았다. 특히 동물은 시행착오와 우연적 성공에 의해서 바른 행동이 학습된다. 이 경우 만족스럽고 성공한 행동은 각인(stamped in) 되지만 불만족스럽거나 실패한 행동은 배제된다고 보고 있다(정원식 외, 2000). 손다이크가 정립한 학습 법칙은 다음과 같다.

① 효과의 법칙(law of effect)

그의 초기 이론에 있어서 효과의 법칙은, 동일한 상황에서 이루어지는 많은 반응 중에서 동물에게 만족을 주거나 그 직후에 만족이 따르는 반응은 조건이 동일한 다른 반응보다 더욱더 견고하게 그 상황에 결합된다는 것을 지칭한다. 따라서 같은 조건의 상황이 다시 일어날 때 그 반응은 다른 반응보다 일어나기 쉽다.

반면에 동물에 대해 불쾌를 주거나 반응 직후에 불쾌가 따르는 반응은 조건이 동일한 다른 반응보다 일어나기가 어렵게 된다. 그러므로 만족이나 불쾌가 클수록 그 결합은 강해진 방향으로나 또는 약해진 방향으로 커진다고 말하고 있다. 다시 말해서 효과의 법칙이란 행동의 결과에 따른 쾌, 불쾌의 결합, 즉 학습을 적극적인 방향으로나 소극적인 방향으로 강화시킨다는 법칙이다. 어떤 일을 계획하고 실험해서 성공하게 되면 성취감과 만족감을 가지고 의욕적으로 계속하게 되므로, 학습의 진보를 가져온다.

② 연습의 법칙(law of exercise)

초기 연습의 법칙에 의하면 자극과 반응의 관계를 반복하면(사용의 법칙) 결합이 견고해지고, 반복하지 않으면(불사용의 법칙) 결합은 약화되고 망각된다. 결합이 견고해진다는 것은 곧 같은 장면에서 같은 반응이 일어나는 확률이 높은 것을 뜻한다. 그 확률이 높다는 것은 결합 직후에 반응확률이 많거나 일정 시간이 경과된 후 반응 경향이 유지되는 확률이 많다는 것이다. 기계적인 기억이나 근육 활동, 기능의 획득에 있어서와 같이 반복적인 실습에 관한 것이다. 어떠한 학습과정도 한 번만의 시행에 의해서 이루어질 수는 없고, 여러 번 반복함으로써 속도가 빨라지고 숙달의 단계에 이르게 된다는 것이다.

③ 준비성의 법칙(law of readiness)

준비성의 법칙이란 효과의 법칙에 대한 생리적인 기초를 뒷받침하기 위한 부수적인 원리라고 할 수 있다. 어떤 전도 단위(conduction unit)에 전도 준비가 되어 있을 때 그에 의한 전도는 만족스러우며 그 행동을 바꾸는 일은 없다. 그러나 전도의 준비가 되어 있지 않은 전도 단위에 있어서의 전도는 불만족스러우며 그 특정 불만족 부분과 관련된 어떤 종류의 반응이 일어난다.

이상에서 우리는 손다이크가 말하는 준비성이란 흔히 교육학에서 말하는 성숙 수준과 일치되는 개념이 아니며 신경 생리적 가설로서 쓰이고 있는 용어임을 알 수 있다. 어떤 행동 경향이 준비된 적응・자세・태도 등으로 환기될 때 그 경향이 행동을 통해 충족되면 만족스러우며 충족되지 않으면 불만족을 야기하게 된다. 이 법칙을 학습에 적용하면, 학습자의 성숙과 발달의 정도에 따라 학습의 기초가 결정된다고 할 수 있다.

나. 파블로프(Pavlov)의 고전적 조건반사설

1) 개념

파블로프의 고전적 조건반사설(classical conditioning theory)은 우리말로 고전적 조건화, 또는 조건반사설이라고도 한다. 파블로프는 개에게 먹이를 주면서 종소리를 들려주는 연습을 되풀이해보니 나중에는 개가 종소리만 들어도 침을 흘리게 되었다. 이와 같이 조건자극(종소리)을 무조건자극(음식)과 결합시켜 조건반사(타액 분비)를 일으키는 것을 조건화라 한다.

2) 파블로프의 실험

① 무조건자극(음식물)과 무조건반응(침 흘림): 시장기가 있는 개를 묶어 놓고

수술을 통하여 호스를 침샘에 연결하여 놓았다. 음식물(무조건자극)을 갖다 놓으면 시각기관인 눈과 후각기관인 코를 직접 자극하여 침(무조건반응)을 흘리게 된다.

② 무조건자극(음식물)과 조건자극(종소리)을 동시에 가하였다. 이때도 침을 흘렸는데 종소리 때문은 아니다. 그런데 이 같은 과정을 수십 회 되풀이하여 보았다. 그것은 음식물을 눈으로 보고, 코로 냄새를 맡고 침을 흘리는 행동과 종소리를 듣는 행동이 연결되는 것을 기대하였기 때문이다.

③ 조건자극(종소리)만 가했더니 마찬가지로 침을 흘리는 것(조건반응)을 보았다. 이와 같이 개는 눈으로 보고 코로 냄새를 맡아야만 침을 흘릴 줄 알던 상태로부터 종소리만 듣고도 침을 흘리는 일을 행동으로 학습한 것이라 하겠다.

3) 학습의 원리

이상의 사실에서 얻을 수 있는 학습의 법칙은 다음과 같다(정원식 외, 2000).

① 강화의 원리

조건 자극인 종소리와 무조건 자극인 고기를 2~3초 간격을 두고 제공하는 횟수가 증가됨에 따라 타액의 분비가 증가되고, 30회 이상 횟수가 계속되면 타액의 분비량은 일정해진다. 즉 조건 반사가 완전히 성립된 것이다. 이 경우 최초의 조건 자극 이외의 자극이 주어지면 조건 반응은 약화된다. 이 현상을 억제 또는 금지라 한다. 그리고 조건 반사가 성립한 후에 무조건 자극(고기)을 주지 않고 조건 자극(종소리)만 계속 제공하면 타액의 분비량은 줄어들고 7회 이후에는 타액이 분비되지 않는다. 성립된 조건 반사는 소거가 된다. 그러나 한번 소거된 조건 반사도 일정한 기간이 지난 후에 다시 조건 자극을 주면 재생되는데 이를 자발적 회복이라고 한다.

이러한 관점에서 볼 때, 조건 반사적 행동이 이루어지려면 먼저 준 자극의 강도에 비해 후에 제공하는 자극의 강도는 적어도 같거나 보다 강해야만 바람직한 행동을 유발하는 데 효과적이라고 할 수 있다.

② 간격의 원리

조건 자극과 무조건 자극의 시간은 조건－반응에 크게 좌우된다. 종소리가 울리고 나서 5초 이내에 무조건 자극인 고기를 주지 않았을 때에는 조건 반사가 잘 일어나지 않는다. 이에 비해 5초 이내에 조건 자극과 무조건 자극이 결합될 때에는 조건 반사의 성립이 용이하다. 그런데 무조건 자극이 조건 자극보다 선행되는 경우에는 조건반사가 성립하지 않는다.

③ 일반화의 원리

강화되는 과정, 즉 조건화 과정에서 사용된 조건 자극과 유사한 자극이 주어질 때에도 조건 반사가 일어난다. 즉 처음 종소리와 약간 차이가 있는 종소리를 들려주어도 조건 반사가 일어나는 것이다. 이와 같은 현상을 자극의 일반화라 한다.

다. 스키너(Skinner)의 작동 조건화설

1) 개념

파블로프의 조건반사는 단순히 자극에 의해서 이끌려 나오는 수동적인 반응을 의미한다. 이에 비해 스키너의 작동조건화는 스스로 발산해서 보여주게 되는 능동적인 반응이 간접적으로 자극의 역할을 하게 되어 강화를 가져오게 된다. 조건화에 있어서 스키너는 반응과 작동적 행동을 엄격하게 구분하였다. 즉, 단순히 자극에 의해서 이끌려져 나오게 된 반응과 스스로 발산해서 보여주게 된 반응은 구별되는 것이라고 보았다. 스키너의 이론에서는 조건반사 자체가 '무조건 반응'

을 강화시키는 수단이나 도구로서의 역할을 하며, 이러한 조건반응의 획득과 확립을 통해서 학습이 이루어진다는 것이다.

2) 스키너의 실험

실험상자 안에 콩을 넣어두고 몇 개의 색깔을 달리한 문이 있어 어떤 색깔의 문을 비둘기가 찍으면 콩이 나오고 다른 색깔의 문을 찍으면 콩이 나오지 않도록 장치를 해 놓았다. 비둘기는 콩이 나오는 색깔의 문을 계속해서 찍는 것을 보았다. 이것은 효과의 법칙으로 설명될 수 있다. 즉 능동적으로 보여주는 반응에 자극(콩)이 주어지므로 행동이 강화된다는 것이다. 스스로 발산해 보여주는 능동적인 반응(상자를 찍는 행위), 자극(콩)이 나오므로 계속해서 상자를 찍는 행위(강화)가 이루어진다.

3) 스키너의 강화

강화는 어떤 조작을 줌으로써 조건화가 강해질 때 또는 반응이 일어날 확률이 증가되는 과정이나 요인을 말하는 것이다.

강화(reinforcement)란 반응의 빈도를 높이기 위하여 유쾌한 자극을 제시하거나 불쾌한 자극을 제거해 주는 것이다. 작동적 조건 형성에서의 강화(작동강화)는 어떤 반응이 일어난 직후에 부상이 되는 자극을 제시하여 그 반응의 강도가 강해지는 것을 말한다. 고전적 조건형성에서의 강화(수동강화)는 조건자극이 무조건자극과 동시에 또는 직전에 주어짐으로써 조건자극이 반응을 일으킬 확률이 높아지는 것을 말한다. 손다이크는 유쾌감을 생성하며 보상이 되는 자극은 선행하는 반응을 증강시킨다고 하였다.

한편, 소거(extinction)란 강화물을 계속 주지 않으면 반응의 강도가 감소되는 것을 의미한다. 소거는 반응의 약화라는 것과는 다르다. 벌과 같은 방법으로도 반응은 약화된다. 벌은 어떤 자극을 가하거나 감함으로써 반응률을 약화시킨다. 그러나 소거는 어떤 자극이 뒤따르지 않기 때문에 일어나는 현상이다.

라. 행동주의 이론의 학습원리

행동주의 이론들에서 제시한 학습의 원리 중에서 대부분의 사람들에게 받아들여지고 있는 원리들을 살펴보면 다음과 같다(정원식 외, 2000).

① 학습자의 반응을 중시하고 "행함으로써의 학습(learning by doing)"을 강조하는 것은 중요한 원리이다.

② 효과의 법칙이나 강화의 원리에서 강조되듯이, 정확한 반응들이 보상받을 수 있게 반복 배열되는 것이 효과적으로 학습된다. 그리고 정적 강화가 부적 강화보다 더 효과적으로 학습된다는 사실은 널리 알려진 원리이다.

③ 연습의 법칙과 같은 반복의 원리는 기능 학습이나 기록을 향상시키는 데 여전히 중요한 원리가 되고 있다.

④ 새로운 행동의 획득은 조형의 원리나 단서화(cueing) 또는 모델의 모방을 통해서 이루어진다. 따라서 이들은 자극－반응 이론에서의 변별 강화와 자극 통제의 원리들의 효과가 된다.

2 인지주의 학습이론

인지주의 입장에서 학습이란 '이해를 통한 학습자의 인지구조 변화'라고 할 수 있다. 인지주의 이론에서는 학습을 요소로 분할해서 파악하는 것이 아니라, 전체로서 파악하고자 한다. 즉 전체 속에서 요소들의 관계가 성립되므로, 전체 속에서의 요소에 관심을 기울인다. 이들은 학습자가 따로 떨어진 정보를 서로 연결시켜 자신의 인지구조 속에서 그 관계를 파악했을 때 참된 의미의 학습이 일어난다고 보고, 학습은 이러한 이해를 바탕으로 가능하다고 주장하였다. 인지주의 이론은 학습자의 행동 자체보다는 그 행동을 지배하는 내적인 정신 활동에 더 많은 관심을 두고 있다.

가. 쾰러(Köhler)의 통찰설

1) 개념

쾰러의 학습이론으로 형태설에 입각한 인지학습이론이다. 이 학습이론의 주요 개념은 학습목표를 포함하는 문제사태를 전체적으로 이해하고 그것을 분석하여 인지함으로써 목표달성을 위한 행동과 결부시켜서 재구성 또는 재구조화하는 것이다. 그리고 학습과정 속에는 분화와 통합, 즉 사태의 인지와 재구조화가 진행되는 동시에 심리적 이해력이 나타난다. 이러한 심리적 과정을 쾰러는 통찰이라 불렀다. 즉 통찰이란 상황을 구성하는 요소 간의 관계를 파악하는 것이라 하겠다. 따라서 학습이란 근본적으로 학습자의 통찰과정에 달려 있다고 보고 있다.

2) 쾰러의 실험

우리 속에 상자가 하나 있고 천정에는 유인원의 먹이인 바나나가 끈에 매달려 있다. 과제는 상자를 먹이 밑으로 옮기고 그 상자 위에 올라가 뛰어올라야 손에 바나나를 넣게 되어 있다. 이 실험에서 술탄(Sultan: 쾰러가 실험한 원숭이들 중 가장 영리한 원숭이)만이 자력으로 그 과제를 해결했고, 나머지 여섯 마리는 서로 도움(직접모방은 아님)으로 해결하였다.

위의 실험에서 알 수 있듯이 먹이를 얻기 위해 상자를 쌓아 올려야 하고 막대를 써야 하며, 막대를 꽂아 연결해야 한다는 것을 통찰함으로써 과제를 해결할 수 있는 행동 방식이 학습된다는 것이 통찰설의 기본 주장이다. 그렇다면 통찰이란 어떤 현상인가? 그것은 목적과 수단, 전체와 부분의 관계 개념의 성립을 말하며, 그와 같은 관계 개념의 성립이란 곧 인지장의 체제화의 법칙에 지배받고 장의 역동성과 관련되는 것이다(정원식 외, 2000).

3) 통찰에 의한 학습

통찰에 의한 학습의 요점을 정리하면 다음과 같다.

① 문제의 해결은 단순한 과거 경험의 집적이 아니고, 경험적 사실을 재구성하는 구조전환의 과정이다.

② 통찰은 탐색적인 과정을 통해서 이루어지는 일이 많다. 그러나 그 탐색은 단순한 우연만을 위주로 하는 시행착오와는 다르다.

③ 통찰은 실험장면에 의하여 좌우된다. 장면 전체가 잘 내다보이면 그 해결이 쉽다.

④ 통찰에 의한 학습은 종류에 따라 차별이 있으며 개체에도 차이가 있다.

나. 레빈(Lewin)의 장 이론

장(場) 이론의 대표적인 이론가로서 레빈(Lewin)을 들 수 있다. 물론 심리학에 물리학의 장 이론을 도입한 것은 베르트하이머(Wertheimer)를 비롯한 형태 심리학자들이다. 이들은 사물의 지각은 그 사물이 포함하는 전체적 장에 있어서의 역학적 관계로서 결정된다고 보는 데서 시작된다. 레빈도 형태심리학의 창설에 기여한 사람으로 그의 초기 연구는 형태 심리학적 원리에 입각한 기억의 역학적 연구와 동기에 관한 연구가 주축을 이루었다. 레빈은 심리학적 장이란 물리학적, 생리학적 기술과는 다른 심리학적 기술 개념으로서 상호 종속적인 것으로 생각되는 공존적 사실들의 전체라고 정의하였다. 장 이론의 기본적 입장은 다음과 같다(정원식 외, 2000).

① 행동은 그 행동이 일어날 당시의 존재하는 장의 함수(B=f(L))이다.
② 분석은 전체로서의 상황에서 시작되어야 하며 구성요소는 거기에서 제외되어야 한다.
③ 구체적인 상황하에서의 구체적인 사람은 수리적으로 표현될 수 있다.

그는 인간이란 심리적 환경에 둘러싸인 생활 공간 속에 있고 그 속에 있는 인간은 지각적 운동 영역(perceptual-motor region)과 내적-개인적 영역(inner-personal region)으로 분화된다고 설명하고 있다.

그는 가장 일반적인 학습의 유형을 곧 인지 구조의 변화로서의 학습이라고 보았다. 이와 같은 학습은 생활 공간에 있어서의 영역의 분화와 많은 하위 구조로서 분절을 포함하며 이 상호 간에 기능적 연관이 생겨서 어떻게 목표에 용이하게 도달하는가를 이해하게 되는 인지 구조의 변화가 학습이라고 보았다.

다. 톨만(Tolman)의 기호-형태설

톨만(Tolman)의 이론은 여러 가지 명칭으로 불리고 있다. 목적적 행동주의(purposive behaviorism), 기호-학습설(sign-learning)이라 불리기도 하고 또 스스로 기호 형태설, 기호-의미체설(sign-significate theory) 또는 기대설(expectancy theory)이라 부르기도 하였다.

톨만은 신행동주의 심리학자이면서도 학습 이론에 있어서는 인지적 측면과 거시적 행동을 강조하므로 인지론의 입장에 선다(정원식 외, 2000).

그의 학습 이론은 기호-형태-기대(sign-gestal-expectation) 혹은 「기호-의미체 관계(sign-significate relation)」라고 주장한다. 즉 어떤 구체적인 자극(기호)은 유기체 쪽에서 볼 때 일정한 형의 행동-그것은 어떻게 행동한다는 형이거나 혹은 행동하지 않는다는 형의 어느 것이든-의 결과로서의 일정한 자극 대상(의미체)을 도출한다.

이와 같은 의미체로서의 자극 대상이란 어떠한 수단이 어떠한 결과를 나타내게 할 것이라는 수단-결과 관계의 성립을 의미한다. 이는 행동이 아닌 사건 인지이고, 인지도가 신경 조직 속에 형성되는 것이며, 이 과정에서 수단-결과-기대가 성립된다. 예를 들면 미로 속에서 어떤 통로(수단)를 통과하면 어떤 장소(결과)에 이를 수 있는가를 습득하는 것이 학습이다. 어떤 수단이 이끄는 결과가 학습자의 요구에 부합된 목표이면 그 수단을 통해서 목표에 도달하는 실천 행동이 일어난다.

라. 정보처리 이론

1) 개념

최근에는 인간의 학습과 기억과정을 '정보처리(information processing)'의 관점에서 설명해 보고자 하는 노력이 전개되고 있다. 정보처리 이론에 따르면, 학습자가 직면하게 되는 각종 자극들은 머릿속의 내재적 구조에 반영되면서 여러 가지 형태의 정보로 처리되거나 변환된다. 감각기관을 통하여 받아들이게 되는 초기의 자극들은 일차적으로 두뇌 속에 등록되게 된다. 등록된 정보는 곧이어 단기기억(short-term memory) 또는 활동기억(working memory)에 저장되는데, 이것이 두 번째의 정보처리 단계이다. 그리고 단기기억정보는 후에 장기기억정보로 변환된다. 장기기억에 저장된 정보는 필요한 경우에 새로운 정보로 재생되며, 재생된 정보에 따라서 학습자들은 관찰 가능한 반응을 표출하게 된다.

2) 정보처리 과정

학습자는 환경으로부터 감각수용기를 활성화시켜서 신경정보로 전환되는 자극을 받아들인다. 우선 이러한 정보는 '감각등록기'라 불리는 구조 속으로 들어간 후, 거기서 매우 짧은 시간 동안 존속한다. 다양한 감각기관으로부터 받아들인 정보는 약 백분의 몇 초간만 어느 정도 완전한 형태로 등록된다.

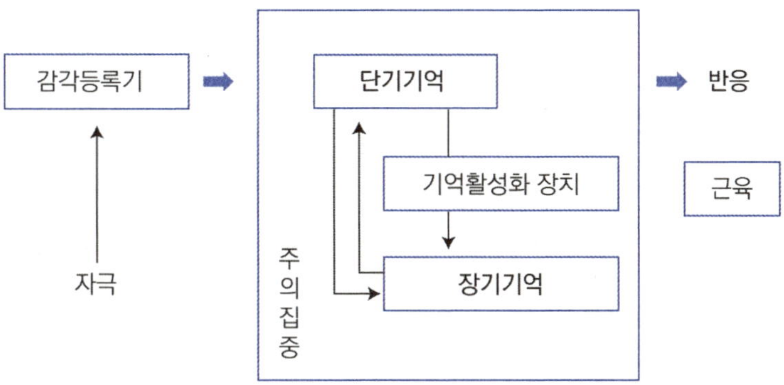

[그림 2-1] 정보처리과정

감각등록기에 기록된 표상이 모두 존속되는 것은 아니다. 그 대신, 정보는 자극의 형태로 전환되는데, 이 과정을 '선택적 지각'이라고 부른다. 선택적 지각은 감각 등록기에 남아 있는 내용들 중에서 여러 가지의 특징들을 무시하고 단지 어떤 독특한 특징에만 주의를 기울이는 학습자의 능력에 달려 있다.

전환된 정보는 단기기억으로 들어간다. 단기기억에는 일반적으로 약 20초 정도의 제한된 시간 동안만 남아 있게 된다.

(1) 부호화

학습의 관점에서 볼 때, 정보의 가장 결정적인 변환은 단기기억에서 장기기억으로 들어갈 때 일어난다. 이러한 과정을 '부호화 과정'이라고 부른다. 단기기억에서는 지각적 특징을 지닌 형태로 존재하던 정보가 장기기억으로 전환되면서 그 정보는 소리나 형태로 저장되는 것이 아니라 개념으로 저장되는데, 그 개념의 의미는 학습자의 환경에서 파악되거나 참조될 수 있다. 저장된 정보는 단순히 수집되어 있는 것이라기보다는 오히려 다양한 방법으로 조직되어 있다.

부호화 과정은 다양한 형태를 취한다. 학습된 것은 문장과 같은 의미 있는 언어적 단위나 혹은 좀 더 이해하기 쉬운 포괄적 단위로 부호화된다. 부호화 과정은 목록의 형태, 공간적으로 배열된 행렬표, 도표, 또는 구체적 영상, 학습된 정보의 '그림' 형태를 취한다. 장기기억으로 입력되는 부호화된 자료의 특징은 의미론적으로 또는 의미 있게 조직된다는 점이다.

(2) 저장

부호화된 형태의 정보는 장기기억에 저장된다. 일부의 연구결과에 따르면, 이러한 저장은 영구적이며 시간이 지나도 망각되지 않는다고 한다. 그러나 저장된 정보는 여러 가지 이유로 접근하기가 어려운 것이 분명하다. 새로운 기억과 오래된 기억 간의 간섭으로 인해 저장된 정보에의 접근이 가로막히게 된다. 그렇지만 망각현상은 주로 탐색과 재생과정이 비효과적이기 때문에 일어난다. 이러한 몇 가지의 사실 이외에는 학습된 자료가 장기기억 속에 저장되는 동안 특별히 일어나는 것에 관해서 알려진 것은 거의 없다.

(3) 재생

학습하였다는 것을 입증하기 위해서는 학습한 것들을 장기기억으로부터 재생할 수 있어야만 한다. 일반적으로 재생을 위한 과정은 외재적 상황에 의해서건 혹은 학습자 스스로에 의해서건 간에 단서의 제공을 필요로 한다. 단서는 탐색과정 중에서 이미 학습한 것을 '연결시키기' 위해서 사용된다. 학습내용의 저장된 위치가 확인된 후에야 비로소 재생이 가능하다.

대개의 경우에, 재생된 것은 '활동기억' 혹은 '의식기억'의 특징을 갖는 단기기억으로 되돌아간다. 활동기억에서는 학습된 자료에 손쉽게 접근할 수 있고, 따라서 다른 입력된 정보와 결합하여 새로운 내용, 즉 새로운 부호화를 만들게 된다. 또 학습된 자료는 반응 발생기를 활성화시키기 위해서 변형된다. 반응 발생기는 다양한 인간행동을 수행하도록 하는 하나의 조직을 제공한다. 때때로 자동화된 기능의 경우에 학습된 내용은 반응 발생기로 직접 입력되도록 변형된다.

학습과 관련된 정보처리이론은 교수과정의 이해에도 커다란 시사점을 제공한다. 첫 번째의 시사점은 학습자에게 부여되는 자극조건들은 기계적으로 반응해야 되는 단순한 자극으로 보아서는 안 된다. 오히려 이러한 외재적 자극들은 학습, 기억, 수행을 실행하기에 앞서서 내재적 정보처리를 작동시켜 주고 또한 촉진시켜 주게 된다는 것이다. 두 번째의 시사점은 단일한 학습 행위도 몇 단계의 정보처리과정을 거치게 된다는 것이다. 그러므로 교수설계에 있어서 외재적 자극은 단일한 정보처리단계나 혹은 몇 개의 정보처리 단계들이 잘 조합될 수 있도록 구성되어야 한다.

마. 인지주의 이론의 학습원리

인지주의 이론들에서 제시한 학습의 원리 중에서 대부분의 사람들에게 받아들여지고 있는 원리들을 살펴보면 다음과 같다(정원식 외, 2000).

① 체제화의 법칙은 과제의 지각적 구조화의 중요한 원리가 된다. 학습과제는 학습자에게 중요한 학습 조건이다. 따라서 형태 이론이 제시한 처방은 학습과제의 본질적인 측면을 부각시키고 학습자가 그를 효과적으로 탐색할 수

있도록 학습 과제를 구조화하는 데 크게 기여하고 있다.

② 통찰의 원리는 문제 해결 학습의 핵심적 부분을 부각시켜 주고 있다. 문제 해결 학습의 중핵은 목적과 수단을 효과적으로 관계 짓는 데 있다. 학습의 장이나 인지 구조 내에서 전체와 부분을 이해하게 하는 것은 목적과 수단을 효과적으로 관계 짓게 하는 관건(關鍵)이 된다.

③ 통찰의 원리와 더불어 장의 이론은 인지 구성의 성립이나 변용에 있어 개개 자극의 성질보다 자극 간의 상호 관계를 부각시켜주고 있다.

④ 능동적인 학습은 본능적인 충동이나 생리적 요구 이상의 목적에 따른 의미체를 형성하는 경우가 많다. 동일한 대상이나 자극도 인지 주체의 목적에 따라 자극대상의 의미나 목적과 수단 관계의 차이에 깊은 관심을 갖게 한다. 이를 통해 인간 학습은 기계론적 복사설이나 반사 이론에 의존하는 이상의 결과라는 점에 주의를 환기시키고 있다.

⑤ 이해를 통한 학습은 기계적 학습이나 단순 반복에 의한 학습보다 영구적이며 전이 효과를 높여준다. 이 이론은 인지론에 속하지만 자극-반응 이론에서도 학습이나 파지에 학습자료의 유의미성을 강조하고 있다.

⑥ 인지적 피드백은 정확한 지식을 확대, 심화해 주고 잘못된 학습을 교정해 준다. 학습자는 임의적으로 어떤 것을 시행한 후 그 시행 결과에 따라 그가 한 것을 수용 혹은 거부하기 때문이다. 이것은 행동주의 이론에서의 강화와 대응하는 것이지만, 인지론에서는 피드백의 효과를 더 강조하고 있다.

3 인간주의 학습이론

가. 인간주의의 개요

인간주의자들은 인간이 환경자극에 의해 조건화된다는 행동주의자들의 주장을 비판한다. 정신분석적 접근에 대해서도 그것이 인간을 무의식적으로 본능과 어릴 때의 사건으로 인해 프로그램이 되어 일생을 지배하는 비합리적인 힘으로 묶여있는 존재로 본다는 생각을 비판하였다.

인간주의자들에게 있어서 주요한 교육목표는 전인발달에 있다. 그들은 인간존재가 자신의 운명을 지배하고, 자신을 둘러싸고 있는 환경을 형성해나가기 위해서 상황에 능동적으로 개입할 수 있는 조건을 갖추었다는 독특성을 강조한다. 따라서 인간주의는 사람을 돕고, 이해하고, 그들의 능력과 잠재력을 충분히 발전시켜 나가도록 하는 것을 목적으로 한다. 그들은 정의적(情意的)인 측면을 특히 강조한다. 인간주의자들의 공통적인 견해는 다음과 같다(김언주, 구광현, 2004).

① 내적 인간에 대한 관심이다. 행동주의가 관찰 가능하고 측정 가능한 행동에 보다 많은 관심을 기울이는 것과는 달리 인간주의는 인간의 내적 행동에 대해 관심을 많이 가진다. 인간주의는 학습자의 내적 동기를 배양시키고, 학생들로 하여금 자기 동기화되고 열정적인 학습자가 되도록 도와준다.

② 인간성장과 자아실현이다. 인간주의의 기본적인 생각은, 인간은 근본적으로 유능하다는 것이다. 인간이 가진 본래적인 성향은 성장하고 그 잠재력을 실현시키는 것이다. 인간주의의 교육목표는 자아실현이다.

③ 교육의 적합성이다. 학습의 기본원리는 학습자가 정보의 개인적 의미를 발견하는 정도만큼 그 정보가 획득되고 활용된다는 것이다. 학생은 자신에게 중요하고 관련이 있다고 생각되는 정보만 발견하게 된다.

④ 학생중심 교육이다. 인간주의는 개인의 자율성과 자기 결정을 매우 중요하게 생각한다. 선택의 자유(자기 자신의 행동을 결정하고, 자신의 인생의 목표를 설정하는 자유)는 인간의 자아실현을 위해서 본질적인 것이다.

⑤ 교사는 촉진자이다. 인간주의는 교사를 일차적으로 촉진자로 여긴다. 참다운 학습이란 자기 주도적인 것이라야 한다. 그러므로 교사는 학생들이 자기 자신의 교육에 대한 책임을 지는 것을 자유롭게 느낄 수 있는 분위기를 마련해야 하는 임무를 지니고 있다.

나. 매슬로(Maslow)의 욕구단계설

1) 이론의 개요

매슬로는 인간의 욕구가 그 강도에 따라 다음 [그림 2-2]와 같이 일곱 가지 욕구체계의 위계를 이루고 있다고 하였다.

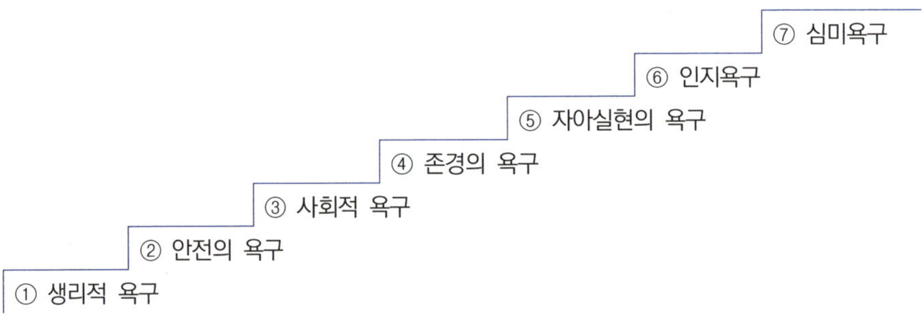

[그림 2-2] 매슬로의 욕구단계

이와 같이 계층을 이루고 있는 선행욕구의 강도가 높아져 그것이 충족되어야 다음 욕구의 강도가 높아져 충족된다. 이렇게 하여 생리적 욕구에서 자아실현의 욕구로 이전하여 간다. 생리적 욕구는 의 · 식 · 주에 대한 인간의 생명을 유지하기 위한 기본적 욕구이다. 이 욕구가 충족되지 않는 한 다른 욕구는 동기화되지 않는다. 생리적 욕구가 일단 만족되면 안전의 욕구가 우세해진다. 이것이 만족되면 사회적 욕구가 우세해지고, 이것이 만족되면 순서대로 요구충족을 이루게 된다. 이것은 인간의 행동과 관계되므로 중요한 의미가 있다. 욕구의 동기화 순서는 개인에 따라, 시대와 사회에 따라 달라질 수 있다. 생리적 욕구에서 존경의 욕구의 중간까지를 결핍욕구라 하고, 거기서부터 자아실현의 욕구 그 이상의 것을 성장욕구라 한다. 모든 수준의 욕구는 자아실현의 욕구로 귀결되므로, 인간의 성장욕구는 바로 자아실현의 욕구이고 그 이외의 욕구는 결핍욕구이다.

① 생리적 욕구: 기아, 맛, 수면, 갈증, 성 등 인간의 기본적 욕구
② 안전의 욕구: 위기와 위험으로부터의 보호, 공포, 불안, 무질서로부터의 자유, 구조, 질서, 법, 제약, 안전에 대한 욕구
③ 애정, 소속감 등 사회적 욕구: 타인과의 만족스러운 관계, 집단에의 소속, 우정과 애정의 교환 등의 욕구
④ 자존(존경)의 욕구: 자기 존중(능력, 자신감)과 타인에 의한 존중(지위, 인정, 존엄성)
⑤ 자아실현의 욕구: 잠재적 성취, 최대의 자기 발전, 창의성과 자기표현의 욕구
⑥ 인지적 욕구: 아는 것과 이해하는 것(인지적)에 대한 욕구이다. 호기심, 탐구심 등 더 알고 싶은 욕구
⑦ 심미적 욕구: 완전성, 질서, 아름다움에 대한 욕구

2) 학습에 대한 매슬로의 입장

(1) 성장동기의 강조

매슬로는 자기의 동기이론에서 생리, 안전, 소속과 사랑, 자기 존중의 욕구를 결핍동기(deficiency needs)라 하였다. 그리고 자기실현, 지식과 이해, 심미적 욕

구를 성장욕구(growth needs) 또는 메타욕구(meta needs)라 하였다. 보통 사람은 유기체의 어떤 결핍을 만회하려는 결핍욕구가 있으며, 이에 대해 자기실현인은 자신의 잠재력을 성취하고, 자기 주변세계를 알고, 이해하려 하고, 조화 · 질서 · 아름다움을 추구하려는 심미적 욕구 등이 있다고 하였다.

(2) 자기실현 행동의 특성

매슬로는 ① 자기실현은 자기의 내면적 핵심을 수용하고 표현한다는 것, 즉 잠재적 능력 및 가능성을 실현하는 것을 의미하는 것으로, 개인의 본성이 갖고 있는 가능성을 충분히 발휘하는 것이며, ② 질병, 신경증, 정신병 또는 근본적인 인간능력의 상실 혹은 감퇴 등이 존재해 있는 상태라고 하였다.

(3) 학습목표

매슬로는 인간의 최고 욕구이고 최고의 목표인 자기실현이 교육의 1차적 목표이며, 이에 따라 2차적인 목표를 수반한다고 하였다. 2차적인 목표로 읽기, 쓰기 등 기술의 습득이 필요하다.

다. 로저스(Rogers)의 유의미 학습

1) 이론의 개요

로저스(Rogers, 1969)는 학습을 무의미한 학습(meaningless learning)과 유의미한 학습(significant learning)의 두 가지 형태로 구분하였다. 무의미한 학습은 그 개인에 대하여 아무런 인간적인 의미가 없으며 또 관련성도 없는 학습이다. 유의미 학습은 학습자가 직접적으로 경험하고 사고하는, 그로 인하여 어떤 감정을 찾게 되는 학습이며, 자기 스스로가 수행한 것이다. 특히 그러한 것은 여러 방면에 나타나며 행동 면에서 진정한 차이를 나타내게 하는 것으로 보았다.

로저스의 학습이론에 따르면 인간은 학습하려는 생리적 욕구와 호기심, 또 이 세계와 새로운 경험을 탐색하고 거기에 동화하려는 열망이 있다. 학습과제가 학습자에게 관련되어 있는 것이어야 훨씬 빨리 학습되고 흥미 있는 것이 된다. 또 큰 소리로 혼자서 읽게 할 때 독서능력이 신장되는 것과 같이 외부의 간섭이 감소될 때 학습이 강화된다.

따라서 학생의 학습도 자기주도(self-directed)적이 될 때 보다 효과적으로 이루어진다. 또 독립심, 창의력 혹은 자존감 모두가 일차적으로는 스스로의 평가에 의하여 강화되는 것이고, 이차적으로는 타인의 평가에 의하는 것이기 때문에 자신의 학습에 대하여 스스로 책임을 져야 하는 것으로 보고 있다.

그는 학교 학습은 유의미한 경험적 학습(significant experiential learning)이 되어야 한다고 보면서 이러한 학습에 내포하는 요인을 5가지로 요약하여 제시하였다(임승권, 2001).

① 경험적 학습은 개인 전체가 포함되는 학습이어야 한다. 즉 학습과정에 개인의 인지만이 아니라 감정까지 포함되는 전인학습이어야 한다.
② 자발적이어야 한다. 계속 외부로부터 주어지는 자극이라도 그것을 학습자가 스스로 우러나와 발견하고 파악하여야 한다.
③ 그것은 학습자의 행동, 태도, 성격까지 모두를 변화시키는 것이어야 한다.
④ 학습자에 의하여 평가되는 것이어야 한다.
⑤ 경험적 학습의 본질은 의미(meaning)이어야 하기 때문에 의미 있는 요소로 경험 속에 누적되어야 한다.

2) 학습에 대한 입장

학습에 대한 로저스의 입장을 요약하면 다음과 같다.

① 자유학습이론의 가정: 자유학습이론(freedom to learn theory)은 학습자에게

자기 주도적이고 자기 의도적인 학습을 하는 자유가 허용되어야 한다는 것을 가정한다. 그런 학습은 자기실현경향(self-actualization tendency)으로부터 동기지어진다. 자유학습체제에서의 교사역할은 학습자가 자유롭게 자기의 잠재가능성을 실현하도록 하는 촉진자(facilitator)이다.

② 촉진자로서의 교사: 모든 교사가 학습의 촉진자는 아니다. 촉진자의 자질을 갖추고 학습을 촉진하는 사람이 교사이다.

③ 자기실현 경향으로서의 동기: 로저스는 자기실현경향이라고 부르는 단 하나의 고유한 동기로 행동이 활력화되고 방향지어진다고 가정한다. 따라서 인간존재의 기본적인 동기는 자기실현경향이다. 이는 학습에서 효과적인 방법이다.

④ 완전히 기능하는 인간으로서의 학습목표: 로저스는 자기의 잠재력을 최고로 활용하는 사람을 완전히 기능하는 인간(fully functioning person)이라 하였다. 완전히 기능하는 사람의 특징은 경험에 대한 개방성, 실존적인 삶, 자신의 유기체에 대한 신뢰, 자유의식감, 창조성 등이다.

라. 인간주의 이론의 학습원리

1) 자기결정(self-direction)의 원리

이 원리는 학생 스스로가 자신이 학습할 것을 결정해야 한다는 사상에 근거를 두고 있다. 굿맨(Goodman)에 의하면 학생의 필요, 욕구, 호기심 등을 충족시켜 주는 것만이 진정한 의미에서 학습이 되며, 그렇지 않은 것들은 학습된다 하더라도 곧 망각된다. 이 원리의 특징은 학생들이 원하는 학습활동을 학생 스스로가 결정하고, 교사는 단지 학생들의 활동에 이용될 수 있는 정보와 장비만을 제공하면 된다는 것이다. 또한 학생들의 탐색동기와 호기심 같은 자발적인 내적 동기를 중요시한다는 것 등으로 정리될 수 있다.

2) 학습방법의 자발적 학습 원리

학생은 학습의욕을 꾸준히 길러야 하고, 학습하는 방법을 배워야 한다는 원리이다. 이 원리에 의하면 학교가 해야 할 일이란 학생들이 자발적으로 명시적 목표 달성을 위해 학습방법을 배우도록 하는 것이다.

3) 자기평가(self-evaluation)의 원리

자기 평가는 자발성 발달의 필수조건이다. 그러므로 자기 평가만이 진정한 평가이고, 교사나 학교에 의한 평가는 단일 정답과 암기를 요구하기 때문에 진정한 의미의 학습을 저해한다는 원리이다.

4) 지와 정의 통합의 원리

인간중심 수업이론가들은 인지적 학습과 정의적 학습을 통합하고자 한다. 그들은 희·노·애·락과 같은 인간의 기본적 감정을 중요시한다. 그들은 교육심리학자들이 인간 행동을 인지적인 것과 정의적인 것으로 구분하는 것 자체를 경계한다. 그들에 의하면 학습이란 새로운 정보나 경험을 획득하는 동시에 그것들의 개인적 의미를 발견하는 것이다.

5) 위협으로부터의 해방의 원리

학습은 위협이 없는 상태에서 가장 쉽게, 가장 의미 있게, 가장 효과적으로 이루어진다는 원리이다. 오늘날의 학교는 타인은 물론 자신으로 하여금 자신을 조롱하고 비하하도록 위협한다.

요약

올바른 실기수업을 계획하고 전개하기 위해서는 우선 학습에 대한 이해가 선행되어야 한다. 학습이론은 여러 가지 유형으로 구분할 수 있다.

먼저 행동주의 입장에서 학습이란 「환경의 조성에 따른 학습자의 행동 변화」라고 규정할 수 있다. 행동주의의 대표적인 학습이론으로는 손다이크의 시행착오설, 파블로프의 고전적 조건반사설, 스키너의 작동 조건화설 등이 있다. 시행착오설로부터는 효과의 법칙, 연습의 법칙, 준비성의 법칙을 시사 받을 수 있다. 고전적 조건반사설에서는 강화의 원리, 간격의 원리, 일반화의 원리 등과 같은 학습원리를 얻을 수 있다. 한편 스키너의 작동 조건화설에서는 학습과 관련해서 강화와 소거의 개념이 중요하다.

인지주의 입장에서 학습이란 「이해를 통한 학습자의 인지구조 변화」라고 할 수 있다. 인지주의 대표적인 학습이론으로는 쾰러의 통찰설, 레빈의 장 이론, 톨만의 기호-형태설, 정보처리 이론 등과 같은 것이 있다. 정보처리 이론에 의하면, 학습자가 직면하게 되는 여러 가지 형태의 자극들은 부호화 → 저장 → 재생이라고 하는 단계를 거친다.

인간주의자들에게 있어서 교육의 주요 목표는 전인발달에 있다. 인간주의는 사람을 돕고, 이해하고, 그들의 능력과 잠재력을 충분히 발전시켜 나가도록 하는 것을 목적으로 한다. 매슬로는 인간의 욕구가 그 강도에 따라 생리적 욕구, 안전의 욕구, 사회적 욕구, 존경의 욕구, 자아실현의 욕구, 인지적 욕구, 심미적 욕구 등의 일곱 가지의 단계로 이루어져 있다고 하였다. 로저스의 학습이론에 따르면, 인간은 학습하려는 생리적 욕구와 호기심이 있으므로, 학생의 학습은 자기주도적이 될 때 보다 효과적으로 이루어진다. 인간주의 학습이론을 통해서는 자기결정의 원리, 자발적 학습의 원리, 자기평가의 원리, 지와 정의 통합 원리, 위협으로부터의 해방 원리 등과 같은 것을 찾아볼 수 있다.

토의주제

1. 시행착오설에 의한 학습원리를 간단히 정리하고, 이러한 원리들이 실제의 학습 상황에서 어떻게 적용될 수 있는지를 논의해 보라.
2. 고전적 조건반사설과 작동 조건화설의 특징을 비교해 보자.
3. 학습에 대한 행동주의, 인지주의, 인간주의 간의 특징적 차이를 정리해 보자.
4. 인지주의 이론의 학습원리를 실기교육에 적용하기 위한 방안을 논의해 보자.
5. 정보처리 이론의 요지를 설명하고 정보처리단계를 컴퓨터와 비교해 보자.
6. 인간주의 학습이론에 비추어 볼 때 실기교사의 역할은 어떠해야 한다고 생각하는지를 토의해 보자.

참고문헌

김언주 · 구광현(2004). 「신교육심리학」. 서울: 문음사.
이성진(2005). 「교육심리학서설」. 서울: 교육과학사.
임승권(2001). 「교육의 심리학적 이해」. 서울: 학지사.
정원식 · 이상룡 · 이성진(2000). 「현대교육심리학」. 서울: 교육출판사.

제3장

기능의 학습과 교수

〈학습목표〉

1. 손운동과 숙달의 개념을 이해할 수 있다.
2. 기능습득의 3단계를 구분해서 설명할 수 있다.
3. 학습곡선과 피로곡선의 개념을 정의할 수 있다.
4. 기능학습에 있어서 연습의 중요성과 개념을 이해할 수 있다.
5. 기능학습과 관련된 여러 명제들의 의미를 이해할 수 있다.

1 근골격 체계와 운동 기능

가. 근골격 체계

기능의 학습은 근육 운동과 밀접한 관련을 가지고 있다. 따라서, 기능의 학습과 교수를 위해서는 우선 우리 몸의 체계와 운동 기능에 대한 이해가 선행되어야 한다. 우리 몸을 구성하는 근골격(筋骨格) 체계는 뼈, 근육 및 연결 조직으로 되어 있다.

1) 뼈와 연결조직

인간의 신체에는 206개의 뼈들이 있다. 이들은 신체를 보호하고 지탱해 주는 역할을 하는 골격 구조를 형성하고 있다. 골격은 다른 모든 신체 부위를 연결시켜서 인체의 외곽 구조를 만들어 준다. 두개골이나 갈비뼈와 같은 것은 신체의 내부 기관을 보호하는 기능을 한다. 한편, 팔과 다리의 긴 뼈들은 이들에 부착되어 있는 근육과 함께 신체 운동이나 활동을 지지해 준다(Wickens et al., 1998).

연결 조직에는 인대, 건(tendons), 근막, 연골 등이 포함된다. 먼저, 건은 근육을 뼈에 부착시키고 있는 조밀한 섬유 연결 조직을 말한다. 이것은 근육에 의해 발휘된 힘을 뼈에 전달해 주는 기능을 한다. 다음으로 인대도 일종의 조밀한 섬유 조직이지만, 이것들은 뼈의 관절을 연결시켜주고, 관절 부위에서 뼈들이 원활하게 협력적으로 작용할 수 있도록 하는 기능을 담당한다. 연골은 관절뼈의 표면, 코, 귀와 같은 신체 기관에서 볼 수 있는 반투명의 탄력성 조직이다. 근막은 근육과 다른 신체 구조물을 둘러싸서 이것들을 서로 분리시키는 역할을 한다.

두 개 이상의 뼈들은 관절 부위에서 연결되어 있다. 이러한 관절은 동작 유형에 따라 비운동성 관절, 경첩 관절, 축 관절, 구형 관절 등으로 구분할 수 있다. 비운동성 관절은 성인의 두개골 봉합선처럼 동작을 허용하지 않는다. 경첩 관절은 팔꿈치 관절처럼 한쪽 평면으로만 동작할 수 있는 데 비해, 축 관절은 팔목 관절처럼 두 평면으로 동작할 수 있다. 고관절(hip joint)이나 어깨 관절 등은 구형 관절에 해당된다.

2) 근육

우리 몸에는 약 400개의 근육이 있으며, 이 근육들은 체중의 약 40~50%를 차지한다. 근육은 근섬유, 연결 조직, 신경 등으로 구성되어 있다. 근섬유는 긴 원주형 세포로 대부분 근육섬유라고 하는 수축성 요소들로 되어 있다. 근육의 연결 조직은 신경이나 혈관이 근육 속으로 드나들 수 있는 경로를 제공해 준다.

근육은 감각신경섬유와 운동신경섬유를 가지고 있다. 감각신경섬유를 통해서 근육의 길이나 긴장도에 대한 정보가 중추신경계에 전달된다. 한편, 근육활동은 운동신경섬유에 의해 통제된다. 운동신경섬유는 중추신경으로부터 오는 임펄스(impulse)를 근육에 전달한다. 각각의 운동신경섬유는 그것의 가지(branches)를 통해서 관련된 근육섬유를 통제한다. 동일한 운동신경섬유 가지에 의해 통제되는 근육섬유집단을 운동단위(motor unit)라 하며, 이것은 근육의 가장 기본적인 기능단위이다. 동일한 운동단위로 묶여있는 근육섬유들은 신경섬유로부터 오는 임펄스에 대해 거의 동시에 반응하거나 전혀 반응하지 않거나 한다.

나. 운동기능

인간활동의 대부분은 근육운동을 필요로 한다. 손을 펴서 물건을 잡고, 움직이는 대상에 따라 눈을 움직이는 것과 같은 것들은 근육운동을 바탕으로 하고 있다. 이러한 행동은 어렸을 때 획득되며, 대체로 선천적인 반응양식에 의해 결정된다(Gagné, 박성익 외 역, 1996). 그리고 던지기, 식기 사용하기, 구두끈 매기, 발음

하기 등의 다른 행동들은 대개 이와 같은 기본적인 운동형태들이 통합되면서 어렸을 때 확실하게 학습되어야만 한다. 그리고 식사하기와 옷 입기와 같은 많은 운동수행은 인간의 자기유지와 생존에 필수불가결하다. 인간은 어렸을 때 운동기능을 많이 배우지만, 그 이후로는 운동기능에 관하여 생각을 많이 하지 않는다. 그러나 운동기능은 인간생활과 불가분의 관계에 있으며, 일상생활에서 언제나 이용되고 있다.

직업적으로 유용한 활동들을 학습하기 시작함에 따라서 학생들은 바느질, 요리, 용접, 건축, 장비수리, 컴퓨터 조작 등과 관련된 다양한 운동기능을 학습해야 한다. 그러므로 운동기능은 개인에게 매우 중요하다.

다이빙하기, 키보딩하기, 시계부품을 조정하기 등과 같은 운동을 생각해보면, 운동기능의 활동범위와 다양성을 짐작할 수 있다. 운동수행은 공통적으로 근육운동의 정확성과 적시성에 달려있다. 따라서 운동기능 학습의 기본적인 의의는 이러한 정확성과 적시성과 같은 행동의 특성을 소유하게 된다는 점이다. 왜냐하면 이러한 특성들은 다양한 운동기능의 학습에 있어서 공통적인 것이기 때문이다.

다. 손 운동

사람의 동작은 인체구조상 매우 복잡하게 이루어지고 있다. 손작업을 할 때의 결과만을 가지고 동작의 영역을 구분하더라도 구부리고, 펴고, 회전하고, 흔들고, 당기는 동작 등과 같은 것이 있다(홍일표, 1992). 즉 공구를 쥐고 어떤 방향으로 또 어느 정도의 힘으로 어느 정도 이동시킬 것인가 하는 것이 손작업과 관련된다.

손으로 물건을 잡거나 운반하는 동작을 할 때 근육이 작용하기 때문에 손은 운동기관이라고 할 수 있다. 이와 동시에 손은 물건을 만져서 그것이 무엇인가를 알아내는 감각작용도 하고 있다. 손을 자유로이 다룬다고 하는 것은 신경이 손과 뇌 사이에서 중간역할을 하고 있고, 뇌가 외부환경 정보를 받아들여 지령하고 근육을 수축하도록 하기 때문이다. 뇌회로가 작용하여 손감각과 손운동의 작용이 효과적으로 행하여지고 있다. 블룸(Bloom)은 행동적 수업 목표를 인지적 영역, 기능적 영역, 정의적 영역으로 구분하였는데, 기능적 영역에는 조작적 기능이나 운동기능을 포함하고 있다. 예를 들면 동식물의 재배와 사육, 창의적 공작, 제작 기능 등에 관한 것들이다. 실기교과의 대부분은 이러한 기능적 영역에 관련된 것이다. 손의 기능은 유전에 의해 많은 부분이 결정되지만 학습에 의해서도 상당한 정도는 발달될 수 있다.

라. 손재주와 숙달

손기능 또는 손기술은 다른 말로 「손재주」라고 할 수 있다. 재주는 숙련, 숙달, 기교, 정치성 또는 「잘한다」라고 하는 말로 표현할 수도 있다. 손의 운동을 보고 능숙하다든지 미숙하다는 것을 직관적으로 말하는 것은 쉽지만, 능숙함의 정도를 객관적으로 측정하거나 여러 사람을 비교하는 것은 매우 어려운 과제이다. 정량적 측정을 위해서 이용할 수 있는 것이 작업곡선이다. 이는 운동의 능숙도를 측정하기 위해서 먼저 측정하고자 하는 운동을 명확히 정의하고, 그 운동의 크기, 속도, 운동이 일어나기까지의 시간, 운동의 정확성이나 틀린 점 등과 같은 운동의 변수를 측정하고, 그 변수를 시간의 경과에 따라서 좌표로 나타낸 것이다(장남기, 1993).

작업곡선을 보면 능숙도의 학습경과를 알 수 있고, 사람들 사이의 능숙도 차이도 쉽게 비교할 수 있다. 작업곡선은 심리학에서 학습성적의 경과를 보기 위해서 만드는 학습곡선과 같은 과정을 거쳐서 작성한다. 예를 들어 영문키보딩을 처음으로 배우는 경우 1분당 타자할 수 있는 키(key) 수를 연습일수의 경과에 따라 기록하게 되면 작업곡선을 얻을 수 있다. 타자하는 키수는 연습을 시작해서 20일 정도까지는 급속히 증가하지만, 그 이후에는 서서히 증가하여 간다. 1~2개월 계속 연습해서 1분에 1,000~1,200타를 칠 수 있다면, 3~4개월 후에는 1,300타를 칠 수 있게 된다. 그러나 이 정도에 이르면 연습량을 늘리더라도 타수가 급히 증가하는 일이 없게 되어 거의 평탄하게 되는데 이를 평탄기라 한다. 즉 평탄기란 연습에 의하여 작업능률의 향상이 거의 일어나지 않는 한계라고 할 수 있다.

일반적으로 작업을 반복하는 연습이나 경험에 따라서 작업성적이 변하는 것을 운동학습이라 한다. 숙달은 운동학습에 따라서 작업성적이 향상되는 것을 말하며, 이러한 향상의 정도는 작업곡선으로 측정할 수 있다. 작업곡선을 보면 숙달의 습득은 한계가 거의 없고, 연습을 계속하는 한 숙달이 향상되어 간다. 그러나 평탄기에 가까워짐에 따라 숙달의 속도가 늦어지기 때문에 어느 시점에서 학습의 상한선에 근접하였는지를 결정하는 것이 중요하다.

운동학습의 효과가 어느 정도 남아있는지는 세이빙 스코어(Saving Score)라고 하는 값으로 나타낸다. 세이빙 스코어 값은 어떤 운동학습(작업)이 일정수준에 도달한 다음 연습하지 않고 어느 정도의 시간이 흐른 후, 다시 같은 작업을 반복하여 원래의 수준에 도달했을 때 최초의 학습에 비해 감소된 연습 횟수나 시간의 정도로 나타낼 수 있다. 예를 들어 영문 키보딩을 학습하는 사람이 최초 2개월 동안 일주일에 3시간씩 계속 연습을 해서 1분에 1,000타를 칠 수 있게 되었다. 그러나 사정이 생겨서 1년간 전혀 타자를 치지 않다가 1년 후에 다시 연습을 시작하게 되었다. 이때는 과거에 연습한 학습효과가 일부 남아 있는 덕택에 1개월 동안만 일주일에 3시간씩 계속 연습을 해도 1분에 1,000타를 치게 되었다고 하자. 이 경우 세이빙 스코어는 50%가 되는 것이다.

숙달이란 종합적인 운동능력이라고 할 수 있다. 운동능력이란 숙달이 획득되기 위한 기초가 되는 운동에 대한 생체의 능력이다. 이 능력이 사용된 후에 숙달이 생기는 것이다. 숙달은 반복하여 훈련하는 것으로 학습된다. 숙달의 연구성과로부터 확실한 일반법칙을 만들 수는 없지만 손을 능숙하게 쓰는 데는 다음과 같은 방식이 바람직하다.

(1) 한꺼번에 훈련하는 것보다 조금씩 반복하는 것이 성적이 좋다. 복잡한 운동패턴, 운동지속시간이 긴 것, 연습내용에 차이가 없어서 학습의욕이 쉽게

저하되기 쉬운 것은 반복하여 연습하는 것이 좋다.

(2) 숙달이 어느 정도 획득되었을 때는 한꺼번에 연습을 해도 좋다. 의욕이 있을 때는 한꺼번에 연습해도 좋다.

(3) 휴식시간은 학습효과가 낮아지지 않는 한 길게 하는 것이 좋다.

(4) 나이가 들어서 시작하는 것보다는 어렸을 때 시작하는 것이 좋다.

2 기능의 학습

가. 기능의 구분

일반적인 능력이라고 하면 지적 능력과 기능적 능력을 말한다. 특히 기능적 능력은 [그림 3-1]에서 보는 바와 같이 기계적 능력, 공간적 능력, 조화 능력, 손재주 능력, 반응 시간 등으로 나누어 볼 수 있다(Davies, 1981).

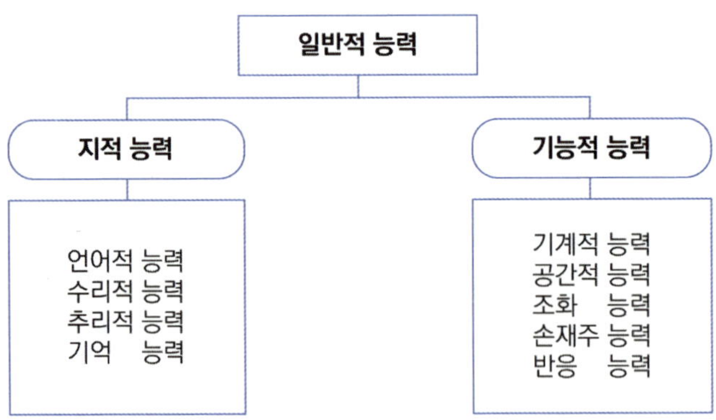

[그림 3-1] 능력의 구분

① 기계적 능력－엔진이나 구성 요소를 가지고 작업하는 것과 같은 기계적인 일에 관련된 능력을 말한다.

② 공간적 능력－2 또는 3차원의 관계를 다루는 능력이다.

③ 조화 능력－물건을 매끄럽고 주의 깊게 고정하고, 붙잡고, 조작하는 능력이다.

④ 손재주 능력－손가락, 손, 팔, 다리의 움직임과 관련된 능력이다.

⑤ 반응 능력－변화된 상황에 신속히 대응하는 능력이다.

이들 능력의 중요도는 수행해야 할 과업이나 직무의 성격과 달성해야 할 기능의 정도에 따라 달라진다. 예를 들어, 상이한 유형의 항공기 또는 상이한 고기의 품질을 구별하는 것과 같은 과업에 있어서, 능력들의 중요도는 다음과 같이 나타난다.

① 언어적 능력과 공간적 능력은

－기능 획득의 초기 단계에서 보다 더 중요하다.

－기능 획득의 후기 단계에서는 보다 덜 중요하다.

② 추리적 능력과 반응 능력은

－기능 획득의 초기 단계에서는 보다 덜 중요하다.

－기능 획득의 후기 단계에서는 보다 더 중요하다.

그러나 기능이 개발됨에 따라, 필요한 능력의 중요도도 달라진다.

기능이란 조직적인 신체적, 정신적 활동이다. 때로는 정신적인 활동만 관련된 경우도 있으나, 정신적 활동과 육체적 활동이 상호 연관되어 있는 것이 더 일반적이다. 숙련된 사람은 쉽게 구분된다. 그들은,

① 적응력이 있고 융통성이 있다.

② 분명한 목적의식이 있다.

③ 속도, 정확성, 스타일을 가지고 있다.

④ 성취 결과에 일관성이 있다.

⑤ 행동에 조화, 매끄러움, 리듬이 있다.

기능은 연습된 능력과 관계가 있다. 그것은 우연히 얻어지는 것이 아니다. 기능은 훈련, 꾸준한 노력, 연습의 결과이다. 기능의 습득에는 연습이 가장 중요하다. 인지와 피드백도 중요하다. 숙련된 사람은 무경험자보다 정확하고 속도가 빠르다. 기능은 또한 일어나는 상황에 대해 신속·정확하게 반응하는 능력과도 관계가 있다. 예견하는 능력이 필수적이다.

이러한 능력의 개발은 많은 노력과 시간을 요한다. 참고로 기능은 기준에 따라 여러 가지로 형태로 분류할 수 있는데 〈표 3-1〉은 기능의 성격이 재생적인지 또는 생산적인지를 기준으로 도식화한 것이다(Romiszowski, 1993).

〈표 3-1〉 **로미조프스키(Romiszowski, 1993)의 기능 도식**

기능적 능력의 유형 (Main skills category)	지적 능력의 유형 (Type of Knowledge content) 〈------------------〉	
	재생적 기능 (reproductive)	생산적 기능 (productive)
	표준화된 절차 적용 (알고리즘)	원리와 전략 적용 (발견학습)
인지적 기능 • 의사결정 • 문제해결 • 논리적 사고 등	알고 있는 범주의 문제에 대해 알고 있는 절차 적용(나누기, 문법적으로 올바른 문장 작성)	'새로운' 문제해결 또는 새로운 절차 고안(이론 검증, 창의적 작문)
운동 기능 • 신체적 행동 • 지각의 예민성 등	반복적이고 자동화된 기능(키보딩, 기어교환, 빠르게 달리기)	'전략'기능 또는 '기획'기능(그리거나 제도, 방어운전, 축구하기)
반응적 기능 • 자신을 다루는 것(태도와 감정, 습관과 자기통제)	조건화된 습관과 태도(참여, 반응과 가치부여; 접근이나 회피 행동)	개인적 통제 기능, mental set 또는 가치체계 개발, 자아실현
상호작용 기능 • 다른 사람을 다루는 것 (리더십, 설득, 갈등해결)	조건화된 사회적 반응(좋은 태도, 유쾌한 음성과 언어 습관)	개인 간 통제 기능(리더십, 감독, 설득, 토론, 세일즈맨십)

나. 기능 습득의 단계

인지학습이론에 따르면 기능은 [그림 3-2]와 같이 몇 개의 단계를 거쳐서 습득되는 것으로 설명된다(Fitts & Posner, 1967).

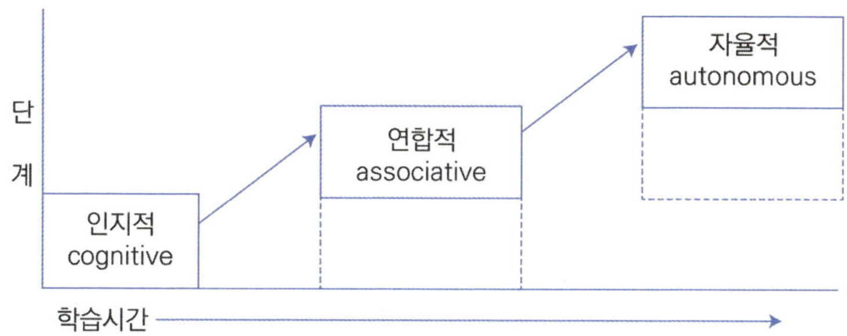

[그림 3-2] 기능습득의 단계

1) 인지적 단계

일반적으로 기능학습은 학습자가 기능에 관한 정보를 학습하거나 수업을 받는 단계에서부터 시작된다. 이것을 기능학습의 인지단계라고 한다. 이 단계에서는 일반적으로 학습자로 하여금 기능이 수행되는 방법에 대한 내적인 정신적 표현을 나타내도록 할 수 있다. 이 단계에서 학습자는 흔히 기능이 수행되는 방법에 대해서는 언어적으로 기술할 수 있고, 기능과 관련된 기본적인 사실들을 진술할 수 있다. 예를 들면 학습자는 키보드상의 기능키의 이름을 기억하고, 그것을 사용하는 방법에 대하여 간단히 설명할 수 있다. 기능습득의 단계를 고려할 때, 학습과정에서 반복연습이 매우 중요하다. 인지단계에서의 연습은 주로 최종적인 기능수행에 필요한 사실적 정보를 습득하는 것과 관련이 있으며, 이 단계는 전체 기능습득 과정에서 짧은 기간이다. 이 단계에서 교사는 다음과 같은 정보를 학습자에게 제공한다.

① 기대하는 것이 무엇인가.
② 바람직한 것과 피해야 할 것은 무엇인가.
③ 준수해야 할 순서는 무엇인가.
④ 알릴 필요가 있는 것은 무엇인가.
⑤ 준수해야 할 주의사항은 무엇인가.
⑥ 달성해야 할 기준은 무엇인가.

2) 연합적 단계

다음에 학습자는 대개 인지단계에서 획득한 지식에 기반을 두고 있는 기능을 수행하려고 시도한다. 다른 말로 통합(integration) 단계라고도 하는데(Reznick & MacRae, 2006), 이 단계는 정확한 행동패턴과 관계가 많다. 습득되는 행동패턴은 연습에 의해서 고정되어야 한다. 처음의 시도는 불가피하게 초기 이해에 있어서 실수와 부적합을 드러낸다. 그러나 이러한 실수와 부적합은 보충연습을 통하여 교정된다. 이 단계에서 찾아볼 수 있는 또 다른 특징은 연습과정의 결과로 기능의 다양한 요소들 간의 연합이 강화되는 것이다. 이 단계에서 연습의 역할은 학습자가 기능을 유연하고 정확하게 수행하도록 돕는 것이다. 그러나 학습자는 이 단계에서 기능을 수행하기 위해 정신집중을 많이 해야 한다. 이 단계는 단 몇 주일에서 수개월까지 계속될 수 있다. 이 단계에서 교사는 학습자를 위해 다음과 같은 것을 준비해야 한다.

① 기능의 시범
② 기능 모방의 기회
③ 실제적 또는 모의 상황하에서 기능의 연습
④ 결과에 대한 인지
⑤ 지도와 개인적 조력

3) 자율적 단계

기능획득의 세 번째 단계에서는 기능의 수행이 보다 자동화되고 빨라지므로 자동화(automation) 단계라고도 한다(Reznick & MacRae, 2006). 이 단계는 점진적인 속도와 정확성의 획득과 관련이 많다. 기능이 점점 더 자동화되어 감에 따라 스트레스에 대한 저항력이 증가한다. 다른 활동으로부터의 간섭에 대한 저항력도 생기고 집중력도 증가한다. 이 단계에서는 리듬이 중요하다. 자율적 단계에 이른 기능들은 어떤 부차적인 과제를 동시에 수행하면서 이루어질 수 있는데, 이는 대부분의 사람들이 걸으면서 읽고, 운전하면서 말하는 것과 같은 것이다. 그러나 모든 기능이 자율적 단계에 이르는 것은 아니다. 어떤 기능의 경우에는 유연하면서도 신중하게 그 기능을 수행할 것을 요구한다. 또 기능의 종류에 따라서는 자동성이 필요하다. 특히 그 기능이 더욱 복잡하고 높은 수준의 기능을 위한 하나의 요소로서의 역할을 해야 할 필요가 있을 때에는 많은 주의를 기울이지 않고도 그것을 수행할 수 있는 정도가 되어야 한다.

자율적 단계에서 연습의 목적은 학습자가 많은 정신적 집중 없이 기능을 수행함으로써 학습자의 주의력의 일부를 전체 과제의 다른 부분에 활용할 수 있게 하는 것이다. 많은 기능들이 유용하게 작용하려면 자동화 수준에서 수행되어야 한다. 결국 보다 복잡한 기능과 연결해서 수행해야 하는 기능의 경우는 자동화 수준에 이르러야 효율을 발휘할 수 있다. 컴퓨터 프로그래밍, 외국어 회화 등과 같은 복합적 기능은 자동화 수준에 이르러야 하는 기능의 예가 될 수 있다. 학습에 의한 기능변화는 갑자기 돌발적으로 이루어지기보다는 완만하게 이루어진다. 학습자 개인의 활동, 동기, 기질, 근면성 등에 따라 학습자마다 진보의 정도가 달라진다. 이 단계의 기능을 지도하는 교사에게는 민감성과 관찰력이 요구되며, 학습자를 위해서는 다음과 같은 것을 준비해야 한다.

① 기능의 완전 학습

② 리듬과 조화의 획득

③ 스트레스와 간섭에 대해 저항하는 방법에 대한 학습

④ 속도와 정확성의 점진적인 증가

⑤ 숙련 근로자 수준(experienced worker standard)의 달성

이상에서 설명한 피츠와 포스너(Fitts & Posner, 1967)의 기능습득 3단계의 주요 내용을 요약정리하면 〈표 3-2〉와 같다.

〈표 3-2〉 기능습득 3단계의 주요내용

단계	목 표	활 동	수 행
인지	과제를 이해한다.	설명, 시범	불규칙하고, 연속성이 없는 단계
통합	기술(mechanics)을 이해하고 수행한다.	계획적인 연습과 피드백	동작이 좀 더 유연하며, 끊어지는 것이 덜함
자동화	과제를 속도, 효율성 및 정밀성을 가지고 수행한다.	주의를 덜 기울여도 될 정도의 자동화된 동작, 세련된 동작에 중점	연속적이고, 유연하며, 적합함

자료: Reznick, R. K. and MacRae, H.(2006) 재인용

다. 기능 학습의 효과

1) 학습곡선

실기교육에 있어서 어떠한 경로로 학습이 진전되는가는 학습내용 특성에 따라서 다르고 학습자에 따라서도 다를 수 있다. 그러면서도 대부분의 경우 하나의 공통된 특색이 있다. 그것은 학습 시간의 경과와 함께 규칙적으로 전개되어 가는 것이 아니라 어느 시기에는 급속도로 진전하다가 어느 시기에는 정체하는 기복이 생긴다는 것이다. 이러한 학습의 전개사항은 특히 기능교육에 있어서는 어렵지 않게 수치화하여 나타낼 수 있다. 가장 전형적인 것은 다음 [그림 3-3]과 같은

것으로 이를 학습곡선이라고 부른다(나일주, 정인성, 1996). 학습곡선은 여섯 가지 국면으로 나누어진다.

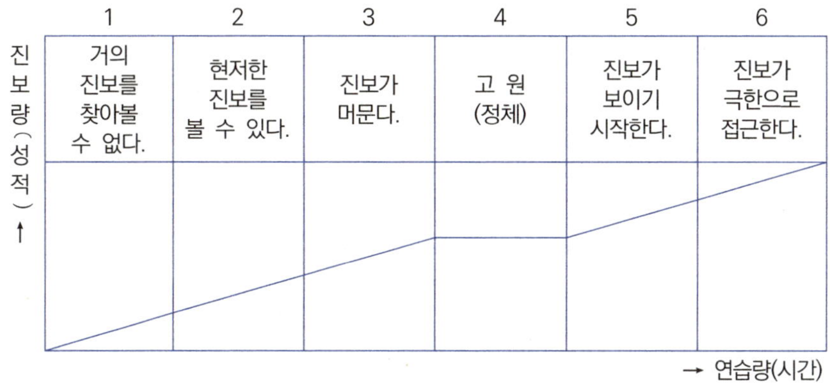

[그림 3-3] 학습곡선

여기에서 고원(그림 3-3에서 4의 시기)이라고 하는 것은 그 기간에 성적이 옆으로 기어가는 상태를 나타내며 일시적으로 진보가 정체되는 시기이다. 왜 이러한 고원이 생기는가에 대하여는 여러 가지 설이 있다. 그중 유력한 것은 이 시기를 학습의 질적 전환 시기로 보는 견해이다. 학습 초기에 있어서는 어떤 교수 방법이라도 어느 정도의 진보가 생긴다. 학습이 진행됨에 따라 맞지 않는 교수 방법이라면 그것이 방해가 되어 그 이상의 진보가 일어나지 않는다. 그러므로 다시 진보하기 위해서는 지금까지의 맞지 않는 방법을 능률적인 방법으로 바꾸어야 한다. 이 바꾸는 시기가 고원에 해당한다는 것이다.

대부분의 경우 이러한 바꿈은 학습자가 의식적으로 하는 것이 아니라 무의식중에 하고 있는 것이다. 인간은 진보하고 있다는 의식을 가졌을 때에는 그 행동에 흥미를 가지게 되지만 진보를 느끼지 못할 때에는 학습에 대한 흥미를 잃는다. 그런 의미에서 교사는, 학습자의 학습이 고원의 시기에 도달했을 때에는, 학습자가 학습에 대한 흥미를 잃지 않도록 특히 주의해야 한다.

2) 피로곡선

새로운 기능의 개발 초기 단계에 있어서 근육은 익숙하지 않은 행동을 수행하고 있으므로, 이들은 어색하고 쉽게 피로해지는 경향이 있다. 이와 같이 피로한 근육을 계속적으로 사용하기 위해서는 아주 짧은 시간이지만 휴식이 필요하다. 피로가 발생될 때마다 즉시 그리고 신속하게 비록 짧은 시간이지만 휴식을 취하는 것이 매우 중요하다.

피로(fatigue)란 정신적・신체적 작업에 의하여 개체의 심리적 기능과 작동 등의 부조화에 관련된 모든 현상을 의미하며, 작업량 및 작업능률이 저하되는 상태이다. 피로의 첫 단계에는 학습속도는 별 차이가 없으나 질이 나빠진다. 두 번째 단계에는 피로가 강해지면서 학습의 질과 양이 함께 저하된다. 세 번째 단계에서는 피로가 점차 커져 극도에 달하면 학습을 할 수 없게 된다. 학습장면에서 피로의 원인은 근육의 긴장 등 신체적 조건, 정신적인 긴장, 계속되는 학습작업 등 여러 가지가 있다.

기능 개발에 있어서 피로의 발생 형태는 다양하다. 실기교사는 여러 개인에게 있어서 언제 피로가 나타나며, 그 원인과 적절한 치유 방안은 무엇인가를 알고 있어야 한다. 흔히 육체적 피로라고 볼 수 있는 것이 실제로는 정신적 지루함에서 온다.

학습의 효과는 학습자의 피로 정도에 따라 달라질 수 있다. 여기서 피로는 육체적이거나 정신적인 것 또는 양자가 겹쳐진 것을 포함한다. 인간의 하루 동안의 피로 정도를 그림으로 나타내면 [그림 3-4]와 같다. 이 곡선의 개인차는 언제나 존재하지만 오후보다는 오전이 피로도가 덜하므로 학습효과가 높아질 수 있다(나일주, 정인성, 1996).

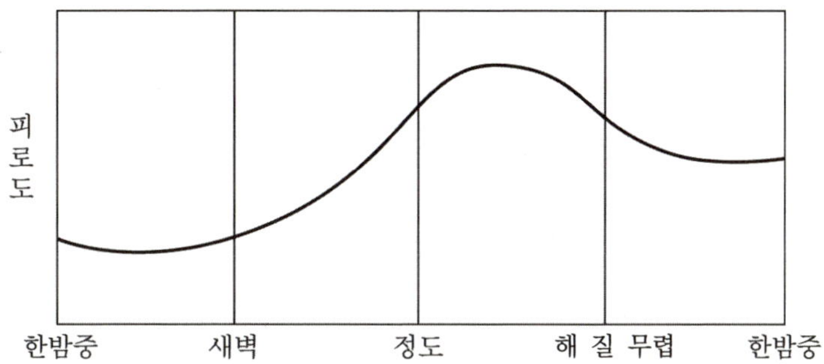

[그림 3-4] 피로곡선

피로와 유사한 개념으로 심적 포화가 있다. 심적 포화(psychical saturation)란 어떤 일을 어느 정도 하고 난 다음에 지치고 싫증이 나서 더 계속하고 싶은 생각이 나지 않는 심적 현상이다. 심적 포화는 힘을 들여 집중할수록 빨리 오는 경향이 있는 반면에, 아무래도 좋다고 늦장을 부릴수록 늦게 오는 경향이 있다. 피로는 일을 계속하고 싶어도 감당할 수가 없는 것인 데 비해, 심적 포화는 계속할 생각 또는 의욕이 없어지는 정신상태를 말한다. 따라서 심적 포화는 학습태도를 변경시키거나 새로운 과제를 준다든가 하여 어느 정도 포화상태를 풀 수가 있다.

3 기능의 교수원리

학교 수업에서 중요하게 취급되어야 할 것의 하나가 학생들에게 기능을 가르치는 것이다. 학교 학습은 흔히 이해(지식), 태도(가치), 기능으로 분류된다. 이것은 종종 인지 학습, 정의 학습, 기능 학습이란 영역으로 나누어 논의된다. 이러한 구분은 연구에 도움을 주는 장점이 있는 반면에, 학교에서 교수·학습에 실제 적용할 때는 혼동을 준다. 거의 모든 경우에 있어서 기능은 어느 정도의 인지 활동을 요구하며, 정의적 영역도 포함하고 있다.

보다 상위의 기능은 하위기능을 적절하게 수행할 수 없으면 성취하기가 매우 어려우므로 기능 학습의 발달 정도를 정규적으로 검사해 보는 것이 중요하다. 이상적으로 볼 때 기능교육 과정에서 학습 경험은 몇 년 동안에 걸쳐 간단한 기능에서 복잡한 기능으로 학습이 이루어지도록 계열적으로 배치되어야 한다. 모든 기능에 대해 정확하게 같은 방법으로 적용되지는 않으나, 기능에 대한 일반적인 교수원리와 절차가 존재한다는 관점에서, 기능을 가르치는 데 포함되는 원리가 무엇인가를 검토해 보기로 한다(김재복 역, 2002).

가. 의미와 몰입

대부분의 학습에 있어서와 마찬가지로 학습자가 그 기능이 무엇에 관한 것이고, 그것을 수행하는 데 무엇이 포함되며, 그 기능이 어떻게 사용될 것이고, 그것이 무엇을 위해 유용한가를 이해한다면 기능 학습은 용이하게 이루어진다. 기능의 실연(實演)은 의미를 보이고 훌륭한 성취의 예시를 위해 매우 효과적인 것이다. 실연은 흔히 신체적 운동을 포함하는 기능을 가르치는 데 사용된다.

의미를 가지는 것은 학습의 질을 높이려는 목적에 기여한다. 그중에서도 가장 중요한 것은, 의미는 학습자가 기능이 자기에게 어떻게 쓰일 수 있는가를 이해하는 데 도움이 된다는 것이다. 이러한 이해가 없으면 학습자는 기능 학습에 충분히 몰입하게 되지 않는다. 의미는 또한 학습자가 기능을 훌륭하게 성취하는 데 필요한 구성 요소를 알게 하는 데 도움을 준다.

한편, 기능이 높은 수준의 숙달에 이르도록 학습되려면 학습자는 기능이 익혀지는 과정에 깊이 몰입해야 한다. 기능 학습은 연습과 적용을 요구한다. 학습자가 기능 학습에 전적으로 자신을 투입할 때 그는 끊임없이 기능을 수행하고 적용하는 방법을 찾는다. 이때 기능 학습은 효과를 거둘 수 있다. 반대로 학습자가 기능에 최소의 노력만을 보이며 마지못해서 시간을 할애할 때에는 기능 학습은 잘 이루어지지 않는다. 개인이 기능을 학습하는 데 깊이 참여하고 높게 동기화되어 있으면 그렇지 않은 사람보다 더욱 빨리 그리고 효율적으로 학습할 수 있다. 그러므로 기능을 훌륭하게 가르치는 열쇠는 학습자가 기능 학습에 전념할 수 있도록 하는 방안을 고안하는 데 있다.

나. 연습

1) 의의

연습은 기능 학습에 절대적으로 필요하다. 어떤 기능이 아무리 의미가 있고 학습자가 그 중요성을 잘 이해하고 있어도 그 기능을 연습하지 않으면 능숙하게 수행할 수 없다. 연습을 통해서 학습자는 쉽고 자신 있게 그 기능을 수행할 수 있는 능력을 개발한다.

연습이란 일정한 목적을 가지고 능력을 향상시키기 위하여 작업을 되풀이하는 과정과 그 효과를 포함하는 전체과정을 말한다. 연습은 학습효과를 올리기 위해서 하는 것인데, 어떤 작업을 연습하면 작업은 질적·양적으로 진보하며 또 정신기능도 정밀해지고 예민해진다. 에빙하우스(Ebbinghaus)는 연습의 효과를 다음과 같이 제시했다.

① 행동을 세련되고 신속하게 하며 힘을 덜고 오류를 줄인다.

② 의식작용이 생략된다.

③ 운동이 자동적으로 이루어진다.

일반적으로 연습은 다음의 3단계에 걸쳐 이루어진다.

첫째, 「의식적 연습」으로, 작업을 진행하는 과정에서 하나하나 의식하고 모든 힘과 정성을 다하여 연습하는 단계이다.

둘째, 「기계적 연습」으로, 반복 학습함에 따라서 쉽고, 신속하며 또한 정확한 행동을 갖추는 단계이다.

셋째, 「응용적 연습」으로, 전 단계의 연습에서 얻은 것을 종합적으로 이용해서 하나의 종합된 작업을 완성시키는 단계이다.

이와 같이 연습이란 학습한 것에 대한 망각을 방지하기 위하여 학습을 반복 되풀이해서 반응형태를 고정시키기 위하여 이루어지는 과정이다. 그리고 망각의 방지와 더불어 학습자가 모든 행동에 있어서 확실하고 신속하게 반응할 수 있도록 하기 위한 것이다. 이 단계에 이르러야 비로소 학습이 완성된다.

2) 전습법과 분습법

연습이 효과적인 것이 되기 위해서는 특별한 방법으로 관리될 필요가 있다. 교사와 학습자는 전습법과 분습법 중에서 하나를 선택해야 한다(Davies, 1981).

전습법(whole learning method)은 학습자료를 하나의 전체로 묶어서 학습하는 방법이고, 분습법(part learning method)이란 학습재료를 작게 나누어서 조금씩 학습해가는 방법이다. 분습법에는 다음과 같은 것이 있다.

(1) 순수한 분습법: 전체 학습분량을 적당히 나누어 부분적으로 학습하고 나서 그것을 모아 종합적으로 학습하는 방법이다.

(2) 점진적 분습법: 전체 학습재료를 a, b, c로 나누었다면, 먼저 a와 b의 부분을 따로 학습하고 다음에는 a와 b부분을 동시에 학습하여 종합한다. 다음에 c를 학습하고 다시 a, b, c부분을 묶어서 종합한다. 이와 같이 점진적으로 부분을 더하여가며 전체를 학습하는 방법이다.

(3) 반복적 분습법: 먼저 a부분을 학습하고, 다음에는 a, b부분을 같이 학습하고, 또 a, b, c부분을 같이 학습한다. 이와 같이 해서 전체를 학습하는 방법이다.

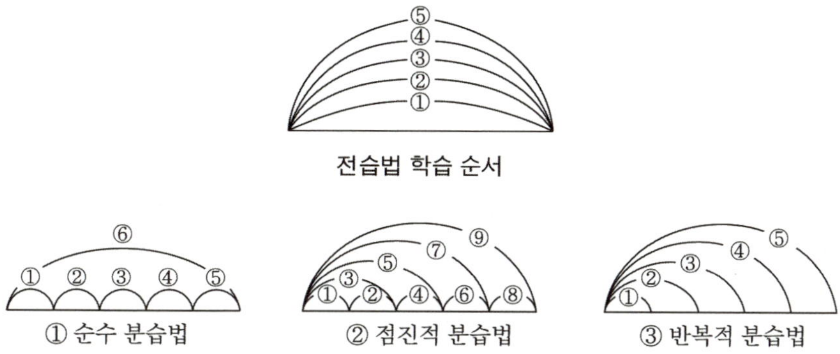

[그림 3-5] 전습법과 분습법의 유형

전습법과 분습법에 관한 여러 연구결과를 종합해서 정리해보면 다음과 같다.

① 지적으로 우수한 학생과 연령과 경험이 많은 학생은 전습법이 유리하다.

② 연습의 초기에는 분습법이 유리하지만 연습이 진행됨에 따라 전습법이 유리한 경우가 많다.

③ 집중학습인 경우 분습법이, 분산학습인 경우 전습법이 유리하다.

④ 통일성이 있는 종합적인 학습재료는 전습법이, 상호 관련성이 적고 분과적인 것은 분습법이 유리하다.

⑤ 전습법은 많은 시간과 노력을 필요로 하며 진보가 느껴지지 않기 때문에 학습 의욕이 저하되기 쉽다.

⑥ 전습법은 학습과제의 전체적인 논리적 구조와 순서를 보다 잘 이해할 수 있도록 돕는다.

3) 연습의 조건

기능의 향상을 이룩하려는 욕구는 매우 중요한 연습의 조건이다. 학습자가 연습을 하고는 있지만 그의 마음에서 우러나는 것이 아니라면 힘든 시간이 될 것이다. 이러한 것은 역효과를 낳는다. 그러한 경험은 해당 기능에 대하여 나쁜 감정이나 부정적인 영향을 낳기 때문이다. 이것은 학습자가 비생산적인 태도로 연습시간에 임할 뿐만 아니라 그 기능이 사용되는 상황을 피하게 된다는 것을 의미한다. 이것은 명백히 학습자가 그의 기능을 숙달시키려는 상황에서 멀리 떠나게 하는 것이다. 기능을 향상시키려는 강한 의도, 즉 높게 동기화되어 있는 짧은 연습시간이 더욱 생산적이다.

기능의 향상은 더 쉽게, 정확하게 그리고 더 빨리 수행하는 것을 의미한다. 만약 향상이 반응의 정확성에서 탐색되는 것이라면 불필요한 동작과 잘못을 제거하려는 노력이 필요하다. 그러므로 교사는 학습자가 기능의 수행에 있어서 어떤 점에서 잘못하고 있는가를 지적해 보여주거나 이야기할 필요가 있다. 기능이 습득된 후에는 기능의 정확한 반복만이 좋은 학습 방법은 아니다. 대신 학습자는 그의 반응이 어떻게 향상될 수 있는가를 알고 연습 시간에 특별한 결함을 고쳐야 한다. 그러나 향상이 보다 더 빨리, 즉 속도를 증가시키는 것이라면 빨리 하려는 의도를 가지고 같은 방법을 여러 번 반복해서 연습하는 것이 필요하다.

기능 학습의 초기 단계에서는 학습자의 연습을 교사가 주의 깊게 보살펴 주는 것이 필요하다. 이것은 학생이 기능을 바르게 수행하도록 하는 것이다. 보살펴주지 않으면 학생들은 잘못된 반응을 배울 수도 있으며 이러한 잘못은 학습될 필요가 없는 것이기도 하다. 일단 학생들이 기능을 습득한 후에는 연습시간을 짧게 하여 자주 가지게 하는 것이 기능 향상을 촉진시킬 수 있다. 기능의 성취가 받아들일 만한 수준에 도달했을 때는, 적용 기회를 가지도록 하는 주기적인 연습이, 그 기능의 능숙함을 유지하게 해 준다.

다. 경쟁과 가이드

기본적으로 경쟁은 남을 능가하려는 욕구에서 생긴다. 이것은 인간의 비육체적 여러 가지 활동에서도 유용하지만, 실제적인 육체적 경쟁과 관련될 때 일반적으로 가장 적절한 유형이다. 기능은 대부분 신체적인 성격을 가지고 있기 때문에 개별 학습자는 기능 개발이 경쟁에 기초를 두고 있을 때 특별한 관심과 학습에 집중하게 된다.

초기의 산업교원은 여러 단계의 지역 단위 또는 전국 단위의 경진 대회를 개최하고, 특정 기능에 대한 최고 실력자를 발굴해서 시상하였다. 이러한 경진 대회가 아직 일부 행하여지고 있기는 하나, 산업교원들의 교육적 노력이 보다 전문화됨에 따라 이러한 경진 대회도 중단되거나 근본적으로 그 성격이 변화되는 것이 바람직하다. 각 학생은 누구나 그 자신에 적합한 최고 성취 수준에 도달하도록 격려받을 자격이 있으므로, 교사의 노력도 일부 우승 가능성이 있는 학습자에게만 집중되기보다는 학급 구성원 모두에게 보다 평등하게 확산되어야 한다.

현재 경쟁 노력에 관한 심리학적 원리는, 개인적 경쟁 이외의 여러 가지 형태로 교사들에 의해 사용되고 있다. 학교 간의 경쟁인 경우, 전체 학습자가 성취한 점수가 경쟁의 기초가 될 것이다. 이와 같은 경쟁 동기는 비교적 순수한 기능이 개발되고 있는 학급에서 거의 매일 사용되고 있다.

한편, 가이드는 스트레스와 걱정을 감소시켜 준다. 가이드는 개별 교사의 대표적인 역할이다. 그것은 보통 1 : 1로 제공되며, 이때 교사와 학습자는 과업에 관한 특정의 정보를 제공해 주기도 한다. 비록 가이드가 모든 학습의 단계에서 역할을 하지만, 특히 학습의 시작 단계에서 중요하다. 연구 결과에 의하면 가이드는 기능 습득의 세 단계에서 외생적 피드백보다 효과적인 것으로 나타났다(Davies, 1981).

① 가이드는 학습의 초기 단계에서 실수의 기회를 감소시켜 준다.
② 학습자가 처음부터 과업을 정확하게 수행하는 것을 확보해 준다.
③ 학습자가 중요한 것에 주의를 집중하고 사소한 것은 무시하는 것을 확보해 준다.

초기의 가이드는 완숙 수준이 원만하고 신속하게 얻어질 가능성을 증가시켜준다. 그러나 가이드는 한 가지 결점을 가지고 있다. 학습자가 바람직하지 못할 정도로 가이드에 의존할 수도 있다는 점이다. 완숙 수준으로 향상됨에 따라 독립적이 되는 대신에, 의존적으로 될 수도 있다는 점이다. 지나친 가이드는 바람직하지 못하다. 한 가지 해결책은 가이드와 외생적 피드백을 혼용하는 것이다. 학습의 초기 단계에서는 학습자를 격려하고 가이드하지만, 향상되어감에 따라 가이드를 줄이고 외생적 피드백을 도입해야 한다. 학습의 마지막 단계에 가면서는 외생적 피드백도 줄이고 가이드를 하지 않는다. 교수 방법의 향상 정도에 따라 변화될 필요가 있다. 가이드는 초기 단계에서 특히 중요하고, 중간 단계에서는 외생적 피드백이, 마지막 단계에서는 내재적 피드백이 중요하다.

라. 피드백

기능 학습에서 중요한 요소의 하나는 학습자가 자기의 성취가 어느 정도인지를 아는 것이다. 이러한 것을 피드백(feedback)이라 한다. 피드백이란 용어는 시스템 이론에서 온 개념이며, 피드백 현상은 하나의 시스템 내에서 스스로 교정하는 기제로서 작용한다. 기능 학습에 있어서 학습자가 그의 성공과 실패에 관한 피드백을 받아들임으로써 학습자는 그의 성취를 향상시키기 위하여 필요한 조정을 할 수 있다.

기능적 영역의 능력을 습득하는 데 있어서 피드백의 중요성은 오래전부터 인정되어 왔다. 오늘날 피드백은 교수 기법의 중요한 부분의 하나이다(Davies, 1981).

피드백은 여러 가지 명칭으로 불리고 있다. 어떤 사람은 「결과에 대한 인지」라고 하고, 다른 사람은 「정보 피드백」이라고도 한다. 아마 가장 공통적인 대안은 '강화'일 것이다. 비록 피드백이 공학과 관련된 용어이지만, 그것은 교사에 의해서도 많이 사용되는 용어이다.

몇 가지 다른 유형의 피드백이 있다. 이들 모두는 직무 상황뿐만 아니라 교수·학습 상황에서도 사용된다. 피드백은 다음과 같은 것으로부터 나온다.

① 내부 과업이나 직무－이것은 내생적 피드백이라 한다. 이것은 과업 내에 고유한 것이다. 이것은 감각을 통해서 얻어지며, 즉각적이다.

예) – 선반의 윤활유가 타는 냄새로부터 얻어진 정보
– 회계상의 불일치

② 외부 과업이나 직무 – 이것은 외생적 피드백이라 부른다. 이것은 과업 자체에서 유래한 것이 아니다. 이것은 때로는 즉각적이기도 하지만 흔히 뒤늦게 나타난다.

예) – 정기적인 성과 평가로부터 얻어진 정보
– 분기별 판매 실적표와 보너스

교육적 장면에서, 어떻게 내생적 피드백을 구별해 내고 이용할 것인가를 학습자에게 가르쳐주는 것이 중요하다. 그리고 가능한 한 빨리 외생적 피드백이 주어지는 것도 중요하다. 학습자는 기능을 마스터한 사람보다 더 외생적 피드백을 요구한다.

일반적으로 긍정적인 피드백은 부정적인 피드백보다 높은 수준의 동기를 유지하고 성공적인 성취를 촉진시키는 데 더욱 효과적이다. 성공적인 경험은 개인을 긍정적이게 한다. 긍정적인 피드백은 옳은 것을 강조하기 때문에 그 성취는 계속적인 성공을 이루도록 반복될 수 있다. 부정적인 피드백에서 학습자는 단지 자신이 하고 있는 것이 잘못이라는 것을 시사 받을 뿐이며, 부정적인 피드백은 자신이 얼마나 향상할 수 있는가에 대한 방향을 제공해 주지 않는다.

피드백의 가장 중요한 원천은 분명히 교사이다. 교사 외에도 학생들은 흔히 서로 간의 상호 작용 속에서 그들의 성취에 관한 피드백을 받는다. 서로 민감하게 작용하면 이것은 기능 향상을 촉진시키는 데 중요한 의미를 갖는다. 스스로 교정하는 자료를 사용하고 성취에 관한 기록을 가짐으로써 학생들은 스스로 그의 성장에 관한 많은 양의 피드백을 얻을 수 있다.

피드백에 관한 많은 연구결과는 학습자와 교사에 대해 다음과 같은 몇 가지 가이드라인을 제공하고 있다.

① 피드백은 인지적 능력과 기능적 능력의 획득에 필수적이다. 이것은 또한 태도의 습득에도 필수적이다.

② 피드백은 너무 상세하지 말아야 한다. 그것은 구체적이고, 사실적이고, 핵심적이어야 한다.

③ 피드백은 지연되지 말아야 한다. 이 말은 즉각적이어야 한다는 의미가 아니라, 동일한 행동이 일어나기 전에 제공되어야 한다는 것이다.

④ 학습자가 과업을 수행하고 있을 때 피드백을 제공하는 것을 피해야 한다. 그것은 주의집중을 방해하며, 성취감을 빼앗아간다.

⑤ 과업이나 상황 내의 내생적 피드백을 관찰하고 이용하도록 학습자에게 가르쳐야 한다. 이러한 것은 학습자가 일단 완성한 완숙 수준을 유지하는 것을 보장해 주는 데 도움이 된다.

마. 적용과 지속

기능 개발에 있어서의 필수적인 요소는 기능을 사용하는 기회를 갖는 일이다. 이것이 이루어지지 않으면 기능의 학습은 실질적인 상황에서 유리된다. 예를 들면, 정보고등학교에서는 키보딩, 계산하기, 컴퓨터 등을 하루나 주일의 어느 기간 동안만 사용하도록 가르쳐서는 안 된다. 키보딩, 계산하기, 컴퓨터 등은 정보고등학교의 모든 전공 과목에서 활용되도록 해야 한다. 이것이 기초 기능을 익히는 가장 훌륭한 방법이다. 즉 기능의 학습과 적용은 상호 협력 관계 속에서 이루어져야 한다.

한편, 기능이 정기적으로 사용되고 적용될 때, 안정된 수준에서 기능을 유지하기란 별 문제가 없다. 문제는 학생들이 기능을 배운 후 오랫동안 사용하지 않을 때 발생한다. 사용하지 않음으로써 학생들은 그들이 학습했던 기능의 능숙성을 잃게 된다. 이는 다음에 그 기능이 필요하게 되었을 때 상당한 양의 재학습이 있어야 함을 의미한다. 만일 기능을 배운 후 그것이 사용되지 않는다면 학생들은 왜 그것을 배웠는지 의아해할 것이다. 학생들이 배운 기능을 일정 수준으로 유지하도록 하기 위해서 교사는 학생들이 정기적으로 체계적인 연습 시간을 갖도록 지도해야 한다. 정기적인 사용을 통해 기능이 유지되는 경우, 교사는 학생들이 그 기능을 바르게 수행하고 있는가를 확인하고 필요시에는 다시 지도하여 자주 체크해야 한다. 이것이 학생들의 반응 패턴을 굳히기 전에 바로잡아 주는 길이다.

요약

직업적으로 유용한 활동들을 학습하기 시작함에 따라 학생들은 다양한 운동기능을 학습해야 한다. 운동기능은 206개로 구성된 뼈와 이에 연결된 인대, 건, 근막, 연골 등의 연결조직, 그리고 400여 개로 분류되는 근육이 작용하여 나타난다. 직업적 운동기능은 손작업에 의해서 이루어진다. 손기능 또는 손기술을 손재주라고 한다. 재주는 숙련, 숙달, 기교, 정치성 또는 「잘한다」라고 하는 말로 표현할 수도 있다. 작업을 반복하는 연습이나 경험에 따라서 작업성적이 변하는 것을 운동학습이라 한다. 숙달은 운동학습에 따라서 작업성적이 향상되는 것을 말하며, 이러한 향상의 정도는 작업곡선으로 측정할 수 있다. 운동학습의 효과가 얼마나 남아있는지를 표시하는 것을 세이빙 스코어(Saving score)라고 한다.

기능적 능력은 기계적 능력, 공간적 능력, 조화 능력, 손재주 능력, 반응능력 등으로 구분할 수 있다. 기능은 조직적인 신체적, 정신적 활동이다. 기능은 인지적 단계 → 연합적 단계 → 자율적 단계 등을 거쳐서 습득된다.

학습은 시간의 경과에 따라 규칙적으로 전개되는 것이 아니라, 어느 시기에는 급속도로 진전되다가 어느 시기에는 정체하는 기복이 있다. 이러한 것을 표시한 것이 학습곡선이다. 이 곡선상에서 진보가 정체되는 시기를 고원이라고 한다. 새로운 기능이 개발 초기 단계에서는 근육이 익숙하지 않은 행동을 수행하고 있기 때문에 쉽게 피로해지는 경향이 있다. 피로란 정신적, 신체적 작업에 의하여 개체의 심리적 기능과 작동 등의 부조화에 관련된 모든 현상을 말한다. 이는 작업량과 작업능률이 모두 저하되는 상태이다.

모든 기능에 대하여 같은 교수원리가 적용되지는 않지만, 기능에는 일반적인 교수원리와 절차가 존재한다. 특히 기능의 교수와 관련해서 중요한 개념으로는 의미, 몰입, 경쟁, 가이드, 피드백, 적용 및 지속 등과 같은 것들이 있다. 기능의 습득에서는 연습이 가장 중요하다.

토의주제

1. 자신은 어떤 운동기능에 우위를 가지고 있는지를 이야기해 보고, 어떤 과정을 통해 그 기능에 대해 숙달하게 되었는지를 분석해 보자.
2. 하나의 기능을 선정해서, 그 기능의 습득을 위한 각 단계별(인지적, 통합적, 자율적) 내용을 분석해 보자.
3. 기능학습 과정에서 고원단계와 피로의 상관에 대해 논의해 보자.
4. 기능의 교수에 관련된 여러 명제들 중에서 한두 개를 선정해서 좀 더 심도 있는 조사를 해보자.

참고문헌

나일주, 정인성(2006). 「교육공학의 이해」. 서울: 학지사.

김재복 역(2002). 「인지 · 정의 · 기능 학습을 위한 전략」(자톨리맥). 서울: 배영사.

박성익 외 역(1996). 「학습의 조건과 교수원리」. 서울: 교육과학사.

소재무 외 역(1998). 「근골격계 운동기능의 신경역학적 이해」(Poger M. Enoka). 홍경.

이재식 역(2001). 「인간공학」. 시그마프레스.

장남기(1993). 「과학교육심리학」. 서울: 교육과학사.

한국교육개발원(1980). 「중학교 기술과 연수 교재」. 서울: 동원.

홍일표(1992). 작업자의 신체동작을 중심으로 한 인간공학적 작업형태에 관한 연구. 「직업교육연구」. 제11권 제1호 pp. 39-50.

Davies, I. K.(1981). *Instructional Technique.* Washington: Mcgraw-Hill.

Fitts, P. M. & Posner M. I.(1967). *Human Performance.* Belmont, Brooks Cole.

Reznick, R. K. & MacRae, H.(2006). Teaching Surgical Skills - Changes in the Wind. *The New England Journal of Medicine*, 355(25), 2664.

Romiszowski, A. J.(1993). Psychomotor Principles. in M. Fleming and W. H. Levie (Eds.). *Instructional Message Design*. NJ; Educational Technology Publications. p.130.

Wickens, C. D., Gordon, S. E., & Liu, Y.(1998). *An Introduction to Human Factors Engineering.* Addison-Wesley Educational Publishers Inc.

제4장

실기 수업과정의 모형

〈학습목표〉

1. 수업과정 모형의 단계별 활동을 예시할 수 있다.
2. 수업지도 단계에서 교사가 수행해야 할 임무를 이해할 수 있다.
3. 4단계 실기지도 절차를 설명할 수 있다.
4. 주어진 특정 단원에 대한 수업모형을 개발할 수 있다.

1 학습과 수업

수업이란 무엇인가를 배우기 전에 수업과 관련하여 쓰이고 있는 학습의 뜻을 먼저 정확하게 이해하는 것이 바람직하다.

가. 학습(Learning)의 정의

우리는 어떤 경험이나 활동을 통하여 여러 가지 행동의 변화를 가져오게 된다. 설계도를 보고도 무엇을 뜻하는지 모르다가 도면에 대해서 공부하고 난 후부터 도면을 읽고 이해할 수 있게 되었다. 자동차를 운전하지 못하던 학생이 운전 연습을 한 후 자동차를 운전할 수 있게 되었다. 수박에 접붙이기를 하여도 전혀 활착이 되지 않던 학생이 접붙이기에 대한 방법을 배우고 반복된 실습을 한 후 수박접을 해 본 결과 90%는 활착이 된다. 컴퓨터에 대해 전혀 알지 못하던 학생이 컴퓨터를 이용하여 화면에 그림을 그릴 수 있는 능력이 계발되었다. 상거래에 대해 전혀 기록할 줄 모르던 학생이 부기를 배우고 나서 복식 부기를 할 수 있게 되었다. 수영을 전혀 못하던 학생이 수영에 관한 기본 동작을 배워 계속 연습을 하였더니, 얼마 후 10m 정도는 헤엄치게 되었다. 이러한 모든 것들이 행동의 변화이다.

위와 같은 행동의 변화를 학습이라고 하는데, 이를 좀 더 구체적으로 정의하면 학습(learning)이란 「어떤 경험이나 활동을 통하여 비교적 영구성을 지닌 바람직한 행동의 변화」를 뜻한다. 이와 같은 학습의 정의를 심리학적 측면에서 좀 더 구체적으로 살펴보자(정원식 외, 2000).

먼(Munn)은 학습이란 활동, 훈련, 관찰과 같은 일정한 경험에 의하여 행동이 많든 적든 간에 영속적이고 진보적인 변용을 하는 것이라 하였다. 힐가드(Hilgard)에 의하면 학습이란 어떤 장면에 직면한 반응을 통해서 새로운 행동이 일어나거나 어떤 행동이 변용되는 과정이다. 단 그 행동의 변화 특징은 생득적인 반응이나 성숙 또는 유기체의 일시적 상태, 즉 피로 또는 약물에 의한 변화로 설명될 수 없다. 또 몰간(Molgan)은 학습이란 경험 또는 연습의 결과 생기는 비교적 영속적 행동의 변화로 정의하고 있다. 이들 정의에서 그 주된 특징들은 다음과 같다.

① 학습이란 새로운 행동의 획득이나 획득된 행동의 변화이다.

② 이 획득이나 변화는 경험이나 연습을 통해서 일어나는 변화이며, 성장이나 성숙 또는 상해로 인해서 일어나는 변화는 학습으로 간주하지 않는다.

③ 이 획득이나 변화는 비교적 영속적이어야 한다. 즉 학습에서의 변화는 어느 정도 상당한 기간 지속되어야 한다. 그러기에 약물・피로・순응 또는 유기체의 민감한 일시적인 감수성에 의한 변화는 제외된다. 그러므로 행동 변화에 있어서 기어 다니지 못하던 어린이가 기어 다니게 되고, 나이를 먹음에 따라 키가 크고 몸무게가 느는 등 성숙에 의한 신체적인 변화나, 술을 먹고 난 후의 행위, 신경 안정제 등을 먹고 난 뒤의 변화 또는 피로에서 일어난 변화 등과 같은 일시적 행동의 변화는 학습이라고 하지 않는다.

나. 수업(Instruction)의 정의

여기에서 '수업'의 의미로 사용하는 Instruction에 대해 저자에 따라서는 '교수'로 번역하거나, 글의 맥락에 맞추어 '수업' 또는 '교수'라는 표현을 혼용하기도 한다. 이와 유사한 용어인 Teaching에 대해서도 '수업', '교수'로 또는 '지도'로 번역하는 경우가 있다. 그러나 이 책에서 Instruction은 주로 '수업'으로, Teaching은 주로 '교수' 또는 '지도'라는 의미로 사용하지만, 맥락에 따라서는 '수업'과 '교수'를 거의 같은 의미로 혼용하기도 한다.

교수(teaching)란 학습자가 비교적 영구성을 지닌 바람직한 행동의 변화가 오도록 학습이 이루어지는 과정을 잘 안내(guide)하고 조정(control)하는 것을 뜻한다

(이무근, 2005, p.12).

학생들에게 비교적 영구성을 지닌 바람직한 행동의 변화가 이루어지도록 하기 위하여 교과별, 단원별로 설정된 수업목표에 따라 이를 달성하기 위하여 강의실이나 실험 실습실에서, 또는 그 외 장소에서 교사는 가르치고(teaching) 학생은 배우는(learning) 활동을 하게 된다. 여기서 수업(instruction)이란 바람직한 행동의 변화가 이루어질 것을 기대하면서 교사와 학생 간의 계획된 교수-학습(teaching-learning)의 상호 작용이라고 정의할 수 있다(Finch, 1999).

위의 정의를 좀 더 구체적으로 풀이해 보면, 첫째, 수업을 하면 학생들에게 바람직한 행동의 변화가 오도록 하여야 한다는 것을 알 수 있다. 둘째, 수업은 교사의 일방적인 활동일 수도 없고, 그렇다고 학생의 일방적인 활동일 수만도 없다. 교사와 학생 사이에서 이루어지는 상호 활동이다. 한 시간의 수업에서 교사 혼자서 열심히 강의하고 학생은 앉아서 필기만 하는 것이 훌륭한 수업이라고는 할 수 없다. 위의 경우 교사도 활동하고 학생도 활동하지만 서로 간의 활동(interaction), 즉 상호 작용이 잘 이루어지지 않았기 때문이다. 한 가지 더 강조되어야 할 점은 계획된 상호 작용이라는 점이다. 앞에서 강조한 상호 작용이 막연하게 이루어지는 것이 아니라 수업목표에 명시된 행동 변화를 추구하기 위하여 활동이 잘 계획되어 있고, 그 계획 아래 교사와 학생 간에 상호 활동을 한다는 점이다.

결국 "수업이란 학습자가 교육과정에서 의도한 지식·기능·태도 등의 학습력이 보다 효율적으로 신장될 수 있도록 내부적·외부적 환경을 체계적으로 조성하는 과정"이라고 볼 수 있다.

2 일반 수업과정 모형

가. KEDI 수업모형의 개요

학습이란, 어떤 활동, 훈련, 관찰과 같은 일정한 경험에 의하여 행동이 영속적이며 진보적으로 변화하는 과정이다. 교수란 학습이 잘 이루어지도록 그에 적합한 환경을 조성하고 이끌어가는 과정이고, 수업이란 학습자에게 바람직한 행동의 변화가 이루어질 것을 기대하면서 교사·학습자 간에 이루어지는 계획된 활동이다.

교육의 장면에서, 어떻게 하면 효과적으로 수업을 할 수 있느냐 하는 것은 매우 중요하다. 수업이 이루어지는 일반과정을 KEDI(한국교육개발원)의 모형에 따라 제시하면 [그림 4-1]과 같다(한국교육개발원, 1976; 변영계, 이상수, 2004).

1. 계획단계	→	2. 진단단계	→	3. 지도단계	→	4. 발전단계	→	5. 평가단계
• 학습과제 분석 • 수업계획 • 실천계획		• 진단평가 실시 • 분류 • 심화·교정 학습		• 도입 • 전개 • 정착		• 형성평가 실시 • 평가결과 토의 • 분류 • 심화·보충 학습		• 총괄평가 실시 • 결과 검토 • 결과 활용

[그림 4-1] KEDI 수업과정 일반모형

이 수업모형에서는 한 학습과제에 대한 교수가 다음과 같은 5단계를 거쳐 진행된다.

1) 계획단계

학습과제의 수업진행을 위한 계획에서 우선 학습과제의 분석을 통하여 수업목표를 명료히 하고 그 내용을 세분화하여 학습내용의 요소 간의 관계를 밝힌다.

수업계획서에서는 학생활동, 교사활동, 학습계열, 매체, 평가방법 등을 고려하여 어떤 교수·학습방법과 자료를 이용하여 교수·학습할 것인가를 결정한다. 실천계획은 일정, 교실, 인력, 교재, 교구, 지도 발전단계에서의 유의점 등을 고려하여 계획을 세운다.

2) 진단단계

진단단계에서는 수업에 들어가기 전에 교사는 학생들이 그 학습에 들어갈 준비태세, 즉 선행학습의 정도가 어떠한가를 진단평가를 실시하여 파악하고, 학습결손이 발견되면 교정해 주는 단계이다.

3) 지도단계

학습과제에 대한 본 수업이 이루어지는 단계이다.

지도단계는 다음과 같이 도입, 전개, 정착단계로 나누어 설명된다.

▶ 도입단계: 수업목표 제시, 학습동기 유발, 선수학습과제와 관련짓는 활동 등이 이루어진다.

▶ 전개단계: 학습과제의 내용을 제시하고 학생들은 이에 반응하며 이해하여 나간다. 이 단계에서는 학습목표와 과제에 따라 여러 가지 교수·학습방법이 사용된다.

▶ 정착단계: 학습된 내용을 정리하고 연습을 통하여 확실히 하며 새로 학습된 내용을 학생의 지적 체계의 일부로 통합하고 내면화하여, 새로운 사태에 적

용하고 일반화 내지 특수화할 수 있도록 지도한다.

4) 발전단계

지도단계에서 학습된 내용에 대한 학생들의 학습성취도를 형성평가에 의해 알아보고, 평가 결과를 토의하고, 학습성취 정도를 분류하여 심화・보충학습의 기회를 제공한다.

5) 평가단계

단위 학습과제의 수업결과는 총괄평가를 통하여 알아보고 결과를 검토하고 결과 활용 등을 통하여 수업을 끝낸다.

이 수업모형의 한 가지 특색은 수업과정을 일련의 계속적인 의사 결정 과정으로 보고, 그에 따른 상당한 정도의 수업 운영상의 융통성을 부여하고 있다는 점이다. 즉 진단 결과의 여하에 따라 지도단계의 구체적인 활동이 결정되며, 그것은 다시 발전단계에서의 중도 평가에 의하여 더 심화되어야 할 것인지 아니면 보충되어야 할 것인지가 결정된다. 적어도 이런 뜻에서 이 수업모형에서 상정하는 수업의 흐름은 사전에 결정된 고정된 흐름일 수 없으며, 후속되는 수업상의 모든 결정은 그 사건으로서의 학습자의 필요와 선행된 수업 절차에서 유도되는 것이다.

이 수업모형이 철저한 개별수업모형과는 상이하다는 점도 유의할 만하다. 이른바 학습기계나 컴퓨터에 의거한 철저히 개별화된 수업은 모든 교과와 모든 학년단계에 적용될 수 있는 수업모형이어야 한다는 관점에서 적절하지 않으며, 그런 개별화된 수업에 따르는 경비의 문제와 개인차의 확대 가능성은 교육 이외의 관점에서 아직도 심각한 논의를 필요로 한다.

이 수업모형을 실제의 수업에 적용할 때에 예상되는 각 단계의 수업 시간 배분은 학생의 입장에서 볼 때, 대체로 다음과 같이 나타날 것으로 짐작된다. 즉 첫째 단계인 계획단계는 교사에 의한 수업 준비의 단계이므로 0%이며, 둘째 단계인 진단단계는 10% 정도의 수업 시간이 배정되어야 할 것이다. 일부 교과 등에서는 사실상 진단활동이 무의미하거나 불필요할 수도 있기 때문에, 수업 시간이 이 진단단계에 전혀 배정되지 않을 수도 있다. 세 번째의 지도단계에서는 전체 수업 시간의 70~80%가 배정되어야 할 것이며, 네 번째의 발전단계에서는 10~20%의 수업 시간이 배정되면 적절할 것이다. 최종 단계인 평가단계는 흔히 정규 수업 시간 외에 설정되므로 수업 시간이 배정되지 않는다.

각 수업 단계의 수업 활동에 관하여 그 중요한 세부 내용을 기술하면 다음과 같다.

나. 한국교육개발원(KEDI) 수업모형의 세부내용

1) 계획단계

한 학습과제의 수업 진행을 위해 무엇보다도 필요한 것은 그 학습과제의 분석을 통하여 수업목표를 명확히 하고 그 학습 내용을 세분화하여 학습 내용의 각 요소 간의 관계를 밝히는 일이다. 이러한 절차는,

① 최종 목표의 확인

② 종속 목표의 확인

③ 내용 구조의 확인

이라는 세 가지의 과업을 교사에게 요청하는 셈이다. 이런 활동을 내포하는 학습과제 분석 활동은 상당한 전문적 소양과 시간이 소요되므로 일반 교사들에게는 기술적 지원이 주어져야 할 것이다. 이런 기술적 지원은 교육과정을 체계적으로 연구 개발하는 연구 기관이 담당하는 것이 적당하다. 그리고 그것은 교사 지침서와 같은 형식으로 교사들에게 제공되는 것이 바람직하다.

학습과제의 분석뿐만 아니라 적어도 8~12교시 정도로 계속될 각 학습과제의 수업 계획과 그 실천계획도 이 계획단계에서 수립해 두어야 한다. 즉 수업계획을 통하여 교사는 그 학습과제의 수업을 위해 학생 활동과 교사 활동을 계획하고 가르쳐야 할 학습요소의 지도 순서를 결정하며, 어떤 학습방법과 자료를 이용할 것인가를 결정하게 된다. 교사는 또한 평가 계획뿐만 아니라 그 학습과제의 수업목표로는 나타나지가 않았지만 수업 진행 중에 부수적으로 일어날지도 모르는 여러 가지 교육적 영향에 대하여 미리 고려해야 한다. 수업 지침서가 주어지고 그 속에 수업 계획이 제시되어 있을 때에, 교사는 이를 자신의 지역사회나 학교의 특수한 실정에 알맞게 조정해야 한다.

실천계획에서는 구체적인 수업 일정 및 시간 계획, 필요한 교재·교구의 준비를 갖추어야 한다. 그리고 교육 방송을 이용하거나 그에 따른 교실 이동의 필요가 있을 때에는 이를 위한 계획과 준비도 이 단계에서 이루어져야 한다.

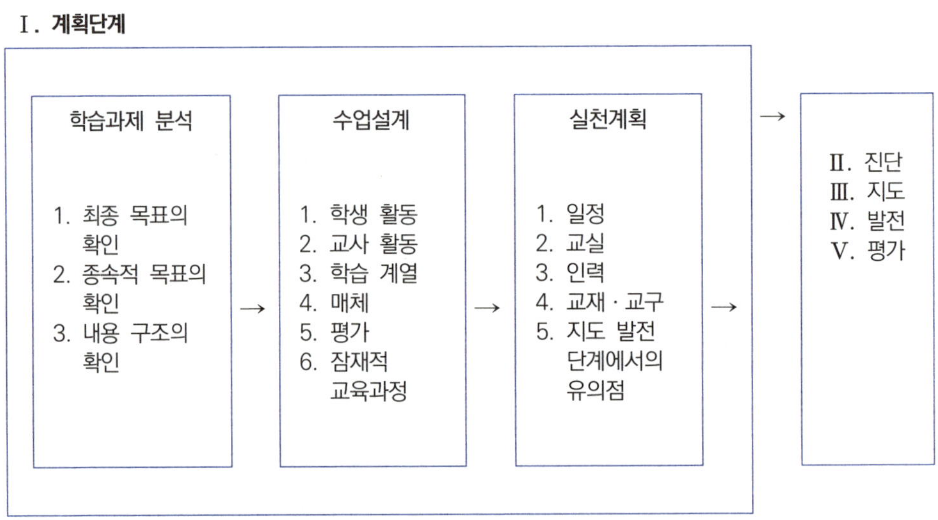

[그림 4-2] 계획단계

2) 진단단계

진단단계의 목적은 어떤 학습과제의 수업에 들어가기 전에, 학생들이 그 학습과제의 학습에 들어갈 준비가 되어 있는지를 진단하고 그에 따른 적절한 교정 조치를 하려는 데 있다. 예컨대, 한 학습과제를 성공적으로 학습하기 위하여 학습자가 이미 학습해 두었어야 할 선수 학습요소의 일부분에 결손이 발견되면, 가능한 한 보충 학습활동으로 이 결손을 처치해 주자는 것이다. 가령 정보고등학교에서 워드프로세싱 시간에 문서편집을 학습하는 단원에 들어가기 위해서는 문서편집의 기초가 되는 키보딩에 대해 충분한 학습이 되어 있는지를 알아보고, 그것이 부족한 학생에게는 그것을 학습하게 하여 이 문서편집 단원의 학습에 차질이 생기지 않도록 해 주는 일이 필요하다. 모든 학습과제의 학습에서 반드시 이러한 진단활동이 필요한 것은 아니지만, 교과 구조의 계열성이 강한 과목의 경우에는 거의 매 학습과제마다 이런 진단활동을 실시하는 것이 바람직하다. 진단 결과 학습 결손이 심한 학생들에 대하여는 방과 후에 교사가 특별지도를 실시할 수 있고, 이것은 한두 시간의 특별 지도일 경우도 있다. 이 수업모형의 가장 큰 특색은 발전단계와 함께 진단단계를 두고 있는 것이다.

이 수업모형이 전통적인 학교 수업 절차와 근본적으로 다른 점이 바로 여기에 있으며, 수업 성과를 높이기 위해서는 이 진단단계가 적절하게 그리고 어김없이 실천되어야 한다.

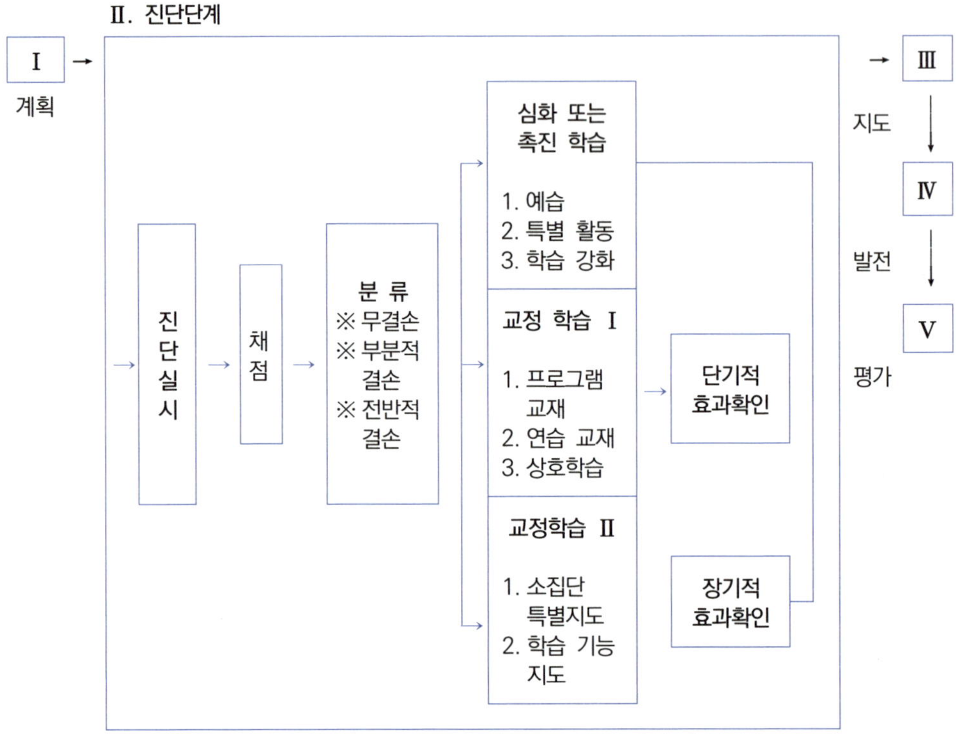

[그림 4-3] 진단단계

3) 지도단계

지도단계는 바로 본 수업이 실시되는 단계로서, 수업 시간 면으로 볼 때 전체 배정 시간 중 약 70~80%를 차지하는 교수·학습 과정의 핵심적인 단계이다. 이 지도단계는 도입, 전개, 정착이라는 세 개의 작은 단계로 세분할 수 있다.

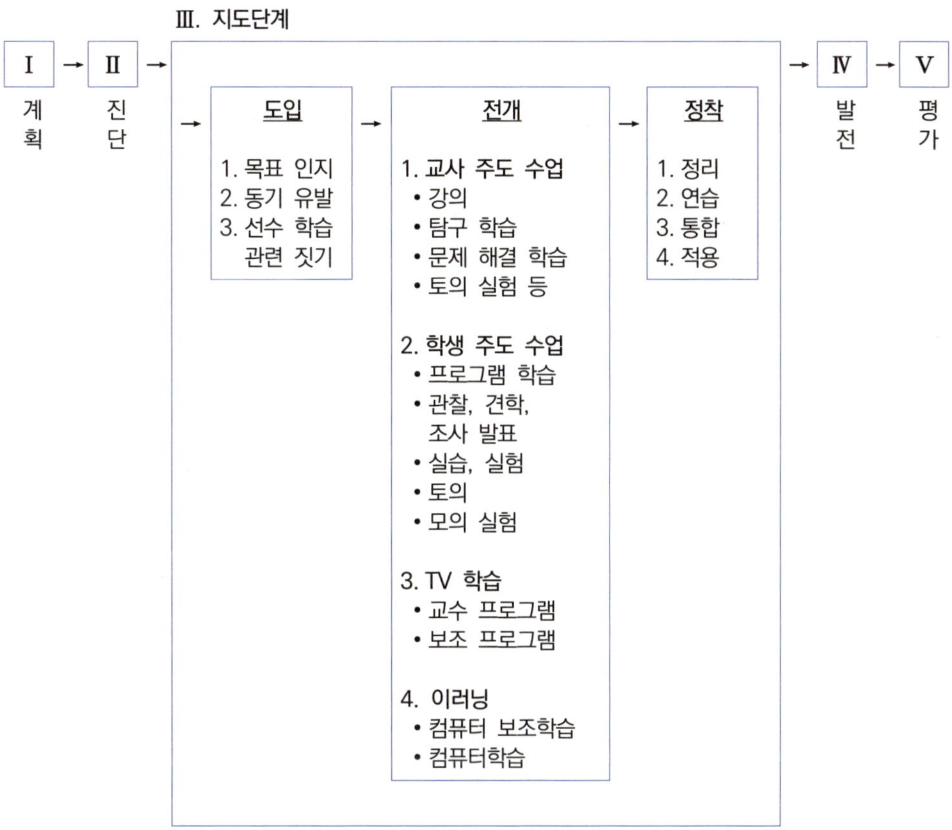

[그림 4-4] 지도단계

도입단계에서 교사는 교사 지침서를 참조하여 해당 학습과제의 구체적인 수업 목표를 학생들이 효율적으로 학습해 낼 수 있도록 제시하고 학생들의 학습 동기를 유발하며, 현재 다루고 있는 학습과제와 이전에 다룬 학습과제 사이에 밀접히 관련된 학습요소가 있으면, 학생들로 하여금 이를 서로 의미 있게 관련지어 그들의 이해를 돕도록 한다.

전개단계는 해당 학습과제의 내용을 학생들에게 제시하고 학생들은 이에 반응하며 이해하여 나가는 단계로서, 이 단계에서 사용할 수 있는 교수·학습의

형태는,

① 교사 주도 수업
② 학생 주도 수업
③ 그 외 방법을 통한 수업

등으로 대변될 수 있다. 교사 주도 수업의 예로서는 강의, 탐구 학습, 문제해결 학습, 토의 실험 등을 들 수 있다. 학생 주도 수업으로서는 프로그램 학습, 견학, 관찰, 조사 발표, 실습, 실험, 학생 중심의 토의, 모의 활동 등을 들 수 있다. 그 외 방법을 통한 수업으로는 텔레비전 학습과 이러닝 학습을 예로 들 수 있다. 텔레비전 프로그램과 이러닝 프로그램은 학습과제의 전체 또는 일부분을 직접 지도 내용으로 담고 있는 교수 프로그램과 교사 수업을 보조·심화하는 내용으로 구성된 보조 프로그램으로 나눌 수 있다.

정착단계는 일단 학습된 내용을 정리하고 연습을 통한 강화를 촉진하며, 새로이 학습한 내용을 학생들이 지적 체계의 일부로 종합하고 내면화하는 한편 새로운 사태에 적용하고 일반화할 수 있도록 지도해야 한다.

도입, 전개, 정착에 걸치는 이 지도단계의 활동은 각 교과에 따라서 상당히 다를 수 있다는 점은 앞에서 이미 설명하였다. 그것은 교과의 성격에 따라 서로 달라야 할 뿐만 아니라, 동일한 교과라 하더라도 교과관(觀)의 여하에 따라서도 서로 판이하게 다른 지도 활동이 가능하다. 예컨대 화학을 과학적 연구의 결과로서 얻은 지식체제로 보는 입장과 과학적 연구 과정 자체로 보는 입장 사이에는 서로 현저하게 다른 수업과정이 성립될 수 있다. 따라서 각 교과에 대해 올바르고 현대적인 교과관에 입각한 효율적인 학습지도를 위해서는 이 지도단계를 중심으로 한 교과별 하위 수업모형에 관한 연구가 요청된다.

4) 발전단계

발전단계는 형성평가의 실시와 처리, 그에 따른 보충·심화 학습활동으로 구성된다.

형성평가란 어떤 학습과제에 대한 수업이 진행되는 동안에 가끔 학습 상황을 파악하여 학생들의 학습을 촉진시키고, 계속되는 교수·학습활동을 개선할 목적으로 실시하는 평가를 의미한다.

형성평가는 보통 2~3시간의 수업이 끝날 때마다 실시하는 것이 바람직하나 이렇게 하면 지도단계의 본 수업 시간이 상대적으로 줄어들게 되기 때문에, 이 수업 모형에서는 형성평가를 대체로 4시간 내외의 수업이 끝날 때마다 한 번씩 실시하도록 구성되어 있다. 그리고 1교시 이내에 형성평가의 실시, 채점, 결과에 따른 조치가 다 이루어져야 하므로 형성평가의 실시 시간은 10~15분을 넘지 말아야 할 것이다.

형성평가의 실시가 끝나면, 학생들로 하여금 스스로 자신의 답안지를 채점하게 하거나 상호 교환 채점하게 하고, 채점이 끝나면 교사는 특히 어떤 학습요소에서 많은 학생들이 곤란을 당하고 있는지를 파악하여 이에 대한 보충지도를 잘 할 수 있다. 교사는 또한 일정한 분류 기준에 따라 학습이 완성된 것으로 판단되는 학생군, 학습이 거의 완성되었으나 부분적으로 곤란을 겪고 있는 학생군, 학습의 진전도가 극히 부진한 학생군으로 일단 분류한다.

학습이 완성된 학생들에게는 그들의 학습을 더욱 심화·확충시킬 수 있도록 특별한 연구과제가 주어지거나 또는 심화 학습을 위해 특별히 꾸며진 자율 학습교재가 주어져야 한다. 때로는 부분적으로 학습이 이루어진 학생들과 짝지어 그들의 학습을 도와줌으로써 자신의 학습 강화를 가져오게 할 수도 있다. 학습이 부분적으로 미완성된 학생들에게는 프로그램 교재나 연습 교재가 주어져야 하며, 그들이 학습 완성에 도달하는 데에 필요한 조력이 제공되어야 한다. 때로는 학습이 완성된 급우의 도움을 받을 수도 있다. 이런 소집단 협동 학습은 학습 효과를 촉진시킬 뿐만 아니라, 경쟁이 아닌 상호 협조의 분위기 속에서 학습하는 습관을 학생들에게 길러 줄 가능성이 있다는 점에서 특히 권장할 만하다. 학습이 거의 이루어지지 않은 학생들은 프로그램 교재나 연습교재에 의한 보충 학습의 기회뿐만 아니라, 교사의 직접 지도에 의한 소집단 특별 지도를 받게 하는 것이 바람직하다. 연구교재나 보충·심화 학습의 결과는 발표 또는 점검의 과정을 거치게 함으로써 어떤 모양의 확인 또는 강화가 필요하다.

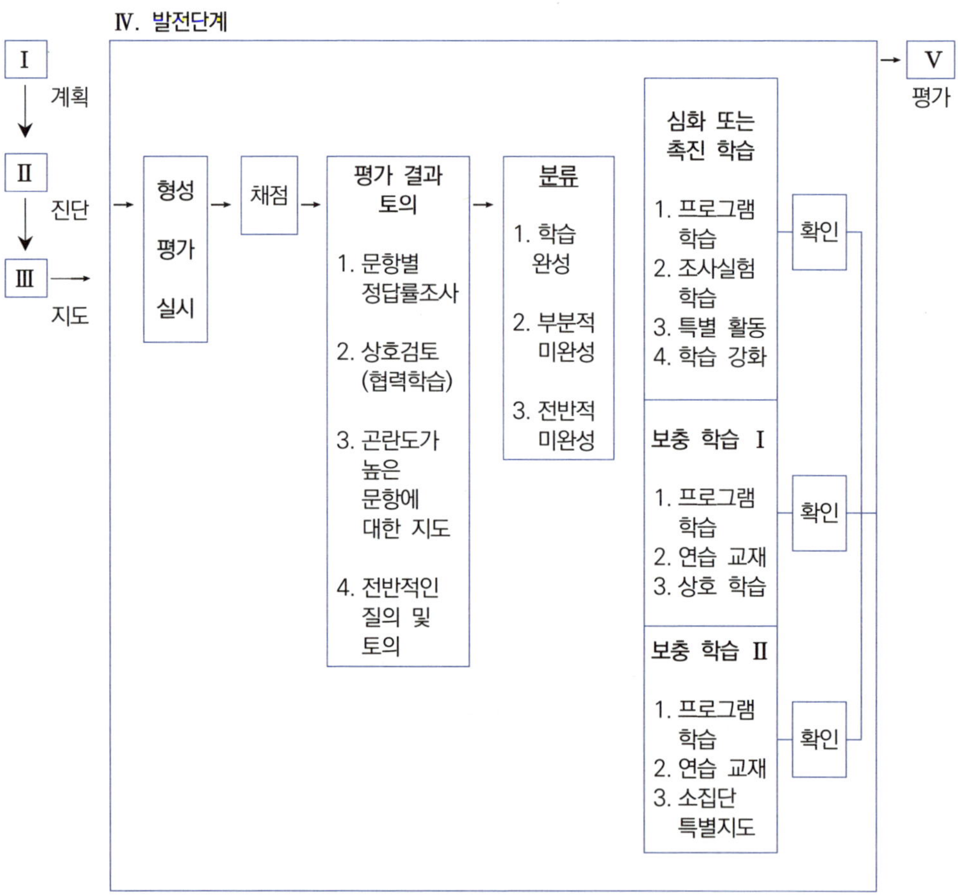

[그림 4-5] 발전단계

형성평가의 결과를 교사가 누적하여 기록할 필요는 없다. 형성평가로부터 얻은 자료를 기초로 하여 학생들은 자신의 학습 상황을 중간 점검하게 하여 수업목표에의 도달을 촉진하게 하고, 교사들은 자신의 수업 상황을 중간 점검하게 하여 그 결과를 수업 개선을 위한 하나의 체계적인 정보원으로 활용해야 한다. 학생들의 불필요한 긴장이나 불안을 막고 너무 빈번한 평가 활동의 인상을 피하기 위해서, 이 형성평가라는 용어는 전문 용어로서만 사용하고 학생들에게는 학습 확인 또는 확인 학습 등의 용어로 알려지도록 하는 것이 바람직하다.

5) 평가단계

이 단계에서는 발전단계에서의 형성평가와는 좀 다른 성격의 평가인 종합 평가 또는 총괄평가로 알려진 평가 활동이 이루어진다. 이 총괄평가의 목적은 주요한 지적 · 정의적 · 기능적 수업목표들이 학생들에 의하여 어느 정도나 잘 달성되고 있는지를 최종적으로 확인하여 성적을 결정하는 데 있다. 이 총괄평가는 수업목표로서는 명확히 제시되지 않았지만, 수업의 결과로서 나타나는 여러 가지 비의도적 교육 효과를 측정하고 그 개선책을 마련하는 목적으로도 실시될 수 있다.

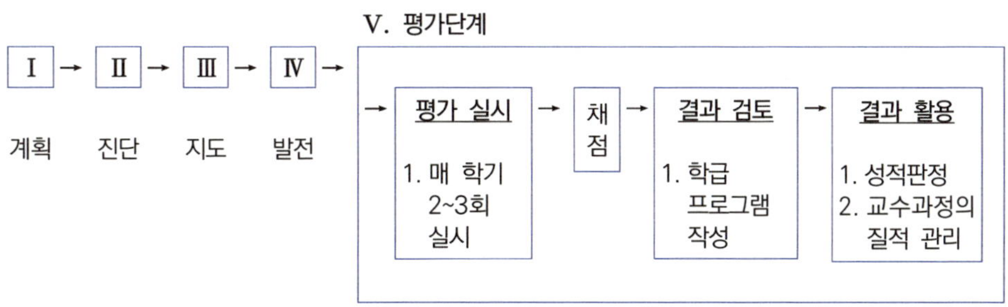

[그림 4-6] 평가단계

매 학습과제에 대한 수업이 끝난 다음에 총괄평가를 실시할 수도 있지만 너무 많은 수업 시간이 평가 활동에 쓰이는 것을 피하기 위하여, 이 수업모형에서는 2~3개의 학습과제가 끝난 뒤에 한 번 총괄 검사를 실시하도록 계획되어 있다.

총괄평가의 결과는 과목·학습과제별로 학급 프로파일을 정리하여 교사는 자신이 담당한 학급의 학생들이 어떤 영역에서 교육 목표를 잘 성취하고 어떤 영역에서 개선이 필요한지를 알아내어야 한다. 또한 교사는 이 총괄 검사의 결과를 학생들이 성적 판정에 사용하고, 자신의 수업과정을 반성해 보는 자료로서도 활용해야 할 것이다. 학급을 단위로 한 총괄평가의 결과를 해마다 누가적으로 비교해 볼 수 있도록 한다면, 이는 곧 학교 수업의 장기적인 질적 관리를 위한 자료로서도 활용될 여지가 크다.

3 4단계 실기지도 모형

방법과 자료는 수업에 따라 서로 다르지만 여러 가지 형태의 수업에 잘 적용될 수 있는 수업모형으로 4단계 모형을 들 수 있다. 이 4단계 실기지도 모형은 4단계 교수법이라고 부를 정도로 직업 교육 분야에 잘 알려져 왔다. 4가지 단계는 [그림 4-7]과 같이, 우선 교사와 학습자의 준비단계가 있고, 그 다음은 교사가 가르칠 내용을 제시하는 단계, 학습자들이 각자 제시받은 실기를 스스로 적용하여 연습하는 응용단계, 마지막으로 학습 목표를 달성하였는지를 평가하는 단계로 구성되어 있다(Kidd & Leighbody, 1955).

준비단계 → 제시단계 → 응용단계 → 평가단계

[그림 4-7] 4단계 실기지도 모형

매 수업을 계획하고 지도하는 데 있어서 정해진 절차에 따라 하는 것은 교수 경력이 그리 많지 않은 교사에게는 매우 유리하다. 그것은 순서대로 가르치고 체계적으로 배울 수 있게 하여 준다. 여기에서 설명하는 4단계는 교수·학습 절차를 완성하는 데 꼭 필요하다. 그러나 교사가 경험을 쌓아가면서 그 단계를 자유스럽게 변용할 수 있다.

1) 준비단계

(1) 교사에 의한 준비

준비단계는 두 가지 부분으로 되었는데, 첫 번째는 교사가 학습 내용을 가르치기 위하여 준비하는 것이다. 이것은 교사가 단순히 학습 내용을 새롭게 살펴보는 것만을 의미하지 않고 다음과 같은 일도 하는 것을 의미한다.

① 학습의 각 부분이 어떻게 습득되도록 할 것인가(방법)를 결정한다.

② 모든 필요한 교수 자료를 결정한다.

③ 수업을 전개하는 데 필요한 교수 시설 및 자료를 확보하고 준비한다.

교사는 수업을 성공적으로 이끄는 데 결정 요인이 될 다음과 같은 사항을 미리 계획하여야 한다.

① 수업을 할 교실, 실습장, 실습장 내의 장소 등의 선택

② 적절한 환기와 조명

③ 교사가 수업을 하는 데 필요한 장비, 공구 및 실습 재료

④ 수업 내용을 제시한 후 학습자들을 배치할 작업대

⑤ 학습자에게 공급할 공구와 장비

⑥ 수업 내용을 제시할 때 사용되는 차트, 도표, 칠판, 슬라이드, 컴퓨터 등 교수 보조 자료의 준비

⑦ 실습 지시서 개발

⑧ 학습자들이 실습할 실습 재료의 준비

예) 기계 실습을 위한 철재와 기름, 제빵 실습을 위한 밀가루, 소금 등 배합물, 봉제 실습을 위한 직물과 실

⑨ 수업을 마치고 났을 때 학습자를 평가하기 위하여 미리 개발한 평가 도구

교사와 학습자에게 필요한 것은 수업이 시작되기 전에 미리 예상하여 준비해 두어야 한다. 수업 계획은 시간이 많이 소요되며, 특히 수업을 처음으로 지도하는 초임 교사는 수업을 준비하는 데 상당한 시간이 걸린다. 수업 계획은 과목을 진행하면서 각 단원이나 실습과제마다 하나씩만 만들어 놓으면 학습자들은 실습장에서 한 과제를 완성하는 데 며칠씩 걸리므로 시간의 여유를 가질 수 있다.

일단 하나의 수업 계획이 잘 작성되면 다음에 똑같은 수업을 하게 되었을 때 다시 사용할 수 있다는 것을 초임 교사는 염두에 두어야 한다. 유능한 교사는 가르칠 때마다 수업 내용을 약간씩 수정할 필요가 있다는 것을 알게 된다. 이러한 변화는 학습자들의 반응, 학업 성취도 및 새로운 교수 자료의 등장에 따라 이루어진다. 또한 학습자들의 개인별 학습 능력의 차이도 고려하여야 한다. 그럼에도 불구하고 매 수업 계획 시 준비하는 데 소요되는 시간은 반복할수록 단축된다.

(2) 학습자의 동기유발

수업을 하는 데에는 또 하나의 다른 준비가 필요하다. 그것은 학습자로 하여금 수업을 받는 마음을 준비하도록 하는 일이다. 수업 계획을 아무리 잘 하더라도 학습자들이 육체적으로나 정신적으로 학습 준비가 갖추어져 있지 않으면 학습은 이루어지지 않는다. 그것은 학습자 내부에서 일어나야 하며, 교사는 그러한 상태를 잘 살펴서 수업을 해야 한다. 또한 교사는 학습자가 학습하고자 하는 상태에 이를 때까지 무작정 기다리기보다는 학습자가 새로운 것을 배우고자 하는 준비를 갖추도록 동기를 유발시켜야 한다. 학습자의 주의를 집중시키는 데 효과적인 방법에는 다음과 같은 것들이 있다.

① 흥미를 일으킬 수 있는 질문을 해서 단원을 소개한다.
② 완성된 실습 작품을 보여준다.
③ 학습자들 사이에 짧은 시간 동안 토의하게 한다.
④ 주의를 끌 수 있는 사진, 모형 등 시청각 보조 자료를 사용한다.
⑤ 칠판에 글을 써서 주의를 집중시킨다.
⑥ 배울 학습 내용과 관련된 개인적인 경험을 얘기하여 준다.
⑦ 가르칠 지식과 기능이 쓰이는 구체적 사태를 설명하여 주고 그 경우에 학습자들이 취할 행동을 말하게 한다.

교사의 제시와 학습자의 활동을 통하여 흥미를 유지하는 방법을 열거하면 다음과 같다.

① 하나의 수업 시간에 다양한 교수법, 즉 시범, 시청각 자료 활용, 토의, 질문 등의 교수법으로 지식과 기능을 제시한다.
② 학습자들이 흥미를 잃지 않도록 하나의 교수법을 활용하는 시간을 조절한다.
③ 실습 시간 동안 한 학습자도 할 일이 없어서 빈둥거리지 않도록 한다.
④ 학습의 목표를 확실하게 알고 있어야 한다.
⑤ 배우는 지식과 기능이 실제 직업 세계에서 어떻게 응용되는가를 알게 한다.
⑥ 학습자들이 실습 작품에 건설적이며 고무적인 비판을 하여 잘못을 알게 하고 수정하게 한다.

다음으로 학습 의욕을 계속 지속시키면서 수업을 진행하는 방법을 열거하면 다음과 같다.

① 실습을 열심히 하면 탁월한 기능을 습득하여 졸업 후 희망하는 직종에 쉽게 취업할 수 있다는 것을 알게 한다.
② 기본 실습을 잘 해두면 기술이 아무리 변화하더라도 전 생애에 걸쳐 취업이 보장된다는 것을 알게 한다.
③ 숙련된 근로자는 직장 내에서 책임자의 자리까지 진급할 수 있음을 알게 한다.
④ 학습자들이 실습을 성공적으로 해낼 수 있을 정도의 분량과 어려움을 요구

한다.

⑤ 실습과제는 적절한 시간 내에 만족할 만한 결과를 얻을 수 있도록 부과하고, 학습자들이 자주 진척된 것을 확인할 기회를 주고, 교사는 중간에 확인과 함께 격려와 칭찬을 해준다.

⑥ 학습자들이 자신의 실습 작품과 표본을 비교하여 요구하는 수준을 알게 한다.

⑦ 집단으로 실습할 기회를 주어 그 집단 내에서 우수 학습자가 다른 동료들을 자극하게 한다.

⑧ 가능하다면 기본 요소를 무시하지 않는 범위 내에서 실습과제를 학습자가 약간 변형할 수 있도록 허용한다.

⑨ 장인 정신을 개발하여 자기 자신에 대한 긍지를 갖게 한다.

2) 제시단계

학습자가 새로운 지식과 기능을 받아들일 준비가 되었으면 이러한 지식과 기능을 제시하게 된다. 이 단계에서 교사는 학습자들에게 숙련해야 할 기능을 보여주거나 배워야 할 사실이나 원리를 명확하게 가르쳐 준다. 기능을 보여주는 방법에는 시범, 견학, 시청각 보조 자료에 의한 방법, 강의, 토의 등이 있다. 어느 방법이 더 효과적인가는 수업 여건에 따라 다르다. 이 단계에 대해서는 다음에 설명하는 교수법에서 구체적으로 다루기로 하고, 시범을 보일 때 유의할 사항만 살펴보기로 한다.

① 시범 계획을 세워 목표를 분명하게 인식하고 무엇을 보여줄 것인가를 명확하게 하며, 시범의 시작과 끝을 염두에 두어야 한다.

② 시범 도중에 준비 부족으로 시범이 중단되는 일이 없도록 기계, 공구, 실습 재료, 도면, 차트, 실습 지시서 등 모든 필요한 물건을 준비하여 놓는다.

③ 학습자들이 편안한 자세로 시범을 볼 수 있도록 조명, 난방, 환기 등 실내 환경을 쾌적하게 한다.

④ 학습자들이 시범의 모든 동작과 방향 또는 설명을 분명하게 보고 들을 수 있도록 기계 등의 위치를 고려한다.
⑤ 시범을 보이는 동안에 다른 실습장에서 시끄럽게 하거나 같은 실습장에서 다른 학생이 실습을 하여 시범을 방해하는 일이 없어야 한다.
⑥ 시범을 보이기 전에 학습자들이 현재 알고 있는 것과 관련하여 무엇을 시범할 것인가를 분명하게 한다.
⑦ 방향이 중요한 시범에서는 학습자들이 교사와 같은 방향에서 볼 수 있도록 한다.
⑧ 학습자들이 중요한 장면을 놓치지 않도록 천천히 시범을 보인다.
⑨ 중간중간에 멈추어 학습자들이 따라오고 있는지를 확인한다.
⑩ 일단 시범이 끝나면 요점 정리를 해 주고 학습자들에게 질문해서 이해하였는지를 확인한다.

3) 응용단계

응용단계는 완전한 학습을 위하여 꼭 필요한 경험에 의한 학습 기회를 부여한다. 학습이 잘 이루어지기 위해서는 수업의 각 단계를 빠짐없이 거쳐야 하지만 특히 학습자에게는 이 응용단계가 중요하다. 이 단계 없이는 학습이 이루어지지 않으며, 이 단계에 이르기 위해서 학습자는 교사가 시범을 보일 때 잘 보고, 지식을 가르칠 때 이해하여야 한다. 이 단계에서는 학습자는 기능을 익히고 판단을 하는 데 배운 지식을 응용하려고 한다. 이러한 기능과 지식은 경험을 통해서만 얻어진다.

이 응용단계는 학습자가 제시단계에서 보고 들은 것을 처음부터 자신이 직접 해 보며 학습자가 수업에 직접 참여하는 단계이다. 이 단계 전까지는 학습자들은 대부분 학습 과정에 소극적으로 참여해왔다. 이제는 교사가 관심의 초점에서 물러나고 학습자는 능동적인 참여자가 된다.

이 교수 단계에서 시간이 가장 많이 소요되는데, 학습자가 새로운 학습요소를 연습하는 데 시간이 걸리기 때문이다. 익숙하게 되기까지 연습하는 데 걸리는 시간은 개인의 능력에 따라 다르므로 교사는 이 점을 고려하여야 한다. 응용단계에서는 주로 학습자가 활동을 하기 때문에 교사는 할 일이 없는 것으로 오해해서는 안 된다. 오히려 교사는 학습자 주위에서 언제라도 학습자가 원하면 가이드를 해주어야 하는 가장 바쁜 시간이라고 할 수 있다.

4) 평가단계

이 평가단계는 흔히 소홀하게 다루어지거나 무시되기도 한다. 그러나 이 평가단계는 성공적인 수업을 위해서 매우 중요하다. 이 중요한 평가가 자주 가볍게 다루어지고 있는 이유의 하나는 평가의 다양한 목적을 이해하지 못한 데 기인하고 있다.

(1) 평가의 목적과 중요성

평가의 목적은 학습자와 교사로 하여금 수업의 목표가 달성되었는지를 확인하도록 해주는 데 있다. 수업의 다른 단계들은 교사가 계획을 잘 세우고 교사와 학습자가 실행을 하지만, 평가에 의하여 결과가 검증되기 전까지는 학습자의 성취도나 교사의 수업 효과는 알 길이 없다. 모든 수업의 목표는 학습자로 하여금 새로운 지식과 기능을 완전히 익히도록 하는 데 있으므로, 이 평가단계에서 결과를 점검하지 않고는 어디까지 도달하였는지를 알 수 없다.

많은 교사와 학습자들은 평가의 기본적인 목표가 단지 학습자들이 학습한 정도를 가지고 등급을 매기기 위한 자료로 쓰기 위한 것으로 잘못 이해하고 있다. 그러나 등급을 매기는 데 쓰이는 일은 평가의 중요성 중에서 가장 낮다. 점수나 등급을 매기는 일보다 더 중요한 목적은, 평가를 통하여 학습자의 약한 부분을 발견하여 그 부분을 보충 학습시켜 주는 데 있다. 또한 교사에게는 어느 부분에서 교수 방법이 비효과적이었는지를 알려준다. 아울러 평가 결과는 학습자가 계속하여 진도를 나가야 할지를 결정하여 준다. 그렇기 때문에 학습자들도 평가가 왜 필요하며 적절한 평가가 학습에 어떤 도움을 주는지를 알고 있어야 한다.

그러나 평가가 학교에서 너무 자주 시행되면 실패에 따른 두려움 때문에 위협요인이 된다. 만약 교사가 평가를 성공과 실패를 판단하기 위한 수단으로 삼지 않고 학습자들이 스스로 자신을 평가하도록 한다면, 평가에 대한 학습자들의 태도는 완전히 새로워질 것이다. 학습자들은 자신이 이해하고 익힌 부분을 알고 즐거워할 것이며 부족한 부분은 흔쾌히 보충할 것이다.

(2) 평가단계와 응용단계의 차이

어떤 교사들은 평가단계와 응용단계를 명확하게 구별하지 못하고 있다. 이 두 단계는 대부분 한 가지 관점에서 차이가 나는데, 즉 응용단계에서 학습자들은 언제라도 교사의 도움을 구할 수 있는 데 반하여, 평가단계에서는 자기 혼자서 해야 한다는 점이 다르다. 평가단계에서는 누구라도 도움을 줄 수 없다. 학습자는 요구하는 수준까지 도달하였는지를 자기 자신이나 교사에게 확인받아야 하고 그가 아직도 약한 부분이 어디인가를 자기 자신이나 교사에게 나타내야 한다.

응용단계의 마지막 부분에 이르면 학습자는 교사의 도움 없이 혼자서 할 수 있으므로 이 부분을 평가단계로 활용할 수 있으며 실제로 자주 이렇게 쓰이고 있다. 이를 위해서는 교사나 학습자에게 그 수업에서 도달해야 할 성취 기준을 미리 알게 하고 이 기준에 입각하여 학습자의 성취도를 정확하게 검증하여야 한다.

(3) 네 개의 수업 단계를 교수(敎授)에 활용하는 방법

지금까지 설명한 네 개의 수업 단계가 상호 어떠한 관계를 가지고 있는지를 살펴보기로 한다. 여기에서는 네 개의 단계를 따로 떼어서 다루었지만 실제로는 각 단계가 칼로 자르듯이 엄격한 경계를 짓고 있지는 않다. 처음 수업 계획을 세울 때에는 그렇게 구별하는 것이 편리하지만 실제 수업을 할 때에는 여러 단계들이 서로 필요에 따라 섞여 있다.

응용단계에서도 학습들은 개별적으로나 집단적으로 제시단계의 시범이나 설명이 자주 반복적으로 필요하다는 것을 발견하게 된다. 가끔 학습자들은 제시나 응용단계에서 준비단계의 한 요소가 반복될 필요가 있다. 유능한 교사는 이러한 필요 사항이 어느 단계에 속하는지에 구애받지 않고 금방 그 요구를 해결한다. 4단계 교수 과정은 전혀 융통성이 없이 경직되어 있거나 기계적인 체계가 아니며 오히려 하나의 수업을 잘 계획하여 실행하는 데 이용되는 편리한 분석적 모형이다.

4 실기수업모형의 실례

여기에서는 기존에 개발된 '실과수업과정 하위모형'(변영계, 이상수, 2004)을 특성화 고등학교 워드프로세싱 단원의 실기 지도에 적합하게 수정한 사례를 제시한다.

가. 이론적 근거

이 워드프로세싱 기능학습을 위한 실기수업과정에 대한 하위모형은 다음에 제시된 몇 가지 이론적 근거를 가지고 설정되었다.

1) 기능학습의 과정

기능학습의 과정에 대해서는 심리학자에 따라서 약간씩 달리 설정하고 있는데,

일반적으로 다음과 같은 6개의 과정을 거쳐서 기능학습이 이루어진다(Klausmeier & Goodwin, 1975; 한국교육개발원, 1980).

첫째 단계: 학습자의 능력에 맞도록 기능을 분석한다.

둘째 단계: 올바른 반응(기능)이 무엇인지 시범을 보여주어야 한다.

셋째 단계: 언어와 신체를 통해서 학습자의 첫 반응을 이끌어 주어야 한다.

넷째 단계: 적당히 연습을 시켜야 한다.

다섯째 단계: 결과에 대한 지도를 통해 부적합한 반응을 교정시켜야 한다.

여섯째 단계: 학습자 스스로 자기평가를 하도록 도와주어야 한다.

위에서 본 6단계는 대부분의 학자들이 주장하고 있는 「특정한 신체적 기능은 실습을 통한 계속적인 시행에 의해서 얻어진다」는 이론과 합치한다. 그러나 이와 같은 과정에서도 실습 내용의 인접성이 있어야 하고, 연습과 함께 결과에 대한 이해가 강조되어야 비로소 효율적인 기능학습이 이루어진다.

2) 기능습득의 단계

실습에서 다루는 기능 수준을 어떻게 나누며 또 실습과제를 어떤 수준에서 다룰 것인가 하는 문제와 관련해서 피츠와 포스너(1967)의 견해를 참고할 필요가 있다. 이들은 기능습득이 인지적 단계(cognitive phase) → 연합적 단계(associative phase) → 자율적 단계(autonomous phase)와 같은 3단계를 거쳐서 이루어진다고 보았다(Fitts & Posner, 1967).

인지적 단계는 신체적 기능의 초기 단계로서 필기 검사를 사용하여 기능을 평가할 수 있는 단계이다. 즉 학습자가 어떤 사태를 인지하고, 할 수 있다고 느끼는 상태를 의미한다. 예를 들어, 키보드의 기본 키가 무엇이고 왜 기본 키를 중심으로 타자하는 습관을 키워야 하는지 그 이유를 이해하는 것이다. 이 단계에서는 학습자에게 훈련 영화나 시범을 보이는 것만으로도 크게 도움을 줄 수 있다.

연합적 단계는 운동 기능을 올바른 형태로 교정하고 고정시키는 단계이다. 이 단계가 제일 많은 학습 시간을 요하며, 습득하기 가장 어려운 단계이기도 하다. 특정 운동 기능 습관을 확립시키고 자동화하는 과정이며 습득된 기능의 안정성을 가지는 단계이다. 타자를 칠 때 기본 키를 중심으로 해서 글자판을 보지 않고도 타자할 수 있게 되는 단계이다.

자율적 단계는 자동적인 행동 기능을 나타내는 단계로서 쉽사리 할 수 있으며 오류가 거의 일어나지 않는 단계이다. 이 단계에서는 원고만 보고 타자하여도 신속·정확하게 문서를 작성할 수 있는 수준의 단계이다.

나. 단계별 내용과 활동

워드프로세싱 교육을 위한 이론에 따라 워드프로세싱 기능수업과정 하위모형(그림 4-8 참조)의 단계별 내용과 활동을 설명하면 다음과 같다.

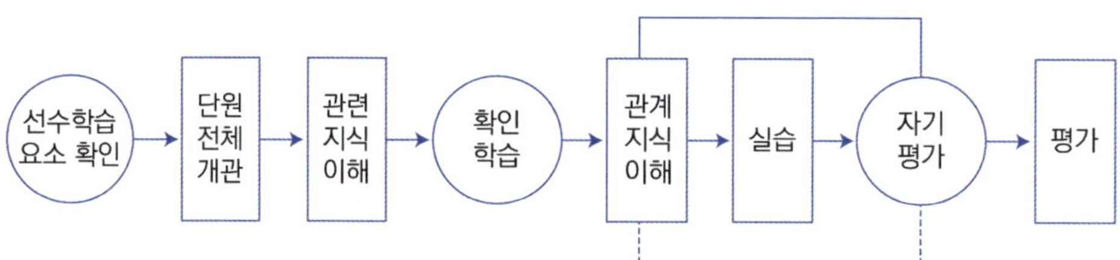

[그림 4-8] 워드프로세싱 수업과정 하위모형

1) 선수 학습요소 확인

이 단계는 본 단원 학습을 위한 도입단계로서 관련 지식 또는 경험을 상기시켜 단원에 들어가기 전 준비를 갖추게 한다. 이 단계에서 투입되는 자료는 진단학습 문제지·교사용 지침서·준비 학습 자료 등이다. 진단학습 문제를 작성함에 있어서 선수 학습요소를 추출하되 지식의 측면과 기능의 측면으로 구분하여 추출한다. 지식의 측면에서 추출된 선수 학습요소는 지필 검사 형태로 문장을 작성하여 학습자 스스로 평가하게 하고 채점 결과에 따라서 결손 아동은 준비학습 자료를 받아 무결손 아동과 함께 상호 협력 학습을 한다. 이때 교정 또는 보충이 이루어진다. 또한 기능의 측면에서 추출된 선수 학습요소는 교사의 주도하에 간단한 실기 평가를 실시하여 개인차를 파악하고 필요한 경우 결손 부분은 교정·보충해준다. 특히, 워드프로세싱 교과는 개인에 따라 개인적 연습이나 학원 수강 등의 기회를 통해 이미 상당한 수준의 기능을 습득한 학생들도 있으므로, 이들에 대한 파악을 미리 해두는 것이 필요하다. 이때 교사는 진단학습 지침에 제시된 준비자료를 사전에 예고하도록 해야 할 것이다.

2) 단원 전체 개관

단원의 전 내용, 즉 개괄적인 흐름을 이해하게 하는 단계이다. 학습자로 하여금 단원의 내용과 구성에 대한 전체적인 파악을 하게 함으로써 단원에 관련된 전반적인 지식을 얻게 한다. 이 단계는 단원 전개 계획상 대개 2차시에 해당되며 소요시간은 대체로 1시간 정도이다. 투입 자료는 교사용 지침서·교과서이며, 매체는 빔 프로젝터(beam projector)나 투시물 환등기(OHP)를 활용하도록 계획·설계된다. 그러나 빔 프로젝터나 투시물 환등기(OHP)가 투입되지 못할 경우에는 교사의 주도하에 일반 학습을 통하여 본 단계 수업이 이루어져야 할 것이다.

3) 관련 지식 이해

단원 전체를 파악한 후 단원의 내용 중에서 실습할 기능에 직접 관계된 지식을 제외하고 실습에 관련된 지식적인 내용을 몇 시간에 걸쳐서 일반 학습 형태로 다루게 된다. 예를 들면, 문서 작성에 관한 단원을 지도하는 경우, 통신문의 종류, 통신문의 구성 요소 등에 대해 먼저 학습이 이루어져야 한다.

4) 확인 학습 단계

전 단계까지의 학습과제에 대한 지적인 면의 성취 수준을 확인·평가하는 단계이다. 따라서 이 단계에서는 미리 준비된 확인 학습 문제지가 학습자에게 투입되고 교사는 확인 학습 지침에 의하여 학습을 전개한다. 확인 학습 결과 학습 미완성 학생에 대하여는 보충 학습 자료를 제공하여 상호 협력 학습방법에 의하여 보충·심화 학습이 이루어지게 한다.

5) 실습할 기능에 관계된 지식 이해

이 단계에서는 단원 내용 중에서 실습할 기능과 직접 관계된 필요 불가결한 지식을 교사 주도의 수업 형태로 지도하며, 지금까지 학습한 전 내용에 대한 보충·심화 지도도 병행하여 이루어진다. 문서 작성에 있어서 글줄의 길이, 좌우여백 조절 등과 같은 구체적인 문서 작성 요령을 지도한다.

6) 실습

이 단계는 워드프로세싱 수업과정에서 중심을 이루는 과정이다. 관계 지식을 먼저 익히고 실습할 것인지, 아니면 실습한 후 관계 지식을 익힐 것인지는 단정지을 수 없으므로 이 워드프로세싱 수업과정의 실습 단계에서는 단원의 학습과제에 따라 융통성을 갖고 수업을 전개시켜야 한다. 이 모형에서는 실습 전에 관계 지식을 익히고 실습 중 또는 실습 후에 관계 지식 및 단원의 관련 지식을 재확인하는 기회를 갖도록 되어 있다. 투입 자료는 워드프로세싱의 각 영역에 따라 약간씩 다르나, 일반적으로 실습 지침, 실습 일지, 생활 일지 등이 될 것이다. 이들 자료들이 투입되지 못할 경우, 교사의 주도하에 실습이 이루어져야 한다.

7) 자기 평가

앞 단계에서 행해진 확인 학습 단계에서는 지적인 면에만 한정했음에 비하여 이 단계에서는 기능적인 면만을 평가한다. 실습 중이나 실습 후 교사가 체크 리스트를 이용하여 학습자의 내생적 피드백을 평가하게 된다. 즉 실습자는 자기의 기능 습득 여부를 실습 지침에 표기된 체크 리스트에 의하여 평가를 한 후, 다시 다음 실습과제에 대해 위와 같은 과정을 반복하게 된다. 실습 과정에서 나타난 문제점과 실습 결과를 평가할 수 있는 관점을 교사가 제시해 주고 학습자가 스스로 반성・평가해 보도록 한다.

8) 평가

평가에서 세 가지 측면, 즉 인지적, 정의적, 기능적인 측면을 평가할 때는 실습 시 활용된 체크 리스트, 완성된 작품, 실습 일지, 학습자의 태도 등을 종합적으로 분석해야 한다. 이런 평가가 바로 수행 평가에 해당된다.

끝으로 워드프로세싱 수업과정 하위모형의 특징을 알아보면 다음과 같다.

첫째, 기능 습득 단계, 즉 「관계 지식」, 「실습」, 「자기 평가」 단계에서는 분습법을 활용하여 발전적 분습법(progressive part method)을 쓰고 있다는 점이다.

둘째, 기술 습득 과정의 중요한 부분이 피드백(feedback)을 강조하여 실시하고 있다는 점이다.

요약

수업이란 학습자에게 바람직한 행동의 변화가 일어날 것을 기대하면서 교사·학습자 간에 이루어지는 계획된 활동이라고 하겠다. 수업을 효과적으로 진행하기 위한 수업과정 모형에는 여러 가지가 있다. 한국교육개발원(KEDI)이 제시한 모형은 계획, 진단, 지도, 발전, 평가에 이르는 5단계로 구성되어 있다. 한편 피츠와 포스너(1967)는 기능 습득의 단계를 인지적, 연합적, 자율적 단계로 구분하였다.

직업·기술교육분야에 널리 알려져 있는 4단계 교수모형은 준비, 제시, 응용, 평가로 구성되어 있다. 준비단계에서는 교수 준비를 한 후, 학습자의 흥미와 학습 동기를 유발하며, 제시단계에서는 실기 시범을 보여 준다. 응용단계는 개별 실습을 하고 평가단계는 실습 결과를 학습자 간에 공동으로 평가하게 한다.

기능 교육을 위한 이론에 따라 워드프로세싱 수업과정 하위모형의 단계는 선수 요소 확인, 단원 전체 개관, 관련 지식 이해, 확인 학습, 관계 지식 지도, 실습, 자기 평가, 총괄평가의 순서로 진행된다.

토의주제

1. 한국교육개발원의 수업모형을 그림으로 그려 설명하여 보자.
2. '말을 물가까지 끌고 갈 수는 있어도 억지로 물을 먹일 수는 없다'는 속담을 생각하면서 교사가 수업을 준비하는 단계에서 해야 할 일을 설명해 보자.
3. 교사가 학습자들에게 학습이 확실하게 이루어지도록 하기를 원한다면 언제 새로운 기능과 지식을 제시하는 것이 가장 적절한 시점인가에 대하여 각자의 의견을 말해보자.
4. 경험이 부족한 교사들은 학생들에게 응용단계에서 일단 실습을 하도록 과제를 내주고 나면 교사의 역할이 거의 끝났다고 생각한다. 이 점에 대하여 각자의 의견을 말해 보자.
5. 매 단원마다 형성평가를 하지 않고 학기 중 가끔 평가를 한다고 할 때 일어나는 문제점을 설명하여 보자.

참고문헌

변영계, 이상수(2004). 「수업설계」. 서울: 학지사.

윤기옥 외(2002). 「수업모형의 이론과 실제」. 서울: 학문출판사.

이무근(2005). 「직업교육과정 및 평가」. 서울: 교육과학사.

정모근 외(2005). 「실과수업 이론과 실제」(증보판). 서울: 교육과학사.

정원식(2000). 「현대교육심리학」. 서울: 교육출판사.

한국교육개발원(1976). 「새 교육체제 개발을 위한 제1차 종합시범연구보고서」. 서울: 동원.

Finch, C.(1999). *Curriculum Development in Vocational and Technical Education.* Boston: Allyn and Bacon Inc.

Fitts, P. M. & Posner. M. I.(1967). *Human Performance.* Brooks Cole.

Kidd, D. M. & Leighbody, G. B.(1955). *Methods of Teaching Shop and Related Subjects.* Albany: Delmar Publishers, Inc.

Klausmeier, H. J., & Goodwin, W.(1975). *Learning and Human Abilities* (4th Edition). New York: Harper & Row.

제2부

실기교육의 계획

제5장

수업계획과 수업목표

〈학습목표〉

1. 수업계획의 필요성을 이해할 수 있다.
2. 수업계획 시 고려해야 할 전제를 설명할 수 있다.
3. 수업목표의 기능을 설명할 수 있다.
4. 블룸의 교육목표를 영역별로 구분할 수 있다.
5. 메이거의 교육목표를 항목별로 구분해서 설명할 수 있다.
6. 수업목표를 진술원칙에 따라 작성할 수 있다.

1 수업계획의 의의

여기서는 수업계획을 하기 위해서 기본적으로 알아야 할 몇 가지 사항, 즉 수업계획이란 무엇이고, 왜 수업을 사전에 계획하여야 하며, 수업계획을 할 때 고려해야 할 점에는 어떠한 것들이 있고, 수업계획은 어떤 절차에 의해서 이루어지는지에 관하여 설명하고자 한다.

가. 수업계획의 개념

교단에서 가르치는 일을 해 온 사람은 누구나 수업계획이라는 활동을 해본 경험이 있다. 가르치는 일을 하기 위해서 교사들은 머릿속으로부터 정도의 차이는 있지만 수업을 계획하는 활동을 한다. 이 계획은 한 개의 단원을 기준으로 하는 계획이 있을 수도 있고, 두 시간의 수업을 위한 계획도 있을 수가 있다. 수업을 계획하는 활동 속에서 수업목표가 무엇인지를 밝히고, 그 설정된 수업목표를 학생들에게 성취시키기 위하여 어떠한 학습 자료를 사용하여 어떻게 학습 활동을 전개시킬 것인가를 구상하는 일들이 포함된다.

수업계획이란 어떤 수업목표를 학습자들에게 효율적으로 성취시키기 위하여 수행되어야 할 제반 활동과 요소를 계획하는 활동이다. 수업계획은 효과적인 수업을 위한 사전 계획이라고 할 수 있다. 이를 좀 더 구체적으로 풀어서, 수업계획이 무엇인지를 알아본다면, 수업계획은 다음 세 가지 질문에 대한 대답을 찾는 일이다(변영계, 2004).

첫째, 학습자는 무엇을 학습해야 하는가?

둘째, 첫째의 질문에서 도출된 수업목표를 학습자들이 획득하도록 하기 위해서 제공될 학습 활동・수업 자료는 무엇이며, 그 수업의 진행은 어떻게 해야 하는가?

셋째, 학습자들이 수업목표를 성취했는지 여부를 어떻게 밝히는가?

이 세 가지 질문을 가지고 그 각각에 대한 대답을 찾는 활동이 바로 수업계획을 위한 활동이다. 그 활동의 결과로 산출된 것이 수업계획이라고 할 수 있다. 한 단원을 가지고 이러한 세 가지 질문에 대한 대답을 찾는 활동을 하였다면 한 단원의 수업계획이라고 할 수 있으며 한 시간의 수업을 위해서라면 한 시간의 수업계획이라고 할 수 있다. 그러나 일반적으로 한 시간의 수업을 위해서는 수업계획이라는 말 대신에 학습지도안이란 용어를 사용하고, 수업계획이라고 할 경우에는 비교적 큼직한 학습 과제나 한 단원을 대상으로 계획을 수립할 때 쓴다.

위의 세 가지 질문에 있어서, 첫째 질문의 대답은 교과과정이나 최종 수업목표를 근거로 하여, 그 목표를 보다 분명하게 규정하는 것이다. 또 다듬어진 최종 수업목표를 달성하기 위하여, 단계적으로 학습이 이루어져야 할 세부 수업목표(보다 하위 수준의 수업목표)를 분석해 내어 명료한 형태로 진술하는 활동을 의미한다.

둘째 질문에 대한 대답은 앞에서 분석해 놓은 수업목표를 학습자들이 보다 쉽게, 보다 적은 시간을 투입해서 보다 많은 학생들이 달성토록 하기 위하여 어떠한 자료, 어떠한 사람, 어떠한 학습장, 어떠한 학생 조직, 얼마만큼의 시간을 배정할 것인가 등을 계획하는 활동을 의미한다.

셋째 질문에 대한 대답은 수업목표에 타당한 평가도구를 제작하고, 이를 언제 실시하며, 그 결과를 어떻게 활용할 것인가에 대한 계획을 수립하는 활동을 의미한다.

이렇게 볼 때, 수업계획은 이미 교사들이 새로운 단원이나 새학기에 너무나 많이 해왔던 활동의 하나임을 알 수 있다. 흔히 교재 연구라는 이름으로 새 단원의 수업을 시작하기 전에 그 단원에서 가르칠 주요한 내용이나 목표를 찾아내고, 그 목표를 성취시키는 데 합당한 수업 자료를 찾아 준비하며, 수업 활동을 계획하는 일이라고 하겠다.

나. 수업계획의 필요성

수업계획을 하는 가장 큰 이유는 수업 전에 충분히 계획한 수업은 그렇지 못한 때보다 수업의 효과를 높이는 데 더 효과적일 것이라는 기본 가정 때문이다. 학습자들이 소기의 수업목표에 도달할 수 있도록 하기 위해서 제공될 수업 활동은 너무나 다양하고, 그 효과도 다양하다. 이러한 외부적으로 제공될 학습 조건을 가장 적합하게 해주는 일은 치밀한 계획과 사고의 과정을 통해서 이루어진다. 그리고 이 기본 가정 외에도 다음 몇 가지 이유로 수업계획의 필요성에 대한 지지를 받을 수 있다.

첫째, 오늘날 학교의 수업을 통해서 가르치려고 하는 수업의 목표나 내용이 너무나 많아지고 있기 때문이다. 현대 사회를 지식 폭발의 시대라고도 하고, 또 급변하는 시대라고도 말하고 있다. 그러므로 학교의 수업을 통해서 가르칠 목표를 결정하는 일은 무엇보다도 어려운 문제이다.

이 문제를 위해서 정부 수준에서 만든 교육과정이나 교과과정이 있지만 그 자체로는 바로 수업을 위한 목표나 내용을 끄집어내기가 어렵다. 또 어느 것이 낡은 지식이며, 어느 것이 새로운 것인지도 분간해 내기가 극히 어렵다. 그러므로 수업이 이루어지기 전에 무엇을 가르치고 무엇을 뺄 것인가를 결정하는 일이 우선되어야 하며, 이 일이 바로 수업계획에서 이루어져야 할 일이다. 수업계획은 가르쳐야 할 수업목표를 정선한다는 면에서 꼭 필요한 활동이다.

둘째, 수업에서는 학습자의 개인차를 최대한으로 고려해야 하기 때문이다. 학생들의 개인차를 고려한 수업을 위해서는 각종 수업 매체뿐만 아니라 학생의 조직, 교사의 역할, 그리고 수업의 장(場)에 대한 구체적인 계획이 있어야 한다.

셋째, 날로 다양하게 발전되고 개발되고 있는 자료나 수업 매체의 장점을 최대한으로 활용하기 위해서도 수업계획이 필요하다. 각 수업 매체는 그들 나름대로 장점을 지니고 있고, 각 수업목표에 따라서 적합한 수업 매체가 있을 수 있다. 그러므로 최적의 수업 매체를 선정하고, 그 수업 매체의 특성이 제대로 살아나 수업이 소기의 목표를 달성할 수 있도록 하기 위해서 수업계획이 필요하다.

넷째, 수업에서의 오류나 실패는 쉽게 교정하거나 되돌리기가 어려우므로, 이를 방지하기 위해서도 치밀한 계획이 필요하다.

다섯째, 수업의 경제성이란 측면에서 투입은 가능한 한 적게 하고 산출을 최대한으로 높이기 위해서 어떤 방법과 자료를 이용하여, 어떠한 절차 속에서 수업이 진행되도록 해야 할 것인가를 충분히 계획하여야 한다.

이 외에도 수업계획의 필요성은 여러 가지 측면에서 열거할 수 있다. 특히 실기교과에 있어서는 준비해야 할 교재, 교구, 실습장의 선정 등 단순한 교실 내의 지식 위주의 수업과는 상이한 특성을 많이 가지고 있기 때문에, 각 실기교과의 특성을 고려한 수업계획이 더욱 중요하다.

다. 수업계획을 위한 전제

수업계획을 하는 데에는 길잡이가 될 다음과 같은 몇 가지 전제를 밝혀 둘 필요가 있다.

첫째, 수업계획은 개인차를 최대한으로 고려하여, 개인의 독특한 특성에 알맞도록 설계되어야 한다. 교육 심리학이나 교수 이론은 학습자 개인의 특성을 다각적으로 밝히고 있으며, 개인의 독특한 특성에 따라서 수업이 제공될 것을 요구하고 있다. 실기교육의 주요 대상인 특성화 고등학교나 전문대학 학생들의 학력차로 인해 전문 교과를 획일적으로 진행하는 것이 매우 곤란한 실정이다. 따라서 지능, 적성, 흥미 등의 차이를 고려하여 수업계획이 이루어져야 한다.

둘째, 수업계획은 단기적인 것과 장기적인 것이 있는데, 이 두 단계를 동시에 고려하여야 한다. 단기적인 계획이란 교사가 수업이 이루어지기 전에 한 시간 또는 몇 시간의 수업을 계획하는 일과 같다. 장기적인 수업계획은 몇 개의 과제 또는 단원의 수업을 계획하는 일이다.

단기적인 수업계획에서는 가능한 한 현재의 사태와 주어진 조건을 최대한 고려하여 이미 개발되어 있는 자료 등을 활용할 수 있는 방향으로 나아가야 하는 반면 장기적인 수업계획에서는 새로운 자료의 개발에도 관심을 갖고 수업이 계획되어야 한다.

셋째, 수업을 계획하는 일과 수업하는 일은 상호 밀접한 관계가 있지만, 그 일을 수행하는 것은 분리될 수도 있고, 분리될 때 보다 효과적일 수도 있다. 물론 교사가 수업을 계획하고 이 계획된 수업안에 따라 수업을 하고 있는 것이 일반적이다. 그러나 여기에 새로운 수업 매체를 개발한다든지 하면 교사가 가르치는 일, 즉 수업이 희생을 강요당하는 경우가 있다. 따라서 이 일은 언젠가는 분리되어서 수행되는 것이 보다 높은 효과를 기대할 수 있을 것이다.

넷째, 모든 수업계획은 항상 '인간은 어떻게 학습하게 되는가'에 대한 지식 위에서 작성되어야 한다. 한 개인의 능력들이 어떻게 발달되어 가는가를 생각하는 것만으로는 충분하지가 않다. 우리는 그러한 능력이 길러지도록 하기 위해서 무엇을 해 주어야 하는가에 관한 대답을 찾도록 언제나 노력해야 한다.

다섯째, 수업계획을 하는 과정에서는 경제성의 원칙을 고려해야 한다. 즉 최소의 투입으로 최대의 효과를 얻을 수 있는 방안이 무엇이겠는가를 염두에 두어야 하겠다. 예를 들어, 같은 기능을 습득하더라도 학교에 실습장을 마련해서 실습을 하는 것과 현장 실습을 통해서 익히는 것 중 어느 것이 더 효과적이고 경제적인가를 고려해서 수업계획을 할 필요가 있다. 마지막으로, 현재까지 밝혀진 교육 공학을 최대한으로 활용하는 것을 전제로 해야 한다.

라. 수업계획의 절차

앞에서 설명한 수업계획 시 고려할 점들을 유의하면서 수업계획의 절차를 간단히 소개하면 다음과 같다.

① 학생의 흥미와 요구 및 선행학습 능력 파악

② 학생 성취 목표 설정

③ 학습 단원 개발

④ 학습 지도안 개발

⑤ 교수・학습 자료 선정

⑥ 평가 절차의 선택

위의 6개 항목에 걸친 세부적인 내용은 뒤에서 구체적으로 설명될 것이며, 여기에서는 우선 수업계획을 할 때에는 위와 같은 절차에 의해서 이루어진다는 것을 알아야 한다. 위와 같은 수업계획 절차에 따라 수업계획이 완성되려면 다음과 같은 수업계획서를 작성하는 것이 바람직하다.

〈표 5-1〉 수업계획서

제 학년 이수단위 지도교사

<table>
<tr><td colspan="12">교과목표:</td></tr>
<tr><td colspan="2">월 및 주</td><td colspan="2">단 원</td><td>소단원</td><td>계 획</td><td colspan="2">수 업 내 용</td><td colspan="2">교수 · 학습활동</td><td rowspan="2">학습
자료[2]</td><td rowspan="2">평가</td></tr>
<tr><td>월</td><td>주</td><td>단원명</td><td>단 원
학습목표</td><td>소단원명</td><td>시간수</td><td>실 내
수업내용</td><td>실 험
실습내용</td><td>교사
활동</td><td>학생활동[1]
(과제물포함)</td></tr>
<tr><td></td><td></td><td></td><td></td><td></td><td></td><td></td><td></td><td></td><td></td><td></td><td></td></tr>
</table>

1) 과제물 또는 리포트 제목의 제시 포함.

2) 교재 및 참고문헌의 제시 포함.

2 수업목표의 분류

가. 수업목표의 기능

수업목표(instructional objectives)란 학습 과정 혹은 경험을 통해서 학생에게 이루고자 하는 행동의 변화를 뜻한다. 즉 수업목표는 학생이 예정된 교과목을 끝마쳤을 때 성취하여야 할 바람직한 행동을 의미한다. 이러한 수업목표는 구체적인 내용을 갖추고 있어서 교사가 원래 의도하였던 숙달 수준에서 적절한 종류의 일을 할 수 있는 학생을 양성해 낼 수 있도록 마련되어야 한다.

수업목표는 흔히 비행기가 목적지를 향해 날 수 있도록 유도해 주는 나침반과 같은 것으로 비유된다. 과학적인 근거하에 설정된 교육목표 없이 수업을 전개하는 것은 마치 배가 나침반 없이 바다를 항해하는 것과 다를 바 없다. 그렇기 때문에 수업전개에 있어서 수업목표를 합리적으로 설정하여야 한다는 중요성은 아무리 강조하여도 지나치지 않는다. 이와 같이 중요한 수업목표는 어떠한 기준을 가지고 있으며, 어떻게 분류하고 진술하여야 하는가에 대하여 살펴보기로 한다. 수업목표가 잘 설정되고 진술되었을 때의 효과는 다음과 같다(이무근, 2005: 173-174).

① 수업목표는 학생이 학습 과정을 끝마쳤을 때 교사의 가르침이나 도움을 받지 않고 혼자서 해당 분야의 일을 수행할 수 있는 상태를 제시해 준다.
② 수업목표는 학생들의 수업목표 달성 정도를 평가할 수 있는 기준이 된다.
③ 수업목표는 학생들이 성취하여야 할 학습 범위를 제한해서 명확히 해준다.
④ 수업목표는 교사가 수업을 효과적으로 전개하기 위한 기본 지침이 될 뿐만 아니라 수업전개 과정에서 사용하게 되는 학습 절차를 제시할 수 있는 자료로 활용된다.

직업기술교육 분야의 수업목표를 설정하기 위하여 필요한 정보와 자료를 획득하는 유용한 방법 중에는 직무분석법이 있다. 그런데 이 직무분석과 수업목표의 설정은 다음과 같은 점에서 몇 가지 차이가 있다.

① 직무분석은 고도로 숙달된 사람에 의해서 수행되는 작업의 성취 수준을 기술하게 되지만, 수업목표의 설정은 다만 한 교과나 단원을 끝마쳤을 때 기대될 수 있는 성취 수준을 진술한다. 예를 들면 고도로 숙련된 기능공은 특정 도구를 다룰 경우, 그에게 그 기계를 다루는 절차를 가르쳐 줄 직무 보조원의 도움 없이도 5초 내지 10초 이내에 능숙하게 해낼 수 있다. 그러나 그러한 것을 학습하고 있는 학생이 그 과정을 끝마쳤을 때 그 정도의 숙련을 기대한다는 것은 무리이다. 다만 5분 내지 10분 이내에 다른 사람의 도움 없이도 작업을 스스로 훌륭히 수행할 수 있는 학습자를 바라는 것이 훨씬 더 현실적이다. 만약 학습자가 작업의 모든 절차를 혼자서 해낼 수 있고, 아울러 그 작업을 정확하게 수행할 수 있다면 숙련은 그 후 반복된 실습만으로도 가능하다.

② 직무분석을 기술할 때에는 직무를 수행해 나가는 데 필요한 모든 단계를 학생이 미리 알고 있든 모르고 있든 간에 모두 진술하여야 하지만, 수업목표를 설정하고 진술할 때에는 학생이 이미 알고 있는 것은 제외된다.

③ 다루는 내용 그 자체가 다르다. 직무 수행에 필요한 어떤 기능은 학교 교육을 통하여 가르치는 것보다 현장에서 학습하는 것이 더 효율적일 수 있다. 따라서 이런 것은 경우에 따라 수업목표에서 제외된다.

④ 직무분석의 작업 일람표에 열거된 작업들이 학교 수업에서 모두 지도되는 것은 아니며, 이들 중에서 학교의 재정과 시설, 수업 시간, 교사의 능력, 학습자의 흥미 등 학교 여건에 따라 취사 선택된다.

나. 교육목표의 분류

교육목표를 설정 진술한다 하더라도 그것이 학습 경험 선정과 조직 및 지도에 구체적인 시사를 줄 수 있는 것이 되기 위해서는, 어느 정도까지의 세분화가 필요하다. 따라서 목표가 내포하는 행동 특성을 몇 가지 변별 가능한 유형으로 분류 정리할 필요가 있다.

교육목표를 행동 유형별로 분류하는 것은 각 행동 유형의 육성에 필요한 학습 경험의 형태와 지도 방법과 평가 기술을 체계적으로 구상하는 데 많은 도움을 줄 수 있다. 단순히 지식을 이해시킨다고 해도 그것이 번역 능력을 강조하는 것인지, 해석 능력을 강조하는 것인지, 추리 능력을 강조하는 것인지에 따라 요청되는 내용과 지도의 형태는 달라질 수 있기 때문이다. 문제 해결 능력이라고 해도 그것이 원리 응용력에 강조를 두는 것인지, 분석 능력에 강조를 두는 것인지, 종합력에 강조를 두는 것인지에 따라 요청되는 내용과 학습 지도 방법은 다르다. 교육목표 분류의 장점은 다음과 같다.

① 교사들 간의 의사소통의 편의를 도모해 줌으로써 주어진 교육목표를 같은 의미로 이해하는 데 도움을 준다.
② 교육과정 계획에 있어서 설정한 교육목표의 포괄성을 검증할 수 있도록 도와준다. 즉 설정된 교육목표를 행동 분류 속에 나타나는 행동 범위와 비교해 봄으로써 부족했던 목표를 보완·세분할 수 있게 된다.
③ 육성되어야 할 행동 특성과 평가되어야 할 특성이 밀착될 수 있기 때문에 교육과정 계획과 평가에 구체적인 지침을 제시할 수 있다.

교육목표의 분류에 관하여 블룸(Bloom)의 것이 널리 알려져 있다. 직업·기술 교육에서의 위의 학자의 분류도 유용하지만 보다 더 많이 활용되는 것은 메이거(Mager)의 교육목표 분류이다. 여기서는 두 학자의 교육목표 분류 유형에 관하여 설명하고자 한다.

1) 블룸의 목표 분류

블룸과 그의 동료들은 다음의 원칙하에 교육목표의 분류를 시도하였다(박의도 외 공역, 1967).

① 행동의 분류는 주로 현존하는 교육 기관 및 교육 프로그램에서 사용될 것이기 때문에, 유목 간의 구분은 대체로 교사들이 학생의 행동을 구분할 때 쓰는 것이 좋다.

② 분류가 논리적 모순을 갖지 않아야 하고, 내적 일관성이 있어야 한다. 따라서 분류에 사용되는 용어는 처음부터 끝까지 일관성 있게 정의되고 사용되어야 한다.

③ 분류는 심리학적 타당성을 가지고 있어야 한다. 그러므로 아무리 교사들이 구분해서 말하는 행동 유목이라 하더라도 심리학의 지지를 받을 수 없는 것이라면 소용없는 일이 되어 버린다.

④ 교육목표 분류는 모든 교육목표가 고루 포함될 수 있는 분류 체계를 가져야 한다.

이와 같은 분류 원칙에 따라 우선 블룸과 그의 동료들은 행동의 영역을 크게 셋으로 나누어 지적 영역, 정의적 영역, 심리 운동적 영역(혹은 운동 기능 영역)으로 보고, 먼저 지적 영역에 있어서 분류가 이루어졌고, 후에 정의적 영역을 다시 몇 개의 유(類)로 구분하고, 그것을 다시 항목으로 세분해 들어가고 있다. 이제 블룸과 그의 동료들이 시도한 분류의 주요 내용만을 소개해 둔다.

(1) 인지적 영역

① 지식(knowledge) – 인지나 재생에 의하여 아이디어나 자료 또는 현상을 기억해 내는 행동을 말한다.

② 이해력(comprehension) – 이해력은 그 속에 번역 능력, 해석력, 추리 능력이 포함된다.

③ 적용력(application) – 방법, 원리, 학설, 추상 개념의 이해를 기초로 하여, 새로운 문제 사태에 그 방법, 원리, 학설, 개념을 적용하여 문제를 해결하는

능력이다.

④ 분석력(analysis) – 이해력이나 적용력보다 약간 높은 수준에 있는 능력이다. 분석력은 자료를 그 구성 부분으로 분해하고, 부분 간의 관계와 그것이 조직되어 있는 방식을 발견해 내는 것을 중요시한다.

⑤ 종합력(synthesis) – 여러 개의 요소나 부분을 전체로서의 하나가 되도록 묶는 능력이며, 창의적 능력을 내포하는 행동이다.

⑥ 평가력(evaluation) – 어떤 목적으로 아이디어, 작품, 해답, 방법, 소재 등의 가치를 판단하는 능력이다.

(2) 정의적 영역

정의적 영역에 속하는 목표들이 내면화의 수준에 따라 다섯 개의 분류목으로 나누어진다.

① 감수(awareness) – 이 수준에서 우리가 관심을 갖는 것은 학습자로 하여금 특정 현상이나 자극의 존재에 대하여 감수성을 갖게 하는 일이다. 즉 그러한 현상이나 자극을 피하려 하지 않고 받아들이며, 주의를 기울이게 하는 일이라고 할 수 있다. 교사가 가르치려 하는 것에 대해서 학습자가 적절한 주의를 해야 학습이 일어날 수 있다. 학습자에 의한 감수는 학습을 위한 첫 단계이며 결정적인 단계이다.

② 반응(responding) – 이 수준에서는 현상이나 자극에 대해서 다만 유의하는 정도를 넘어서서, 그것에 대하여 어떤 모양의 반응을 나타내게 된다. 이 단계에서 학생들은 '자진 감수'를 넘어설 정도로 동기화되어 있어서 능동적으로 주의를 기울이게 된다. 이 분류목은 흔히 '흥미'라고 하는 교육목표와 가장 밀접하게 관련되어 있다.

③ 가치화(valuing) – 어떤 현상이나 활동에 단순히 관여하고, 반응하는 수준을 넘어서서, 그런 현상이나 활동을 가치 있게 여기고, 적극적으로 일관성 있는

반응을 보이게 되는 수준을 가치화의 단계라고 할 수 있다. 이 수준에 분류되는 행동은 일관성과 안정성이 충분하여 하나의 신념이나 태도와 같은 것으로 굳어지게 된다. 태도라는 말(가치라는 말도 물론이지만)이 붙는 수많은 교육목표나 수업목표가 바로 이 분류목에 해당한다. 이 단계의 행동이 보여주는 한 특징은 추종이나 복종을 하려는 욕구에 의해서가 아니라, 행동의 밑바탕이 되어 있는 가치에 대한 개인 스스로의 확신에 의해서 동기화되어 있다는 점이다.

④ 조직화(organization)-우리는 여러 가지 가치를 차례로 내면화해 감에 따라 복수의 가치가 얽혀 있는 사태에 당면하게 된다. 그래서 여러 가지 가치를 하나의 체계로 조직하고, 여러 가치 간의 상호 관계를 밝히며 전체를 꿰뚫는 지배적인 가치를 정립하게 된다. 이러한 가치 체계는 서서히 형성되며 새로운 가치가 편입됨에 따라서 조금씩 변화한다. 가치 체계를 정립해 나가는 초기 단계를 조직화의 단계라고 할 수 있고, 조직화의 하위 분류는 가치의 개념화와 가치 체계의 조직으로 구성된다.

⑤ 인격화(characterization)-내면화가 이 수준에 도달하게 되면 개개의 가치는 개인이 갖고 있는 가치 위계 속에 흡수되어, 일종의 내적으로 일관되는 체계 속으로 조직되어 버린다. 그것은 또한 개인의 행동을 일관성 있게 장기적으로 통제하고, 어떤 한 가지 방식으로 행동하도록 개인을 내모는 힘을 갖게 된다. 그리고 특별한 위험이나 도발이 없다면 이런 수준의 행동이 일어남으로 해서 어떤 감정이나 정서가 유발되지는 않는다.

(3) 심리 운동적 영역

블룸 등에 의하여 지적 영역이 분류된 후 상당한 시간이 경과되었지만, 심리 운동적 영역(psychomotor domain)은 인지적 영역이나 정의적 영역만큼 체계적으로 분류되지 못하고 있다. 그러나 블룸의 분류 체제에 맞추어 심리 운동적 영역을 분류한 사람은 해로와 심슨(Harrow & Simpson)이다. 그의 이론에 따라 심리적 운동 영역의 동작 행동을 분류한 각 분류 수준과 그 하위 범주 및 세목에 대한 모형은 다음과 같다(김종선, 김기웅 공역, 1978).

〈표 5-2〉 **심리 운동적 영역의 분류화: 각 분류 수준 및 하위 영역**

분류학 차원	수 준	정 의	행동적 활동
1.10 분 절 1.20 분절간 1.30 초분절	1.10 반사동작	어떤 자극에 대한 반응으로 의식적인 의지가 없이 유출된 동작	굴절, 확장, 신장, 자세 적응
2.10 이 동 2.20 비이동 2.30 조 작	2.00 기본적 기초동작	전체요건: 1.00 반사 동작을 결합함으로써 형성되는 선천적 동작유형이며 복잡한 숙련동작을 위한 기초	2.10 걷기, 달리기, 점프하기, 미끄러지기, 토끼뛰기, 구르기, 기어오르기 2.20 밀기, 당기기, 흔들기, 휘두르기, 웅크리기, 뻗치기, 굽히기, 비틀기 2.30 만지기, 조작하기, 쥐기, 손가락 움켜쥐는 동작
3.10 운동지각 변별 3.20 시각변별 3.30 청각변별 3.40 촉각변별 3.50 협응능력	3.00 지각능력	전체요건: 1.00~2.00 학습자가 자기의 환경에 적응하도록 자료를 제공해 주는 각종 유형으로부터 오는 자극의 해석	지각능력의 결과는 모든 유의적 동작에서 관찰 가능한 것이다. (예)청각: 언어적 지시를 따르는 것 시각: 움직이는 공을 요리조리 피하는 것 운동지각: 물구나무서기에서 균형을 유지하기 위하여 신체적 적응을 하는 것 촉각: 만져봄으로써 직물을 감별 협응: 줄넘기, 쳐내기, 잡기

분류학 차원	수 준	정 의	행동적 활동
4.10 지구력 4.20 근 력 4.30 유연성 4.40 민첩성	4.00 신체능력	고도로 숙련된 동작의 발달에 필수적인 기관력의 기능적 특징	• 오랜 시간 동안 강인한 노력이 요구되는 모든 활동: (예) 장거리 달리기, 장거리 수영 • 근육조작을 필요로 하는 모든 활동: (예) 앞으로 굽히기, 뒤로 젖히기, 발레연습 • 신속하고 정확한 동작이 요구되는 모든 활동: (예) 왕복 달리기, 터치볼
5.10 단순적응 기능 5.20 복잡적응 기능	5.00 숙련동작	선천적 동작유형에 기초를 둔 복잡한 동작과제를 수행할 때의 효율성 정도	분류수준 2의 선천적인 이동, 조작동작 유형 위에 형성되는 모든 숙련활동, 이러한 활동은 스포츠, 레크리에이션, 무용 및 미술분야에서 명백함
6.10 표현동작 6.20 해석동작	6.00 동작적 의사소통	안면 표현에서 세련된 안무에 이르기까지 신체적인 동작을 통한 의사소통	신체자세, 몸짓, 안면표현, 효율적으로 수행된 숙련무용 동작의 전부 및 안무

2) 메이거의 목표 분류

메이거는 직업·기술교육의 주요 대상인 일에 근거를 두고 교육목표를 5가지로 분류하였다. 이 교육목표의 분류는 식별력(discrimination), 문제 해결력(problem solving), 기억의 재생력(recall), 조작력(manipulation), 언어 표현력(speech)인데 이는 직업·기술교육에서 잘 적용될 수 있어 여기서는 이에 대해 구체적으로 설명하였다(이무근, 2005: 194-197).

(1) 식별력(Knowing when to do it, knowing when it's done)

식별력이란 두 개 혹은 그 이상의 사물 간의 차이를 이야기할 수 있는 능력을 의미한다. 즉 듣기에 좋은 음정과 불쾌한 음정을 구별할 수 있다든지, 한 사물이 노란색이고 다른 것이 푸른색이라고 색을 구분할 수 있는 것, 두 잔의 커피 맛의 차이를 감별하는 것, 거친 표면과 매끄러운 표면을 느낄 수 있는 것 등이 식별력에 포함된다. 두 대상물이 비슷하냐 다르냐 하는 것을 구별할 수 있는 능력도 식별력의 한 형태이다. 어떤 대상물의 정상 상태 여부를 구별할 수 있는 것도 또 다른 식별력의 한 유형이다. 예컨대 자동차의 타이어에 공기가 약간 빠져 있는 상태에서 운전할 경우와 정상적인 상태에 있는 차를 운전할 때 그 차이를 직감할 수 있다면, 이것은 식별력이 있다고 할 수 있다.

위와 같이 한 사물을 구별하는 능력이라든가, 일이 바람직하게 이루어졌는가를 알 수 있는 능력, 어떤 작업이 행하여져야 하는가를 알 수 있는 능력, 혹은 정확하고 부정확한 것에 대한 식별 능력 등을 요구하는 절차를 작업 명세서에 기재하여 주면, 교육목표를 설정할 때, 그 작업에 관한 학습을 할 때, 학습 목표에 식별력을 행동목표로 명확히 진술할 수 있다.

(2) 문제 해결력(How to decide what to do)

일단 어떤 일이 행하여져야 한다는 것을 식별하거나 인지하게 되면, 그 다음에는 절차에 따라 일을 진행하게 된다. 그러나 때때로 어떤 일이 행하여져야 한다는 것을 알면서도 무엇을 하여야만 하는지를 모르는 경우가 있다.

예를 들면 텔레비전 화면이 선명하지 못할 때 무엇인가 고쳐야 한다는 것은 알지만, 무엇을 만져야 하는가를 모르는 경우가 있다. 이런 경우 제일 먼저 하여야 할 일은 고장 난 부위를 찾는 것인데, 이러한 과정이 문제 해결이다.

하나의 작업 절차에서 일을 가장 잘 처리할 수 있는 방법을 알아내거나, 다음에 하여야 할 일이 무엇인가를 결정할 수 있는 능력을 학생에게 요구할 때마다, 학생은 문제에 당면하게 된다. 이런 경우 문제 해결 능력은, 문제 해결에 필요한 단서나 징후를 학생들에게 제시하든가, 이러한 징후와 그 원인과의 관계를 제시하여 본다든가, 또는 교정 행동을 필요로 하는 사물이나 상황을 실제로 주어 연습하도록 함으로써 개발될 수 있다. 그런데 문제 해결력은 학생에게 징후를 제시하고, 학생 스스로가 문제를 찾는 데 의의가 있다. 학생에게 문제를 제시하여 주고 어떤 징후가 나타나겠는가를 추측하게 하여서는 이루어질 수 없다. 따라서 텔레비전의 화면이 선명하지 못할 경우 이에 대한 문제 해결력 함양은, 텔레비전 자체를 가지고 가능한 한 많은 문제를 학생 스스로 해결하는 기회를 가져 보도록 유도할 때, 가장 큰 효과를 기대할 수 있다. 이를 단순한 강의나 질문에 답하는 식의 학습 지도로는 좋은 교육 효과를 기대할 수 없다.

(3) 기억의 재생(Knowing what to do, knowing why to do it)

만약 복리이자 계산 공식을 기억하고 있다면 신속하게 이자 계산을 할 수 있을 것이다. 또 카뷰레터를 조정하려고 하는데 이에 필요한 공구와 부품이 무엇인가를 정확히 말할 수 있다면 정확한 기억력이 있다고 할 수 있다.

기억의 재생에는 계열화(sequencing)와 연쇄화(chaining)라는 특성이 있다. 왜냐하면 어떤 작업을 수행하는 경우, 때때로 아주 정확한 작업 절차의 계열이 필수적으로 수반되어야만 하는 때가 있기 때문이다. 이런 작업 절차를 순서적으로 학습한다는 것은 연쇄화의 한 예이다. 예를 들면, 외과 수술을 담당하는 의사에게는 어떤 수술 절차가, 어떤 수술 절차 다음에 수행되어야 하는가를 아는 것이 대단히 중요하다고 할 수 있다. 그래서 기억의 재생 과정이 비록 내면적이고 불가시적이기는 하지만, 많은 가시적 활동과 연관되어 있는 중요한 교육목표의 한 유형임에 틀림없다.

(4) 조작력(How to do it)

무엇을 하느냐를 아는 것은 어떻게 하느냐를 아는 것과 항상 같지는 않다. 예를 들어 어떤 작업에서 다음 단계에서 수행하여야 할 일이 필요한 공구를 가져오는 것이라면, 그런 일은 쉽게 수행할 수 있다. 이런 경우 그 공구가 어디에 있는지를 알고 그곳을 찾아갈 수 있기 때문에, 무엇을 하느냐를 아는 것과 어떻게 하느냐를 아는 것은 똑같다. 그러나 맹장 수술을 할 경우 외과용 메스로 절개를 하여야 한다는 것은 누구나 쉽게 알 수 있을 것이다. 어디를 어떻게 절개하느냐는 것은 대단히 어려울 뿐만 아니라, 이런 경우 무엇을 하느냐와 어떻게 하느냐는 엄밀히 구별된다.

교사들은 가끔 학생이 무엇을 하여야 하는가를 알고 있으면, 어떻게 하는가도 알고 있으리라고 단정하고 행동하는 경우가 있다. 그 결과 학생들은 일을 어떻게 하는가에 대한 방법은 잘 알고 있으면서도, 실제로 어떤 일을 할 수 있는 능력까지 함양한 경우는 많지 않다. 특히 직업·기술교육에서는 무엇을 하느냐에 대한 지적 능력의 개발도 중요하지만 더 강조되고 중요시되는 것은 지적 능력을 바탕으로 무엇을 할 수 있느냐에 관한 조작력의 함양이다.

(5) 언어 표현력(How to say it)

많은 일이나 직무에서 언어의 표현은 지식을 상호 간에 전달하는 하나의 수단에 불과하다. 그러나 어떤 직업에 있어서 언어 표현력은 직무 수행상 갖추어야 할 필수적인 특성이 되는 경우도 있다. 즉 아나운서, 연극인, 판매원, 전화 교환원 등은 언어 표현력이 대단히 중요하다.

3 수업목표의 진술

바람직한 교육이 이루어지려면 학습자에게 어떤 행동의 변화를 기대하느냐 하는 것이 먼저 명확하게 설정되어야 한다. 이것이 바로 수업목표인데, 한 교과를 담당할 경우 거기에는 교과 전체에 관한 수업목표가 있고, 단원별로는 단원별 수업목표가 설정되어야 한다.

이를 위해 수업목표는 수업 의도를 뚜렷하게 표시하여야 하고, 그렇게 하기 위해서 수업목표는 일정한 양식에 의해 진술되어야 한다. 수업목표 진술 시 고려할 사항은 다음과 같다(이무근, 2005: 174-180).

① 수업목표는 학생에 관한 어떤 사항을 표현하여야 하고, 교재, 교사 또는 학생들의 학습 활동의 내용에 관한 것을 진술하여서는 안 된다.

② 수업목표는 학생의 행동이나 성취에 관하여 진술하여야지, 교사의 성취나 학생이 이미 알고 있거나 이해하고 있기를 기대하는 바를 기술하는 것이 아니다.

③ 수업목표는 수단이라기보다 목적이기 때문에 과정(process)보다는 결과(product)를 진술하여야 한다. 따라서 수업목표에는 학습이 도착점에 도달하기 위해서 사용되는 수단이나 방법을 표시하는 것이 아니고, 일정한 학습과정이 끝났을 때 학생들의 행동이 어떻게 변화되어야 하느냐에 중점을 두고 서술되어야 한다.

④ 수업목표는 학생이 학습 후 도착점 행동을 성취하였을 때의 변화된 상황이나 여건을 표시하여야 한다.

⑤ 수업목표는 학업 성취의 정도를 평가할 수 있는 기준을 제시하여야 한다.

교과목표이든 단원 목표이든 위와 같은 원칙하에 수업목표는 행동목표(behavioral objective), 또는 수행목표(performance objective)로 진술하는 것이 일반적이고 또 바람직하다. 행동목표나 수행목표는 학습자가 한 과목 또는 단원을 이수하였을 때 나타낼 수 있는 측정 가능한 행동의 서술이다. 즉 행동목표란 학생들이 무엇을 어떤 상황하에서 어떻게, 어느 정도 할 수 있는지를 명시해 준다. 행동목표의 진술에는 그론런드(Gronlund)와 메이거(Mager)의 방법이 있다.

가. 그론런드의 수업목표 진술

그론런드는 행동목표를 일반 목표(general objective)와 구체적인 목표(specific objective)로 구분 진술하고 있다(Gronlund, 1970). 그 예를 몇 가지 제시하면 다음과 같다.

(예 1)

일반 목표	① 뉴턴의 운동 법칙을 이해한다.
구체적 목표	a. 뉴턴의 운동 법칙을 말할 수 있다. b. 뉴턴의 운동 법칙의 예를 제시할 수 있다. c. 힘과 모멘트를 구별할 수 있다.

(예 2)

일반 목표	① 기상도에 사용된 기호를 응용한다.
구체적 목표	a. 기상도에 나타나는 기호를 확인할 수 있다. b. 기호를 사용하여 기상도를 해석할 수 있다. c. 기호를 사용하여 기상도를 만들 수 있다. d. 기호를 사용하여 기상도로부터 날씨를 예측할 수 있다.

(예 3)

일반 목표	① 관절과 근육의 구조를 이해한다.
구체적 목표	a. 관절의 세 가지 형태와 그것들이 몸에서 발견되는 곳의 예를 들 수 있다. b. 관절 구조상의 변이가 필요한 이유를 설명할 수 있다. c. 팔 근육에 적용되는 피로의 원인과 그것이 어떻게 회복될 수 있는지를 설명할 수 있다.

나. 메이거의 수업목표 진술

메이거는 행동목표를 진술할 때 다음과 같은 세 가지 조건이 구비되어야 한다고 한다(Mager, 1962).

1) 성취 수준

학생이 나타낼 수 있는 도착점 행동(terminal behavior)을 명시한다.

2) 조건

학생이 도착점 행동을 나타낼 수 있는 상황이나 조건을 제시한다.

(예)

① 사용될 장비나 재료 ② 그 행동을 관찰할 수 있는 장소 ③ 학생에게 주어질 정보

3) 기준

행동을 평가하기 위한 평가 기준을 제시하여야 한다. 평가 기준은 설정된 목표가 무엇이냐에 따라 다른데, 예를 들면, 정밀성, 속도, 달성해야 할 백분율 혹은 숫자, 허용 오차, 정확성, 우수성의 정도 등이다.

위와 같은 세 가지 조건을 중심으로 메이거에 의한 행동목표를 진술할 때 고려할 사항을 제시하면 다음과 같다.

① 행동목표는 동사로 끝을 맺어야 한다.

② 행동목표는 교사의 성취보다 학생의 성취 관점에서 서술되어야 한다.
③ 행동목표는 학습 과정보다 학습 결과의 관점에서 진술되어야 한다.
④ 행동목표는 취급되어야 할 교과 영역보다 학생들의 도착점 행동 관점에서 표현되어야 한다.
⑤ 각 행동목표에는 적절한 한 개의 목표만 진술되어야 한다.
⑥ 행동목표는 적절한 수준의 보편성을 지니고 간단명료하게 표현되어야 한다.
⑦ 행동목표는 다른 행동목표와 중복되지 않고 독립되게 표현되어야 한다.

이상과 같은 원칙하에 메이거에 의한 행동목표 진술의 예를 제시하면 다음과 같다.

구 분	행동목표
예시 1	5개의 자유 무역 지역이 포함된 지도를 보고 최소 3개 지역의 이름을 말할 수 있다.
예시 2	그림을 보고 꽃의 주요 4 부분의 이름을 말할 수 있다.
예시 3	주소가 틀리게 쓰인 봉투 7개를 보고 봉투 쓰는 규칙에 따라 7개의 봉투는 무엇이 잘못되었는지를 지적할 수 있다.

위의 세 가지 행동목표 진술의 예를 성취수준, 조건, 기준에 맞춰 구분 설명하면 다음과 같다.

목표	성 취 수 준	조 건	기 준
1	이름을 말할 수 있다.	5개의 자유 무역 지역이 포함된 지도를 보고	최소한 3개 지역의
2	꽃의 부분의 이름을 말할 수 있다.	그림을 보고	주요 4부분
3	무엇이 잘못되었는지를 지적할 수 있다.	주소가 틀리게 쓰인 봉투 7개를 보고 봉투 쓰는 규칙에 따라	7개의 봉투는

행동목표를 진술할 때 인지적, 정의적, 심리 운동적 영역에서 자주 쓰이는 동사와 구체적인 행동목표의 예를 요약해서 제시하면 〈표 5-3〉과 같다.

〈표 5-3〉 행동목표 진술에 쓰이는 동사의 몇 가지 예

<table>
<tr><th colspan="2">구 분</th><th>동 사</th><th>구체적 목표의 실례</th></tr>
<tr><td rowspan="3">1.
지적
영역</td><td>① 지식</td><td>정의하다, 묘사하다, 확인하다, 명칭을 붙이다, 목록을 만들다, 이름을 대다, 진술하다</td><td>• '빛'이라는 용어를 정의한다.
• 온도와 압력의 연관성을 진술하다.</td></tr>
<tr><td>② 이해</td><td>계산하다, 비교하다, 토의하다, 식별하다, 그리다, 스스로 설명하다, 예를 들다, 예측하다, 해석하다, 풀다</td><td>• 전도재료(conducting material) 두 가지 예를 들다.
• 실험 결과를 그래프로 그린다.
• 온도의 의미를 스스로 설명한다.</td></tr>
<tr><td>③ 응용
④ 분석
⑤ 종합
⑥ 평가</td><td>추론하다, 결정하다, 예측하다, 연관시키다, 보여주다, 사용하다, 감정하다, 분석하다, 분류하다, 창작하다, 비평하다, 설계하다, 계획하다</td><td>• 병렬로 연결된 경우 저항 계산법을 추론하다.
• 파일링할 때 안내 카드를 정확하게 사용한다.
• 철시편의 순도를 판단하고 이유를 밝힌다(평가).
• 고체의 무게를 측정하는 새로운 절차를 설계한다(종합).</td></tr>
<tr><td colspan="2">2. 정의적 영역</td><td>선택하다, 조직하다, 참가하다,
반응하다, 완성하다, 감상하다</td><td>• 실험실 작업을 수행할 때의 안전 절차를 선택한다.</td></tr>
<tr><td colspan="2">3. 심리운동적
영역</td><td>조립하다, 짓다, 측정하다, 깨끗이 하다, 연결하다, 조립하다, 창작하다, 설계하다, 분해하다, 구멍을 파다, 묶다, 고정시키다, 따르다, 갈다, 망치질하다, 열을 가하다, 감정하다, 위치를 정하다, 만들다, 조정하다, 고치다, 못을 박다, 칠하다, 모래를 뿌리다, 톱질하다, 깎다, 꿰매다(sew), 스케치하다(sketch), 시작하다, 젓다, 타이프하다, 무게를 달다, 감싸다</td><td>• 전기 땜질용 인두로써 구리선을 기계적으로, 전기적으로 완전하게 납땜한다.</td></tr>
</table>

요약

수업계획 시에는 학습자 간의 개인차, 장단기 계획의 구별, 경제적 효과, 교육공학의 활용 등을 고려하여 학생의 필요와 흥미를 파악하고, 학생 성취 목표를 설정하며, 학습 단원을 개발하고, 학습 지도안을 작성하며, 교수 · 학습 자료를 선정하고, 평가 절차를 선택하는 순으로 계획을 하게 된다.

수업목표란 학습 과정 혹은 경험을 통하여 학생에게 이루고자 하는 행동의 변화를 뜻한다. 수업목표의 기능은 학생이 학습 과정을 끝마쳤을 때 학생 스스로가 일을 수행할 수 있는 상태, 학생들의 학업 성취를 평가하기 위한 기준, 학생들이 성취하여야 할 수준과 범위, 교사들이 수업을 체계적으로 전개하기 위한 지침이 되는 것 등이 있다.

직무분석을 통하여 직업 현장에서 분석된 작업들과 작업 성취 수준은 학교의 여러 가지 제약과 조건에 따라 취사 선택되거나 조정되어 수업목표로 사용될 수 있다.

교육목표 분류 방법에는 블룸의 분류 방법과 메이거 분류 방법이 있다. 블룸은 교육목표를 인지적 영역, 정의적 영역, 심리 운동적 영역으로 분류하였고, 메이거는 교육목표를 식별력, 문제 해결력, 기억의 재생, 조작력, 언어 표현력 등의 다섯 가지 유형으로 분류하였다.

수업목표의 진술방법에는 그론런드식, 메이거식 등이 있다. 어느 진술 방법을 택하든 간에 행동목표로 진술하는 것이 바람직하다.

수업목표는 배가 항해할 때 나침반이 방향을 가르쳐 주듯이, 수업전개에서 학생들이 궁극적으로 성취하여야 될 도착점 행동 특성을 명시하기 때문에 주의 깊게 설정되고 진술되어야 한다.

토의주제

1. 수업계획 시 고려해야 할 요인에는 어떠한 것들이 있는가?
2. 수업계획은 어떠한 절차를 밟아 이루어지는지 알아보고, 또한 자기 나름대로 실기 지도에 적합한 교수 계획의 절차를 구상해 보자.
3. 수업목표는 교사, 학습자들에게 어떠한 역할을 하는지를 설명하여 보자.
4. 직무분석 자료의 성취 수업과 수업목표에는 어떠한 차이가 있는지를 설명하여 보자.
5. 블룸의 교육목표 분류 방식에 따라 인지적 영역을 6가지로 분류하여 보자.
6. 메이거 수업목표 진술에 따라 전공 분야의 수업목표를 한 가지 예를 들어 보자.

참고문헌

김종선, 김기웅 공역(1978). 「교육목표 분류학－심리운동적 영역」. 서울: 동화문화사.

박의도 외 공역(1967). 「교육목표 분류학」. 서울: 배영사.

변영계, 이상수(2004). 「수업설계」. 서울: 학지사.

손충기 역(1993). 「행동적 수업목표 진술」(N. E. Gronlund). 서울: 문음사.

이무근(2005). 「직업교육과정 및 평가」. 서울: 교육과학사.

Gronlund, N. E.(1970). *Stating Behavioral Objectives for Classroom Instruction.* New York: Macmillan Company.

Mager, P. F.(1962). *Preparing Instructional Objectives.* Palo Alto: Fearon Publishers.

제6장

실습과제의 선정과 조직

〈학습목표〉

1. 직무분석에 기초해서 실습과제를 선정할 수 있다.
2. 능력중심 접근법에 의해 선정된 실습과제의 교재를 수업체계를 개발할 수 있다.
3. 실험, 실습 단원계획의 특징을 이해할 수 있다.
4. 실기교과의 단원계획을 작성할 수 있다.
5. 학습지도안의 필요성과 구비조건을 설명할 수 있다.
6. 실기교과의 학습지도안을 작성할 수 있다.

1 직무분석

직업교육의 교육과정을 개발할 때 산업체 요구에 맞는 실습과제를 선정하기 위해서는 가장 먼저 직무분석을 거쳐야 한다.

직무분석 방법에는 최초분석법(New Analysis), 비교확인법(Verification Method) 등 여러 가지가 있으나 직업교육 프로그램 개발에는 데이컴(DACUM) 직무분석 방법이 적합하다.

DACUM이란 "Developing A Curriculum"의 준말로서 교과과정을 개발하는데 활용되어 온 직무 분석의 한 가지 기법을 말한다. 이 방법은 교육 훈련을 목적으로 교육 목표와 교육 내용을 비교적 단시간 내에 추출하는 데 효과적이다. 이 기법은 미국과 캐나다의 직업교육계에서 시작하여 지금은 전 세계에 걸쳐 일반적으로 사용되고 있다.

데이컴은 몇 가지 가정과 전제를 두고 있는데, 첫째, 전문적인 작업자는 다른 누구보다도 그 직무에 대하여 잘 말할 수 있고, 둘째, 한 가지 직무는 해당 직업에 종사하고 있는 숙련된 사람이 수행하는 작업 명칭들로 충분히 설명될 수 있다. 셋째, 모든 작업에는 그 작업을 올바르게 수행하는 데 필요한 관계 지식과 태도가 포함되어 있다. 데이컴은 8~12명의 데이컴 위원(DACUM committee member)으로 구성된 데이컴 위원회를 중심으로 이루어진다. 이 위원회 위원들을 실무자(coordinator)가 사전에 준비한 쾌적한 장소에 모아 놓으면 데이컴 분석가(DACUM Facilator)가 1박2일 정도의 집중적인 워크숍을 통해 데이컴을 마친 후 데이컴 차트를 완성함으로써 모든 작업을 마친다.

데이컴 위원회의 작업 단계는 다음과 같은 절차를 밟아 진행된다(Norton, 2003).

(1) 데이컴에 관한 오리엔테이션하기
(2) 직업행렬표(occupational matrix) 작성과 직업의 정의 내리기
(3) 일반적인 임무(duties) 영역 열거하기
(4) 임무 영역 내에서 수행되는 구체적인 작업(tasks) 열거하기
(5) 일반지식, 공구·장비·재료·소모품, 작업자의 바람직한 태도, 직업 전망과 특성 열거하기
(6) 작업과 임무 기술에 관한 검토와 수정하기
(7) 작업과 임무들을 논리적인 순서에 따라 배열하여 코드번호 매기기
(8) 필요에 의한 부수 사항(중요도, 난이도, 빈도, 입직초기작업) 분석하기

데이컴은 실무자가 약 3개월 전부터 데이컴 위원 선정, 작업 장소 예약, 분석가 선정 등 워크숍 준비를 해야 한다. 실무자가 워크숍 준비를 완전하게 마친 후 실제 데이컴은 데이컴 분석가(DACUM facilitator)가 맡아서 진행한다. 데이컴 분석가는 전문가다운 인상과 외모를 갖추고, 타인에 대한 감수성이 예민하며, 데이컴을 진행하는 동안 열띤 분위기를 조성하고 유지할 수 있는 능력이 있어야 하며, 유머 감각이 뛰어나고, 동기 유발을 잘 시킬 수 있어야 한다. 또한 인내심도 있어야 하고 의사 결정 능력을 갖추고 여러 가지 의견을 종합할 수 있어야 한다.

데이컴을 하는 작업장의 한쪽 벽면은 데이컴을 하면서 계속 작업명을 써서 붙일 수 있도록 깨끗하게 비어 있어야 한다. 이 벽면을 데이컴 벽이라고 하는데 분석가는 이 벽면을 등지고 데이컴 위원들을 바라보며 분석을 진행한다. 데이컴 위원들은 한 테이블에 3명씩 앉고 사회자를 중심으로 모아지도록 테이블을 둥그렇게 돌려놓는다. 이때 사회를 보는 분석가가 데이컴 위원들의 의견을 개진하여 한 가지 문장으로 결정해서 불러 주면 받아 적어 건네주는 서기가 필요하다. 서기가 실내에서 어디서나 금방 알아볼 수 있도록 굵은 글씨로 임무 영역이나 작업 명칭을 써서 사회를 보는 분석가에게 건네주면 분석가는 종이 뒷면에 퍼티를 붙여 데이컴 벽에 가지런히 붙인다. 이렇게 반복하여 모든 임무 영역을 열거하고 다시

순서를 고려하여 재배열하고 작업 명칭을 열거해 나간다. 종이는 수시로 떼어서 이동할 수 있다. 모든 작업이 끝나면 코드번호를 매겨 데이컴 차트를 완성한다. 작업을 진행하는 동안 서기나 옵서버로 참석한 사람들에게는 발언권이 주어지지 않는다.

가. 분석 작업 참여자

1) 데이컴 분석가(DACUM facilitator)

직무분석은 상당히 전문적인 일이기 때문에 분석가는 양성과정을 거쳐 이론과 실습을 배우고, 경험을 쌓아야 한다. 분석가는 데이컴을 진행하는 동안 위원들이 계속해서 분석하도록 촉진하는 역할을 한다. 분석가의 능력에 따라 데이컴 결과가 매우 다르게 나온다.

2) 데이컴 위원(DACUM committee member)

분석대상 직업에 오랫동안 경험을 쌓은 자로 현재 그 일에 종사하고 있으며, 의사소통 능력을 가지고 있는 자를 선정한다. 산업 분야와 기업체 규모에 따라 배분하여 선정한다. 교육을 담당하는 자나 그러한 경력을 가진 자는 위원의 자격이 없다. 왜냐하면 교육 경험으로 편견을 가지고 있기 때문이다.

3) 데이컴 실무자(DACUM coordinator)

데이컴을 준비하고 데이컴 위원 섭외 등을 맡는다. 데이컴 분석가가 실무자가 되기도 하지만 실무자는 대개 데이컴 결과를 활용할 교육 기관에서 나온다.

4) 서기(Recorder)

브레인스토밍을 통해 열거된 임무와 작업들의 명칭들을 분석가가 정리해서 서기에게 카드에 굵은 글씨로 빠르게 써 주도록 요청한다.

나. 데이컴 분석 작업

분석가는 다음과 같은 8단계의 데이컴 절차 모형에 따라 데이컴 분석을 한다.

1) 1단계: 데이컴 위원회 오리엔테이션하기

데이컴 위원들에게 데이컴의 목표와 절차를 간단히 설명하고 질문을 받아 답변한다. 이때 가장 짧은 시간에 위원들에게 데이컴에 대해 이해시키는 방법은 지금까지 데이컴 한 것 중에서 잘 되었다고 생각하는 직업의 데이컴 차트 견본을 보여주고 설명하는 방법이 효과적이다.

2) 2단계: 분석 대상 직업 개관하기

데이컴에서 먼저 중요한 것은 분석 대상 직업을 명확하게 하는 일이다. 분석 대상 직업의 한계를 정하기 위하여 직업행렬표(occupational matrix)를 만들거나 상호 수용할 수 있는 대상 직업의 조작적 정의를 내린다. 이 정의에 따라 분석 중 개진된 작업을 포함시킬 것인지 제외시킬 것인지를 결정할 수 있다. 흔히 위원들은 관련 직업에서 하는 일까지 자기 영역으로 포함시키려는 경향이 있어 직업행렬표로 이를 억제할 수 있다.

3) 3단계: 임무(Duties) 열거하기

임무란 관련 직업들(6개 이상)의 묶음이다. 분석가는 직업 전반을 크게 몇 가지 영역(임무)으로 구분하여 열거한다. 이것은 세부 작업들을 묶을 수 있는 폭넓은 책임 영역을 의미한다. 이 영역은 큰 종이에 기록하여 붙인다. 임무도 수식어+목적어+수행동사로 진술한다. 예를 들면 "건축 기초 시공"이라면 건축이 수식어, "기초"가 목적어, "시공"이 수행동사이다.

4) 4단계: 세부 수행 작업(Tasks)들을 열거하기

각 임무 영역마다 작업자들이 수행하고 있는 6가지 이상씩의 작업들을 열거한다. 데이컴은 대부분의 시간이 75~150개의 작업들을 열거하는 데 소비된다. 각 작업의 서술 방법은 객관적 관찰이 가능한 동사를 써서 "~하기"로 마친다. 예를 들면 "독립 기초 터파기"라면 "독립"이 수식어, "기초"가 목적어, "터파기"가 수행동사에 "~하기"를 붙인 것이다.

5) 5단계: 일반지식, 공구 · 기계 · 재료 · 소모품, 바람직한 작업자의 태도, 직업의 전망과 특성 분석하기

데이컴 위원들을 두 집단으로 나누어 위에 열거한 네 가지 항목에 걸쳐 브레인스토밍을 통해 진술하게 한다. 시간을 줄이기 위해서 네 가지 항목이 들어간 설문지를 가지고 조사할 수도 있다. 일반지식은 수학, 과학 등 기초지식과 전문과목지식이 포함된다. 기계를 열거할 때 필요하면 한두 가지 규격을 넣어주면 더 좋다. 바람직한 작업자의 태도는 "인내심", "시간 엄수", "정확성", "협동심", "안전의식" 등과 같이 작업자가 갖추어야 할 바람직한 태도를 써넣는다.

6) 작업명과 임무명 수정하기

모든 임무명과 작업명을 처음부터 다시 하나씩 검토하면서 수정한다. 이때 빠진 것이 새로 열거되기도 하고, 임무의 통폐합도 생긴다. 대개의 경우 상당히 수정할 부분들이 많이 나온다. 한 시간 정도 소요되지만 분석의 질은 크게 향상된다.

7) 작업명과 임무명 순서 매기기

각 임무에 있는 작업명을 보완한 후에는 논리적인 순서대로 번호를 매긴다. 이 작업의 결과를 교육과정 개발에 활용한다고 생각하면 선행 학습이나 난이도에 따라 논리적으로 순서를 정해야 할 이유를 이해할 수 있다. 임무도 일의 순서나 중요도에 따라 우선순위를 정하고 번호를 매긴다.

8) 부수작업 수행하기

마지막으로 분석 초기에 정의를 내려 본 직업의 조작적 정의를 수정 보완하고 각 작업들의 상대적 중요도, 빈도, 난이도를 A, B, C 세 등급으로 구분한다.

분석이 일단 끝나고 마지막으로 차트에 있는 작업들 중에서 처음 취업할 때, 즉 입직 초기(entry level)에 필수적으로 습득하여야 할 작업들과 입직 후에 현장에서 배우게 되는 작업들을 구분한다.

다. 표준 작업 분석(Standard Task Analysis)하기

일단 직무분석이 끝나면, 다음 일은 선정된 작업마다 작업분석을 실시한다. 작업분석이란 근로자나 학생이 그 작업을 실제 일터에서 성공적으로 수행할 수 있도록 가르쳐야 할 내용을 분석하는 것이다. 그 내용이 기업체마다 약간씩 다르겠지만 기본적으로 작업분석 내용은 순차적으로 진술된 공정(작업요소), 관계지식, 작업수행기준, 사용 공구와 장비, 안전 사항 등이 포함된다.

데이컴 분석가가 데이컴 차트 초안까지 분석해 준 다음에 데이컴 차트 검증과 교육·훈련 프로그램에 포함할 작업 선택 등은 교육·훈련 담당자와 데이컴 위원 중 가장 우수한 위원 1명이 공동으로 분석한다. 그리고 이어서 작업분석을 실시할 때도 교육·훈련 프로그램 개발 책임을 맡은 교수, 교사, 강사, 프로그램개발 전문가가 많은 자료들을 참고해서 정해진 작업분석표 양식에 따라 분석해 나간다.

이 작업분석을 해야 어떤 방법으로 교육·훈련을 시킬 것인지와 교재 내용을 어떻게 구성해야 할지를 알 수 있다. 이 작업분석을 잘 하면 가르쳐야 할 작업순서, 사용 공구와 장비, 도달해야 할 목표, 교육·훈련 중 강조해야 할 사항 등을 빠짐없이 분석해서 얻을 수 있다. 따라서 작업분석의 최종 산출물은 실제 일터를 바탕으로 해서 얻은 교육·훈련 프로그램을 짤 때 필요한 구체적인 자료들이다.

작업분석을 통해 얼마나 정확한 내용들을 획득해야 되는지를 결정하는 일은 쉽지 않다. 그리고 기업체마다 사정이 다르고, 누가 이 일을 하느냐에 따라서도 결과가 달라진다. 그러나 선정된 작업들의 수가 매우 많기 때문에 어차피 관련자들이 일부분씩 나누어서 분석하게 된다.

1) 작업분석 결과 산출물

작업분석 결과를 문서화하는 일은 결과 산출물의 질을 좌우할 만큼 중요하다. 그러므로 분석에 사용할 양식은 간명하게 만들어 사용하기 편해야 한다.

작업분석표는 작업 공정의 수에 따라 한두 쪽이 되기도 한다(〈표 6-1〉 참조). 이 양식은 학교나 기업체에 따라 약간씩 다르게 만들 수 있다.

2) 작업 분석 절차

작업 분석은 시간이 많이 걸리는 힘든 일이다. 그러나 일단 분석되기만 하면 교육·훈련에 꼭 필요한 정보를 제공하기 때문에 그만큼 수고할만한 가치가 있다.

작업분석의 절차는 네 단계로 이루어지는데 (1) 수집해야 할 자료의 유형 정하기, (2) 기존의 작업분석 자료를 찾아 평가해보기, (3) 작업분석 접근 방법을 선택해서 작업분석하기, (4) 분석 결과를 보고서로 문서화하기 등이다.

3) 누가 분석할 것인가?

작업분석도 아무나 하는 것이 아니라 일정한 훈련을 받은 전문가가 2, 3명의 분석 대상 직업에 종사하고 있는 전문가와 더불어 분석을 한다. DACUM 분석을 할 때 실무자는 대개 교육과정을 개발할 코스 책임자이므로 그 사람이 책임을 지고 위원 중에서 한 분과 분석하면 좋다. 분석을 효과적으로 하려면 우선 분석 양식에 교육과정이나 교재를 개발하려는 교육자가 수집한 자료를 가지고 일차 분석을 실시한다. 그 후 산업체 전문가, 혹은 데이컴 위원에게 보이면서 실제 일터에서 수행하고 있는 내용과 같은지를 검증한다.

4) 수집할 자료 정하기

각 교육·훈련 프로그램은 학교나 각 기업체 나름대로 독특한 교육·훈련 필요점, 정책, 경영체계 등을 가지고 있기 때문에 한 자료가 모든 직업이나 작업들에 일률적으로 적용되지는 않는다. 그러므로 교육과정을 설계하여 교재를 개발하고, 교육·훈련을 실시해서 평가하는 데 필요한 정보들만을 선택하고 열거하는 범위 내에서 정해야 한다.

〈표 6-1〉 **작업분석표(Task Analysis)**

Duty: 기초 공사 Task 3: 수평규준틀 설치하기

번호	(1) 공정(Steps)	(2) 작업표준 (Performance Standard)	(3) 공구/장비/재료/소모품 (Tools/Equipment/Materials/Supplies)	(4) 관계 지식 (Related Knowledge)	(5) 안전 및 위생 (Safe/Hygiene)	(6) 작업태도 (Attitude)	(7) 의사 결정 (Decisions)	단서 (Cues)	오류 (Errors)
1	배치도와 평면도를 해독하여 독립 기초의 위치를 확인한다.	기준점에서 기준기초의 중심점까지의 거리를 정확히 읽는다.	배치도면, 평면도면	평면도, 배치도 도면해독		빈틈없이 용의주도함	기초의 중심점은 어디인가?	기준점에서 기준기초의 중심점까지의 거리 읽기	도면해독이 부정확하게 되면 새건물의 위치가 틀려짐
2	벤치마크로부터 한 개의 기초말뚝 중심점을 구한다.	벤치마크에서 거리 대비 1% 오차 내에 들도록 구한다.	트란짓, 줄자, 연필	트란짓의 구조와 사용법, 벤치마크(bench mark:기준점)	안전한 트란짓 이동	정밀함	벤치마크로부터 어떻게 기초 중심점을 구할 것인가?	직각되게 이동	다른 기초 중심점도 틀려짐
3	한 개의 독립기초 말뚝을 박는다.		햄머, 양날톱, 육송각재(45*45), 망치, 못, 연필	독립기초	햄머를 말뚝 박을 때 손 조심	신중함	말뚝 윗면에 중심점이 오도록 어떻게 말뚝을 박을 것인가?	말뚝 한가운데 중심점이 오도록 말뚝을 조정	중심점이 말뚝 중앙을 벗어남
4	나머지 독립기초의 중심점도 구한다.	기초 중심 간 거리 오차는 1% 이내에 들어야 한다.	트란짓, 줄자, 강철자, 망치, 못, 연필	피타고라스 정리		창의성	트란짓이 없을 경우 직각을 어떻게 구할 것인가?	피타고라스 정리	트란짓이 없으면 직각을 정확하게 구하지 못한다.
5	독립기초말뚝의 각 점의 위치가 정확한지를 확인한다.	대각선 오차가 거리 대비 1% 이내에 들어야 한다.	줄자				독립기초말뚝은 제 위치에 박았는가?	대각선	기초가 틀어진다.
6	수평규준틀의 말뚝을 박는다.	말뚝이 움직이지 않아야 한다.	햄머, 줄자, 양날톱, 육송각재(45*45)	수평규준틀	말뚝이 움직이지 않아야 한다.		수평규준틀의 말뚝은 기초 말뚝에서 얼마나 떨어져 박아야 할까?	흙파기의 안식각	흙파기한 면이 무너진다.
7	수평꿸대를 박는다.		망치, 못	수평꿸대			어떻게 하면 수평꿸대를 튼튼하게 박을까?	수평꿸대면에 미리 못을 박은 후 말뚝을 댄다.	수평꿸대가 흔들린다.
8	실과 추를 사용하여 수평꿸대 위에 말뚝 중심점을 이동시킨다.	2mm 오차 이내로 옮긴다.	트란짓, 망치, 다림추, 실, 못			정밀함	어떻게 트란짓 설치 횟수를 줄여서 중심점을 옮길 수 있을까?	트란짓의 각도측량 원리	설치횟수가 늘어난다.

일단 직무분석 작업이 끝나면, 다음 일은 선정된 작업마다 작업분석을 실시한다. 작업분석은 근로자나 학생이 그 작업 대부분의 경우 작업분석표에 포함되어야 할 내용들은 공정(steps), 수행기준(performance standards), 공구/장비/사용재료/소모품, 참고자료를 포함한 관계지식, 안전사항, 바람직한 작업태도 그리고 의사결정/단서/오류(decisions/cues/errors) 등이다. 어떤 회사에서는 필요한 전문기술, 조건, 단서의 시작과 끝, 인간관계, 산출물, 관계문서 등과 같은 항목이 중요하게 분석되기도 한다.

(1) 공정(Steps)

공정은 작업요소라고도 하는데 한 개의 작업을 마칠 때까지 수행되는 활동들을 말한다. 이들 작업순서는 눈으로 관찰할 수 있고, 객관적으로 평가할 수 있어야 한다.

공정 및 작업요소는 정상적인 작업순서에 따라 진술되어야 하고, 공정을 설명하는 끝마무리는 수행 동사로 마쳐야 한다. 각 공정은 상당히 구체적으로 진술되어야 한다. 예를 들면 계측기 테크니션의 "전기인두로 납땜하기"라는 작업(일)이 있다면, 작업순서는 다음과 같다.

① 납땜할 접합부를 찾는다.
② 납땜에 적합한 인두와 납을 선택한다.
③ 필요하다면 접합 부분과 금속 부분을 깨끗이 닦는다.
④ 접합부에 인두를 놓는다.
⑤ 접합부에 적당량의 로진 코어 납을 바른다.
⑥ 접합부를 검사해서 필요하다면 막는다.
⑦ 마친 후 주위를 청소하고 공구를 제 위치에 갖다 놓는다.

작업순서는 회사의 작업매뉴얼에서 찾을 수도 있다. 그렇지 않다면 다음과 같은 질문을 던져보아 중요한 공정들을 열거할 수 있다. 아래 질문들이 다 도움은 되지 않는다고 하더라도 일부만은 도움이 된다.

- 이 작업을 수행하려면 어떤 순서로 작업을 해야 할까?
- 가장 처음에 무슨 일을 해야 할까?
- 그 다음 작업순서는?
- 나머지 다른 해야 할 일은 없는가?
- 그 작업을 수행하는 데 다른 방법은 없는가?
- 그 일을 마쳤다는 것을 어떻게 알 수 있나?

그러나 비정상적인 상태, 긴급사태 시 또는 고장 난 곳을 찾아내는 일의 경우에는 위에서 설명한 것과 같이 작업요소를 순차적으로 열거할 수 없다. 이럴 경우에는 패러다임 작업분석이라고 하는 플로우차트식 접근 방법을 사용한다.

이 방법은 자극과 반응을 사용해서 한 개의 작업을 분절해 나가는 방식이다. 따라서 위에서 아래로 일렬로 열거하는 방식이 아니고, 한 개의 자극에 여러 가지의 반응이 있을 수 있으므로 다양한 모양으로 그려지게 된다.

(2) 수행기준(Performance Standards)

수행기준은 기업체 현장에서는 작업표준(performance standard)이라고도 한다. 이것은 작업을 성공적으로 수행하였다고 평가할 수 있는 구체적인 기준을 말한다. 이 기준은 관찰이 가능하면서도 측정이 가능해야 한다. 이 수행기준은 완성된 제품, 정해진 작업과정에 따라 작업했는지 혹은 이 둘을 겸해서 평가하는 기준이다.

각 작업순서(작업요소)마다 수행기준이 있는지 살펴보아야 하지만 어떤 작업순서에는 수행기준(작업표준)이 없을 수도 있다. 완성제품은 질과 양으로 평가할 수 있는데 예를 들면 질은 외관, 정밀도, 형태, 강도로 양은 생산제품의 수, 걸린 시간, 백분율 등으로 평가한다.

작업과정 평가기준은 작업자가 작업을 수행할 때 정해진 작업순서를 따라서 수행하였는지를 보는 것이다. 이 외에도 수행기준을 평가하는 기준에는 소요 시간, 안전수칙 준수 여부, 규정에 따랐는지 여부 등이 있다.

이 기준은 매우 구체적으로 진술해야 하는데, "감독자의 기대에 미치도록" "적절하게", "알맞게"와 같이 추상적인 표현은 곤란하다. 이 수행기준을 진술할 때 다음과 같은 질문은 도움이 된다.

- 얼마나 잘 이 작업을 수행하였는가?
- 주어진 순서에 따라 작업이 이루어져야 하는가? 만약 그렇다면 어떤 순서로 작업을 수행하여야 하는가?
- 허용 오차는 어느 정도인가?
- 최종 완성 제품의 품질은 어느 정도이어야 하는가?
- 감독자가 작업 수행 정도를 평가할 때 어떻게 평가하는가?
- 허용되는 작업 시간의 제한은 어느 정도인가?

(3) 공구, 장비, 소모품 및 사용 재료

공구, 장비, 소모품 및 사용 재료는 작업을 성공적으로 수행하는 데 필요한 물리적인 요소들을 말한다. 보호 복장, 수공구, 기계, 운반용구 및 소모품 등이 이 항목에 속한다. 이들을 알아야 가르치는 교사가 학습자들에게 어떤 기계나 공구의 구조와 사용법을 가르칠 것인가를 정할 수 있고, 교재에 수록할 공구, 장비, 재료에 대한 내용을 알 수 있다. 그러나 이러한 항목들은 분석대상 작업에서만 독특하게 사용되는 것들로 한정시켜야지 그렇지 않으면 너무 많아서 다 열거할 수 없다.

이들을 열거하는 데에는 다음과 같은 질문을 해 보는 것이 도움이 된다.

- 이 작업의 각 작업요소를 수행하는 데 어떤 공구가 필요한가? 어떤 장비, 재료 및 소모품이 독특한가?
- 학습자에게 이 작업을 수행할 수 있도록 가르치는 데 불필요한 공구는 어떤 것이 있는가?

(4) 관계 지식

관계지식은 작업자가 작업을 수행하는 데 꼭 알아야 할 지식들을 말한다. 여기에 열거되는 관계지식 항목들은 전문 이론을 작업에 응용하는 것들이며, 산술, 과학, 의사소통에 활용되는 용어나 언어들도 포함된다. 그러므로 지나치게 일반적인 지식은 학습자들에게는 모호해서 작업 수행에 별로 도움이 되지 않는다.

예를 들어 건축목공의 "독립기초 거푸집 설치하기"라는 작업이 있다고 하자. 이 작업에 관련되는 관계지식의 소단원은 다음과 같은 것들이 있다.

- 콘크리트 거푸집 재료
- 독립기초 거푸집의 구조
- 거푸집의 보강
- 거푸집의 청소

이러한 관계지식 항목들을 잘 열거하기 위해서는 다음과 같은 질문을 해 본다.

- 각 작업요소나 전체 작업을 수행하는 데 알아야 할 전문 지식은 무엇인가?
- 어떤 전문적인 과학 관련 원리, 규칙 혹은 개념이 응용되는가?
- 어떤 산술적인 개념과 공식이 적용되는가?
- 어떤 전문적인 의사소통 능력과 언어 능력이 필요한가?
- 이 작업을 수행하는 데 필요한 용어, 법규, 조직이나 역할 관계는 없는가?

만약 경험 많은 작업자가 관계 지식을 하나씩 열거한다면 그 작업자에게 이 작업에서 활용되는 참고자료, 지식이 포함된 구체적 문서들이 있으면 말해달라고 요청하고, 그 자료가 어디에 있는지도 알아놓는다.

(5) 안전 및 위생(Safety and Hygiene)

이 항목은 인체에 해를 끼치거나 장비, 시설에 손해를 끼칠 수 있는 모든 잠재적 위험 요소와 작업을 안전하게 수행하는 데 알아야 할 안전수칙, 안전지식, 안전 작업순서 등을 빠짐없이 열거해야 한다.

이 항목은 "허리를 다치지 않도록 거푸집 재료를 운반한다"와 같이 동사로 끝마치거나 "전기사용 안전수칙"과 같이 명사로 마친다. 이들 항목을 빠짐없이 열거하기 위해서는 다음과 같은 질문을 던져보면 도움이 된다.

- ▸ 이 작업을 순서대로 안전하게 수행하기 위해서는 어떤 사전 안전 수칙이 필요한가?
- ▸ 이 작업을 수행하는 동안 대처해야 할 위험요소나 사고는 무엇인가?
- ▸ 이 작업을 수행할 때 필요한 안전 지식은 무엇인가?
- ▸ 어떤 안전 장비가 필요한가?
- ▸ 이 작업을 수행하는 데 지켜야 할 위생 사항은 없는가?

(6) 태도(Attitudes)

태도란 작업자가 일을 하면서 갖추어야 할 바람직한 가치관, 신념 혹은 자세를 말한다. 태도, 신념 및 느낌 등이 개인의 가치관을 형성하고, 선악을 분별하는 능력이 된다. 이 태도가 작업의 질에 가장 큰 영향을 미치기 때문에 작업분석을 할 때 이 항목도 분석을 한다. 어떻게 교육·훈련에 태도 요소를 포함시킬 수 있을까 하는 점이 문제가 되지만 작업자 간의 협력하는 태도 등은 배양되어야 한다.

태도 항목도 교육·훈련에 포함시키기 위해 목표로 진술하여 평가하기 위해서는 관찰과 측정이 가능한 말로 진술해야 한다. 예를 들면 "게이지를 정확하게 읽는다", "게이지를 잘못 읽었을 때는 곧바로 수정한다" 등은 작업자의 정확성에 관련된 태도 진술로 적합하다. 만약 작업자에게 직장 내 비밀 유지라는 태도가 필요하다면 "허락된 범위 내에서 개인의 인사 기록 정보를 알려준다"라는 진술문이 지표(indicator) 역할을 할 수 있다. 상사에게 복종심이 필요하다면 "주요한 문제나 질문이 있을 때에는 감독자와 상의한다"라는 진술문이 지표가 될 수 있다.

효과적으로 작업을 수행하는 데 어떠한 태도들이 작업자에게 필요한가를 알기 위해서는 다음과 같이 질문을 해보면 도움이 된다.

- 이 작업을 성공적으로 수행하는 데 어떤 태도와 특성이 작업자에게 요구되는가?
- 작업자는 다른 작업자와 상호 협조해야 하는가?
- 어떤 태도가 바람직한 작업자의 태도라는 것을 입증할 수 있는가?

(7) 의사결정/단서/오류(Decisions/Cues/Errors)

작업들은 어떤 작업을 할 때 많은 결정을 내려야 한다. 의사결정은 어떤 것을 선택할 경우나 어떤 특정한 방법으로 일을 해야 할지를 결정할 때에 많이 하게 된다.

작업을 성공적으로 수행하려면 의사결정을 올바르게 해야 한다. 그러므로 각 작업요소마다 의사결정을 해야 할 필요가 있을 때에는 언제나 의사결정 내용을 작업분석표에 분석해 두어야 한다.

예를 들면 화공 테크니션의 작업 중 "공급수 화학 경보 장치에 반응하기"라는 작업이 있다면, 다음과 같은 의사결정 요소가 있을 것이다.

- 적용하지 않는 명세서(out-of-specification)가 있는지를 확인한다.
- 적용하지 않는 명세서의 수치를 위해 요구사항을 모니터링해야 하지 않는가?

단서는 의사결정을 올바르게 내리는 데 검토할 정보를 말한다. 작업자가 붉은 불빛을 보고 판단해야 할지 아니면 이상한 소리를 듣고 판단해야 할지 혹은 압력계의 수치를 읽고 판단해야 할지가 단서이다.

이 항목 중 또 다른 하나는 의사결정을 잘못 내렸을 경우 발생할 수 있는 오류와 문제점이다. '만약 의사결정을 잘못하였을 경우 어떻게 될까?'라는 질문을 던져 보면 예상되는 오류나 문제점을 진술할 수 있을 것이다.

공정(작업요소)을 진술할 때 사용한 명사화된 행동동사, 예를 들면 선택하기, 결정하기, 열거하기, 구별하기, 제작하기 등을 작업자가 내려야 할 의사결정 진술문에 적용해도 된다. 다음 질문들은 의사결정, 단서, 오류 등을 열거하는 데 도움이 된다.

- 개별 공정이나 전체 작업을 수행하는 동안 작업자가 내려야 할 의사결정 요소가 있는가?
- 의사결정을 할 때 무엇을 근거로 하는가?
- 만약 의사결정을 잘못했을 때 어떤 일이 일어날 것인가?
- 공정은 어떤 특별한 순서가 있는가?
- 이 작업을 수행하는 데 일어날 수 있는 오류는 어떤 것이 예상되는가?

2 교육 · 훈련 방법과 실습과제 선정

능력중심교육(Competency based education)에서는 능력 추출이 실습과제 선정에 해당된다. 이 직무분석을 통해 얻은 능력이란 근로자가 일터에서 직무를 수행할 때 발휘하는 능력을 말하는데 이 능력을 발휘하기 위해서는 지식, 기능, 바람직한 작업태도를 갖추어야 한다.

가. 교육 · 훈련 접근 방법 결정

교육·훈련 접근 방법은 기본적인 일과 복잡한 일들을 성공적으로 수행하는 데 따르는 지식, 기능, 태도를 개발할 때 고려해야 한다. 학습자들이 학교에서 배운 것을 현장에 활용하게 하기 위해서는 "앎"으로부터 "행함"으로 전환해야 한다. 문제를 풀고, 제품을 생산하고, 조직을 관리하는 데 그들이 배운 지식을 실무에 반영할 수 있어야 한다는 인식을 하고 있는 사람들은 많지 않다.

1) 전통적 교육과정과 능력중심 교육과정

체계적으로 교육과정을 설계할 때 지금과 같은 전통적인 방식으로 교육과정을 편성하느냐 아니면 능력중심(또는 수행중심)으로 개발하느냐에 따라 결과는 판이하게 달라진다.

교육과정설계(curriculum design)가 수업 내용에 초점을 맞추었다면 수업설계(instructional design)는 가르치는 방법에 초점을 맞춘 것이다.

전통적 교육과정은 과정(course)으로 구성되어 있다. 과정은 교과세목을 일정 분량으로 나누어 단원(unit)으로 나누고 단원은 다시 과(lesson)로 나뉜다. 전통적 프로그램에서 수업은 집단으로 교사가 중심이 되어 이루어진다. 그러나 능력중심(수행중심)프로그램에서는 수업이 가능한 한 개별화되어 있다. 학습자들은 개별적으로 학습하도록 책임이 부과되어 있으며, 한 개의 능력을 완전히 배우기 위해 학습 패키지(learning packages), 학습안내서(learning guides), 또는 모듈(modules)이라고 부르는 교재를 사용한다. 이때 가르치는 사람은 자원 인사로서 상담해 주고, 학습을 안내해 주며, 수행결과와 진도를 평가해 주는 평가자 역할을 맡는다.

학습자들은 구체적인 능력들을 완성해 나감으로써 능력중심 교육과정을 진행한다.

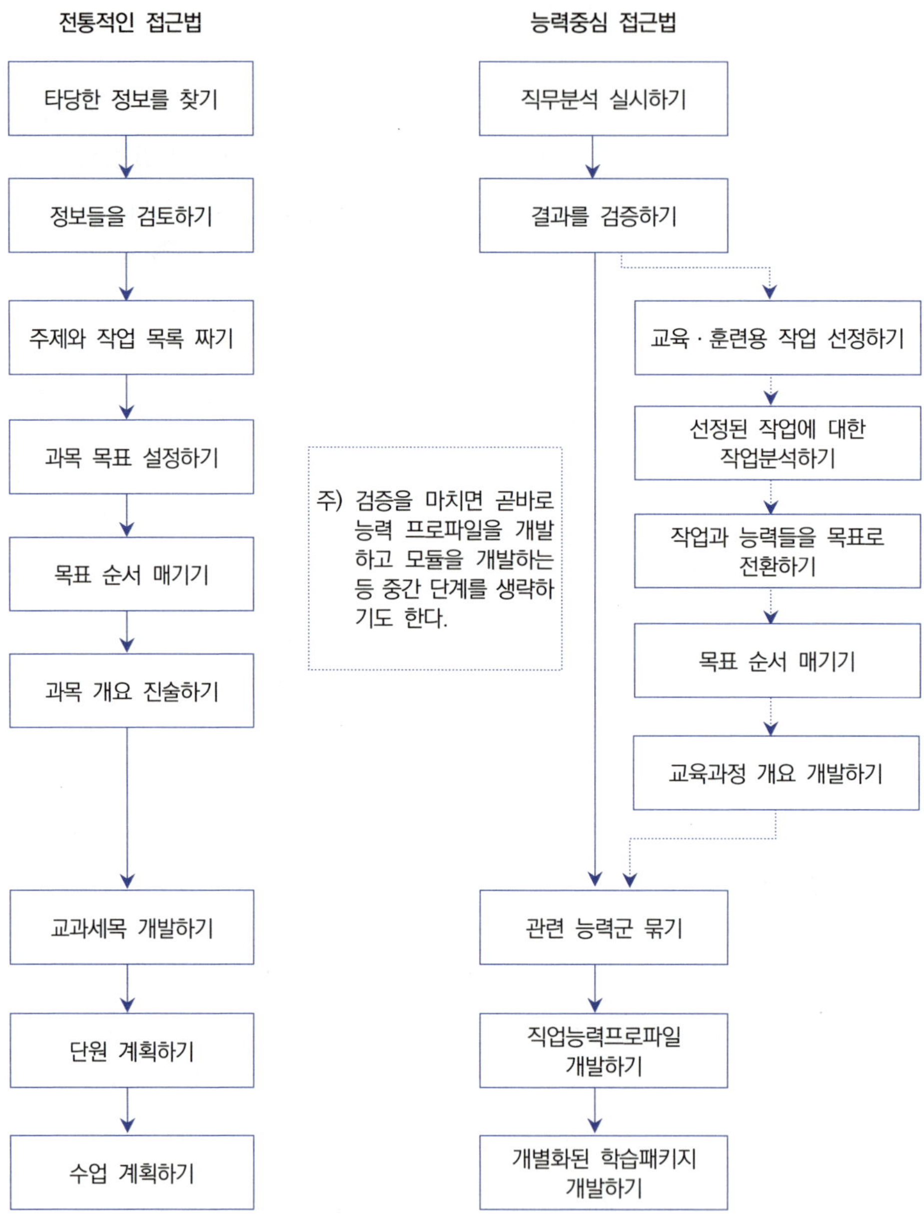

[그림 6-1] 교육과정 및 수업개발 접근방법 비교

진도는 시간에 얽매이지 않고 자신이 해당 능력들(competencies)을 성공적으로 수행(perform)해 보임으로써 다음 능력으로 진행해 나간다. 평가는 학습자의 지식, 태도까지지도 평가하지만 가장 중요한 것은 실제로 그 능력을 산업체 기준에 따라 설정된 수행기준까지 해 보이는 것이다.

능력중심 프로그램에서 교육과정과 수업계획은 모든 면에서 전통적인 방식과는 아주 다르다. 가르치는 사람이 교과과정, 단원 계획, 과목 수업계획을 짜서 진행하는 대신에 학습자들이 무엇을 해야 될지를 개별적으로 주고 그들 스스로 계획을 짜도록 한다.

앞에서 보여 준 그림에서 전통적인 프로그램의 접근 방법과 능력중심 프로그램의 체계적 접근 방법이 어떻게 다른가를 비교해 보면 알 수 있다.

2) 능력(competency) 추출

능력중심에 의한 교육과정과 수업계획은 다음과 같은 절차를 밟아 개발된다.

(1) 직무분석하기

능력중심 접근법은 직업에서 성공적인 직무를 수행하는 데 필요한 작업들을 분석해서 교육과정과 수업 개발에 기초로 반영해야 한다. 따라서 첫 단계로 직무분석을 실시한다. 데이컴 직무분석은 앞에서 다루었기에 여기에서는 생략한다.

(2) 작업들을 검증하기

직무분석 결과로 분석된 작업들이 지역 기업들의 요구와 맞는지를 더 많은 전문가로부터 검증한다. 직무분석을 하면서 추천받은 해당 직업의 전문가와 감독들을 대상으로 데이컴 차트에 열거된 작업들을 실제 회사에서 수행하는지, 분석 열거된 작업들이 얼마나 중요하며 어려운지 등을 검증한다. 질문은 비교적 간단하거나 복잡할 수 있다. 이때 설문지 조사법을 활용하거나 추천받은 전문가들에게 데이컴 차트를 보이고 전체적으로 검증해주도록 요청한다. 그 결과를 반영해서 데이컴 차트 초안을 보완한다.

(3) 교육·훈련용 작업 선정하기

검증을 통해 얻은 자료를 바탕으로 교육·훈련에 반영할 작업들을 따로 선정한다. 다른 한 가지 방법은 데이컴 분석을 할 때 패널멤버들이 작업마다 상대적인 중요도, 난이도, 빈도를 A, B, C로 구분하도록 하고, 입직 초기 작업(entry level tasks)들도 따로 구분해주도록 하면 이들을 기초로 교육·훈련용 작업으로 삼을 수 있다.

중요하면서 자주 수행되는 작업들을 우선 선정하되 안전에 관련된 작업들도 선정한다. 일부 회사에서만 수행하거나 별로 중요하지도 않고 어렵지 않은 작업들은 선정 우선순위에서 뒤로 밀린다.

(4) 선정된 작업들마다 작업분석하기

선정된 작업들은 수업 내용들을 분석하기 위해 작업분석을 해야 한다. 이 작업분석은 대부분 작업수행을 위해 공정(steps), 지식, 기능, 절차, 안전, 태도, 공구와 기계 등으로 분석하고 작업수행을 통해 달성해야 할 목표인 수행기준(performance standards)으로 구성되어 있다.

그리고 좀 더 수행이 어려운 작업들을 위해서는 주요한 의사결정 사항, 그 의사결정을 내릴 때 기준이 되는 단서(cues), 의사결정을 잘못했을 때 예상되는 오류와 같은 항목도 분석한다.

이 과정을 거쳐 분석된 자료들이 있어야 수업에 필요한 교재, 재료 목록, 기계 목록 그리고 학습활동, 학습목표 등을 개발할 수 있다. 이 작업분석에 대해서는 앞에서 자세하게 다루었다.

(5) 작업/능력들을 목표로 전환하기

이 단계를 논의하기 전 몇 가지 중요한 용어들을 정의해 놓을 필요가 있다. 상당히 많은 사람들이 작업(task), 능력(competency), 기능(skill)이라는 용어를 유사한 개념으로 혼용하고 있는 것 같다. 여기에서 작업이란 어느 직업에 종사하는 사람이 수행하는 직무를 일별로 나누어놓은 것이고, 능력이란 잘 조직된 교육·훈련 프로그램에서 학습자를 위해 구분해 놓은 학습 단위를 말한다. 다시 말해서 직무분석을 통해 열거된 작업들은 곧 학습자가 성취해야 할 능력이 된다. 기능이란 작업을 수행하는 데 필요한 적성(aptitude)이나 자질(ability)을 말한다(Norton, 2003).

능력진술은 모든 요구되는 활동(performance), 예를 들면 "적합한 방사능 검출 장비를 착용하기"라고 진술한다. 이 진술문은 수행목표(performance objectives: PO)로 전환되는데 위 능력진술문은 조건과 기준을 첨가해서 "모의 환경 아래 안전 수칙에 따라 방사능 검출 장비를 착용할 수 있다"라고 하여 행동목표로 진술할 수 있다.

(6) 목표 순서 매기기

이들 능력들을 논리적인 순서에 따라 재배열한다. 논리적 순서는 학습을 효과적으로 할 수 있는 것을 기준으로 한다. 예를 들면 어떤 능력들은 사전에 다른 능력들을 달성해야만 수행할 수 있는 능력들이 있다. 또 다른 하나의 논리적 순서는 학습의 난이도에 따른 것이다. 즉 쉬운 것부터 점점 어려운 것으로 배열하는 것을 말한다. 어떤 논리적 기준에 따르든지 학습자들이 학습을 원활하게 한다는 의미에서 기준을 선택하면 된다.

(7) 교육과정(프로그램) 틀 개발하기

교육과정 틀(curriculum outline)이란 작업분석과 능력 순서 매기기를 통해 짜인다. 이 틀 안에는 능력과 작업 진술에 기초해서 개발된 수행목표(performance objective: POs)들과 이들 수행목표를 달성하기 위해 필요한 세부목표(enabling objectives: EOs)들이 포함되어 있다. 이 틀은 수업 개발(instructional development), 즉 수업에 활용되는 교재개발과 수업 방법 개발 단계에서 행해지는 활동들의 기초가 된다.

(8) 관련 능력들을 능력군(competency cluster)으로 묶기

때로는 능력진술문은 논리적으로 관련 있는 것들끼리 능력군으로 묶는다. 이는 ① 가르칠 수업 교재의 양을 줄일 수 있고, ② 전체 능력들을 다룰 수 있는 만큼의 분량으로 줄일 수 있으며, ③ 각 작업들 속에 겹쳐져 있는 내용들의 중복을 피할 수 있고, ④ 여러 작업들 사이의 논리적 관계를 보여 줄 수 있기 때문이다.

(9) 직업 능력 프로파일(occupational competency profile) 개발하기

이 직업 능력 프로파일을 개발하면 여러 가지 목적으로 활용할 수 있다. 이 직업능력들 전체를 데이컴 차트와 같이 임무(duties)들과 함께 조직화하여 하나의 차트로 개발하면 프로그램 전체의 능력들을 한눈에 볼 수 있다.

이 프로파일을 보면 학습자, 교수, 회사의 임원, 평가 기관 등 관계자들이 프로그램 전체와 내용들을 쉽게 이해할 수 있다. 학습자는 이 차트를 통해 근로자가 해당 직업에서 실질적인 일을 하는 데 어떤 기능이 필요한지를 금방 알 수 있다.

그래서 이 프로파일 차트(profile chart)는 학습자가 스스로 학습을 계획할 때 도움을 주며 자신이 이미 갖추고 있는 능력과 앞으로 갖추어야 할 능력을 구별할 수 있다. 아울러 이 프로파일은 학습자의 진도를 확인하는 도구로도 사용된다. 다시 말해서 프로파일에 언제 시작해서 언제 마쳤는지를 표시해 놓으면 진도를 알 수 있다.

(10) 개별 학습 패키지(individualized learning package)를 개발하거나 선택하기

수업 자료를 개발하는 사람이 마지막으로 해야 할 일은 학습 패키지를 개발하거나 선택을 할 때 수집된 자료를 활용하는 일이다. 각 학습 패키지는 학습자에게 특정 능력이나 능력군을 완전히 학습하는 데 필요한 학습 자료를 제공해야 한다.

왜냐하면 전통적인 접근법에서 수업계획서(lesson plan)에 해당하는 것이 학습 패키지이기 때문이다. 이것이 학습자들에게 어떻게 학습할 것인지를 상세하게 안내를 한다. 그러므로 학습 패키지에는 보통 수업계획서에 있는 학습 목표, 학습 내용, 학습 활동과 평가 활동 등이 포함된다.

지금까지 소개한 두 가지 접근법은 모두 다 나름대로 체계적으로 접근하는 모형이다. 모두 다 현장의 요구를 맞추려고 노력한다. 이렇게 체계적으로 개발한 수업 방법은 효과적이다. 한 가지 새로운 변형 모형이 있는데 이는 교육·훈련 프로그램, 교육과정은 능력중심으로 개발하되, 실제 가르치는 수업 방법은 전통적인 방법으로 하는 절충식이 있다. 예를 들면 기업체에서 조직과 근로자의 필요에 따라 교육·훈련의 필요점을 정확하게 분석해야 하는 것은 절대적으로 필요하다. 교육·훈련 과정 설계를 능력중심(수행중심) 모형으로 해야 교육·훈련이 현장실습(on the job Training: OJT)을 통해 이루어진다.

그러나 많은 경우에 있어 교육·훈련 시간이 제한되어 있어 기업체는 한꺼번에 교실에서 강사 중심으로 가르칠 수 있도록 수업이 설계된다.

최종적으로 기업의 특정한 조직의 필요에 따라 교육·훈련을 실시하게 되는 경우 지금까지 논의해온 접근 방식보다는 체계적 접근 중 한 방법으로 두 방법을 절충하여 블록 구조(block structure)로 약간 변형시켜 적용하기도 한다.

능력중심교육과정(Competency Based Curriculum)은 능력중심교육·훈련(Competency Based Education/Training: CBE/T)의 교육철학 아래 최근 많은 나라에서 실천하

려고 노력하고 있다. 특히 직업학교나 직업훈련원을 졸업한 기능공들이 기업체에서 직무를 수행할 수 있는 능력이 부족해서 노동시장의 불만을 사고 있다.

이에 대처하기 위한 노력으로 일터에서 수행하는 일들을 데이컴으로 면밀하게 분석하여 능력중심교육과정을 만들고 이를 가르치기 위해 능력별로 모듈교재를 개발하여 수행평가를 엄격하게 실시하려고 하고 있다.

직무/직업분석(Job/Occupation Analysis)	어떤 특정 직업의 임무와 작업들을 논리적, 과학적으로 세밀하게 열거하는 데 사용되는 분석 방법
작업 검증 (Task Verification)	분석 열거된 작업들의 누락 여부, 작업별 중요도, 난이도, 빈도의 등급에 대해 데이컴 패널멤버 이 외의 전문가들이 검증
작업분석 (Task Analysis)	아래에 열거된 것과 같이 작업을 성공적으로 수행하는 데 필요한 공정과 이에 따른 각종 정보들을 분석하는 과정
작업 (Task)	시작과 끝이 분명하고, 고객이나 고용주가 대가를 지불하는 의미 있는 일의 단위로 정확하게 진술

공정 (Steps)	수행기준 (Performance Standards)	공구, 장비, 재료, 소모품 (Tools, Equipment, Materials, Supplies)	관계지식, 수학, 과학, 언어기술 (Related Knowledge, Math, Science, Language Skills)
신체의 각 부분을 조화롭게 써서 요구되는 행동을 수행하는 작업요소	성공적으로 작업을 성취하기 위해서 달성해야 할 기준	작업을 수행하는 데 근로자가 사용하는 물건	작업을 성공적으로 완성하는 데 필요한 일반 기초지식, 전공지식과 기술

안전(Safety)	작업자의 태도 (Worker Behavior)	의사결정, 단서, 오류 (Decisions, Cues, and Errors)
작업자나 재산에 끼칠 수 있는 잠재적 위험 요소를 공정별로 열거	작업을 성공적으로 수행하는 데 중요한 작업자 개인의 태도	작업자가 내려야 할 공정별 의사 결정 항목과 그 결정을 내리는 데 필요한 정보(단서), 그리고 부적절한 결정을 내렸을 때 예상되는 오류

[그림 6-2] 직무/작업분석의 체계

3 실습과제의 조직

가. 단원의 계획

1) 단원의 개념

우리는 교육과 교수에 관한 전문적인 지식 없이도 단원이라는 용어를 사용한다. 가령 용접이라는 과목을 배울 때, 납 용접 단원은 합금 용접 단원보다 더 쉽다든가, '벼재배'라는 과목을 배울 때 병충해 방제 단원은 물 관리 단원보다 더 잘 구성되어 있다는 등의 말을 한다. 심지어는 제3단원은 제4단원과 연계성이 없다든지의 이야기를 하기도 한다. 이처럼 단원은 어떤 과목에서의 기본적인 조그만 학습 내용을 담고 있고, 어떤 주제나 목적을 동일하게 갖고 있는 내용들의 집합이다. 따라서 한 단원은 다른 단원과 내용상 크게 구별이 될 것이라는 막연한 생각을 하고 있음을 알 수 있다. 그러나 전문적인 지식을 갖고 있는 교사라면 단원에 대한 정확한 개념과 성격 정도는 알고 있어야 할 것이다. 단원과 유사한 용어로 자료 단원, 제목 단원, 개괄 단원, 목적 단원, 필요 단원, 주제 단원, 문제 단원 등이 있다. 이들은 비슷하면서도 조금씩 구별되는 용어들이다. 뿐만 아니라 논제 혹은 주제를 뜻하는 토픽(topic), 제2장, 제3장 등을 뜻하는 장(chapter) 등도 단원의 의미를 파악할 때 분명하게 구별하여 사용해야 하는 용어들이다. 또한 학교에서 행정상의 용어로서 단위 시간, 단위 수업 등 단위라는 말을 사용하는데, 이 용어도 단원과 관련하여 무엇을 의미하는지 생각해 보아야 할 것이다.

(1) 단원의 정의

단원을 정의하기에 앞서 단원이란 개념 속에는 어떤 뜻이 내포되어 있는지를 살펴보면 다음과 같다.

① 단원은 단일성(oneness)을 포함하고 있다. 단원은 전체 학습 경험, 교과가 일정한 단위 분량의 경험 및 학습 내용으로 구성되었을 때의 단위 경험, 단위 내용을 의미한다.

② 단원은 통합성, 통일성을 내포하고 있다. 각 단원은 저마다 독특한 특성을 갖고 있어서 구별된다. 이 단원은 이러한 내용 및 경험이 수록되어 있는 데 비해, 저 단원은 그와 다른 내용과 경험이 수록되어 있다는 등의 얘기는 각각의 단원이 포함하고 있는 내용 및 학습 경험은 유사하면서 비슷한 성질을 갖는다는 뜻으로 이해할 수 있다. 그리고 그 내용 및 경험은 다른 단원과 비교하여 이질적이며, 다른 성질을 갖는다는 뜻으로도 이해될 수 있다. 따라서 한 개의 단원 속에 수록하고 있는 내용 및 학습 경험은 일정한 주제, 목적, 원리, 법칙에 따라 내적인 계열화, 연계화가 되어 있어서 긴밀한 통일성, 통합성을 갖고 있다. 때문에 단원의 의미 속에 통합성, 통일성이 포함되어있다는 것은 한 단원 속의 내용 및 학습 경험이 통합, 통일되어 있다는 뜻이다.

③ 단원은 부분성, 요소성을 포함하고 있다. 여러 단원들이 모여서 하나의 커다란 학습 경험 혹은 교과를 이루게 된다. 따라서 단원은 한 교과를 구성하기 위한 부분 내지는 한 교과의 요소라는 의미에서도 파악되어야 한다. 이는 단원이란 항상 교과가 없이는 존재할 수 없다는 의미이기도 하다. 물론 복습이나 과제, 특별한 주제를 가르치기 위해서 교과와는 별개의 단원이 구성되는 예가 없는 것은 아니다. 이런 경우에는 단원이라는 용어가 적당하지 않고 다른 용어를 선택해서 따로 호칭하는 것이 합당할 것이다.

④ 단원의 본질은 학습 내용 혹은 학습 경험이다. 단원의 명칭이나 종류 및 정의가 어떻든 간에 단원은 학습 내용, 학습 경험을 의미한다. 물론 단원의 본질이 학습 내용이라고 할 때는 주지주의적인 입장에서 단원을 파악했을 경우이다. 단원의 본질이 학습 경험이라고 했을 때는 행동주의적 입장에서 단원을 파악했을 경우이다. 그러나 우리가 학습이 행동상의 변화 혹은 지식

의 획득이라는 생각을 받아들인다면 단원의 본질이 학습 내용이요, 학습 경험이라는 것을 쉽게 이해할 수 있다.

그러면 이러한 의미를 내포하고 있는 단원의 개념을 명확하게 정의해 보기로 한다. 단원이란 한 교과 혹은 상위의 학습 경험을 구성하는 일부분이며, 내적인 통일성, 통합성을 갖는 학습 내용 혹은 학습 경험의 단위 분량이다. 물론 이 정의는 여러 가지 각도에서 다양하게 바라본 단원에 관한 정의가 아니고 이들을 포괄하여 정의한 일반적인 정의라고 할 수 있다.

(2) 바람직한 단원

바람직한 단원이란 어떤 단원을 의미하며, 단원이 바람직하기 위해서는 어떤 성격을 가져야 할 것인가를 설명하면 다음과 같다.

① 학생들을 적극적으로 활동시키도록 구성된 단원이 바람직하다. 즉 실습을 할 경우 실습 내용을 계획하고, 실습을 수행하고 실습된 결과를 평가할 때까지 학생이 적극적으로 참여하여 활동하게 만들어진 단원이 의의가 있다. 학생들의 적극적인 활동을 조장할 수 있도록 단원을 구성한다는 생각은 활동 단원과 작업 단원에서 특히 강조되고 있다.

② 학생들에게 부분적인 능력을 습득시키게 구성된 단원보다는 전체적인 능력을 습득시킬 수 있게 구성된 단원이 바람직하다. 이것은 단원이 단순한 몇 개의 지식이나 기능 혹은 한 부분에 치우친 지식이나 기능을 중심으로 구성된 것보다는 좀 더 넓게 학생의 건전한 인격 함양과 생활에 필요한 능력을 개발시켜, 전인적인 발달을 꾀할 수 있게 구성된 단원이 더욱 바람직하다는 것이다.

③ 현실의 생활 장면, 생업 현장을 잘 반영한 단원이 바람직하다. 일반적으로 단원이 현실과 유리되어 단순한 지식이나 기능의 학습에 그치고, 실제 생활

및 자신의 직무 수행에 활용할 수 없다면, 이는 바람직하지 못하다.

단원은 관념의 유희 쪽으로 치우쳐서는 안 되고 생활 현실을 존중하고, 실생활과 관련된 경험과 기능을 습득하도록 구성해야 할 것이다. 특히 산업 현장의 직무 수행에 직접 활용할 수 있는 기능을 습득시켜 주는 것을 목적으로 하는 실기·실습 지도에 있어서 실생활에의 활용 혹은 응용이라는 문제는 매우 중요하다. 단원을 현실성 있게 구성해야 한다는 생각은 활동 단원에서 두드러지게 강조되고 있는 점이다.

④ 학생 스스로가 문제 의식을 갖고 문제 해결의 방안을 찾고, 문제를 해결하고 새로운 문제를 제기하도록 구성된 단원이 바람직하다. 학습이 이루어지는 것을 문제 해결의 과정으로 보았을 때, 단원도 하나의 과제가 해결되어 가는 과정으로 볼 수 있다. 이때 좀 더 효율적인 해결 방안을 유도하고 학습자가 의욕적이면서도 자율적으로 문제에 도전하고, 새로운 문제를 제기할 수 있도록 구성된 단원은 더욱 훌륭한 것이다. 효과적으로 문제 해결을 할 수 있도록 단원을 구성해야 한다는 것을 강조하는 입장은 특히 문제 단원에서 현저하게 나타나고 있다.

⑤ 학생의 발달, 사고 능력과 기능의 계속적인 발달을 고려하여, 단원은 선행 단원 및 후행 단원과 발달 단계에 따른 배열을 갖고 있어야 한다. 일반 교과에 수록되어 있는 학습 경험은 학생의 발달 단계를 향상시켜서 발달을 도모하는 데 기여하기 위한 것이다. 단원에 수록되어 있는 학습 경험 역시 학생의 발달 단계 향상과 발전에 공헌하는 것이어야 한다. 그리고 효과적으로 공헌할 수 있는 배열을 갖고 조직되어 있는 단원이 더욱 훌륭한 단원이라고 할 수 있다.

⑥ 단원을 구성하고 있는 소재 및 재료는 가급적 확실한 것이어야 하고, 학생들이 이해할 수 있는 것으로 구성되는 것이 바람직하다. 단원에서 또한 고려되어야 하는 것이 평이성이다. 단원은 학습이 이루어지고 개념 및 기능이 전달되고 이해되고, 결국 학생에게 쉽게 체득되게 할 수 있는 경험이어야 한다.

따라서 난해한 재료로 구성된 단원은 바람직하지 못하다. 확실한 재료 및 내용으로 학생들이 쉽게 학습할 수 있게 구성된 단원이 더욱 바람직하다.

2) 단원계획의 개념

수업계획이란 무엇을 말하며 왜 필요한가에 대해서는 앞에서 논의되었다. 이미 소개된 바와 같이 수업계획이란 한 시간의 수업, 실습 혹은 몇 분간의 수업, 실습에서부터 1년간에 이루어지는 수업에 이르기까지 다양한 기간 속에서 실시되는 수업 및 실습과 하나의 교과, 큰 주제, 작은 주제, 단원, 질문에 해당하는 학습 내용 및 경험의 다양한 분량에 따라 여러 가지로 계획될 수도 있다. 또한 실기에 있어서는 큰 능력군, 능력, 특수 기능에 따라 다양한 분량으로 계획될 수도 있다. 단원계획은 하나의 단원에 관한 수업계획이라고 할 수 있다. 따라서 여러 단원계획들이 모여서 하나의 교과에 대한 계획이 이루어지며, 수업계획에 있어서 동원되는 모든 기법들이 이 단원계획에 있어서도 그대로 적용된다. 단 하나 수업계획 때와는 달리 항상 염두에 두어야 하는 것은, 단원계획이 단원이라는 일정한 분량에 대한 계획이라는 점이다. 이런 점에서 단원계획은 큰 수업계획의 하위 부분이며, 큰 수업계획이 정태적이며 개괄적인 계획임에 반해서, 단원계획은 활동적이며 실천적이다. 단원계획은 수업계획과 마찬가지로 다음과 같은 점을 갖고 있도록 작성되는 것이 바람직하다.

① 단원계획은 그 속에 시종일관하여 흐르고 있는 점으로서 적게는 수업목표, 크게는 교육목표에의 타당성을 갖고 있어야 한다.

② 단원계획은 역동성 있게 조직한 것이 바람직하다. 수업은 교사와 학생 간에 단조로운 지식의 흐름이나 의사소통이 아니라 역동성을 갖고 있다. 따라서 단원계획도 충분히 역동성을 갖고 있어야 바람직하다.

③ 단원계획은 포괄성 있는 것이 바람직하다. 학습활동은 다방면에 걸쳐서 이루어지고 학습에 있어서도 각각의 학습경험은 연관성을 갖고 있다. 따라서

단원계획은 포괄성을 갖고 있어야 한다.

④ 단원계획은 계속성을 갖고 있어야 한다. 단원계획 간에는 될 수 있는 한 주제의 일관성, 계획 방법의 일관성을 갖고 있어야 한다.

⑤ 단원계획은 될 수 있는 한 학생을 중심으로, 교사의 창의성이 나타날 수 있게 주어진 시간을 고려하여 작성되어야 한다.

3) 실험 · 실습 단원계획의 특징

실험·실습지도는 주로 실험·실습에 관한 수업의 전개이며, 심리 운동적인 영역에 속하는 기능의 습득과 숙련이 주가 된다. 따라서 지식에 대한 이해나 사고를 중심으로 한 교실 수업에서의 단원계획과는 달리 다음과 같은 점을 고려하여 작성되어야 한다.

① 실험·실습 단원계획을 수립할 때 사용되는 내용은 가급적 조작적이고 행동적인 용어를 사용하여야 한다.

② 실험·실습 단원계획은 교실수업에서의 단원계획과는 달리 충분한 보조 자료 및 시설들을 포함시켜야 한다.

③ 실험·실습 단원계획은 수업의 긴장을 유지하기 위한 특별한 조치를 포함해야 한다. 실기 지도는 실습장, 공작실, 실습포, 실험실에서 이루어지기 때문에 산만해지기 쉽다. 따라서 사전에 계획을 세울 때 충분하게 자료를 제공한다든가, 학생들의 실습 분담을 적절히 한다든가 하여 긴장을 유지시키는 조치를 계획해 두어야 한다.

④ 실험·실습 단원계획 시에 각 기능의 습득과 숙련을 고려하여 충분한 시간을 확보해 두어야 한다. 기능은 반복을 통하여 신체 기관들의 무의식적인 반응의 단계까지 도달해야 되기 때문에 많은 시간을 필요로 한다.

⑤ 실험·실습 단원계획 시 피로와 권태에 대한 해소 조치를 포함시켜 두어야 한다. 단순한 동작의 반복이 많은 실습에서는 생리적인 피로를 느끼고 권태

가 오게 되어 있다. 이를 해소하기 위한 적극적인 방법으로는 기능 습득을 학생들의 흥미 · 욕구와 일치시켜 피로를 느끼지 않게 해주는 방안이 필요하다. 소극적인 방법으로는 분습법을 동원한다든지, 적절한 휴식 시간을 두어 피로를 제거할 계획을 마련해 둠이 필요하다.

⑥ 실험 · 실습 단원의 계획은 특히 초기의 기능 습득에 주의해서 계획하여야 한다. 기능은 초기에 잘못 습득되면 후에 교정이 더욱 어렵고 시간이 많이 소요되기 때문에 처음부터 초기 기능 습득에 역점을 두어 계획하여야 한다.

⑦ 실험 · 실습 단원계획에서는 반드시 피드백을 계획하여야 한다. 기능의 습득 과정은 행하고 평가하며, 다시 행하는 반복 과정이기 때문에 반드시 피드백을 포함할 것을 고려하여야 한다.

⑧ 실험 · 실습 단원계획은 수업 상황의 구성에 있어서 실제의 산업 현장과 거의 일치되게 계획하는 것이 바람직하다. 실기를 통해 습득되는 기능은 직무에서 직접적인 활용을 꾀하기 때문에 되도록 실제와 같게 수업 상황을 구성하는 것이 바람직하다.

⑨ 실험 · 실습 단원계획에서는 학습자의 신체적 조건, 생리적 성숙, 발달 단계를 충분히 고려하여야 한다. 기능은 심리적, 신체적 운동에 속하기 때문에 성숙과 신체적 조건을 고려해야 한다.

나. 단원계획의 실제

1) 단원계획의 수립 시 고려해야 할 요인

단원을 계획하는 절차는 크게 보면 수업을 계획하는 절차 및 단계와 일치하고, 수업계획에서 동원된 방법과 기법들은 모두 단원계획을 실천할 때 사용되며, 수업계획은 여러 가지 방법이 있겠으나 중요한 절차는 다음과 같다.

① 학생의 흥미와 필요 파악

② 학습자의 성취 목표 결정
③ 학습 경험의 결정
④ 학습 지도안 개발
⑤ 교수·학습을 위한 자료의 개발
⑥ 평가 절차의 계획

이들 절차는 단원계획에서도 그대로 적용될 수 있다. 그러나 단원계획은 일정한 학습 분량에 대한 계획이기 때문에 수업계획에서의 포괄적인 계획방법과는 달리 정밀하고 세부적인 계획방법을 좀 더 많이 활용하여야 한다. 단원은 그 독특한 단원 구조와 빠뜨릴 수 없는 필수적인 구성요소를 갖고 있기 때문에 단원계획에 있어서 이 점을 특히 강조한 계획 방법이 적용되어야 한다. 단원을 계획하는 단계는 다음과 같다.

① 단원명을 제시한다.
② 단원의 일반적인 목적과 단원 목적의 배경이 되는 철학을 제시한다.
③ 단원의 설정 이유, 범위, 문제점을 포함한 단원의 요지를 제시한다.
④ 단원의 영역, 학습활동, 학습경험을 선정한다.
⑤ 단원을 전개할 때 접근 방법을 찾는다. 이는 학생들을 단원에 접근하도록 동기 유발시키는 방법을 찾아내는 것이다.
⑥ 효과적인 단원 지도방법을 모색한다.
⑦ 단원의 학습활동 및 수업과정을 예상한다. 단원을 계획하는 단계로서 단원이 어떤 단계를 갖도록 할 것인가, 어느 단계를 강조할 것인가를 결정함이 바람직하다.
⑧ 단원을 계획함에 있어서 다음 단계로서는 단원의 학습활동, 학습결과를 평가할 수 있는 절차를 계획해야 한다.
⑨ 수업 매체와 교구·교재를 선정하고 계획·제작해야 한다. 실제 수업에서 수업 매체를 선정할 때는 학습에서 시각, 청각, 감각, 후각, 미각이 어느 정

도 활용되는가에 따라서 수업 매체를 선정할 수도 있다. 감각과 시청각 수업 매체를 선정하는 경우를 예로 들어보면 〈표 6-2〉와 같다.

⑩ 참고 문헌을 찾고 필요한 지역 사회의 자원을 조사해 둔다. 참고 문헌을 찾는다는 것은 9번 단계인 수업 매체와 일맥 상통하는 점도 있으나, 실제 단원계획의 실천에 있어서는 크게 구별되는 활동이기 때문에 따로 참고할 만한 문헌을 찾고, 수업에 동원할 수 있는 지역 사회의 인적·물적 자원을 조사해 두는 것을 한 단계로 한다.

⑪ 이 단계에서는 다른 단원과 관련을 시켜서 검토해 보는 것이 필요하다. 한 단원이 다른 단원과 어떻게 관련되어 있으며, 단원 전개 시에 어떻게 유도될 것인가를 생각해 보는 것이다.

⑫ 학습지도안을 작성하는 단계이며, 이미 검토된 상기의 단계를 문서화하는 단계이다. 하나의 단원계획에서 수개의 학습지도안을 작성하는 것이 일반적이다.

〈표 6-2〉 시청각적 감각과 수업 매체

감 각	지 식	신체적 기능	수업 매체
시 각	75%	25%	인쇄물 그림 구체적 사물
청 각	25%	10%	음향 기기 대화
촉각 및 운동 감각	–	65%	조작 기기 운동 감각 기기 활동 기기
후각·미각	특수한 주제에서 활용		

자료: CPSC for Teacher Education.

2) 교과 단원 중심의 실기 단원계획

교사가 실기를 습득시키기 위한 수업을 전개할 때는 먼저 계획해 놓은 단원계획에 따라 전개해 나간다. 단원에 해당하는 분량의 학습 경험을 계획하는 것, 곧 단원계획의 단계는 앞에서 제시하였다. 교사가 실제 단원계획을 수행할 때 그 단원에서 다루어야 할 학습 경험을 어디에서 추출해낼 것인가를 반드시 고려하게 된다. 기존의 단원계획, 즉 교육청이나 장학실에서 권장하고 있는 학습 경험을 분석하고 수정·보완해서 학습 경험을 찾아낼 것인가? 또는 국가직무표준(NCS) 기반 교육과정에서 학습 경험을 찾아낼 것인가? 아니면 이상적으로 단원목표를 달성하기 위해서 어떠한 학습 경험들이 제공되어야 할 것인가를 생각해 보고, 제공되어야 할 학습 경험들을 결정할 것인가? 그렇지 않으면 현실적으로 학생들이 종사하게 될 직업 세계인 산업 현장의 실제 직무를 기능 분석을 통하여 추출해내고, 직무 수행에 필요한 기능들을 학습 경험으로 할 것인가 등을 결정하게 된다. 여기서는 교재를 분석하여 학습 경험을 선정하는 방법과 직무 분석을 통하여 학습 경험을 선정하는 두 가지로 나누어 다루기로 한다.

먼저 교재를 분석하여 단원에서 다루어야 할 학습 경험을 선정하는 방법을 다루기로 한다. 여기서 분석의 대상이 되는 교재라 함은 교과서만을 의미하는 것이 아니라 부교재, 유인물, 기타 문서화된 모든 자료들을 포함하는 광의적인 말로서 사용한다. 교재 분석에서 다루게 되는 것은 주로 교재에서 수록하고 있는 학습과제이며, 학습과제에 관한 여러 사람들의 정의를 종합하면 다음과 같다(변영계, 2004).

> "학습과제는 하위 수준의 어떤 기능으로부터 이와 관련된 높은 수준의 기능으로, 최대한의 긍정적 전이를 일으킬 수 있는 방법으로 순서화한 지적 능력의 한 집합체를 가르친다."
>
> "학습과제란 어떤 사실이나 개념에 대해 전적으로 무지의 상태로부터 그것을 알고 이해하는 데까지 이르는 과정이다."

"최종 수업목표가 의미하는 행동을 성공적으로 할 수 있기 위해서 무슨 일을 할 것인가를 생각해야 하는데 이것이 학습과제의 분석이다."

"학습과제란 학습해야 할 요소와 항목이 어떤 계층에 따라 배열되어 있는 전체를 말한다."

이러한 의미를 지니고 있는 것을 학습과제라고 하는데, 정의에서 보듯이 학습과제는 단원목표와 밀접하게 결부되어 있다. 단원에는 한 개 또는 몇 개의 학습과제가 있고 학습과제는 다시 여러 개의 하위 학습과제로 구성되어 있다. 학습과제를 분석하는 방법에는 다음과 같이 세 가지 형태를 들 수 있다.

(1) 학습 위계별 분석

하나의 학습과제는 몇 개의 하위 학습과제로 분석될 수 있으며, 이들 하위 과제는 또다시 세분되어 위계적 질서를 이룬다고 보고, 이 위계적인 질서를 찾아내는 분석 방법이다.

(2) 학습 단계별 분석

이 분석 방법은 주어진 학습과제를 달성하기 위하여 학습과제의 내용적 측면을 보다 세부적으로 분석하고, 이를 가르치는 순서에 따라서 조직하는 방법이다.

(3) 시간 기능별 분석

이 방법은 주로 심리 운동적인 기능 학습 영역에서 사용된다. 주어진 학습과제를 수행하기 위하여 필요한 일련의 하위 과제들을 작업이 수행되는 과정이나 기능에 따라 관계를 찾는 것이다. 그러면 한 단원에서 학습과제를 어떠한 순서로 분석할 것인가를 살펴보기로 한다.

① 먼저 학습과제 분석에 앞서 최종 수업 목표가 무엇을 의도하고 있는지를 간파하고 이를 숙지시켜야 한다.

② 학습과제에서 하위의 기능들을 추출해 낸다. 예를 들면 "자동차를 시속 40킬로미터로 운전할 수 있다."라고 할 경우, 이의 하위 기능인 "교통 표지판을 바르게 읽을 수 있다.", "자동차 부품의 명칭과 기능을 알 수 있다.", "자동차의 기어를 상황에 맞게 변속시킬 수 있다.", "자동차를 타고 전진과 후진을 할 수 있다." 등으로 추출하게 된다.

③ 이러한 하위 과제들이 추출되었다는 것은 단순히 열거된 것에 불과하기 때문에 이 하위 학습과제들에 질서를 부여하는 일이 필요하다. 즉 하위 학습과제들을 도식화해야 한다. 이 도식은 수평적 혹은 수직적 또는 위계적일 수도 있고, 이들을 혼합한 형태일 수도 있다.

④ 이 학습과제는 어떠한 학습자의 바탕 위에서 이루어질 수 있는 것인가를 생각한다. 즉 학습과제에 필요한 선수 학습 경험을 규정하여야 한다.

⑤ 분석된 학습과제를 실제 수업 상황과 관련하여 어떻게 전개시킬 것인가도 생각해 본다. 즉 학습과제를 수업과 관련시켜 계열화시켜 본다.

3) 단원계획의 예

실제로 '자동차 수리'라는 교과에 있어서 '자동차를 위한 가솔린 피스톤 엔진의 대체 방안'이란 단원을 중심으로 작성된 단원계획을 예로 들면 다음과 같다.

단원계획

○ 교과분야명: 자동차 수리
○ 단 원 명: 자동차를 위한 가솔린 피스톤 엔진의 대체 방안
○ 개 관: 엔진의 위험성과 환경 오염에 대한 심각성으로 인하여 기존의 자동차 엔진에 대한 대체 방안의 모색이 더욱 새로운 관심사로 부각되고 있다. 자동차 수리공은 머지않아 곧 동력원이 될 엔진의 특성과 작동 원리에 대한 지식 습득을 필요로 한다.

○ 앞으로 다룰 토픽:
다음과 같은 여러 가지 형태의 동력원에 관하여 공부하게 될 것이다.
① 디젤 ② Wankel ③ Stiring
④ 증기 ⑤ 전기 ⑥ 가스 터빈
위의 동력원을 공부하기 위하여 다음의 토픽을 사용하게 될 것이다.
① 기본 작동 원리
② 주요 동작 부분
③ 특성: 자동차로의 적용에 있어서의 장 · 단점
④ 현재의 상황과 미래의 발전

○ 목표:
① 여섯 가지 대체 동력원 각각의 기계적인 배열에 관한 간단한 technical sketch를 작성한다.
② 각 동력원의 기본 작동 원리를 구도로 설명한다.
③ 자동차로의 사용에 대한 각 동력원의 장 · 단점에 관한 객관식 시험에 합격한다.
④ 이러한 엔진들에 대한 새로운 전문 용어를 정의한다.

○ 학생 학습 활동:
교사가 제시하는 내용을 듣고 학급 토의에 참가한다.
교과서의 강독
그룹의 활동 및 발표에 참여한다.
스케치의 작성

○ 필요한 자료:
배부물(자세히 기술한다.)
투시물 환등기용 투명 자료(자세히 기술한다.)
시청각 장비, 배부물, 기타
종이 및 필기도구
소책자, 논설, 기타 자료 모집

○ 학생평가:
엔진의 모양과 배열에 관한 시험: 미완성된 그림의 완성, 주요 부분에 명칭을 붙이고 가스 흐름을 그린다.
엔진의 원리: 수업 중에 실시하는 구두 질문(평정 척도)

○ 자료: 책(상세히 기술한다) 필름과 필름 스트립, 투시물 환등기용 투명자료
논설: (모든 자료를 자세히 기술한다-표제가 붙은 투명 자료의 종류)

자료: 직업훈련연구소 역(1982).

4 실기지도를 위한 학습지도안

단원계획이 수립되고 나면 학습지도안을 작성하여야 한다. 학습지도안은 학생을 가르치기 위한 가장 세부적이고 구체적인 계획이다. 이 학습지도안에 따라서 1~2시간의 수업이 진행된다. 때문에 학습지도안은 수업계획의 일부로서 포함된다. 여기서는 학습지도안의 양식과 실제로 작성되어 있는 실험·실습지도를 위한 학습지도안의 예를 드는 데 그치기로 한다.

가. 학습지도안의 필요성

학습지도안은 종전에 교수안, 교안이라고 불려왔다. 그러나 오늘날 학습지도안, 학습보도안, 학습전개안, 생활보도안 또는 생활안 등 여러 가지 이름으로 불리고 있는데 왕왕 이에 대한 필요성 여부에 관하여 논의되는 일이 많다(임채식 외, 2007).

학습지도안의 불필요론은 종전에 흔히 빠지기 쉽던, 획일적이며 기계적인 틀에 박힌 교안 작성에 대한 염증을 갖게 된 후부터 나타났다고 볼 수 있다. 그러므로 학습지도안을 작성해서 수업을 전개시키면 학습자의 자유로운 학습활동을 틀에 박은 듯 구속하고 개성의 자유로운 활동과 발달을 막을 염려가 많으므로 형식적이며 일률적인 지도안은 작성할 필요가 없다는 것이다. 아울러 지도안을 작성하면 교사 자신도 지도안에 구애되어 지도안에 끌려가기 쉽게 마련이고, 자유롭고 활발한 학습활동을 전개시킬 수 없으므로 학습자뿐만 아니라 교사 자신도 구속을 받게 된다는 것이다. 이 뜻은 교사의 교수활동이나 학습자들의 학습활동이 형식화될 위험성이 크다는 의미이다.

그러나 이러한 반대를 받아들일 수는 없다. 일반적 견지에서 학습지도안은 필요하다. 왜냐하면 학습에 대한 사전 계획인 지도안을 작성하여야만 학습의 요건을 빠짐없이 다루어 갈 수 있기 때문이다. 인간의 기억은 한계가 있으며 주어진 상황에 따라서도 기억은 달라진다.

학습지도안 없이 기억된 사실로 교수한다는 것은 때에 따라서 교수해야 할 일정 내용이 누락될 수 있는 가능성을 나타내주기 때문이다. 따라서, 모든 학습 활동은 계획성 있는 것이어야 한다. 그 구체적인 계획이 바로 교사가 작성하는 학습지도안이다. 그러므로 교사는 학습지도에 필요한 사항을 치밀하게 계획한 후에 학습에 임하는 것이 원칙이다.

다만 세안(細案)을 작성하느냐, 약안(略案)을 작성하느냐 하는 것은 교사의 경험이나 능력 등에 비추어 결정해야 할 문제지만 특히 처음으로 교직생활을 하는 교사라든가 미숙련 교사에 있어서는 더욱 그 필요성을 느끼게 되는 것이다. 보다 세밀하게 작성하는 연습을 쌓아야 하기 때문이다. 물론 능력 있는 교사는 약안으로도 가능할 것이지만 미숙련 교사이든 숙련 교사이든 간에 세안·약안을 불문하고 지도안을 작성하여 학습 지도에 임하는 것은 원칙적으로 필요한 일이다. 만일 지도계획 없이 학습지도에 임한다면 마치 지도 없이 미지의 산야를 탐험하는 일과도 같은 것이기 때문이다. 그러나 유의할 점은 학습지도안은 어디까지나 안의 성격을 지닌 것이므로 지도안에 계획한 대로 기계처럼 빈틈없이 일정한 학습을 진행시킬 필요가 없다는 것이다. 학습자나 지도자나 사람은 자유로운 발전성을 가지고 있기 때문에 지도안을 작성하여 학습지도에 임한다고 해도 지도안 그대로 진행시켜야만 한다는 일은 없다. 학습 진행 도중에 학습자들의 요구에 따라서는, 또 그들의 질문이나 학습 진행의 형편에 따라서는 가변성 있는 지도를 해도 무방한 것이다. 단지 또 다른 효율성을 기하고자 했을 때에 그렇다.

나. 학습지도안의 구비조건

학습지도안은 일률적, 획일적이며, 또 형식적인 것이 되어서는 안 된다. 즉, 계획을 위한 계획이 되어서도 안 된다. 계획을 위한 계획은 형식적인 것이 되기 때문이다. 그러므로 지도안은 학습 내용의 성질이라든가 교재의 종류, 학습자의 요구 수준, 학습 경험 등에 따라서 각각 그 특성을 고려하고, 필요에 따라서는 임시로 학습 지도 계획을 변경할 수 있도록 융통성 있게 작성해야 한다. 바꾸어 말하면 여유롭고 역동적인 지도안이어야 한다. 또 초임 교사의 경우는 세안을 작성하는 훈련을 받아야 하며, 특히 연구 수업과 같이 공개하는 학습지도에서는 세밀한 지도안이 필요하게 된다. 이와 같은 학습 지도안이 구비하여야 할 요건은 다음과 같다.

① 지도안에서 예상했던 학습목표 달성의 결과에 대해 설명이 있어야 한다.
② 지도안은 이미 학습한 사항과 연결되어야 한다.
③ 지도안에는 학습과정, 교재, 활동의 선택과 조직이 되어야 한다.
④ 지도안에는 학습 진행의 형태에 맞는 지도 기술이 제시되어야 한다.

⑤ 지도안에는 목표 달성의 성공도에 대하여 적절한 평가 방법이 준비되어 있어야 한다.
⑥ 지도안은 앞으로의 학습에 관련되도록 계획되어 있어야 한다.

이상의 내용 외에 보싱(N. L. Bossing)은 학습지도안은 다음과 같은 특징을 지녀야 한다고 제시한다.

① 충분히 공식화된 목표
② 능숙한 과제 다루기
③ 능숙한 개괄
④ 개인차에 따른 준비
⑤ 중심적인 질문
⑥ 중요한 예시와 시범
⑦ 복습
⑧ 내용 교재
⑨ 도입의 기술
⑩ 평가의 기술
⑪ 학습 전개의 각 장면에 대한 대체적인 시간 배당
⑫ 새 학습이나 이미 학습한 것과의 관련 등이다.

다. 학습지도안 양식

학습지도 방법은 일정한 공식이 없고 학습 환경을 위시하여 학습 분위기에 따라 변화되며, 그 변화는 학습지도의 근본 원리를 기저로 한 변환이어야 함을 강조하였다. 마찬가지로 학습지도를 위한 계획서, 즉 학습지도안은 일정한 그리고 고정된 양식은 있을 수 없다. 단지 학습지도가 도입, 전개, 정리 과정을 거치며, 내용적인 면에서 학습목표, 학습내용, 학습활동 등에 관하여 사전에 세밀한 계획이서 있어야 한다는 원칙은 있다. 그러기에 학습지도안의 양식을 일률적으로 제시한다는 것은 대단히 무모한 일이다. 그러나 경우에 따라서는 공통적이고 동질적인 면도 있기 때문에 학습지도안의 작성에서 동질적으로 다루어지는 일도 있다는 것을 명심해야 한다. 여기서는 먼저 학습지도안 자체의 항목별 설명을 하고 실제 예를 들고자 한다.

1) 단원명

단원명이란 지도해야 할 학습내용의 제목을 말한다. 이 제목은 넓은 범위에 쓰이는 것을 대단원명, 범위를 좁게 잡는 제목을 소단원명이라 하는데 세 가지 방법이 있다.

① 제목식: 명사로 된 제목 그대로 표시하는 방법으로 예를 들면 '컴퓨터 조작'과 같이 쓰는 방법이다.

② 작업식: 작업명과 같이 '~하기'로 표현하는데, 예를 들면 '평판으로 대지 측량하기'와 같이 실제 행동을 나타내는 용어로 표현하는 방식이다.

③ 문제식: 의문 또는 질문식으로 표현되는 것으로 예를 들면 '벼에 병은 왜 발생하나'와 같이 표현하는 방법을 말한다.

2) 단원설정의 이유

이것은 교사 자신이 학부모의 입장과 일반 사회인의 입장 그리고 교사의 입장이 각각 되어서, 이 단원을 학습함으로써 어떤 도움이나 이익 그리고 어떤 변화를 가져올 수 있는가를 생각해서 기술하는 항목이다. 즉 왜 이 단원을 학습하는가의 이유를 밝히는 것이다. 따라서 실제 기술 방법은,

① 국가 및 사회의 입장에서

② 학교의 입장에서

③ 학습자의 입장에서,

이와 같이 각각 풀어 쓰는 방법과 위 세 가지 입장을 고려하되 표현을 한데 묶어서 표현하는 방법 두 가지가 있다.

3) 지도목표

여기서 말하는 지도목표란 지도해야 할 전체 내용의 목표를 말한다. 지도목표는 이해, 기능, 태도로 나뉘는데 이해는 지식에 해당하는 내용, 기능은 능력 또는 키워져야 할 기술적인 면을 말하며, 태도는 이것을 학습함으로써 어떤 생활 및 학습 태도를 갖게 하겠다는 것을 밝히는 것이다.

4) 전체지도 계획

대단원을 몇 차시로 나누어 지도할 것인가를 밝히고, 나누어진 학습 내용은 각각 어떤 교과목과 관련이 있고, 또한 준비해야 할 자료 등은 무엇인가를 밝혀 쓰는 것이 전체 지도 계획인데 이것은 지도안 작성자 임의대로 일정한 양식에 집어넣어 쓰는 경우와 풀어 쓰는 경우 두 가지로 나누어지는 것이 보통이다.

5) 본시의 주안점

본시의 주안점은 지도목표로 이번 시간에 지도할 학습 내용 중 가장 핵심이 되는 내용이 무엇인가를 밝히는 것이다. 여기에서도 서술적으로 기술하는 방법과 이해, 기능, 태도로 나누어 기술하는 방법이 있다. 전체지도 목표가 잘 설정되면 그 중에서 본시에 해당하는 지도목표를 끄집어내어 기술하면 비교적 쉽게 쓸 수 있다.

이상 기술한 것 이외에 본 시안에 해당하는 학습목표, 학습내용, 전개활동, 평가계획 등 구체적으로 여러 항목이 있으나 이것은 글로 표현하는 것보다 실제 작성된 지도안을 많이 읽어봄으로써 더 이해가 쉽게 된다. 그리고 일선 교사나 앞으로 교직에 나갈 사람들 모두는 지도안 작성을 실제 해봄으로써 훌륭한 지도안을 작성할 수 있는 것이다. 단 한 번의 지도안이 아니라 같은 내용을 갖고서 여러 번 되풀이해서 작성하면 할수록 문제점을 발견하게 된다. 그리고 지도안 자체가 어느 정도 잘 작성되었느냐에 따라 실제 학습의 성공 여부가 결정되는 것이다.

수업목표를 설정한 후에는 그 목표를 학생들에게 어떻게 소개할 것인가를 계획하고, 어떻게 그 목표를 달성할 것인가도 결정한다. 즉 교사는 학습 내용을 학생들에게 전달할 수 있는 적절한 기법이나 방법을 선정하고, 그 교수 내용을 적용시킬 수 있는 학습 경험도 선정한다. 여러 가지 학습 경험들은 교육 과정 운영 지침서와 기타 다른 교수 자료에 자세히 나와 있다. 이러한 자료들을 참고하여 교사는 좋은 착상을 할 수 있다.

아울러 학습지도안에는 전술한 항목 이외에 공지사항, 소요시간 및 주석을 달기 위한 여백이 마련되어야 한다. 공지 사항은 학생 직업활동 회의 모임, 회합, 개별 학생 과제의 마감 기일 등 수업 내용과는 직접적으로 관련이 없는 사항이다. 귀중한 수업 시간을 방해하지 않으면서 공지사항을 빠짐없이 알리도록 하려면, 모든 공지 사항을 학습지도안에 적어놓고 수업시간 내의 어느 특정한 때에 이야기해야 한다. 초임교사에게 있어서는 학습지도안에 있는 모든 활동란 옆에 그 활동을 수행하는 데 소요되는 시간을 표시하여 놓는 일이 중요하다. 예정했던 시간과 실제 소요 시간을 비교하여 봄으로써 더 정확하게 소요 시간을 파악할 수 있게 된다.

시간이 남아 잡담으로 시간을 허비하게 되거나 시간이 부족하여 내용을 마치기도 전에 수업을 끝내야 한다면 매우 불안하고 비효율적인 수업이 될 것이다. 훌륭한 수업계획은 이렇게 난처한 사태를 미리 막아 준다. 끝으로 좋은 학습지도안에는 주석을 달기 위한 여백이 있어야 한다. 수업을 끝내고 난 직후에 교사는 수업목표 달성에 대한 학습지도안의 효율성 여부에 관한 의견이나 의문 사항을 주석난에 직접 넣어야 한다. 어떤 것들을 소홀히 하였는가, 어떤 문제들이 제기되었으며, 그 문제에 대한 올바른 대답을 하였나 등의 주석을 달아야 한다. 이러한 주석은 교사로 하여금 다른 학습지도안을 작성하는 데 도움을 주며, 같은 수업을 나중에 다시 가르칠 필요가 있을 때 이를 개선할 방안을 제시해 준다.

〈예 1〉 학습지도안 양식

○○과 학습지도안 양식

학교 제 학년 반 성별 인원
월 일(요일) 교시
지도자

1. 단원명

2. 단원 설정의 이유
   ① 학생의 요구, 흥미의 면에서
   ② 학습 경험의 발전 면에서
   ③ 사회적 요구 면에서
   ④ 단원 학습지도 면에서

3. 단원학습의 목표
   ① 본 단원 학습에서 이해해야 할 지식
   ② 본 단원 학습에서 갖추어야 할 태도
   ③ 본 단원 학습에서 습득해야 할 기능
   ④ 기타 목표

4. 지도계획

내용 / 차시	학습내용의 요점	타 단원 및 활동과의 관련	비 고
제1차시			
제2차시			
제3차시			
제4차시			
제5차시			

5. 자료 및 준비

준비 \ 활동	교 사	학 습 자
자 료		
준 비		

6. 본시의 지도계획

① 본시의 지도목표(주안점)

주제에서 배분된 학습내용의 목표를 이해, 기능, 태도로 나눠 기재한다.

② 본시 학습지도 과정

단계 \ 구분	지도과제	교수 · 학습활동		지도상의 유의점	시간배당
		교 사	학습자		
도 입					
전 개					
정 리					
과 제					

7. 평가: 단원 전체 또는 학습자의 자기평가, 교사의 지도상의 평가 등을 사전, 학습 중 그리고 사후에 자세히 평가 기재한다.

실기 지도를 위해서 작성된 학습지도안의 실례를 제시하면 다음과 같다.

〈예 2〉 학습지도안 예시(드릴식별)

단 원 명: 드릴, 드릴링 머신과 드릴링 작업
학습주제: 트위스트 드릴
사전지식: 학생들은 여러 다른 형태의 드릴을 식별할 수 있다.

등급: 날짜: 시간 배당:

목 표	내 용	교사의 활동	학생의 활동	자 료
1. 일반적인 트위스트 드릴의 각 부분들을 식별하고 이름을 붙인다.	트위스트 드릴의 각 부: Points, Flutes Shanks, Tangs, Web, Lips	교사는 트위스트 드릴을 학생들에게 보여준다. 교사는 학생들에게 도표를 보여주고 각 부분을 설명한다.	학생은 트위스트 드릴과 도표를 본다.	트위스트 드릴 · 트위스트 드릴의 각 부분을 나타내는 도표
2. 트위스트 드릴의 각 부분을 그린다.	Cutting Angle Lip Clearance, Point Angle		학생은 트위스트 드릴을 그리고 각 부분의 이름을 붙인다.	
3. Cutting Angle과 Lip Clearance를 지적하고 그 중요성을 설명한다.		교사는 학생들에게 도표를 보여주고 Cutting Angle과 Lip Clearance의 부분 및 중요성을 설명한다.		

평가:
1. 학생에게 트위스트 드릴의 도표를 주고, 라벨이 붙은 부분에 대하여 질문한다.
2. 학생들에게 특정한 부분의 중요성을 설명케 한다.
이는 수업 내용의 간단한 개요에 불과하다. 실제로는 자료와 교수 학습 보조물을 포함하여, 내용에 관련된 보다 많은 세부적인 사항 및 교사와 학생들의 활동이 필요할 것이다.

자료: 공업 교육 연구소 편, 『직업 · 기술 교육 연구 교재』. pp.37~38

〈예 3〉 학습지도안 예시(이력서 작성)

단 원: 취업 기회

주 제: 구직 방법 - 이력서 작성

수업목표: 구직에 필요한 정보가 포함된 이력서를 네 개의 견본을 근거로 작성할 수 있다.

도 입: 지난 주에 우리는 여러 가지 구직 방법에 대해 논의하였다. 오늘은 이력서 작성에 관하여 공부하기로 하자. 여러분은 직업 교육을 수료한 사람으로서 취업을 원하고 있으며, 다음과 같은 광고를 보았다고 가정해 주기 바란다.

> 구인: 선반공(약간명)
> 이력서 제출처 - ○○우체국 사서함 47호

그 취직 자리에 관해 좀 더 많은 자료를 구할 수 있는 유일한 방법은 그 사서함 번호로 이력서를 보내는 방법이다. 어떻게 할 것인가? 포기할 것인가? 이력서란 무엇인가? 고용주는 이력서를 어디에 사용할 것인가? 이력서 용지는 어디서 구할 수 있는가? 이 시간을 통하여 이러한 의문점들을 해결해 보기로 하자. 이 수업을 끝내면 여러분은 자신이 직접 작성한 자신의 이력서를 갖게 될 것이며, 적당한 취직 자리가 나타났을 때 이를 제출할 수 있을 것이다.

방 법: 교사의 지도 아래 학생 스스로 이력서 작성법을 터득하도록 발견 학습법을 이용한다.

학습활동: 학생들이 이력서에 포함되는 정보의 종류와 작성 방식을 스스로 발견해 내게

(10분) 하기 위하여 개별적으로 네 개의 견본 이력서를 검토하도록 시킨다.

(20분) 학생 각자는 자신들이 발견한 것을 토대로 해서 자신의 이력서 초안을 작성한다.

학습자료: 학생 각자에게 교사가 작성한 네 개의 이력서 사본을 나누어 준다.

평 가: 학생들은 두 명씩 짝지어 각자가 작성한 이력서를 서로 교환해서 검토하되 교

(15분) 사가 작성한 네 개의 견본을 근거로 해서 평가한다. 그 다음, 학생 각자는 이력서 초안을 수정하여 자신의 이력서를 완성한다. 교사는 네 개의 견본을 지침으로 해서 이를 최종평가한다.

요 약: 질의 응답

(15분) 요점 1: 이 수업의 목표는 구직에 필요한 정보가 포함된 이력서를 작성하기 위한 것이었다.

요점 2: 이력서란 무엇인가?

요점 3: 이력서에는 어떤 내용이 기입되어야 하는가?

요점 4: 왜 세심한 주의를 기울여서 이력서를 작성해야 하는가?

요약

이 장에서는 실습 과제를 선정 조직하는 방법과 실기 지도에서 행해야 할 단원계획에 대하여 다루었다. 실기지도를 하기 위해서 실습 과제를 설정 조직하여야 한다. 실습과제는 학습 목표에 맞도록 개발되어야 하는데, 학습목표는 직무분석을 실시하여 얻은 자료를 근거로 설정되어야 한다.

실제로 실습 과제를 선정 조직할 때에는 작업분석표를 작성하여야 한다. 여기에서는 DACUM에 의한 직무분석을 통하여 능력중심접근법으로 실습과제를 선정하고 조직하였다. 또한 실습과제를 개발하는 데는 교육 여건에 따라 몇 가지 원칙을 정해놓고 작업을 한다. 이때 타일러(Tyler)의 학습내용 선정과 조직에서의 3대 원칙, 즉 계속성, 계열성, 통합성도 고려되어야 한다.

단원은 한 교과 혹은 상위의 학습 경험을 구성하는 일부분이며 내적인 통일성, 통합성을 갖는 학습 내용 혹은 학습 경험의 단위 분량이다. 단원계획은 하나의 단원에 해당하는 학습 경험 혹은 학습 내용의 분량을 가르치기 위한 계획이다. 단원계획 시 학습 경험을 추출하는 방법으로서 특히 강조해야 할 교과 단원 중심의 방법과 직무분석을 통한 방법이 제시되었다. 교과 중심의 단원계획을 실천하는 방법은 주로 수업에 동원시킬 수 있는 제반의 문서화된 자료들을 가지고 계획하는 방법이다. 절차는 단원에서 학습 과제 숙지, 수업 목표 숙지, 하위 학습 과제 추출, 하위 과제들을 도식화, 학습자와 관련시키고, 실제 수업 상황과 관련시키는 방법으로 이루어진다. 직무분석을 통한 단원계획 방법은 직무 경험의 범주화, 범주에 포함되는 행동적 요소 추출, 지적 요소 추출, 이들 행동적 · 지적 요소를 세밀하게 분석하는 순서로 이루어진다. 그리고 좀 더 실기 지도의 본연의 학습 목표에 효과적으로 접근하고, 의욕적이며 창의적인 실기 지도를 전개시키기 위해서 데이컴(DACUM)에 의한 직무 분석을 통한 계획을 강조했다. 또한 단원계획이 이루어진 다음에 1~3시간 정도에 해당하는 학습지도안의 양식을 제시하고 실제 작성된 예를 들었다.

토의주제

1. 학생들이 졸업 후 취업 가능한 전공 관련 직업을 하나 선정하여 DACUM에 의한 직무분석을 하여 보자.
2. 위의 직무분석을 통하여 선정된 내용 중에서 실습과제를 선정하여 보자.
3. 위에서 선정된 실습과제를 능력중심접근법에 의하여 조직하여 보자.
4. 단원이라는 개념 속에 어떠한 뜻이 내포되어 있는지를 정리해 보자.
5. 단원계획 시 실천하는 방법을 알아보고 합리적인 실천 단계는 어떠한 절차를 거쳐야 할 것인지를 생각해 보자.
6. 교과 중심의 단원계획과 직무 분석을 통한 능력중심접근법에 의한 단원계획은 어떤 장단점을 갖고 있으며, 어떤 상황에서 선택할 것인지 상황과 연결시켜 보자.
7. 실기지도를 위한 1~2 혹은 3시간 정도 분량의 학습지도안을 자기 전공과 관련하여 실제로 작성해 보자.

참고문헌

김종표, 이복희, 이영희, 홍성욱(2016). NCS 기반 교수법. 양서원.

김진규(2009). 「실기교육방법론」. 도서출판 학이당.

대구교대체육교육연구회(2001). 「체육 실기지도의 실제」. 서울: 교육출판사.

변영계, 이상수(2004). 「수업설계」. 서울: 학지사.

이향(2002). 「장르별 미술실기지도」(개정판). 서울: 양서원.

임채식 외(2007). 「실기교육방법론」. 서울: 양서원.

Norton, R. E.(2003). *SCID: Systematic Curriculum and Instructional Development* (5th ed.) Columbus, Ohio: The Ohio State University. Center on Education and Training for Employment. p. (A-0)3.

제7장

실습장의 조직과 관리

〈학습목표〉

1. 실습장의 유형을 열거하고 그 특성을 설명할 수 있다.
2. 실습장의 환경을 계획할 수 있다.
3. 실습기자재를 효과적으로 관리할 수 있다.
4. 실험, 실습실을 효과적으로 운영하고 관리할 수 있다.
5. 안전교육의 중요성과 안전수칙을 이해하고 실천할 수 있다.
6. 안전지도와 관련한 교사의 임무와 책임을 설명할 수 있다.

1 실습장의 조직

실습장의 조직(organization)과 관리(management)라는 말은 서로 구분하여 사용되는데, 여기에서 조직이란 실습장을 신축, 개축, 증축하고 실습 기계와 설비를 설치하여 실습할 수 있도록 준비를 하기까지의 활동을 뜻한다. 관리는 조직된 실습장을 유지, 보수, 운영하여 실습장의 효율을 증대시키는 활동을 의미한다. 실습과정에서는 안전사고 발생의 위험이 높으므로, 이에 대한 교육적 관심도 중요하다.

실습장을 잘 조직하려면 교사는 우선 자신이 가르치려고 하는 실습 내용을 정확하게 알고 있어야 한다. 즉 실습에 관한 경험을 충분히 쌓아 실습과제 선정과 이에 따른 실습 기계와 설비 등을 빠뜨리지 않고 갖출 수 있어야 한다. 또한 이러한 기계와 설비 등을 적절히 배치하여 한 학급의 실습을 할 수 있는 실습 공간을 계획할 수 있어야 한다. 실습장의 조직은 경험이 풍부한 교사가 하여야 하는 이유는 한번 시설된 실습장을 변경하기란 쉬운 일이 아니고 잘못 조직된 실습장에서 실습을 계속한다는 것은 지극히 비능률적이기 때문이다.

가. 실습장의 유형

1) 전문 실습장(specialized unit laboratory)

이 실습장은 특성화 고등학교나 마이스터고등학교, 직업전문학교, 직업훈련원 등에서 흔히 볼 수 있는 실습장이다. 이들은 전공에 따라 용접 실습장, 판금 실습장, 배관 실습장, 밀링 실습장, 선반 실습장, 다듬질 실습장, 수치 제어 공작 기계(CNC) 실습장 등으로 완전히 세분화되어 있다. 이러한 전문 실습장에서는 전공별로 깊이 있는 실습을 할 수 있으므로 직업 준비를 위한 교육・훈련에 적합하다. 그러나 중・고등학교 기술 과목과 같이 전반적인 기술을 경험하기 위한 실습에는 적합하지 않다. 이러한 실습장을 갖추는 데는 막대한 재정 투자가 따르게 되고 경우에 따라서는 사용 빈도가 낮고 비싼 특수 실습 기계도 설치해야 할 필요가 있다.

2) 통합 실습장(general unit laboratory)

이 실습장은 여러 개의 전문 실습실을 몇 개씩 묶은 형태로 준전문화된 실습장이다. 예를 들면 밀링, 선반, 연삭 기계 등 공작 기계를 한데 모아 놓고 기계 공작 실습장으로 사용하고 있는 경우와 제도 실습, 디자인 실습, 모형 제작 실습 등을 한곳에서 할 수 있도록 마련하고 일반 디자인 실습장이라고 부르는 경우가 여기에 해당한다. 이러한 유형의 실습장은 사용하는 재료와 공구가 비슷하고, 관련 전공 과목이 같아 몇 개의 전공 과정이 공동으로 이용하거나, 한 과정의 학습자들이 여러 개의 실습장을 별도로 사용하지 않고 한두 개의 실습장으로 묶어서 사용하므로 효율적이다. 대부분의 특성화 고등학교에서는 이런 형태의 실습장을 사용하고 있다.

3) 종합 실습장(general laboratory)

초・중・고등학교 실과나 기술・가정 실습장에서 흔히 볼 수 있는 실습장으로 여러 가지 실습을 한곳에서 할 수 있도록 종합한 실습장이다. 예를 들면 중학교 기술 실습장은 플라스틱, 목재, 금속 등을 가공하는 실습과 전기, 컴퓨터, 제도 등을 실습할 수 있도록, 한 개의 종합 실습장에 모아서 마련하고 있다. 이 경우에도 서로 특성에 따라 제도, 전기, 컴퓨터 등 먼지가 별로 일어나지 않는 실습을 한데 모으고, 목재, 금속, 플라스틱 등 재료를 가공하여 제품을 만드는 실습은 별도의 실습장을 준비하는 것이 합리적이다. 이 종합 실습장은 여러 가지 실습을 한곳에서 하므로 경제적인 실습장 조직이지만, 한곳에서 동시에 실습을 하는 경우에는 서로 방해가 되며, 교사가 한 곳에 집중하여 지도하기 어렵다는 단점도 있다.

나. 실습장의 평면계획

교사는 건축 설계자들처럼 실습장을 정확하게 도면으로 표현하기는 어렵지만 누구보다도 실습장이 필요로 하는 조건을 잘 알고 있다. 때문에 실습장을 사용하게 될 교사가 실습장의 평면을 계획하여야 한다. 물론 건축 설계자가 평면을 계획할 때 각종 전문적인 자료를 제공하면서 협조하면 더 능률적으로 작업이 이루어질 수 있다. 아울러 교사는 설계가 잘된 실습장을 견학하고 자료를 수집하여 참고한다. 실습장 평면계획은 다음과 같은 절차를 거쳐 하게 된다.

① 산업체에 나가서 직무 분석을 하거나 산업체 인사들과 함께 데이컴과 같은 직무 분석을 하여 교육 훈련 과정을 개발한다.

② 교육 훈련 과정을 이수하는 데 필요한 실습 기계, 설비, 공구 등의 목록을 작성한다.

③ 실습 학급의 학습자 수, 연간 실습 계획표, 교수 방법 등을 결정하여 실습 기계, 설비, 공구 등의 수량을 정한다.

④ 실습장의 유형을 정하고 한 실습장에서 실습할 실습 내용을 정한다. 실습장의 유형에 따라 실습장의 위치를 정한다.

⑤ 실습장 유형별, 전공 실습별로 학습자 1인당 적정 소요 면적을 정하여 실습장의 주 작업장 면적을 구한다.

⑥ 주어진 부지의 크기를 고려하여 실습장의 가로, 세로 길이를 정한다.

⑦ 방안지에 실습장의 가로와 세로를 결정하고 출입구와 창의 위치를 표시한다.

⑧ 방안지에 주 작업 공간과 교사실, 공구실, 재료실, 작품 보관실, 탈의실, 화장실 등 보조 공간을 스케치하여 구획을 짓는다.

⑨ 주 작업장과 보조실에 싱크대, 조리대, 대형 설비, 가스 라인 등의 영구 시설물의 위치를 크기대로 그려 넣는다.

⑩ 주 작업장에 통로를 그리고 관련 유사 작업끼리 묶어서 몇 개의 작업 공간으로 구획을 나눈다.

⑪ 실습 기계와 작업대의 크기에 맞추어 두꺼운 색종이를 오려서 방안지에 배치한다. 이때 실습 기계와 작업대 간의 간격을 적절하게 하여 실습에 지장 없도록 한다. 여러 가지 방안으로 배치해 보고 가장 나은 것을 골라 결정한다.

⑫ 배열이 결정되면 축소판 모형 주위를 연필로 그려서 각 기계나 작업대에 명칭을 써넣는다.

⑬ 동료 교사나 건축 전문가들의 자문을 받아 최종안을 확정하고 건축 설계자에게 평면의 기본 도면을 그려주도록 의뢰한다.

⑭ 행정 절차를 밟아 결재를 얻어 건축 공사를 진행하도록 관계 부서에 요청한다.

다. 실습장의 평가계획

1) 주 작업 공간

〈표 7-1〉 전공별 주 작업 공간 소요 적정 면적 (단위: ㎡)

전 공	학생 1인당 소요 면적	보조실 면적 추가분(%)
회계	2.7－3.2	10－15
기계 정비	11.7－13.5	20
자동차 정비	16.2－22.5	10－20
건설 직종	11.3－13.5	20
사무 기기 정비	4.5－6.3	15
가구 제작	11.3－13.5	20
보육	5.4－7.7	15
상업 미술	4.5－6.3	15
미용	7.2－11.3	15
제도	5.0－7.2	5
전기, 전자	4.5－6.3	10
그래픽 미술	7.2－11.3	15
마케팅	4.1－6.8	10－15
기계 공작	11.7－16.2	15
의료 보조	8.6	15
봉제, 편물	6.3－7.7	10
간호	7.7	20
판금	7.2－10.4	10
타자	2.3－2.7	10－15
웨이터	4.5－5.9	20
용접, 금속 조립	11.7－13.5	15

자료: 직업훈련연구소 역(1983).

일반적으로 실습장은 가로의 길이가 세로의 약 2배가량 되는 직사각형의 모양이 바람직한데, 그 이유는 이러한 직사각형이 공간 계획을 하기에 편리하기 때문이다. 실습장에는 최소한 두 개의 출입구를 두어 학습자들의 출입과 실습 기계의 반입 및 수리에 사용하도록 한다. 주 작업장 내에는 될 수 있는 대로 기둥이 없어야 기계 배치와 실습하기에 좋다.

주 작업장의 크기는 하나의 실습 학급의 학습자 수에 한 학습자가 차지하는 적정 면적을 곱하여 구한다. 이때 한 학습자가 차지하는 적정 면적은 교육·훈련 과정과 실습 내용에 따라 다르다(표 7-1 참조). 보통 큰 실습 기계를 사용하지 않고 작업대에서만 가벼운 실습을 하는 경우, 학생 1인당 적정 면적은 약 2.7㎡이며, 활동이 어느 정도 요구되는 경우에는 약 4.5㎡ 정도가, 과중한 작업을 하는 경우에는 약 9.0㎡가 필요하다. 물론 이 주 작업 공간에는 교실, 제도실, 재료실, 공구실 등 보조 공간은 포함되어 있지 않다. 또한 교육·훈련 과정에 따라서는 이러한 공간 외에도 실외에 부속 공간이 별도로 요구되기도 한다.

주 작업 공간에서는 교사와 학습자들이 시범을 보이기, 재료 운반하기, 실습하기, 실습장 출입하기, 공구와 기구 찾기, 제품 운반하기 등 여러 가지 활동을 하면서 이동한다. 이와 같이 교사와 학습자들이 이동하는 형식을 동선으로 나타내어 그 비중을 서로 구별하고 원활한 활동을 할 수 있도록 통로와 작업 공간을 계획한다. 통로는 우선 주 통로를 실습장 중앙에 넓게 마련하고, 노란색 페인트로 2~3m 폭의 통로를 100mm 줄로 선명하게 그어 작업자들이 안전하게 이동하도록 한다. 이 작업 공간에서 주 통로로 나오는 거리는 짧을수록 좋다. 학습자들은 다른 학습자를 방해하지 않고 재료나 공구를 지급받을 수 있도록 하며, 작업 공간과 공구실, 재료실 등 보조 공간과 가능한 한 가까워야 한다. 특히 작업 중의 안전을 고려하여 작업 공간이 계획되어야 한다. 또한 교사는 어느 곳에서도 전체 학습자들이 실습하는 것을 감독할 수 있어야 한다. 그러므로 L자 모양으로 평면이나 공간이 분리되어 있는 것은 좋지 않다. 또한 캐비닛이나 커다란 실습 기계 등이 시야를 방해하지 않아야 한다.

2) 보조 공간

실습장의 기능성을 높이기 위하여 주 작업장 외에 여러 가지 보조 공간이 필요하다. 보조 공간의 종류는 전공에 따라 다르지만 공통적으로 필요한 공간은 교사실, 교실, 재료실, 공구실, 탈의실, 화장실 등이다. 이외에도 제도실, 디자인실, 암실, 특수 장비실, 작품 보관실, 자료실, 측정실 등 전공 실습 내용에 따라 서로 다른 보조 공간이 요구된다.

이러한 보조 공간은 실습은 물론 실습장의 관리와 운영을 효율적으로 할 수 있게 한다. 실습장은 전공 실습에 필요한 보조 공간을 적재적소에 얼마나 잘 갖추고 있느냐에 따라 실습장 조직의 성패가 달려 있다고 해도 지나친 말이 아니다. 예를 들면, 기계 공작이나 전기, 전자 분야는 정밀하고 고가인 측정 장비를 별도의 측정실에 두고 공기 조화 장치로 적정 실내 온도와 청결을 유지하여야 한다. 인쇄나 사진 전공 실습장에는 사진을 현상하고 인화할 수 있는 암실이 있어야 한다.

그러나 모든 실습장마다 이러한 보조 공간을 갖출 수 있는 것은 아니다. 경우에 따라서 주 작업 공간을 마련하기도 어려운 경우에는, 주 작업장 내에서라도 위에서 말한 보조 공간의 역할을 할 수 있는 공간을 주 작업장 가장자리나 구석진 곳에 가구 등을 적절히 배치하여 구획을 지어 이용한다. 그러면 여러 가지 보조 공간 중에서 교실, 교사실, 제도실, 공구실, 재료실, 탈의실과 샤워실, 교육 자료센터에 대하여 알아보기로 한다.

(1) 교실

교실을 따로 두지 않고 주 작업 공간의 한쪽의 벽이 있는 공간에서 관계지식을 강의하고 시범을 보이기도 하지만, 다른 학습자들이 실습할 때 들리는 소음을 막고 안정된 분위기에서 학습을 하려면 별도의 교실이 있어야 한다. 교실의 크기는 한 학습자당 3.6㎡ 정도가 적당하고 가로 세로의 비율은 1 : 1.5 내외로서 주 작업 공간의 모양에 따라 달라진다. 교실의 창문 높이는 바닥에서 105㎝ 정도이며 창문에는 검은 커튼을 설치하여 필요한 경우 실내를 어둡게 할 수 있도록 한다. 또한 교실에는 빔프로젝터와 스크린을 설치하여 전자교탁에서 시청각매체를 사용할 수 있도록 한다.

(2) 교사실

교사실은 교사가 교재를 준비하거나, 학습자에 관한 평가, 생활 기록, 상담 등을 하거나 전공 서적을 읽을 때 사용하는 공간이다. 교사실은 전공별로 실습장 내에 두거나 관리동에 교무실의 형태로 한꺼번에 둔다.

특성화 고등학교와 마이스터고등학교나 직업전문학교와 같이 실습장의 비중이 더 큰 경우에는 교사실을 전공별로 두는 것이 지도하는 데 효과적이지만 중・고등학교 기술・가정 과목의 경우에는 별도로 두지 않고 교무실에 두거나 실습장에 있는 강단 옆의 공간에 교사 책상을 두고 교사용 공간으로 이용하기도 한다.

(3) 제도실

제도실은 제도를 전문으로 학습하는 분야에서는 주 작업 공간이지만 기타 생산 관련 전공 분야에서는 보조 공간이다. 그러나 어떤 경우에도 제도는 중요한 학습 시설이므로 세심한 배려가 있어야 한다. 지금은 컴퓨터응용 프로그램을 사용하여 컴퓨터로 제도를 하고 있으나, 아직도 기초 제도실습을 제도 책상 위에 제도판을 두고 삼각자와 T자로 제도하는 곳도 있다.

제도 실습실에는 컴퓨터나 제도대와 제도판을 기본 비품으로 하고 강단, 교탁, 칠판 등 교수에 필요한 비품과 간단한 모형을 제작하거나 교육 매체를 이용할 수 있는 공간이 필요하다.

제도 실습실에서 학습자 1명이 차지하는 면적은 [그림 7－1]과 같은데, 통행을 고려하여 최소한 좌우 통로는 90㎝, 앞뒤 간격은 60㎝ 정도가 필요하다. 그러므로 통로를 포함한 1인 소요 면적은 약 2.9㎡라 할 수 있다.

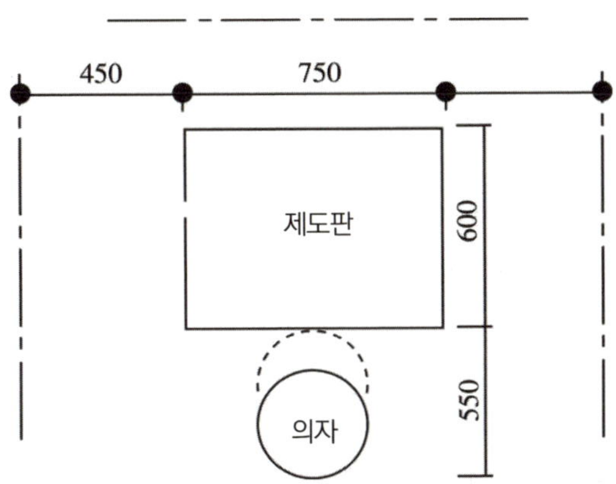

[그림 7-1] 제도실의 개인 면적

(4) 공구실

공구실은 공구를 관리하는 방법에 따라 다르다. 공구를 중앙 집중 관리 방법으로 운영하여 매 실습 시간마다 공구 당번으로 하여금 공구를 지급하게 하려면 공구를 보관하고 지급하는 공구실이 별도로 필요하다. 이때에는 전체 공구를 보관할 수 있는 공구 상자, 캐비닛, 공구판, 공구 보관장 등을 공구실에 배치하고 공구의 크기와 종류에 따라 공구를 관리한다.

(5) 재료실

대부분의 실습장에서는 재료를 보관하고 관리하기 위하여 재료실을 주 작업 공간에 붙여 둔다. 건설실습의 경우에는 골재 등을 실습장 밖에 마련한 공간에 두기도 한다. 긴 목재나 철재는 실습장 한편 공간에 두기도 한다.

(6) 탈의실과 샤워실

실습을 하려는 학습자는 먼저 실습복을 갈아입어야 하고 실습을 하고 난 다음 땀을 많이 흘렸기 때문에 옷을 갈아입기 전에 샤워나 세수를 하여야 한다. 이러한 시설은 각 실습장마다 별도로 두기에는 재정이 많이 소요되므로 실습동의 중앙 현관에 화장실과 가까이 둔다. 학교의 중앙에 둔다.

(7) 교육 자료 센터(Learning Resource Center)

교육이 교사 중심으로부터 학습자 중심으로 점차 옮겨지면서 학습자들에게 보다 더 풍부한 교육 학습 자료가 제공되어야 할 필요가 늘어가고 있다. 따라서 실습장에서 가까운 관리동의 일부 공간을 교육 자료 센터로 만들어 학습자들이 실습 도중에라도 이 교육 자료 센터에 와서 개별적으로 실습에 필요한 지식을 복습하거나, 계산을 하거나 도면을 스케치하는 등의 활동을 할 수 있게 한다.

이 외에도 전공 분야에 따라 암실, 측정실, 가스 발생실, 각종 실험실, 디자인실, 도장실 등 여러 가지 보조 공간들이 필요하지만 여기에서는 주로 공통적으로 필요한 공간에 관해서만 살펴보았다.

라. 실습장의 환경계획

실습장은 각 공간이 요구하는 적절한 조도와 온도를 갖추고, 학습에 지장이 없도록 소음이 통제되어야 하며, 명랑하고 안전한 학습을 할 수 있도록 색채를 조절하여야 한다. 실습장에 아무리 좋은 실습 기계와 시설을 갖추었다고 하더라도 이와 같은 실습장의 환경 요소가 부적절하면 실습장으로서의 기능을 충분히 발휘할 수 없을 것이다.

1) 조명

실습장의 조도는 각 실습장의 성격에 따라 각기 다른 적정 조도가 요구된다(표 7-2 참조). 특히 작업대나 실습 기계의 작업 부위 조도는 정밀하고 안전한 작업을 할 수 있는 적정 조도를 유지하도록 유의해야 한다. 실습장의 적정 조도를 유지하면 눈과 근육이 덜 피로하고, 능률적인 작업 습관이 형성되며, 실습장 내 기강이 확립되고, 기능이 더 숙달되는 등 여러 가지 장점이 있다.

실습장의 작업은 실제로 학습자들이 사물을 직접 눈으로 보면서 이루어지기 때문에 조도가 향상되면, 작업의 질이 나아지고 소요 시간이 단축된다. 예를 들면, 제품의 표면 거칠기를 판단하거나, 정밀도를 측정하는 작업이나, 제도의 선긋기 작업 등 대부분의 작업은 정교하고 정밀하게 이루어지기 때문에 실습장의 조명은 충분히 밝아야 한다.

조명은 일반 조명과 국부 조명으로 나누어진다. 일반 조명은 실습장 전체를 환하게 하는 조명이며, 국부 조명은 특히 조도가 높아야 하는 곳에 부분적으로 조명을 하는 것이다. 일반 조명은 다시 태양에 의한 자연 채광과 조명 기구에 의한 인공 조명이 있다. 태양 광선이 직접 작업 공간에 비치면 눈이 부시기 때문에 실습장에는 북쪽 하늘에 반사되어 비치는 빛이 안정감을 주어 좋다. 남쪽 창으로 직접 태양 광선이 비추도록 하면 맑은 날과 흐린 날, 아침과 저녁의 조도 차이가 심하여 좋지 않다. 그러므로 공장처럼 큰 실습장이나 대형 공장에서는 지붕을 톱날처럼 만들어 북쪽 하늘로부터 반사광을 받아들인다.

어느 경우에도 조명은 자연 채광과 인공조명이 상호 보완되도록 설계되어야 한다. 주간에는 자연 채광에 의하여 대부분의 조도가 나오도록 하고 인공 조명은 흐린 날이나 야간에 사용한다. 자연 광선이 눈부시지 않도록 하려면 투명 유리 대신에 우윳빛 유리를 사용하거나 유리블록을 사용한다. 직접 태양 광선을 막는 데에는 루버 창이나 콘크리트 스크린 또는 내민 지붕이 쓰인다.

바닥에서 1.8m 이상 높은 곳에서부터 천장까지 설치한 고창은 눈부심이 덜 일어나게 한다. 자연 채광은 직접 광선과 간접 광선이 혼합되도록 한다. 인공조명에는 보통 백열등, 수은등, 형광등을 사용한다. 백열등은 가격이 싸고, 조작과 조정이 쉬우며, 색깔이 따뜻하다는 장점이 있다. 반면, 열이 발생하고, 그늘이 생기며, 전력 소모가 형광등보다 더 많다는 단점이 있다. 텅스텐 할로겐등은 백열등보다 수명이 더 길고, 빛의 색깔도 더 좋은 반면 가격이 조금 비싸다. 형광등은 비교적 수명이 길고, 열이 적게 발생하며 전력비가 적게 든다. 그러므로 일반 조명에는 형광등이나 수은등이 백열등보다 더 낫다. 최근에는 LED 등이 전력 소모도 작고 수명이 길며 조도도 높아 널리 사용되고 있다.

〈표 7-2〉 실습장의 적정 조도 (단위: 럭스)

실습장 공간	조 도
주 작업 공간	
제도실	200
금속	150
목공	150
공예	200
자동차 정비	150
그래픽 미술	150
전기, 전자	150
종합 실습장	150
보조실	
디자인실	200
교실	150
교사실	150
시범 공간	150
자료실	150
탈의실	30
과제 보관실	50
재료실	30
공구실	50
화장실	30
도장실	150

2) 색채

실습장에서 색채를 효과적으로 활용하면 피로를 줄이며 명랑한 분위기 속에서 실습을 효율적으로 하는 데 도움이 된다. 색채를 식별하는 과정은 물체에 반사된 광선이 시신경을 자극하고 그 자극이 뇌세포에 전달되어 감지하게 된다. 그러므로 색채와 빛은 밀접한 관계가 있다. 색채는 색상, 명도, 채도의 3요소로 구성된다. 먼셀의 색상환에 따르면 원색에는 보라, 빨강, 노랑, 초록, 파랑에 이르는 5색이 있고, 2차색은 노랑과 빨강을 섞어서 주황색이 되듯 상호 인접한 원색들을 혼합하여 만든다. 보색은 색상환에서 상호 반대되는 위치에 있는 색상들이 이룬 대비이다. 명도는 색채의 밝기와 어두움의 정도를 말하는데 원색에 검은색을 많이 섞을수록 저명도로 되며, 원색에 흰색을 많이 섞을수록 고명도가 된다. 대부분 실습장을 칠할 때에는 원색을 사용하지 않고 명도가 있는 색을 사용한다. 고명도의 색은 대개 저명도에 비하여 빛을 더 많이 반사하므로 실내는 고명도의 색을 사용한다.

채도는 색의 강도를 말하는데, 색소가 많을 경우 고채도가 되고 희석제가 많으면 저채도가 된다. 빨간색, 주황색, 노란색 등은 난색 계통이며 파란색, 초록색, 보라색은 한색 계통이다. 난색 계통은 실내를 따뜻하고 넓게 보이게 하며, 한색 계통은 차갑고 축소되어 보이도록 한다. 고명도와 저채도는 저명도와 고채도색에 비하여 거리가 멀게 보인다.

색상에 따라서 사람의 주의를 환기시키는 정도가 다르다. 노란색은 가장 주의를 끌기 때문에 건설 현장에서 헬멧이나 건설 기계에 사용한다. 두 가지 색상을 대비시켜 조합하면 눈에 잘 띈다. 노란색 바탕에 검은색 띠, 흰색 바탕에 빨간색, 흰색 바탕에 파란색 등은 선명하게 잘 보인다. 그러므로 실내의 기능을 고려하여 적절한 색상과 명도를 결정하여 색채 계획을 세워야 한다. 이러한 색채 계획은 명도에 따라 빛의 반사율이 달라져 조도가 영향을 받게 되므로 조명 계획과의 관계도 고려하여 계획하여야 한다. 뒤퐁(du Pont) 회사가 개발한 색채 계획(color conditioning)에 따르면 각 부분의 색채를 다음과 같이 사용할 것을 제안하고 있다.

(1) 기계, 받침대, 기초, 실습 장비

① 주 몸체: 엷은 회색
② 전기 스위치 상자: 파란색
③ 중요한 부분(예, 레버, 손잡이, 바퀴의 중심, 기계 안전 장치, 작업이 일어나는 곳): 산뜻한 담황색
④ 위험한 돌출물(예, 플라이 휠): 검은 띠를 친 노란색
⑤ 경계 지역(예, 절삭, 분쇄, 기계 부품의 덮개 내부): 주황색

(2) 벽체, 칸막이, 기둥

① 아래 1/3부분: 중간 회색 또는 중간 초록색
② 위 2/3부분: 엷은 초록색
③ 문, 테두리: 자연 목재 마감, 중간 회색, 중간 초록
④ 천장: 백색 또는 상아색
⑤ 바닥: 자연 목재 마감, 중간 회색
⑥ 안전 색채 코드

- <u>조심</u>: 진한 노란색 바탕에 진한 검정색 띠
  바닥에 교통로 표식도 10㎝ 폭의 진한 노란색을 칠한다.
- <u>보호</u>: 진한 주황색, 절삭이나 분쇄 작업 부위, 퓨즈, 기계 보호 부위 등(단 스위치 상자는 파란색)
- <u>화재 예방</u>: 빨간색, 소방 기구 비치 장소
- <u>고장</u>: 파란색, 사용하지 않는 기계에는 파란색 둥근 표시판을 매단다.
- <u>응급 처치</u>: 초록색, 응급 처치용 의약품 비치 장소, 흰색 바탕의 응급 처치 기구 상자

- 청소 기구: 흰색, 쓰레기 수거용 기구 바닥, 임시 쓰레기 집합 장소 부근에 10㎝ 폭의 백색 띠를 칠한다.
- 파이프라인: 소화용-빨간색, 가스, 산, 증기 등 고열 물체-노란색 또는 주황색
- 안전 물질: 음료수, 압축 공기-초록색, 엷은 회색, 흰색, 진한 흰색, 검은색
- 고가품: 자주색

3) 대기

최상의 실습장 대기 환경은 온도와 습도가 실습하기에 적합하고, 공기가 신선하고 냄새가 없으며 유독 가스가 없는 상태를 말한다. 실습장이 너무 춥거나 더우며, 통풍이 잘 안되고, 습도가 너무 높거나 낮으면, 실습장은 학습자들이 편안하게 실습에 전념할 수 없게 되어, 실습 능률이 오르지 않고 잘못하면 사고의 원인이 되기도 한다. 또한 대기 환경이 나빠 유독 가스나 먼지 등이 심하면 교사나 학습자의 건강을 해칠 수도 있다.

우리나라는 겨울철이 길어서 대부분 학교의 실습장 난방이 항상 심각한 문제가 된다. 실습장은 대부분 공간이 크고, 창이 많으므로 난방이 어렵다. 학습자들은 전공에 따라서는 차가운 금속으로 된 공구, 기계, 재료 등이나 기름, 희석제, 물 등을 사용하므로 난방이 잘 되지 않으면 추운 겨울철 실습은 고통스러운 작업이 된다. 더구나 실습장은 환기 장치, 덕트, 출입문, 천장, 창이 많은 벽 등이 있어 열 손실이 크다. 실내 온도는 비교적 활동적인 작업에는 18℃ 내외가 적합하며, 제도실과 같이 활동이 적은 작업에는 22℃ 정도가 적합하다.

난방 방법에는 증기식, 온풍식, 전기식 등이 있고 난방 기구에 따라 중앙 집중식과 개체 난방식이 있다. 학교 실습장의 경우에는 최근에는 에어컨을 설치하여 냉난방을 한다. 어떤 경우에는 중앙에서 온풍을 발생시켜 각 실습장 천장에 설치한 덕트를 통하여 온풍을 보내기도 한다.

실내 습도는 40% 내외가 유지될 때 작업하기에 적합하다. 실내 공기는 작업 중에 발생하는 가스, 냄새, 먼지 등을 제거하기 위하여 일정한 시간 간격으로 창을 열거나, 환풍기나 집진 장치를 가동하여야 한다. 겨울철인 경우에는 이때에 많은 열이 손실된다. 열 손실을 줄이려면 실습장을 지을 때부터 단열재를 벽, 천장 등에 사용하고, 문이나 창의 틈을 없애며, 천장 높이를 적정하게 하고, 자연 채광을 받을 수 있도록 하여야 한다.

냉방은 난방에 비하여 그렇게 심각하게 여기고 있지 않지만, 측정실, 컴퓨터실 등 실습 기구나 실습 기계 자체가 적정한 실내 온도를 유지하여야 기능을 발휘하는 실습장에선 여름철 혹서기에 공기 조화 장치를 설치하여 냉방도 하여야 한다.

실습장에 따라서는 실내 공기를 오염시키는 물질을 방출하는 실습을 하는 경우가 흔히 있다. 예를 들면, 목공이나 자동차정비 실습장의 도장실에서는 시너와 같은 희석제가 강한 유독 증기를 발생하고, 용접실에서는 용접봉이 용해하면서 유독 가스를 방출한다. 조리 실습장에서는 각종 음식 냄새가 학교 전체에 영향을 주고 주물 실습장에서는 코크 타는 연기가 발생한다. 이와 같이 실습장에서 발생하는 각종 증기, 연기, 냄새, 먼지 등은 배기 장치를 설치하여 강제로 외부로 송출하여야 학습자와 교사가 건강을 유지하며 실내 공기를 깨끗하게 하여 학습 효과를 올릴 수 있다.

4) 소음

학습이 일어나는 곳에서는 언제나 교사와 학습자 사이에 의사소통을 할 수 있고, 학습자들이 안정된 분위기 아래 학습할 수 있도록 소음이 통제되어야 한다. 소음은 근본적으로 건축 계획 단계에서부터 고려하여야 한다. 음이란 대기 속의 에너지 운동파로서, 공기 압력을 지속적으로 감소하거나 증대시켜서 발생된다. 음의 속도는 보통 330m/초이며, 음의 빈도수는 Hertz(Hz)로 나타내는데, 1Hertz

는 1초에 1사이클을 진동하는 빈도이다. 인간이 들을 수 있는 음역은 20~22,000Hz이다. 음에는 공기 속을 이동하는 음과 구조체를 이동하는 음이 있는데, 후자는 보통 충격음이라고 하여 건물 구조체를 통하여 전달된다.

자동차 엔진 시험을 하는 실습에서는 엔진음을 듣고 엔진의 상태를 판단하고, 라디오나 텔레비전을 수리하는 작업에서는 그들이 내는 음을 들으면서 수리를 하게 되므로 전공에 따라서 음은 실습을 하는 데 매우 중요한 요소이다.

그러나 사람이나 자연물이 발생하는 음 중에서 원하지 않는 음들이 있는데, 이들을 소음이라고 한다. 특히 현대인들은 점차 이러한 소음들로부터 많은 피해를 입고 있다. 만약 소음이 기계로부터 발생하고 있다면 이러한 소음은 제거되거나 통제될 수 있을 것이다. 음의 상대적인 세기를 나타내는 방법으로 decibel(dB)이라는 단위를 사용하고 있다. 1데시벨이란 정상적인 사람이 들을 수 있는 가장 작은 음차의 크기를 말한다. 보통 말할 때의 음의 세기는 약 60 데시벨이고, 기술 실습장에서는 보통 85 데시벨이며, 목공 기계는 약 95 데시벨의 소음을 발생한다.

사람이 들을 수 있는 음의 세기는 0~130 데시벨인데, 130 데시벨의 소음은 폭발음으로 그 음에 노출되는 순간 청각이 파괴될 수 있다. 105 데시벨 정도에서도 약간 오랫동안 노출되면 청각 장애를 일으킨다.

소음 속에 사람이 오래 있으면 주의 집중이 어렵고, 긴장, 우울증, 흥미감퇴, 흥분 등 감정적으로 이상이 생긴다. 이러한 감정적 반응은 학습하는 데 비능률적인 결과를 가져온다. 소음을 통제하기 위해서는 소음의 성질, 발생, 효과, 통제에 거쳐 알아야 한다. 소음을 줄이기 위하여 건축을 할 때 아무리 많은 배려를 하였어도, 이용자가 창을 밀착시켜 닫지 않아 소음이 실내로 들어오거나 실습 기계를 잘 정비하지 않아 소음이 발생하면 아무 소용이 없다. 소음을 효과적으로 통제하는 방법에는 발생원을 실질적으로 차단하거나 흡음, 방음, 단절, 마스킹(masking) 등에 의하여 소음을 줄이는 방법이 있다. 소음을 근원적으로 막을 수 있는 가장 효과적인 방법은 실습장의 위치를 잘 선택하는 일이다. 운동장, 도로, 비행장 등으로부터 멀리 떨어질수록 조용하고, 같은 학교에서도 밴드부나 합창부 연습실,

체육관 등과 같이 큰 소리가 나는 시설과는 멀리 떨어지는 것이 서로를 위하여 바람직하다.

마. 실습 기계의 구매와 설치

1) 구매 절차

실습 기계는 일반적으로 교사가 제품 카탈로그나 실물을 견학하여 위에서 열거한 여러 가지 선정 기준에 따라 실습 목적에 적합한 실습 기계를 선정한다. 선정된 기계의 구매를 요청하려면, 구매 요구서를 제품 명세서와 함께 행정 지원 부서에 보낸다. 이때 기관장의 결재를 미리 받아서 보내는 것이 상례이다. 대개 교사는 필요한 실습 기계에 관한 자료를 미리 조사하여 두었다가 구입할 수 있는 기회가 오면 즉시 요청할 수 있는 준비를 갖추어 두는 것이 효과적이다. 구매 요구서는 기관에 따라 약간씩 다를 수 있지만 대부분 〈표 7-3〉과 같다. 이 구매 요청서에는 제품의 규격이 상세하게 명시되어야 한다. 원하는 특정 제품을 꼭 구입하고자 하는 의욕이 강할수록 그 제품이 갖추고 있는 각종 규격을 모두 열거하여 두어야 한다. 왜냐하면 개인이 구매하는 경우와는 달리 공공기관에서 실습 기계를 구입하는 경우에는 부정 요소를 제거하기 위하여 특정 회사 제품의 명칭이나 번호를 나타낼 수 없도록 규정되어 있기 때문이다. 그러나 교사가 여러 제품을 비교하여 볼 때 꼭 구입하고 싶은 제품이 있을 수 있다. 그런 경우에는 규격란에 그 제품만의 고유한 규격, 예를 들면 원동기 용량, 회전 속도, 크기, 색상, 용도, 부착물 등을 구체적으로 제시하여 그 제품이 구입되도록 할 수 있다. 그러나 특수한 목적에는 특정 회사 제품의 상품명이라 하더라도 구매 요청서에 기입할 수 있는 예외는 있다.

구매 요청을 받은 행정 부서에서는 입찰 날짜보다 1개월 정도 앞서서 신문이나 학교 게시판에 입찰 공고를 하고 입찰자들의 견적을 받는다. 입찰에 응하는 납품업자들은 실습 기계를 판매하는 등록된 업자들인데, 제조 회사의 판매 대리점 등에서도 응찰하게 된다. 교육 차관 사업의 자금으로 구입하는 경우에는 조달청에서 국제 경제 입찰을 하게 되므로 규격 등을 더욱 신중하고 정확하게 기재하여야 한다. 제조 회사가 외국업체인 경우에는 사후 봉사가 국내업체만큼 원활하지 못하다는 폐단이 있다. 사립학교에서는 이러한 제약이 공립학교만큼 심하지 않으므로 원하는 제품 구입이 훨씬 쉽다. 입찰일에는 응찰한 업자들이 모여서 공개되지 않은 입찰 금액을 제시하여 경쟁을 한다. 이때 낙찰자는 대개 최저 가격으로 응찰한 업자로 결정된다.

〈표 7-3〉 실습 기계 구매 요구서 (양식 예)

년 월 일

요구자( )과 ( )

품 명	규 격	단 위	수 량	단 가	금 액	비 고

2) 검수

일단 제품이 지정한 기간 내에 학교로 납품이 되면 구매 요청을 한 교사는 요구한 규격의 실습 기계가 요구대로 구입되었는지를 확인하여야 하는데, 이 절차를 검수라고 한다. 검수자인 교사는 실습 기계를 제 위치에 설치하고 시험 조작을 하여 실습 기계가 제대로 기능을 발휘하는지를 면밀하게 조사한다. 흔히 판매자는 빨리 검수를 받아 대금을 지급받기를 원하기 때문에 일반적으로 조급하게 서두른다. 그러나 일단 검수 조서에 확인 날인을 마치면 사후 봉사를 게을리하는 경우가 많으므로, 처음 인수하기 전에 검수 절차를 철저하게 하는 것이 나중을 위하여 바람직하다. 검수하여야 할 사항들에 관해서는 앞에서 설명한 선정 기준과 같은 항목에 따라 다시 한 번 점검하여야 한다. 조그마한 이상이 발견되더라도 그 원인이 제거될 때까지는 검수하지 않고, 완전한 상태로 검수를 마쳐야 한다.

대개 규모가 작고 구조나 사용법이 간단한 실습 기계는 교사가 직접 설치하기도 하지만, 그렇지 않은 경우에는 구매 요청을 할 때 설치와 시운전까지 해 주는 조건으로 계약한다. 이때에는 설치, 시운전, 사용법 연수를 모두 마친 후에 검수를 한다.

3) 실습 기계의 설치

실습 기계를 설치하여 시운전까지 하는 것을 계약 조건으로 하여 기계를 납품받을 때에는 교사가 기계 설치를 하지 않아도 되므로 크게 염려할 필요가 없다. 그러나 교사가 직접 기계를 설치하여야 하는 경우에는 사정이 다르다. 실습 기계는 대개 한두 명이 운반하여 설치할 정도로 가볍지 않으므로 실습장 내로 운반하는 일부터 시작한다. 실습장 실습 기계의 반입을 위하여 대형 셔터 출입문이 있을 때에는 지게차를 대여하여 운반한다. 실습 기계가 상자에 들어있으면 상자를 먼저 바(bar)로 밑받침대만 남기고 해체시킨다. 이 받침대 밑에 지게차의 까치발을 한가운데로 넣고 좌우 균형을 맞추어 서서히 운반한다. 고정할 자리에 놓을 때에도 서서히 내려놓는다.

원칙적으로 기계는 바닥에 앵커볼트를 매설하고, 그 볼트를 실습 기계 베이스에 있는 구멍에 수평으로 끼워 넣는다. 기계의 벳드나 작업 테이블은 수평을 이루어야 하므로 수평기를 그 위에 올려놓고 정확하게 수평을 맞춘다. 이때에 중량물을 달아 올리는 체인블록이나 바를 사용하여 약간씩 조정한다. 수평을 조정할 때 생기는 틈새에는 얇은 철판을 끼워 넣어가면서 수평을 맞추고, 다 끝나면 그 틈새를 시멘트 모르타르로 채워 넣고 경화시킨다.

그라인더나 드릴링 머신과 같이 높이가 낮은 기계는 콘크리트로 만든 받침대를 밑에 놓고, 그 위에 기계를 고정한다. 받침대 윗면에는 기계를 고정할 수 있는 앵커볼트를 매설하여 놓는다. 실습 기계를 바닥에 고정시키지 않고 사용하면 진동과 소음이 심하고, 진동에 의하여 기계가 바닥에서 이동되기도 한다. 실습 기계는 바닥에 매설하여 설치하여 놓은 전원에 플러그를 꽂아 움직이거나 천장틀에 전선 파이프를 매달아 놓고 연결하며 사용하기도 한다.

2 실습장 운영과 관리

조직적으로 운영되는 실습장은 마치 유연하게 움직이는 기계와 같다. 잘 제작된 기계가 작업 능률도 좋고 작업자에게 즐거움과 만족감을 줄 수 있듯이, 잘 조직된 실습장은 학습자들로 하여금 만족감을 가지고 많은 것을 배울 수 있도록 하여 준다. 일단 설계와 시공을 마치고 실습 기계와 공구의 배치를 끝낸 실습장은 학습 목적을 성취할 수 있도록 효율적으로 운영되고 관리되어야 한다.

이와 같은 목적을 달성하기 위하여 교사는 학습장의 운영과 관리를 위한 계획과 절차를 잘 개발하여, 이에 따라 실습장을 운영하도록 노력하여야 한다. 실습장의 운영과 관리에 있어서 중요한 사항으로는 실습장 환경의 조정, 공구와 기구의 관리, 계획 등인데, 이들 사항은 모두 상호 관련성이 있으며 교사가 책임져야 할 일이다.

가. 실습장 관리의 필요성

값비싼 시설과 기계, 기구를 갖추고 있는 실습장을 잘 운영하고 관리하여 실습을 통한 학습의 목표를 달성하도록 하는 것은 대단히 중요한 일이다. 실습장을 잘 운영 관리해야 할 필요성은 다음과 같다.

① 공구와 기계가 잘 정돈되어 있으면, 교사는 학습자들에게 실기를 잘 지도할 수 있다.

② 잘 정리 정돈된 실습장은 학습자들로 하여금 학습 의욕을 고취시킨다.

③ 잘 조직되어 운영 유지되는 실습장은 학습자들이 안전하게 실습할 수 있도록 해 준다. 특히 기계와 공구의 성능이 모두 좋은 상태에 있을 때에는 실습장 안전에 크게 기여한다.

④ 학교의 시설과 실습 기계, 기구는 넓은 의미에서 국가와 사회의 재산이다. 따라서 값비싼 기계를 잘 관리하여 그 사용 연한을 연장함으로써 국가 사회의 투자와 부담을 덜어 줄 수 있다.

⑤ 잘 갖추어지고 잘 관리 유지되면서 운영되는 실습장은 그 자체가 학습자들에게 바람직한 실습 태도를 길러주고 올바른 작업 절차와 방법을 배우는 곳이 된다. 또한, 학습자들은 이를 통하여 스스로 자기 작업 장소의 관리 유지 책임을 이해할 수 있게 되고, 작업의 능률, 공구와 기계의 관리 방법 등을 배울 수 있게 된다.

나. 실습 기계의 정비

산업이 발전하면서 학교 실습장의 실습 기계도 점차 고가의 정밀 기계들이 늘고 있다. 이러한 기계들을 항상 실습에 사용할 수 있도록 정비하고 관리하는 일은 가르치는 일만큼이나 중요하게 여겨지고 있다. 따라서 정기적으로 정비하거나 예방 정비를 하기 위하여 연중 정비 계획을 세워 체계적으로 실습 기계를 관리할 필요가 있다. 정비는 목적에 따라 일상 정비와 예방 정비로 분류할 수 있고, 주체에 따라 자체 정비반에 의한 정비와 학습자에 의한 정비로 분류할 수 있다.

1) 정비 목적에 따른 분류

(1) 일상 정비

일상 정비를 잘 하면 실습을 안전하게 하는 데 도움을 준다. 이 일상 정비는 대청소, 기구와 공구의 점검과 손질, 폐기물 처분, 실습 기계의 소규모 수리, 주유, 조명 기구의 점검과 청소 등이 있다. 이러한 일상 정비는 잠재적 위험 요소를 찾는다거나 고치는 일이 아니라 현상을 유지하려는 데 목적이 있다. 정기적인 일상 정비와 더불어 중요한 일은 정비에 필요한 부품과 소모품을 구입하여 준비해 놓는 일이다.

일상 정비를 할 때 학습자들을 참여시키면 학습자들은 정비 방법을 익히게 되고 교사는 일손을 덜게 되어 실습장 관리에 유익하다. 이때 교사는 정비할 때 유의해야 할 사항을 학습자들에게 정확하게 일러주어야 한다. 특히 실습 기계에 주유를 하거나 사용 후 기계를 청소하는 일을 실습의 연장으로 보고 학습자들이 능동적으로 참여하도록 지도한다. 그러나 기술적으로 어려운 정비는 학습자들에게 맡길 수 없다.

(2) 예방 정비

실습 기계들을 정기적으로 점검하여 고장이 예상되는 부분을 미리 발견하여 부품을 교체하거나, 느슨한 부분을 죄거나, 벗겨진 선을 갈아 주거나, 찌꺼기가 많이 쌓인 곳을 청소하는 것은 고장을 예방하는 일이 되며, 고장이 일단 난 후 수리하는 데 쓰이는 비용보다 절약이 된다. 또한 고장을 사전에 방지하여 실습에 지장을 주지 않게 되고 사고를 방지할 수 있어 예방 정비는 매우 중요한 일이다.

① 모든 실습 기계들을 정기적으로 일제히 정비하기
② 주유, 청소 등과 같은 서비스를 하기
③ 부품과 기계를 정기적으로 교체하기

④ 점검일지를 기록하기

점검일지를 관리하는 한 가지 방법은 장비 이력 카드를 사용하는 것이다. 그 카드의 한쪽 면에는 장비 이름, 용도, 관리 번호, 설치 위치를 기록하고 다른 한쪽에는 정비 이력, 사후 봉사에 관한 자료, 실습 기계의 내구연한을 기록한다.

2) 정비의 주체에 따른 분류

(1) 자체 정비반 활용

실습 기계를 정비할 경우 교사와 학습자로 구성된 자체 정비반이 하게 하면 학습자들에게 실습 기계 구조와 정비 방법을 배울 수 있는 기회를 제공하고, 학습자들로 하여금 실습 기계를 소중히 다루어야 한다는 태도를 길러준다. 교사에게는 실습 기계를 항상 잘 정비해 둠으로써 실습을 원활하게 진행하는 데 도움을 준다.

학교의 입장에서 보면 정비에 필요한 부품과 소모품 정도를 구입해 주고 실습장 관리를 효율적으로 할 수 있어 예산과 시간을 절약하는 이점이 있다. 이러한 시스템은 전공에 따라 활용 가능성의 차이가 있다. 예를 들면 전기, 기계와 같은 전공을 둔 공업계에서는 정비에 학습자들의 참여를 더 적극적으로 시킬 수 있지만 상업계, 보건계, 가정계의 학교에서는 공업계만큼 활발하게 참여시킬 수 없다.

(2) 학습자들에 의한 정비

학습자를 정비에 참여하도록 할 때에는 우선 일상 정비와 예방 정비에 한하여 2명씩 짝을 지어 정비하도록 한다. 정비에 필요한 지식과 기능의 수준을 생각하고 학습자의 능력에 맞추어 맡긴다. 정기적으로 일정에 따라 정비하는 학습은 학교를 마치고 산업 현장에 나가서 곧바로 필요한 정비 능력과 태도를 길러주는 매우 중요한 학습이다. 특히 산업이 고도화되면서 기능 인력에게 요구되는 기능이, 단순한 숙련 기능에서 정비와 고장 발견 후 수리와 같은 문제 해결 능력으로 바뀌어

감으로 인해 이러한 학습은 더욱 중요하게 여겨지고 있다.

다. 실습 기계의 수리

실습을 하는 학습자들은 실습 기계를 잘 다루지 못하여 산업체 현장보다 기계를 쉽게 고장 내고 있다. 더욱이 산업체에서 경험을 충분히 쌓지 못한 교사 중에는 실습 기계에 대한 정비를 소홀히 하여 기계의 수명을 단축시키거나 실습 시간에 실습을 할 수 없어 지도의 어려움을 느끼기도 한다.

그러므로 실기를 지도하는 교사는 자기가 관리하는 실습 기계에 관해서 웬만한 고장은 즉시 수리해서 사용할 수 있을 만큼 능력을 갖추어야 한다. 혼자서 수리하기 어려운 경우에는 동료 교사들의 도움을 받아 하기도 한다. 학교의 규모가 크고 실습 기계가 많은 학교에서는 자체 교사들로 정비반을 구성하여 운영하는 것도 바람직하다. 고장의 정도가 심하여 자체적으로 해결할 수 없으면 제작 회사로부터 사후 봉사를 받거나 외부 수리를 의뢰한다. 실습 기계를 수리할 때에도 정비할 때와 마찬가지로 학습자들이 가능하면 참여하도록 하는 것이 바람직하다. 즉 교사가 수리할 때에는 학습자들이 교사를 돕도록 하고, 외부에 수리를 의뢰한 경우에도 가능하면 수리하는 것을 지켜보도록 하는 것이 바람직하다.

정비 회사와 매년 정비에 관한 계약을 체결하여 정비 회사로 하여금 책임지고 정비와 수리를 하도록 할 수 있다면, 교사의 실습장 관리 업무 부담이 가벼워지게 된다. 그러나 이렇게 하려면 상당한 비용이 필요하게 되어 교육 재정이 아직도 어려운 우리나라 실정에는 이른 감이 있다. 그러나 지방 교육 자치 기구의 단위로 산하 모든 학교의 실습 기계에 대한 정비 계약을 한꺼번에 체결한다면 비용을 절약할 수도 있을 것이다.

라. 공구와 기구의 관리

일반적으로 직업·기술 교육을 위한 실습장의 공구와 기구는 그 종류가 매우 다양하고 전체 숫자가 대단히 많다. 수를 놓을 때 사용하는 작은 바늘에서부터 디젤 엔진을 정비할 때 사용하는 렌치에 이르기까지 크기도 다르다. 작물 재배에 쓰이는 삽과 같이 비교적 값이 저렴한 공구가 있는가 하면, 각종 측정 공구와 같이 값이 매우 비싼 것도 있다. 보통 공구는 학습자들에게 효율적으로 나누어줄 수 있도록 실습장과 가까이 있는 공구실에 두거나 학습자들에게 학기 초에 처음부터 지급하여 스스로 관리하도록 하기도 한다. 그러나 고가의 정교한 공구들은 교사가 별도로 보관하여 관리하는 것이 안전하다. 공구와 기구를 효율적으로 관리하는 일은 실습을 효율적으로 하는 데 필수적이다. 학습자들이 사용하는 필수 공구가 분실되었거나 완전한 상태가 아니면 학습자들은 실습을 할 수 없고 배울 수가 없기 때문이다. 공구와 기구를 관리하기 위한 계획을 세울 때에는 다음과 같은 몇 가지 원칙을 적용하는 것이 바람직하다.

① 자주 사용하는 공구는 학습자들이 실습하는 장소에서 가까운 위치에 있어야 학습자들이 시간을 낭비하지 않고, 실습장을 왔다 갔다 하지 않게 된다.

② 공구는 학습자들이 쉽게 그리고 정확하게 찾아 쓸 수 있도록 해야 한다. 즉 공구는 보관 장소가 일정해야 하며, 그 나름대로 분류 배치하는 체제가 갖추어져 있어야 한다.

③ 크기가 다른 일련의 공구 세트는 쉽게 확인하여 찾아 쓸 수 있도록 순서대로 배열되어 있어야 한다.

④ 공구는 실습 시작 전과 실습이 끝난 후에 교사가 눈으로 쉽게 그리고 빠르게 수량과 상태를 파악할 수 있도록 조직되어 있어야 한다.

⑤ 모든 공구는 보기 좋게 그리고 깨끗이 보존되어야 한다.

⑥ 공구는 고장 나거나 파손되어 못쓰게 되지 않도록 보관되어야 한다.

⑦ 잃어버렸거나 파손된 공구는 즉시 보충되어야 한다. 곧 보충할 수 없을 때는

공구 보관판에 '수리 중'이라고 표시를 해 놓는다.

학습자들에게 공구를 지급하는 방법은 실제 직장에서 공구를 관리하는 방법으로 하거나 관련 직종의 다른 과와 공동으로 사용하는지와 안전성 등을 고려하여 결정한다. 공구실을 운영하는 방법에는 여러 가지가 있는데 다음과 같은 몇 가지 방법 중에서 선택하거나 이들을 절충하여 활용하면 좋을 것이다.

① 각 실습장 내에 공구 보관실을 독립적으로 설치한다. 이 경우에는 학습자들이 교대로 공구 당번을 맡아 공구를 지급하거나 반납을 받는다. 이 방법은 안전한 방법이지만 공구 당번인 학습자는 실습을 하지 못하게 되는 폐단이 있다.

② 전체 실습장을 지원하는 중앙 집중식 공구실을 설치 운영한다. 이 방법은 공구 전담 요원을 두어야 하므로 인건비가 추가로 지출되며, 실습에 수시로 필요한 공구를 즉시 가질 수 없어 시간이 낭비된다.

③ 실습장 내에 개방식 공구판을 만들어 학습자들이 자유롭게 이용할 수 있게 한다. 공구를 사용하지 않을 때는 공구판을 닫아서 잠가 놓도록 한다. 이러한 공구판은 잘만 설계되면 보기에도 좋고 사용하기도 편리하고 안전하다.

④ 학습자들에게 개인용 공구를 지급하여 개인이 책임지고 관리하도록 한다.

⑤ 자주 사용하는 기본 공구는 학습자들이 개인적으로 구입하여 사용한다.

공구를 효율적으로 관리하려면 공구 관리 대장을 두고 기록하는 것이 바람직하다. 공구를 새로 구입하면 공구 관리 대장에 등재하고, 분실했을 경우 분실 책임을 물어 보충하거나 일정 기간이 지난 후 추가로 구입하여 충당하는 방법이 있다. 공구가 파손되었거나 사용할 수 없게 되었을 경우에도 대장에 기록하여 두었다가 정기적으로 공구를 구입할 때에 보충한다. 교사는 3~6개월에 한 번씩은 일제히 공구를 점검하여 공구가 부족하여 실습에 지장을 주는 일이 없어야 한다.

마. 실습 재료의 관리

실습을 하기 위해서는 실습 재료가 지급되어야 한다. 교사는 실습 재료를 구매해 주도록 학교 서무과에 요청하고, 구매되어 납품된 재료가 요청한 대로 들어왔는지를 검수한다. 실습장에 반입된 재료는 종류, 규격 등에 따라 분류되어 재료실에 보관된다. 그 후 실습을 할 때 학습자들에게 지급을 하게 된다. 이와 같이 실습 재료를 관리하는 일은 여러 단계에 걸쳐 시간을 소비하게 되므로 효율적인 관리 체계로 운영되어야 한다. 재료에 따라서는 값이 비싼 것도 있고 위험한 재료도 있다. 실습 재료 관리는 전공에 따라 다르지만 다음과 같이 공통적으로 적용되는 원칙에 따라 관리한다.

① 각 학습자들이 주어진 실습과제를 완성하여 학습 목표를 달성하는 데 필요한 모든 실습 재료가 지급되어야 한다.
② 실습 재료는 실습에 적합한 품질과 규격의 것을 사용하여야 한다.
③ 실습 재료는 시간 전에 준비하여 실습 시간이 낭비되지 않도록 한다.
④ 실습 재료는 불필요한 낭비가 없어야 한다. 실습 재료의 구입, 보관, 지급 등의 과정을 통하여 절약하여야 하며 학습자들에게도 경제적인 사용 방법을 일러 준다.
⑤ 실습 재료를 경제적으로 활용하는 것은 평가 항목에도 반영된다. 그러나 지나치게 통제하여 실습 목표 달성을 어렵게 해서는 안 된다.
⑥ 위험한 재료는 교사가 따로 보관하고 엄격하게 통제한다.

교사는 실습 재료가 항상 적기에 확보되도록 미리 요청을 하여야 하며, 재료의 종류와 규격을 결정하려면 우선 실습과제가 정해져야 한다. 재료 구매 요청서를 작성하기 위해서는 상품 카탈로그나 가격 정보 등과 같은 자료를 기회 있는 대로 준비해 두어야 한다. 실습 재료 구매 요청서에는 규격을 반드시 써넣어야 원하는 재료를 구할 수 있다. 실습 재료는 가능하면 실습장 내에 붙어 있는 재료실에 보관하는데, 전자부품과 같이 규격이 작은 재료는 조그만 서랍이 달린 보관함에 넣어두고, 강철봉이나 목재 등 길이가 긴 재료는 랙(rack)에 옆으로 걸쳐두거나 벽에 세워 놓는다. 학습자들에게 실습 재료를 지급하는 일도 시간이 많이 걸리는 일인데, 학습자들이 원하는 대로 가져가게 하되 교사가 감독하거나, 학습자 중에서 당번을 정하여 봉사하게 하는 방법도 있다.

실습을 마친 후에 교사는 실습 일지를 기록하여 두는데, 이 일지에는 실습 과제명, 실습 재료, 사용 공구와 장비, 주요 실습 내용, 실습 일자와 시간, 기타 특기사항 등을 기록하도록 한다. 아울러 교사는 실습 재료 대장을 갖추고 실습 일지 기록과 함께 사용한 재료를 기록하여, 남아 있는 실습 재료와 대장에 보유하고 있는 재료의 양이 일치하도록 한다. 실습 재료도 정기적으로 재고 조사를 하여 재고 현황을 파악하면서 부족한 재료와 과다하게 남아 있는 재료를 관리한다.

바. 학생의 참여와 조직

교사는 학생들을 실험·실습실 운영에 참가시켜야 한다. 이렇게 함으로써 앞으로 일할 분야에서의 책임을 배우게 되고, 교사의 짐을 덜어줄 수 있다. 학생들이 실험·실습실 운영에 참가할 수 있는 방법으로는 수업이 끝날 무렵에 실험·실습실을 청소 정리하는 것과, 매일매일 실험·실습실 운영에 참가하는 두 가지 방법이 있다. 학생들을 실험·실습실의 정리 활동에 참여시키는 것을 계획하고 실행하는 몇 가지 지침은 다음과 같다.

① 바람직한 실험·실습실 환경을 유지하는 데 필요로 하는 정리와 유지 활동을 추출하고, 일상적으로 정리하고 검사해야 하는 장소, 장비, 재료를 선정한다.

② 선정된 정리를 전문 기술자 혹은 학생들이 담당할 것인지를 관련 인사와 상의하여 결정한다.

③ 실험·실습 수업, 학급의 학생 수, 시간적 가능성 등을 고려하여 학생들이 정리의 책임을 담당하도록 조직한다.

④ 학생들에게 실험 · 실습실 정리에의 참여가 도움이 되고, 그 분배가 공평하게 이루어졌는가를 인식시킨다.
⑤ 실제로 학생들이 정리 작업을 하고, 교사는 각 학생이 맡은 것을 점검한다.
⑥ 정리와 운영에 학생이 참가하는 것도 학습의 연장이므로, 교사는 그것을 평가하여 성적에 반영하여야 한다.

그 밖에 학생들이 실험 · 실습실의 운영에 참가할 수 있는 방법의 예로서는 실험 · 실습 재료의 보관 분배, 안전의 점검, 도구의 보관, 보조 자료의 보관, 실험 · 실습 기록 등이 있다. 이를 위하여 학생 조직을 만드는 것이 좋은데, 그렇게 함으로써 책임을 함께하고, 상호 협력의 중요성을 알게 하고, 리더십의 자질을 개발하게 할 수 있다. 이에 포함될 수 있는 것은 실습실 감독자, 도구 책임자, 안전 책임자, 청소 책임자 등이다. 그 책임자를 선정하는 방법으로는 교사가 선발하는 방법, 학생들이 선발하는 방법, 총 책임자를 교사 혹은 학생이 뽑고, 기타 책임자를 학생들이 뽑는 방법, 전임자가 후임자를 뽑는 방법 등이 있다. 그러나 이런 학생의 참여는 교사의 역할을 보조하는 데 불과하며 그 최종적인 책임은 교사에게 있다. 그러므로 교사는 학생의 참여를 감독하고 학생들의 활동 보고서를 검토하여 보아야 한다.

사. 실험 · 실습실의 개선

교사는 실험 · 실습실의 개선을 위하여 항상 노력해야 한다. 그러기 위하여 교사는 현재의 실험 · 실습실에 관한 객관적인 평가, 실험 · 실습실에 영향을 주는 기술 진보에 관한 정보, 실험 · 실습실에 영향을 주는 학생 등록과 앞으로의 인력의 예측, 실험 · 실습실의 수업 방법의 변화, 실험 · 실습실에 관한 정보 수집을 하여야 한다. 그 가운데 실험 · 실습실 시설을 평가하기 위하여 교사가 스스로 평가하거나, 자문 위원회의 도움을 받거나, 학생의 도움을 받거나, 동료 교사의 도움을 받거나, 지역 사회인들로부터 도움을 받거나, 대학의 전문가들로부터 도움을 받거나, 문헌을 찾는 방법으로부터 도움을 받을 수 있다.

그 방법으로서 체크 리스트를 이용하여 실험·실습실을 객관적으로 측정하게 하고, 개선이 필요한 분야를 지적할 수 있는 일반적인 체크 리스트와 그 분야의 독특한 항목을 다룬 체크 리스트를 적용하거나 고안하여 사용할 수 있다. 그 다음 실험·실습실 개선 계획을 세워야 하는데, 이에 포함되어야 할 주요 항목들로서는 학생에 관한 자료, 구체적인 계획, 대안의 작성, 재정적인 측면, 우선순위와 권장되는 절차 등이다. 이런 개선 방안을 작성하여 자문 위원회, 학교 행정가, 지역 사회에 제시하여 검토를 받고 그 실행 여부를 인정받아야 한다. 교사가 현재의 실험·실습실을 확장하거나 개선하려는 계획을 세울 때 고려하여야 할 항목은 〈표 7-4〉와 같다.

〈표 7-4〉 실험 · 실습실 개선에서의 교사 성취 능력 평가표

작성법: 교사의 성취도를 그 달성 목표에 따라 「성취 수준」의 적당한 난에 "∨"표 하시오.
특수 상황으로 인하여 적용되지 않는 사항이나 실시 불가능한 사항은 "해당 없음"난에 "∨"표 하시오.

교 사: ___________
날 짜: ___________
자 원 인 사: ___________

평가 기준	성취 수준					
실험 · 실습실 시설을 확장하거나 개선하려는 계획을 세울 때 교사는	수	우	미	양	가	해당 없음
1. 다음과 같은 기준에서 현재 시설의 정확성을 평가한다.	□	□	□	□	□	□
가. 현재의 등록 학생과 앞으로의 예측,	□	□	□	□	□	□
나. 실험 · 실습 시설의 안전, 건강, 환경의 기준,	□	□	□	□	□	□
다. 프로그램의 목적을 학생들이 달성할 수 있도록 도와 줄 수 있는 능력.	□	□	□	□	□	□
2. 시설 개선을 위한 계획에 학생, 교사, 자문 위원회 및 기타 관심 있는 사람을 포함시킨다.	□	□	□	□	□	□
3. 시설 계획에 영향을 줄지도 모르는 기술 변화를 고려한다.	□	□	□	□	□	□
4. 시설의 필요에 영향을 줄지도 모를 학생(예: 장애인, 여성 등)의 구성 변화를 고려한다.	□	□	□	□	□	□
5. 시설의 필요에 영향을 줄지도 모르는 수업의 가능한 혁신 방안을 모색한다.	□	□	□	□	□	□
6. 시설 개선을 위한 아이디어와 해결책을 개발한다.	□	□	□	□	□	□
7. 예상되는 변화를 나타내는 설명서, 스케치, 설계도를 개발한다.	□	□	□	□	□	□
8. 시설의 다양한 구성 요소 가운데서 개선을 하기 위한 우선순위를 결정한다.	□	□	□	□	□	□
9. 개선에 소요될 예상 비용을 추정한다.	□	□	□	□	□	□
10. 시설 개선 계획에 포함되는 자료에 관하여 대학교수와 기타 교육자들로부터 정보를 수집한다.	□	□	□	□	□	□
11. 자문 위원회와 관련된 다른 사람들로부터 시설 개선 계획을 승인받고 지지를 얻는다.	□	□	□	□	□	□
12. 계획을 준비하고 행정 당국에 제출하는 데 있어서 제도적 절차를 따른다.	□	□	□	□	□	□
13. 시설 개선 계획이 실행되도록 계속 노력을 유지한다.	□	□	□	□	□	□

성취수준: 교사는 모든 항목이 "해당 없음"이나 "수", "우"난에 "∨"표 되어 있는지를 확인한다. "미" 이하의 난에 "∨"표 된 항목이 있으면 어떤 추가 학습 활동을 하여 보완할 것인가를 반드시 자원 인사와 상의하여 결정한다.

3 안전교육

가. 안전교육의 중요성

안전교육이란 작업을 안전하게 하고, 안전에 관한 제반 규칙을 어기지 말도록 교육하는 것이다. 특히 실험·실습실은 전기와 화학 물질 등에 의한 위험이 도사리고 있으므로 실험·실습실의 조직, 계획, 수업을 행하는 데 있어서 안전은 우선적으로 고려해야 할 사항이다. 안전교육 프로그램에는 다음과 같은 네 가지 요소가 포함되어야 한다.

① 교사는 실습을 항상 감독하고 교사의 감독이 없는 경우 학생들은 실습을 하지 못하게 한다.

② 교사는 학생들이 도구와 장비를 사용하는 방법에 관하여 의문을 가지지 않을 정도로 완벽하게 시범을 먼저 보인다.

③ 안전에 관한 토론을 통하여 안전의 실천에 관한 이야기를 하게 하고 안전에 관한 과제를 준다.

④ 교사는 학생들이 안전수칙을 실행하도록 강경한 태도를 취한다.

안전 프로그램을 실시하기 위하여 학교장, 학교 조직, 교사, 학생, 지역 사회가 공동으로 관련이 되는데, 그 관계와 역할을 표시하면 [그림 7-2]와 같다.

먼저 학교장은 안전교육을 학교에 도입하고 지원을 하여야 한다. 학교 제도 조직은 안전교육에 관한 의사 결정을 하고, 시설을 갖추게 하고, 인원을 배치하며, 자원을 공급한다.

교사는 프로그램을 실시하고 책임을 맡으며, 이에 관련되는 기관과 사람들 사이에 조정을 맡는다. 학생들은 협동을 하며, 안전에 관한 각자의 책임을 수행한다. 마지막으로 지역 사회는 학교에서의 안전에 관한 기대를 하고 그에 필요한 자원을 제공하여 준다.

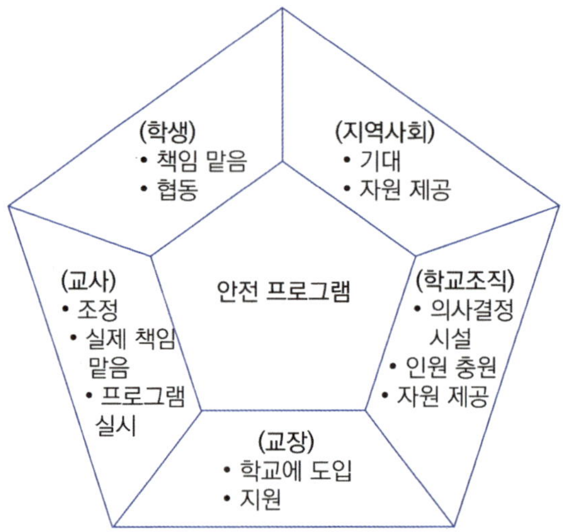

[그림 7-2] 안전 프로그램

나. 안전수칙

실험·실습실에서 지켜야 할 안전수칙은 다음과 같다.

① 교사의 허락 없이는 기계를 사용하지 않는다.

② 기계를 작동시킬 때는 모든 사람에게 알린다.

③ 기계의 안전장치를 함부로 만지지 않는다.

④ 기계가 작동될 때는 반드시 옆에서 지켜본다.

⑤ 기계가 작동될 때는 조정을 하지 않는다.

⑥ 기계를 작동할 때는 긴소매가 있는 옷을 입거나 넥타이를 매지 않는다.

⑦ 사용 후에는 기계를 깨끗이 한다.

⑧ 실습장에서 뛰거나 장난을 하지 않는다.

⑨ 공구는 사용 후에 반드시 제 위치에 갖다 둔다.

⑩ 바닥에 떨어진 어떤 액체라도 즉시 깨끗이 닦는다.
⑪ 파편과 폐기물은 정해진 통에 넣는다.
⑫ 실습에 맞는 의복과 안경을 착용한다.
⑬ 기계를 작동하기 전에 나사가 안전하게 조여졌는지를 확인하는 등 사전 조사를 한다.
⑭ 모든 사고를 즉시 보고한다.
⑮ 소화기를 어떻게 작동시키는 것인지를 숙지시킨다.

다. 안전의 인간적, 물리적 요소

인간이 안전한 습관과 태도를 습득하는 것은 쉬운 일이 아니다. 안전에 대한 지식, 기술과 태도도 다른 기술과 마찬가지로 가르치고, 배우고, 이해하고 또한 준수하고 연습해야 행동으로 나타날 수 있다. 다음은 학생들로 하여금 안전에 대한 의식과 태도를 갖도록 하는 데 도움이 되는 사항이다(이재원 외, 1981).

① 모든 작업을 하기 전에 그 작업을 안전한 작업 과정을 거쳐서 수행하도록 강조한다.
② 부주의는 사고를 초래하고 깊은 사려와 주의는 사고를 예방한다는 관념을 학생들이 갖도록 한다.
③ 학생들이 방심하지 않고 주의를 집중하도록 교육시킨다.
④ 안전과 관련하여 학생들이 모험을 하지 않도록 충고하여야 한다. 안전은 게임의 대상이 아니므로 학생들이 과학적인 사고와 절차에 따라 문제를 해결하도록 유도해야 한다.
⑤ 학생들이 두려워하는 작업이나 시험 검사는 시키지 않는 것이 좋다. 두려움과 신경과민은 사고를 유발할 가능성이 높다. 이러한 경우는 교사가 충분한 시범을 보여주고 토의를 통하여 학생들이 그 기계 기구의 사용에 안정감과 자신감을 가지고 임할 수 있을 때에 그 작업을 하도록 하는 것이 좋다.

⑥ 실습 중에는 학생들이 그 작업을 하는 데 적합한 복장을 하도록 유의해야 한다. 긴소매, 넥타이, 허술한 옷, 몸 장식품 등은 기계에 걸리거나 말려 들어가기 쉽다.

⑦ 교사는 학생들이 실습하는 동안 관찰을 통하여 학생들이 안전하게 작업을 하고 있는지 확인해야 하며, 학생들이 제대로 안전한 작업을 하지 못할 때에는 교사가 다시 지도해 주어야 한다.

사고를 예방하기 위해서는 실험 · 실습의 물리적 환경도 매우 중요하다. 물리적 환경에서는 다음과 같은 것이 고려되어야 한다. 먼저 건물 내에서는 바닥, 계단, 소화기, 조명, 환기, 실습실의 붐비는 정도가 고려되어야 한다. 장비의 상태도 점검하여 안전하지 못할 경우에는 사고 예방 조치를 취해야 한다. 실습실이 지저분하면 그것이 사고의 원인이 되는 경우가 있으므로 실습실은 청결하게 하고 실습실에서는 학습자들이 안전 기구를 착용하게 하여야 한다.

라. 안전에 관한 지도

작업을 안전하게 하고 안전에 관한 제반 원칙을 어기지 않도록 교육하는 일은 지도 교사에게 맡겨진 큰 임무의 하나이다. 안전에 관한 지도는 학습 시간 전체에 걸친 문제이기는 하나 특히 기능적 작업에 관한 지도단계에서, 처음 가르치는 동작이나 조작에 수반되는 안전수칙은 기회가 있는 대로 강조하여야 한다. 안전에 관한 주요점을 들어보면 다음과 같다(박태식, 1979).

① 안전이란 대개 습성 문제라고 할 수 있다. 기능 작업에서 중요한 안전 작업의 지도 및 학습은 습관 형성의 법칙이 적용된다고 할 수 있다.

② 교사는 시범으로 가장 안전한 작업 방법을 보여 주어야 한다. 숙련된 사람에게는 비교적 안전하고 쉬운 방법이라고 할 만한 것도 초보자에게는 그렇게 안전하고 쉽지 않다는 점에 유의해야 한다. 시범에 있어서 교사 자기 자신의 역량을 기준으로 생각하여서는 안 된다.

③ 안전에 관한 지도는 안전을 요하는 작업 동작을 보여 주기 바로 직전이 가장 적합한 시점이다. 작업에 있어서의 안전수칙을 학습 시간 초에 총괄적으로 설명한다든가, 시범이나 학습이 끝날 무렵에 가서야 안전수칙을 지도하는 것은 별로 효과를 거둘 수 없다.

④ 안전수칙을 소개할 때 그 수칙을 지켜야 할 이유도 같이 해설하여야 한다. 즉 이유를 설명하지 않고서는 수칙의 중요성을 이해하지 못하기 때문이다.

⑤ 작업 지시서의 적절한 위치에 안전수칙이 기입되어야 한다. 지시서의 맨 처음 또는 마지막에 총괄하여 기입할 것이 아니라, 안전수칙이 실질적으로 필요한 곳에 기입하여야 한다.

⑥ 실습 시간 중 어떤 안전수칙의 위반도 묵과하거나 용인해서는 안 된다.

⑦ 개인의 안전 및 실습장 내의 일반적 개인 수칙, 즉 소화 작업 및 기타의 공통 안전수칙에 관한 것은 독립된 안전교육 학습 시간을 설정하여 학습시켜야 한다.

⑧ 안전 위원회를 조직하는 것도 바람직하다. 안전 위원회의 위원은 학습자들이 윤번제로 맡게 하여 학생들의 참여 의식을 높인다. 위원에게는 위원회 임무에 대한 특별 지도가 있어야 한다.

⑨ 최소한 매 학기 한 번씩은 학생들과 같이 실습장 내의 안전 조건에 관한 전반적인 검사를 하여야 한다. 이 검사에 있어서는 공구 및 기계 등은 물론이고, 실습장 내의 모든 안전 검사를 하여야 한다. 또 이 검사에 관한 학습 계획도 세워야 하며, 검사 지침이 될 안전 검사 서류도 만들어 제공하여야 한다.

⑩ 안전수칙은 상급생이든, 하급생이든 모두에게 중요하기 때문에 누구에게나 똑같이 강조되어야 한다.

⑪ 관련 지식을 지도하는 교사도 안전에 관한 사항을 강조하여야 한다. 안전 지식은 교실에서나 실습장에서나 같이 강조되어야 한다.

⑫ 안전에 대한 정신 자세를 올바르게 길러야 한다. 개인의 안전한 행위는 자기

자신만 아니라 전체의 안전에 영향을 준다는 관념을 인식시켜야 한다.

⑬ 교사는 학습자들의 안전에 대한 책임이 있다는 것을 잊지 말아야 한다. 사소한 태만이 큰 피해를 가져올 가능성에 대한 주의를 게을리하지 않아야 한다.

⑭ 신임 교사는 신속하게 다음 사항을 선배 교사들로부터 지도를 받아야 한다.

㉠ 사고가 일어났을 경우 응급조치와 그 절차

㉡ 사고 보고 절차 및 양식

㉢ 문제점의 시정을 위하여 보고할 사항을 알아야 하고 이 보고는 반드시 서면화하여야 한다.

위와 같은 지도상의 유의점을 고려하여 학생들이 안전하게 생활하고, 안전하게 생각하고, 안전하게 일한다는 생각을 갖도록 하기 위하여 안전교육을 지도할 때 포함된 활동 사항들을 제시하면 다음과 같다(University of the State of New York, 1981).

① 안전 프로그램의 역사를 가르친다.

② 매일매일의 안전을 점검하는 표를 사용한다.

③ 학생을 안전 담당 위원으로 선정한다.

④ 실습실의 안전 대회를 개최한다.

⑤ 안전과 관련된 포스터를 부착한다.

⑥ 실습실의 안전을 조사한다. 교사가 직접 조사를 하고 학생들이 조사에 협조하여 기록하게 한다.

⑦ 공구 사용에서의 위험을 토론하게 한다.

⑧ 기계와 공구 사용에서 안전수칙을 강조한다.

⑨ 동력으로 작동되는 기계를 사용할 때 주의해야 할 점을 기록한다.

⑩ 수공구의 사용 수칙을 설명한다.

⑪ 학생과 교사를 위하여 실습실 안전수칙을 강조한다.

⑫ 안전 검사를 한다.

⑬ 실습실에서 화재의 위험과 조심해야 할 점을 기록한다.
⑭ 안전에 관한 이론 교육과 토론을 위하여 팀을 조직한다.
⑮ 화재와 공습(air raid)훈련을 실시한다.
⑯ 비상시에 응급 조치를 실시한다.

마. 안전사고의 처리

안전사고가 발생하지 않기를 모두가 원하고 있지만 불행하게도 안전사고가 나면 즉시 보고를 하여야 한다. 그 이유로서는 첫째, 또 다른 책임을 피할 수 있게 하여 주며, 둘째, 사고 원인이 무엇인가 그리고 그와 비슷한 사고를 방지하기 위하여 무엇을 하여야 할 것인가에 관하여 분석하도록 도와주기 때문이다. 보고에 포함되어야 할 항목들로서는

① 사고의 직접적인 원인
② 사고의 다른 원인
③ 무시된 안전수칙
④ 규칙의 위반
⑤ 사고를 피할 수 있는 방법
⑥ 만약 운이 나빴을 경우 학생에게 주어지는 상해의 정도와 응급 조치 등이다.

바. 안전과 교사의 책임

실습장 관리 및 작업 안전 관리의 일차적인 책임은 교사에게 있다. 실습장 내에서의 안전사고를 미연에 방지하기 위하여 교사는 특히 다음 사항에 유의하여야 한다.

① 학생들이 실습 중일 때 실습장을 떠나지 말아야 한다.

② 학생들이 처음으로 기계 기구를 사용할 때에는 기계 사용 전에 반드시 그 기계와 관련된 적절한 안전교육을 시켜야 한다.

③ 기계와 장비를 부적절하게 사용하는 학생들은 교사가 특별히 관심을 두고 지도 감독하여야 한다.

④ 실습장 내의 모든 기계 기구의 안전장치와 보호 장치가 제대로 동작하고 있고 또 사용되고 있는가를 늘 확인하여, 제대로 작동하지 않거나 사용되지 않고 있을 때에는 즉시 적절한 조치를 취하여 시정하도록 한다.

교사는 다음과 같은 조치로써 인간적인 요소와 관련된 안전사고를 최소한으로 줄일 수 있다.

① 기계 기구의 사용과 관련된 안전 사항과 기계 기구의 사용 방법을 명확하게 학생들에게 알려준다.

② 게시판 등을 사용하여 예비 안전 조치를 강조한다.

③ 항상 안전의 긍정적인 면을 강조한다.

④ 기계 기구의 사용에 있어서 항상 청결과 사용하는 기술과 정밀한 작업을 강조한다.

⑤ 시범은 정확하고 바른 절차에 따라 제시하고, 시범 지도 중에 제반 안전 사항을 강조하여 지적해 준다.

⑥ 학생들의 작업 중에 그들의 이해력과 작업 수행 능력을 계속 평가해 준다.

⑦ 학급 내 또는 실습장 내에서의 안전 절차에 관하여 학급 토의를 실시한다.

학생의 안전을 위한 교사의 역할을 평가하는 항목은 〈표 7-5〉와 같다.

〈표 7-5〉 학생의 안전을 위한 교사 성취 능력 평가표

작성법: 교사의 성취도를 그 달성 정도에 따라 「성취 수준」의 적당한 난에 "∨"표 하시오.
특수 상황으로 인하여 적용되지 않는 사항이나 실시 불가능한 사항은 "해당 없음"난에 "∨"표 하시오.

교 사: ____________
날 짜: ____________
자원인사: ____________

평가 기준	성취 수준					
실험・실습실의 조직을 평가하거나 계획할 때, 교사는	수	우	미	양	가	해당 없음
1. 실험・실습실의 바닥, 통로, 조명, 환기, 출구, 표시판 등이 안전 기준을 충족시킨다.	□	□	□	□	□	□
2. 실험・실습실은 다음과 같은 항목에서 안전 기준을 충족시킨다.	□	□	□	□	□	□
가. 소화기	□	□	□	□	□	□
나. 개인 보호 재료와 기구	□	□	□	□	□	□
다. 기계의 색깔 표시	□	□	□	□	□	□
라. 응급 조치 재료	□	□	□	□	□	□
마. 액체와 가연성 재료의 저장	□	□	□	□	□	□
바. 전기 스위치	□	□	□	□	□	□
3. 기술을 조작하는 시범 기간 동안에, 다음과 같은 항목에서 환경이 안전하여야 한다.	□	□	□	□	□	□
가. 공구, 기구 및 기계의 조건	□	□	□	□	□	□
나. 재료	□	□	□	□	□	□
다. 전기실의 상태	□	□	□	□	□	□
라. 학생의 위치	□	□	□	□	□	□
마. 조명과 환기	□	□	□	□	□	□
4. 교사는 시범을 보일 때 안전수칙을 따른다.	□	□	□	□	□	□
5. 교사는 적당한 작업복을 입는다.	□	□	□	□	□	□
6. 교사는 안전에 관한 시범을 하면서 학생에게 질문을 한다.	□	□	□	□	□	□
7. 교사는 학생들에게 안전에 관한 질문을 하도록 격려한다.	□	□	□	□	□	□
8. 교사는 다음과 같은 것에 관하여 안전을 실천하도록 다시 강조하는 말을 한다.	□	□	□	□	□	□
가. 공구, 기구 및 기계의 안전한 사용	□	□	□	□	□	□
나. 개인 보호 기구의 적절한 착용	□	□	□	□	□	□
다. 시범을 위한 재료의 안전한 사용	□	□	□	□	□	□
라. 넥타이를 착용하지 않고, 긴소매를 걷어 올리는 등과 같은 의복의 안전 준비	□	□	□	□	□	□
9. 교사는 안전을 무시한 것은 어떠한 것이라도 허용하지 않는다.	□	□	□	□	□	□
10. 교사는 수공 기능과 관련된 안전의 위험을 지적한다.	□	□	□	□	□	□
11. 교사는 학생들의 기능을 연마할 때 모든 안전수칙을 지키는가를 확인한다.	□	□	□	□	□	□
12. 교사는 안전교육의 상태에 관하여 기록을 유지한다.	□	□	□	□	□	□

성취수준: 교사는 모든 항목이 "해당 없음"이나 "수", "우" 난에 "∨"표 되어 있는지를 확인한다. "미"이하의 난에 "∨"표 된 항목이 있으면 어떤 추가 학습활동을 하여 보완할 것인가를 반드시 자원 인사와 상의하여 결정한다.

요약

실습장을 설계하고 조직하려면 먼저 설계할 때에는 안전하고 건강에 좋으면서도 교육적인 작업 환경을 꾸미고, 실습장이 최대한의 작업 능률을 가져오도록 고려하여야 한다. 그런 다음 건축을 설계하여 예비적으로 배치하여 보고 설계 도면을 그려서 좋은 계획을 세운다. 이때 공구와 재료를 보관하는 장소도 고려하여야 하며, 이렇게 함으로써 안전사고와 도난을 방지하고 능률적인 실험 · 실습 지도가 이루어질 수 있다.

실습장을 신축, 개축, 증축하고 실습 기계와 설비를 설치하여 실습할 수 있도록 준비하는 활동을 실습장 조직이라고 한다면, 실습장 관리는 실습장을 유지, 보수, 운영하여 실습장의 효율을 증대시키는 활동을 의미한다.

실습장 조직은 전문화 정도에 따라 전문 실습장, 통합 실습장, 종합 실습장으로 나뉜다. 실습장은 주 작업 공간과 보조 공간으로 구분할 수 있는데 학생 1인당 소요 면적은 전공에 따라 상당히 다르다. 보조 공간에는 교실, 교사실, 제도실, 공구실, 재료실, 탈의실과 샤워실, 교육 자료 센터 등이 있다.

실습장은 적절한 조명, 색채, 대기 상태, 방음 등 환경요소도 매우 중요하다. 실습 기계의 정비에는 일상 정비와 예방 정비가 있고, 자체 정비반이나 학생들을 참여시키는 방법도 바람직하다.

특성화고등학교, 마이스터고등학교, 직업전문학교, 전문대학 등에서는 실험 · 실습의 과정에서 안전사고가 발생할 여지가 비교적 많은 분야가 있다. 그러므로 교사는 가능한 안전교육 프로그램을 학교장, 지역 사회, 동료 교사, 학생들의 도움을 받아 실시함이 바람직하다. 이런 안전교육 프로그램을 통하여 정하여진 안전수칙은 반드시 준수하게 하고 학생들의 안전 의식을 길러주어야 한다.

토의주제

1. 실습실을 설계하여 보고 그것을 건설하는 데 따르는 제반 절차를 검토하여 보자.
2. 전문화 정도에 따라 실습장의 종류를 열거하고 자기가 속해 있는 실습장은 어디에 해당하는지 생각하여 보자.
3. 실험 · 실습실에 적용할 수 있는 운영 관리 지침을 만들어 보자.
4. 공구, 장비, 재료 등의 효율적인 점검 기록 체계를 검토하여 보자.
5. 안전사고를 예방할 수 있는 방법에 관하여 토의하여 보자.
6. 해당 분야의 실험 · 실습실에서의 안전수칙을 만들어 보자.

참고문헌

갈원모(2005). 「안전교육론」. 동화기술교역.
박태식 외(1979). 「실업과 교육」. 서울: 능력개발.
오영근 역(1998). 「실내공간계획(인체척도에 의한)」. 국제.
이재원 외(1981). 「공업 기술 교수법」. 서울: 성안당.
이호진 역(2005). 「인간척도와 실내공간계획」(JULIUS PANERO 외). 대건사.
직업훈련연구소 역(1983). 「학교시설관리」. 교사교육용 교재, 모듈 E-3, 서울: 동연구소.
직업훈련연구소 역(1983). 「실험실습실 배치」. 교사교육용교재, 모듈 E-8, 서울: 동연구소.
직업훈련연구소 역(1983). 「실험실습관리」. 교사교육용 교재, 모듈 E-9, 서울: 동연구소.
직업훈련연구소 역(1982). 「안전관리」. 교사교육용교재, 모듈 E-5, 서울: 동연구소.
최인범 외(1997). 「안전교육」. 21세기교육사.
한국건설안전기술연구원(2000). 「산업심리 및 안전교육」. 지구문화사.
황세옥 편(1999). 「공간계획과 인간공학」. 태학원.
Brown R.D.(1979). *Industrial Education Facilities*. Boston: Allyn and Bacon, Inc.
Prakken Publication, Inc.(1971). *Modern School Shop Planning*. Ann Arbar; Prakken Publication, Inc.
The University of the State of New York(1981). *Shop Organization and Management*. New York: The State Educational Department.

제3부

실기교육의 전개

제8장

교수 · 학습 방법

〈학습목표〉

1. 교수 · 학습 방법의 선정원리를 이해할 수 있다.
2. 강의 · 토의 중심의 각 교수법이 지니는 특징과 장단점을 설명할 수 있다.
3. 활동중심의 각 교수법이 지니는 특징과 장단점을 설명할 수 있다.
4. 탐구중심의 각 교수법이 지니는 특징과 장단점을 설명할 수 있다.
5. 프로젝트법에 의한 수업을 운영할 수 있다.
6. 모듈식 수업의 개념과 모듈의 개발절차를 이해할 수 있다.

1 교수 · 학습 방법의 선정

수업을 전개해 나가는 데 있어 가장 효과적인 교수 방법이 무엇이냐 하는 것을 획일적으로 결정할 수 없다. 왜냐하면 목수가 상자에서 공구를 꺼낼 때에는 그가 완성하고자 하는 일이 무엇인가를 알고 나서 필요한 공구를 선정하는 것과 마찬가지로, 교수 방법도 교사가 변화시키고자 하는 학생들의 행동 특성이 무엇이냐에 따라 효과적인 교수·학습 방법은 다르기 때문이다. 예로서 두 관찰 대상물의 차이를 식별하는 능력의 개발이 수업목표라면 그 차이를 인식할 수 있는 대상물의 특성을 실제로 학생들에게 보여 주는 것이 가장 효과적일 것이다. 또 기억의 재생력으로서 어떤 일이 어떻게 수행되는가를 기억하는 것이 수업목표라면 시범과 강의를 병행하는 것이 효과적일 것이다. 그리고 기능적 능력을 학습하는 데 최고의 방법은 반복된 연습이다. 기능적 능력의 성취는 근육활동을 포함하는 신체적 활동을 반영하고 있다.

교수·학습 방법을 선정하기 위한 기준으로는 학습 활동의 다양성, 달성하고자 하는 목표의 유형, 학습자의 특성, 학급 규모, 학습하려고 하는 주제, 자원의 활용 가능성, 가용 시간, 교수법에 관한 교사의 관련 지식 및 성격, 학생들의 수업 방법에 대한 선호도 등이 일반적으로 활용되고 있다. 교수·학습 방법의 선정이 여러 가지 요인에 의하여 결정된다는 것을 좀 더 구체적으로 파악하기 위하여 도표로 제시하면 〈표 8-1〉과 같다. 그리고 달성하려고 하는 행동 유형에 따라 어떤 교수 방법이 효과적인가를 알아보면 〈표 8-2〉와 같다. 따라서 학습목표의 유형에 따른 교수 방법의 선정에는 〈표 8-2〉와 같은 사항이 고려되어야만 한다. 그 외에 교수·학습 방법을 선정할 때 고려할 사항들은 다음과 같다.

① 수업목표에 제시된 행동 특성을 성취할 수 있는 조건이나 상황에 가장 가깝게 접근할 수 있는 방법을 선정한다.

만일 어떤 수업목표가 기계공이 두 금속을 눈으로 보고 그 차이를 식별하는 것이라면, 두 금속을 실제로 제공해 주는 것이 가장 효과적이다. 즉 실제의 견본이 그림보다 나을 것이고, 그림을 보여주는 경우에는 흑백보다 천연색의 그림이 더 좋을 것이다. 강의보다는 어떤 종류이든지 그림이나 시각으로 대상물을 제시해 주는 것이 훨씬 효과적일 것이다. 만약 학생이 촉감으로 금속을 식별할 수 있어야 한다면 강의와 실습을 겸한 학습지도가 더 좋을 것이다.

〈표 8-1〉 **교수·학습 방법 시 고려되어야 할 요인**

요인 \ 방법	강의	개인교수	연시	집단토의	멘토	게임시뮬레이션	프로그램학습	세미나	프로젝트	연찬회	사례연구
1. 정보 이전	+	+			+		+				
2. 문제해결 촉진		+		+	+			+	+		+
3. 기술 훈련	−		+		+	+			+	+	
4. 태도 변화				+	+			+	+		+
5. 피드백 획득	−	+	+	+	+	+	+			+	
6. 교사 통제	+	+	+		+		+		−		
7. 학생 활동	−	+	+	+	+	+	+	+	+	+	
8. 학습 규모	+	+	+		−		+			−	
9. 개인차					+		+				
10. 준비의 용이성	+	+		−	−		−	−	−	−	−
11. 교수 시간	+	+		−				−	−	−	
12. 이용할 수 있는 자원	+	+		+				+	−	−	

+ 장점, − 제약

② 작업 현장에서 필요로 하는 행동 유형에 가장 가깝게 접근할 수 있는 방법으로 학생들이 행동할 수 있는 방법을 선정한다.

시각적 암시나 자극에 대한 반응으로 학생이 뭔가 이야기할 수 있는 능력이 기대된다면, 학생이 실제로 이야기할 수 있는 기회를 제공하고, 반복 연습할 수 있는 방법을 선정하여야 한다. 만약 청각적인 자극에 대한 반응으로 학생이 무엇인가를 고칠 수 있어야 한다면, 실제로 청각적인 자극을 주고 그 상황하에서 고쳐보는 연습을 할 수 있는 교수 방법이 선정되어야 한다.

〈표 8-2〉 행동 유형에 따른 교수법

행동 목표 유형 / 교수법	인지적 (Cognitive)		정의적 (Affective)		심동적 (Psychomotor)	
	KCA	ASE	RR	VOC	IM	PAN
강의	xxxx	xxxx				
개인 교수	xxxx	xxxx	xxxx		xxxx	
시범	xxxx				xxxx	
집단 토의		xxxx	xxxx	xxxx		
멘토		xxxx	xxxx	xxxx	xxxx	xxxx
사례 연구		xxxx	xxxx	xxxx		
실험 지도					xxxx	xxxx
세미나		xxxx	xxxx	xxxx		
프로그램 학습	xxxx	xxxx	xxxx			
자습		xxxx	xxxx	xxxx	xxxx	xxxx
연찬회			xxxx	xxxx		
문제해결			xxxx			xxxx
프로젝트		xxxx		xxxx		xxxx
게임 및 시뮬레이션		xxxx				xxxx

KCA－지식, 이해, 적용(Knowledge, Comprehension, Application)
ASE－분석, 종합, 평가(Analysis, Synthesis, Evaluation)
RR－수용, 반응(Receiving, Responding)
VOC－가치화, 조직력, 개별성(Valuing, Organization, Characterization)
IM－모방화 및 조작력(Imitation and Manipulation)
PAN－정밀화, 명료화, 습관화(Precision, Articulation, Naturalization)

③ 단위 시간 내에 가능한 한 많은 반응을 경험할 수 있도록 지도할 수 있는 방법을 선정한다.

용접공은 용접에 쓰이는 발화염이 작업 시 어느 때가 가장 적당하게 조절된 상태인가를 알 수 있는 학습을 경험하여야 한다. 이에 적절한 화염 상태와 부적절한 화염 상태의 구별을 할 수 있는 단서를 제공할 수 있는 사진, 슬라이드 혹은 필름 스트립은 실제의 발화 그 자체보다도 교육적인 효과가 더 높다고 하겠다. 왜냐하면 교사가 실제로 이러한 화염의 각기 다른 상태를 조정하는 것보다, 인쇄물이나 사진 혹은 슬라이드를 이용하는 것이 15분 이내라는 짧은 시간에 식별하는 연습을 효과적으로 실시할 수 있기 때문이다. 그러나 이러한 슬라이드나 사진을 이용하여 가르치는 것은 화염의 적합성 여부를 식별할 수 있는 능력이 학습목표인 경우에 효과적이지만, 실제로 용접하는 데 적절한 불길을 조정할 수 있는 능력이 학습목표였다면, 이 경우에는 발화를 실제로 조작하는 실습을 하는 것이 더 효과적이다.

다른 예를 하나 더 제시해 보면, 수업목표가 장차 목공 교사나 현장 감독이 될 사람들로서, 그 초임자가 자동 대패 기계를 조작할 때 발생하는 여러 가지 문제를 소리의 차이에 의해 식별하는 것이라고 하자. 이 기계에 적당한 목재가 제공되었다면 정상적인 소리가 날 것이며, 비정상적인 소리가 나면 기계 자체에 고장이 났거나 사용하는 데 잘못이 있다는 것을 지적해 주는 것이다. 즉 목재를 자르는 데 너무 재목이 무거우면 소리가 낮아져 둔탁한 소리가 날 것이고, 너무 가벼우면 진동하는 소리가 날 것이다. 따라서 이때의 수업목표는 재목이 자동 대패 기계에 잘못 들어간 상태에 대한 필름 스트립을 보여주는 것보다, 소리의 식별을 숙달시켜 줄 수 있도록 프로그램된 녹음 테이프로 조직적인 연시(演示)를 하는 것이 더 효과적이다. 위의 세 가지 기준에 의하여 교수 방법이나 학습 자료가 선정되면 그 다음에 하여야 할 것은 학생들의 준비성과 동기, 사용 가능한 학교 시설과 학습 소요 시간 등을 고려하여 가장 실용적인 방법을 결정하는 일이다.

2 강의 · 토의 중심의 수업

가. 강의법

학생이나 청중에게 대체로 언어를 통해서 정보를 전달하고, 비판적인 사고를 촉진하는 수업 방법을 강의법(lecture)이라 한다. 이 방법은 일반적인 지도 사항이나 기술적 혹은 일반적인 정보가 통합되어 있는 학습 단원을 가르칠 때에 흔히 사용된다. 아울러 할당된 시간에 비해 가르쳐야 할 학생이 많을 경우에도 이 방법을 쓰는 게 좋다. 그러나 강의법은 학생들의 학습 진전 상황이나 성취 정도를 점검하기 어렵고, 학생들의 주의나 흥미를 끌기 힘들다는 약점이 있다.

강의법을 사용할 경우에 유의할 점은 다음과 같다.

① 강의 전에 강의 내용의 개요나 계획을 준비한다.
② 학생의 이해를 높이기 위해 강의 내용이나 자료를 몇 개의 주제로 재조직한다.
③ 추상적인 개념이나 복잡한 관계를 설명할 때에는 시각적인 학습 자료를 적절히 이용한다.
④ 대화 형태로 강의한다.
⑤ 말하며 생각하고 생각하며 말한다.
⑥ 흐트러짐이 없이 단정한 자세로 한다.
⑦ 학습자의 반응을 면밀하게 관찰하며 강의한다.
⑧ 학습자가 지루하지 않도록 틀에 박힌 강의보다는 신선하고 변화 있게 강의한다.
⑨ 질문과 대답의 형태를 활용한다.
⑩ 강의하고자 하는 개념이나 문제를 명확하게 확인한다.
⑪ 분명하고 행동적인 어휘를 사용한다.
⑫ 학습자가 생각하고 있는 바를 추적한다.

⑬ 설명은 진지하게 하고, 열성을 보인다.
⑭ 판서를 간결하고 분명하게 한다.
⑮ 학습자가 주의를 집중할 수 있도록 한다.
⑯ 항상 학습자와 상호 작용을 하도록 노력한다.
⑰ 목소리, 제스처, 판서 활동 등 커뮤니케이션을 최대한 활용한다.
⑱ 강의의 효과를 즉시 확인하면서 강의한다.
⑲ 수업이 끝날 무렵에는 질의 응답 시간을 마련한다.

나. 협동교수제

협동교수제(team teaching)란 한 사람의 교사가 한 반을 맡아 가르치던 종래의 방법과는 달리, 교사들이 팀을 이루어 학생을 가르침으로써 교육의 효과를 올리기 위한 새로운 교수 방법이다. 즉 몇 명의 교사가 한 팀이 되어 공동으로 수업 계획을 세우고 공동으로 수업을 진행하는 방식이다. 이렇게 교사들을 집단으로 묶어 서로 협동해서 학습을 지도해 가는 이유는 다음과 같다(김진규, 2009).

첫째, 교사들 각각의 전문적 배경을 최대한으로 살릴 수 있다는 것,

둘째, 우수 교사의 혜택을 많은 학생에게 제공하며,

셋째, 공동으로 학습 지도 계획을 수립・실행함으로써 학습의 효과를 최대로 높이는 것 등이다.

대부분의 경우 3~7명의 교사가 한 팀을 구성하여 큰 학생 집단(약 75~250명)에 대한 교수 책임을 지고 있다. 각 팀은 우수 교사로 하여금 팀리더(team leader)를 맡게 하고 있으며, 그 밑에 여러 교사들이 팀 리더의 지도 감독을 받는 형태를 취하고 있다. 각 팀에는 팀 리더를 정하는 것이 특징적이다. 팀 리더가 교수・학습 과정의 계획에서부터 평가, 행정적인 조정에 이르는 전 책임을 진다. 그 밑에 주요 교수 업무를 담당할 상급 교사가 있고, 나머지는 보조 역할을 하는 실습 교사, 기술 교사, 기술 조교 혹은 사무직원 등으로 팀이 구성된다.

팀을 조직하는 방법에는 ① 동일 교과의 교사끼리 ② 인접 교과의 교사끼리 ③ 학교 전체의 교사끼리 ④ 학년별의 교사끼리 조직하는 방법 등이 있다.

1) 협동교수제의 계획

협동교수제의 핵심은 주로 협동적인 계획에 있다. 계획 과정에는 팀의 구성원인 모든 교사는 물론 그 팀에 속한 준전문가들도 모두 참여해야 한다. 그리고 학교 교직원들 중에서 학생 지도 교사, 독서 지도 교사, 심리학 교사, 도서관 사서, 매체 담당 교사 등 전문가들도 계획 과정에 정기적으로 참여해야 한다. 이들은 교사들이 노력하는 목표를 알게 되면 교사를 도와줄 수 있는 동시에 자신들의 직무를 보다 유용하게 수행할 수 있게 된다. 협동교수제의 계획과정에서는 다음과 같은 점을 고려해야 한다.

① 우선 프로그램의 목표와 단원의 목표가 무엇인가?
② 매주의 수업목표는 무엇인가?
③ 어떠한 수업내용을 전개할 것인가?
④ 대집단 강의 시 수업내용은 무엇인가?
⑤ 그 내용을 강의할 때 어떤 방법과 보조 자료를 활용할 것인가?
⑥ 대집단 강의는 누가 할 것인가?
⑦ 소집단 모임에서는 무엇을 토론할 것인가?
⑧ 어떠한 방법으로 소집단을 구성할 것인가?
⑨ 각 소집단에는 누구를 배정할 것인가?
⑩ 어떠한 형태의 개인 학습이 필요한가?
⑪ 학습 결과를 어떻게 평가할 것인가?
⑫ 대집단 학습 활동, 소집단 학습 활동, 개인 학습 활동에 시간 배당을 어떻게 할 것인가?
⑬ 종래의 학습 활동은 어떻게 개선할 수 있는가?

⑭ 특수한 학생에게 발생할 것이 예상되는 문제점은 무엇이며, 그 해결 방법은 무엇인가?

2) 협동교수제의 평가

실시된 협동교수제를 평가할 때는 다음의 사항들이 고려되어야 한다.

① 팀의 구성원들은 학습 프로그램에 관련된 문제에 관하여 서로 의견을 나누었는가?
② 팀의 구성원들은 그들의 전공 분야에 관하여 의견을 나누었는가?
③ 팀의 구성원들은 적극적인 자세로 협력하였는가?
④ 팀의 구성원들은 지도자적 역할과 수행자적 역할을 함께 하였는가?
⑤ 팀의 구성원들은 책임을 공동으로 똑같이 담당하고 있는가?
⑥ 팀의 구성원들은 의사소통을 개방적인 분위기에서 할 수 있었는가?
⑦ 팀의 구성원들은 다른 사람의 의견을 건설적으로 평가하였는가?
⑧ 학생에게 개인학습을 할 기회가 주어졌는가?
⑨ 학습 지도안에는 다양한 여러 매체와 공학적인 측면을 활용하는 내용이 포함되었는가?
⑩ 학습 지도안에는 팀의 구성원들이 함께 진단과 평가를 하도록 되어 있는가?

다. 토의법

주어진 주제나 이유, 문제 등을 갖고 교사와 학생들이 서로의 의견을 상호 교환하는 방법을 토의(discussion 또는 conference)라 한다. 이 방법은 특히 수업에 참여하는 학생들이 어떤 결론이나 결정을 내려야 하는 경우에 많이 쓰인다. 토의의 형태에는 집단 토의, 패널 토의, 심포지엄, 워크숍, 세미나 등이 있다(직업훈련연구소, 1982).

1) 집단 토의

집단 토의 방법은 학급의 전체 학생들이 특정한 주제에 대한 정보를 서로 교환하고, 그 정보를 분석, 평가하여 결론에 도달하는 데 활용된다. 모든 학생들이 능동적으로 참여할 때, 이상적인 집단 토의가 이루어질 수 있다. 집단 토의는 몇 개의 소집단으로 나누어 실시되며, 일반적으로 교사가 지도한다. 그리고 소집단 토의의 일반적인 진행 체계는 다음 [그림 8-1]과 같다.

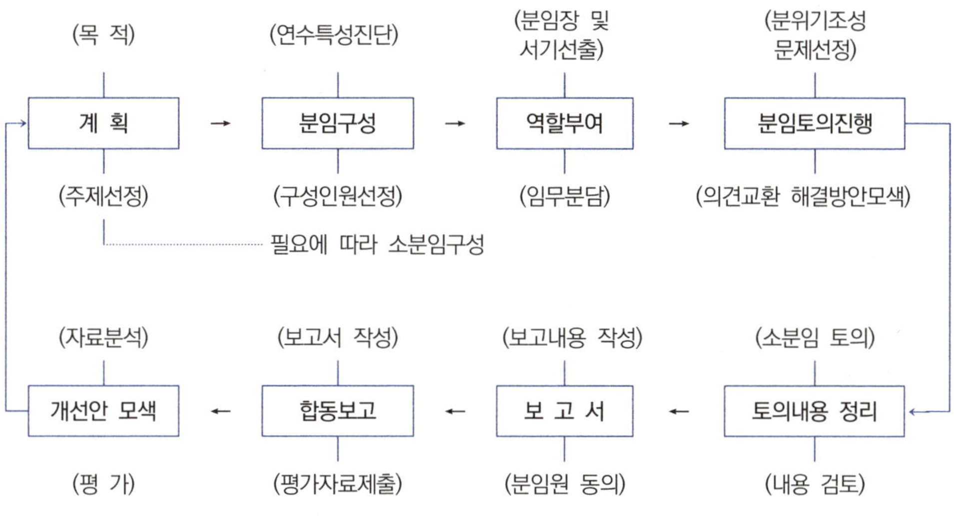

[그림 8-1] 소집단 토의의 진행체계

집단 토의는 다음과 같은 장단점이 있다.

• 장점:

① 수업을 받는 전체 학생이 참여한다.
② 교사나 토의 주제에 대한 전문가가 토의의 진행 과정을 지도한다.
③ 전체 학생이 제기된 아이디어를 평가할 기회를 갖는다.
④ 비판적인 사고를 하도록 할 수 있다.

⑤ 여론을 중요시한다.

- **단점:**

① 토의의 진행 속도가 느리며, 토의의 주제를 잃기 쉽다.
② 몇몇 학생이 토의의 주도권을 차지할 수 있다.

2) 패널 토의

패널 토의(panel discussion)란 소집단이 토의를 하는 것을 청중이 방청하는 형식이다. 약 3~4명의 패널 토의 발표자들은 서로 이야기를 나누기에 편리하고, 청중이 쉽게 보고 들을 수 있도록 교실의 한가운데에 자리한다.

의장은 토의를 진행하며 균등한 참여가 이루어질 수 있도록 해야 한다. 패널 토의는 다음과 같은 장단점이 있다.

- **장점:**

① 청중과 발표자 사이의 자발적인 상호 의사 교환이 가능하다.
② 질의 응답이 가능하다.
③ 질의 응답이 빠르게 진행되어 흥미롭다.
④ 진행자의 능력에 따라 토의를 통해 많은 문제를 취급할 수 있다.

- **단점:**

① 주제를 제기하는 방법이 체계적이지 못하다.
② 패널토의 발표자 개개인이 의견을 발표하는 데 소용되는 시간을 통제하기 어렵다.
③ 대부분의 질문에 대해 완벽한 응답을 기대하기 어렵다.
④ 패널 토의 발표자는 사고를 예리하게 하고, 즉석에서 명확하게 답할 수 있어야 한다.

3) 심포지엄

심포지엄(symposium)은 어떤 주제에 관하여 전문적인 지식을 지닌 몇 사람이 서로 다른 의견을 가지고, 사전에 연구 준비하여 발표하고, 발표 내용에 관하여 전문적인 지식을 가진 또 다른 몇 사람의 청중이 질의하고, 발표자는 이에 대해 응답하는 토의 형태다. 이러한 심포지엄에서 반드시 어떠한 결론이 나온다고 할 수는 없으나, 사회자는 대략적인 개괄을 하여야 한다. 심포지엄은 다음과 같은 장 · 단점이 있다.

- 장점:
  ① 다양한 지식과 경험의 제시가 가능하다.
  ② 발표자가 계속 바뀌기 때문에 계속적인 주의집중이 가능하다.
  ③ 발표될 주제에 논쟁의 여지가 있으면 더욱 흥미롭다.
  ④ 일반적인 강의보다 더 많은 학생이 참여할 수 있다.
- 단점:
  ① 주제를 철저하게 다룰 수 없다.
  ② 발표자의 사전 준비가 미비할 때에는 단지 의견만이 제시될 뿐이다.
  ③ 한 가지 주제만 다룰 수 있다.

4) 워크숍

(1) 워크숍의 성격

워크숍(workshop)은 공동의 흥미 혹은 의문점, 때로는 전문적 또는 직업적 문제를 갖고 있는 사람들이 일정한 기간 동안 함께 만나서 연구하고, 조사하고, 토론을 해 나감으로써 그들 개개인의 이해를 높이고 능력을 숙달시키는 모임을 말한다.

워크숍의 공통적 성격은 대개 다음과 같다.

① 워크숍의 목적은 명확히 규정되어야 한다.

② 워크숍 활동은 참가자의 문제, 흥미에 입각한 것이라야 한다.

③ 참가자의 특수 문제는 지도자의 압력이나 조정 없이 자유롭게 나올 수 있는 기회가 허용되어야 한다.

④ 공통적인 문제를 가진 사람들은 잠정적이고 융통성 있는 작업 분단을 편성하여야 한다.

⑤ 참가자들은 자신의 문제해결을 위하여 자원 인사들의 도움을 받아 자신의 힘으로 문제의 대부분을 해결하여야 한다.

⑥ 워크숍에 대한 계획과 결정은 협조적이고 참가자의 다수 의견에 따라야 한다.

⑦ 전문적 문제해결과 아울러 참가자의 개인적, 사회적 성장도 북돋아 주어야 한다.

⑧ 평가는 계속적으로 행하며 활동 결과로 만들어진 산물이나 또는 그 과정이 되어야 한다.

⑨ 기간은 충분히 길어야 한다.

⑩ 자료는 충분히 수집되어야 한다.

⑪ 자원 인사는 사계를 대표하는 전문가로 충당해야 한다.

(2) 워크숍의 기본 구조

워크숍의 흐름은 [그림 8-2]와 같이 4단계로 이루어진다. 모든 단계가 매우 중요하며 단계별로 구체화되고 상세화된 설계가 요구된다.

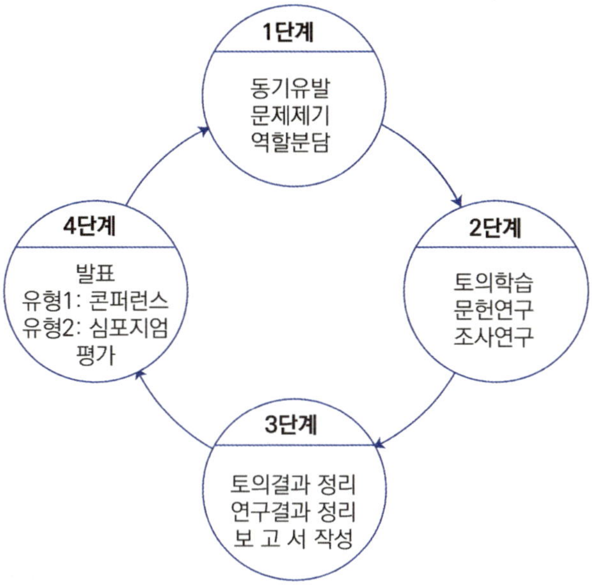

[그림 8-2] 워크숍의 기본구조

(3) 워크숍 운영을 위한 설계

워크숍을 효과적으로 운영하기 위해서는 [그림 8-3]과 같은 구체적인 설계가 요구된다. 이상의 토의법은 어떤 결정이나 결론이 요구되는 경우뿐만 아니라, 다양한 접근 방법을 통한 문제해결 및 팀워크가 필요하거나 학생들의 독특한 아이디어가 요구될 때에 적절하게 이용될 수 있다. 그러나 토의법에 의한 지도는 많은 시간을 필요로 하며, 학생들 간에 개인차가 심한 경우에는 기대하는 성과를 얻기 힘들다. 이러한 제약 조건을 어느 정도 해결하기 위해서는 다음과 같은 점을 유의해야 한다.

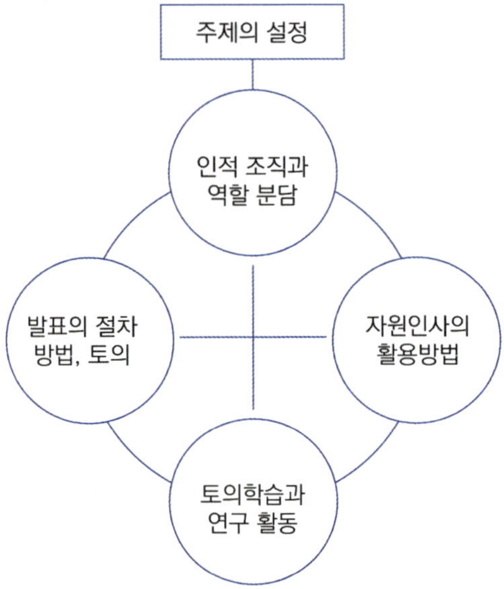

[그림 8-3] 워크숍 운영을 위한 설계

① 토의할 주제를 충분히 파악시킨다.
② 구체적인 문제나 이유를 충분히 설명해 주거나 토의 주제와 관련된 자료를 미리 읽어보도록 한다.
③ 토의 결과에 대해서 각자가 나름대로 평가를 해보도록 한다.
④ 교사는 토의 과정에서 안내만 해야지 구체적인 설명을 해서는 안 된다.

3 활동중심의 수업

가. 시범

어떤 기능이나 작업 과정을 학습시키기 위해서 필요로 하는 분명한 동작을 교사가 직접 보여 주거나, 각종 시청각 매체를 통해서 학생들에게 보여 주는 방법을 시범(demonstration)이라 한다. 특히 시범을 위해 동원되는 슬라이드, 파워포인트, 비디오, CD-Rom, 동영상, 영화, TV 등은 필요한 기능을 익히는 데 유용한 것은 물론이고, 사회가 직면하고 있는 문제라든지 과학 기술의 발전 상황, 산업체에서의 작업과정 등을 교실에 앉아서 생생하게 볼 수 있도록 해준다는 장점이 있다.

이 방법은 수업의 전체 목표를 일목요연하게 보여야 할 경우, 기본적인 절차를 익히게 하거나 어떤 표본적인 동작을 학습시킬 때 적절하게 쓰일 수 있다. 일반적으로 시범 수업은 다음의 네 가지 기본 단계로 구성된다(직업훈련연구소, 1982).

① 준비 단계－이 단계에서는 학생들에게 수업을 준비시키며, 시범 내용에 주목하여 경청하도록 하기 위한 동기를 부여한다.

② 시범 단계－수업 시간에 교사는 학생들에게 기술 시범과 각 단계의 연계성을 보여 주며, 작업을 효율적으로 성공시키기 위한 요점을 조사한다.

③ 응용 단계－교사의 시범 아래 학생들이 기술을 실습할 수 있는 기회를 제공한다.

④ 평가 및 추수 단계－최종 단계로서 각 학생들의 기능 성취도를 평가한다.

또한 시범을 통해서 학생들을 지도할 때에는 다음과 같은 점에 유의해야 한다.

① 시범자는 과업 수행에 사용될 시설 장비, 기구 등을 잘 알아야 한다.

② 동작이 수행되는 중간중간에 '왜 저렇게 해야 되는지?'라는 질문을 함으로써

학생들로 하여금 동작을 제대로 익히도록 한다.

③ 시범을 보이는 중에 중요한 대목을 지적하고 설명을 첨가한다.

④ 복잡한 동작은 시범을 여러 번 보여준다.

⑤ 시범을 본 후, 즉시 그것을 연습해 보도록 한다. 만일 충분한 시간이 없을 때에는 동작의 수행 과정이나 어떤 일의 작업 과정을 이야기해 보도록 요구한다.

나. 실연법

학습자가 이미 설명을 듣거나 시범을 보고 이해하고 있는 지식이나 기능을 교사의 지휘, 감독하에서 직접 연습, 적용해 보는 것을 실연법(supervised performance at work situation)이라 한다.

이 방법을 통해서 학생들은 이론적으로만 알고 있는 기능을 기대 수준까지 숙달시킬 수 있다. 실연법은 학생들이 학습한 것을 실제의 사태에 적용하는 것이 허용될 때나, 이론으로만 배운 것을 실제와 유사한 사태에서 직접 연습해 봄으로써 활용 가능한 기능을 익혀야 할 경우에 적합하다.

이 방법 역시 많은 시간이 소요되며, 특수 시설이나 설비가 요구된다. 다른 방법에 비해 교사 대 학생 수의 비율이 높다는 제한점이 있지만, 특성화 고등학교 및 마이스터 고교나 전문대학의 교과 특수성에 비추어 볼 때 이용되어야 할 수업 방법이며, 실제 학교 현장에서 많이 이용되고 있다. 실연법의 장점을 충분히 살리기 위해서는 다음과 같은 사항에 유념해야 한다.

① 단순한 기능에서부터 보다 복잡한 기능의 순서로 학습할 수 있도록 치밀한 수업 계획을 수립한다.

② 충분한 시설과 자료를 미리 갖추고 있어야 한다.

③ 학생과 시설의 안전 대책이 사전에 면밀히 계획되어야 한다.

다. 견학

견학(field trip)은 작업 현장이나 산업체 현장을 직접 방문해서 필요한 정보를 얻게 하는 방법이다. 실제 작업 상황에서 수행되는 일을 직접 관찰하고, 그러한 일에 종사하는 사람들과 이야기를 나누며, 그 직장의 분위기에 젖어 보기도 하고, 현대의 산업 공정을 직접 볼 수 있는 기회를 갖는다는 것은 매우 유익한 경험이다. 특히 최근에는 중학생들의 자유학기제 프로그램의 일환으로 체험학습을 위해 작업 현장이나 산업체 현장을 방문하는 기회가 자주 있다. 그러나 흔히 학생들의 흥미나 취향, 필요 등을 고려하지 않고 무계획적인 견학을 시킴으로써 소기의 성과를 달성하지 못하는 경우도 있다.

최근에는 대기업을 중심으로 자기 회사에 대한 홍보 차원에서 견학 코스와 전시관을 갖추어 놓고 학생과 일반인에게 개방하는 사례가 많다. 예를 들어 모 전자 회사의 경우 견학 팀에게 종합 전시관과 생산 라인을 보여줌으로써 전자 산업의 현황과 미래상을 한눈에 볼 수 있게 해주고, 비디오나 CD-Rom 등을 사용하여 구체적인 설명까지 해주고 있다. 따라서 교사의 입장에서는 지도할 내용에 적합한 견학 코스를 발견해 내고, 교육적으로 의미 있는 학습 경험이 될 수 있도록 세밀한 계획을 세우는 것이 필요하다. 즉 보다 생산적인 견학이 되기 위해서는 사전에 담당 교사는 다음과 같은 사항을 준비해야 한다.

① 견학의 목적을 학생들에게 이해시킨다.

② 견학 중에 관찰할 사항을 미리 주지시킨다.

③ 견학 중에 조심해야 할 사항을 미리 주지시킨다.

④ 견학할 때 유익하게 사용될 수 있는 자료를 준비해서 학생들에게 배포한다.

또한 교사는 견학 학습 지도에 시간과 노력을 투입하기 전에 몇 가지의 사항을 고려해 보아야 한다(직업훈련연구소, 1982).

첫째, 견학 학습이 다른 방법보다 효율적으로 수업목표를 달성할 수 있느냐는 것이다. 가령, 가구 제조 공장을 방문하는 목적이 생산 관리자에게 조립 공정에 대해서 문의하는 것이라면, 생산 관리자를 학교로 초빙하는 것이 견학 학습보다 간편하고 유익할 것이다.

둘째, 지역 사회 자원의 이용이라는 측면에서 볼 때 견학 학습의 실시가 가능하겠느냐는 것이다. 이상적인 견학 학습을 생각하는 것은 쉬운 일이지만, 실용적이고 현실적인 견학 학습을 계획하는 것은 매우 어려운 일이다. 견학 학습이 꼭 색다를 필요는 없다. 일상적인 상황도 풍부한 학습 경험을 제공해 줄 수 있다. 학습 자원의 이용 가능성이라는 측면에서 볼 때, 당해 지역 은행의 회계 부서가 다른 도시의 대표적인 정보 처리 기관보다 견학지로서 나을 수도 있다. 교사는 다양한 견학 학습을 손쉽게 해 줄 수 있는 당해 지역의 인사들과 접촉을 해야 한다.

셋째, 견학 장소를 설정하는 데는 학생들의 필요와 흥미가 항상 고려되어야 한다. 학생들이 젖소의 우유를 짜는 기계보다 우유 짜는 과정에 흥미를 느낀다면, 영농 기계를 생산하는 공장보다 우수한 낙농장으로 견학을 가는 것이 바람직하다.

끝으로 대상 학생의 인원을 고려해야 한다. 적은 인원의 학생들에게는 적합하고 가능한 견학 학습이 많은 학생들에게는 그렇지 않을 수가 있기 때문이다. 또한 견학 학습에 참가하는 학생들의 숫자가 많고 적음은, 흥미와 수용 가능 인원에 의해서 결정될 수 있다.

이상의 고려 사항을 유의하여 견학이 이루어지면, 그 견학이 끝난 다음에 견학 중에 어떠한 것을 얻었는지를 교사와 학생들이 함께 토의한다. 경우에 따라서는 견학 리포트를 작성 제출하게 함이 좋다.

라. 시뮬레이션

실제의 장면 혹은 상태와 매우 유사한 사태를 인위적으로 만들어, 그 속에서 학습하도록 하는 방법을 시뮬레이션(simulation)이라고 한다. 이를테면 어떤 상품이 계획, 개발되어 대량 생산되고 판매되는 과정이 잘 나타난 가상적인 경험을 제공해 줌으로써, 학생들로 하여금 생산 공정 혹은 유통 과정의 원리를 이해케 하는 것은 바로 시뮬레이션 방법을 이용한 것이다. 또한 우주 비행사가 달에 가서 소기의 목적을 달성하고 지구로 귀환하는 데 필요한 기술을 익히는 것도, 순전히 가상적인 상황에서 이루어지는 것이므로 결국 시뮬레이션에 의한 것이다. 이러한 시뮬레이션을 이용하는 것은 가상적인 상태에서 얻은 지식, 기술, 기능 등이 실상황에 전이될 수 있기 때문이다.

대체로 시뮬레이션은 실제 사태에서의 학습이 허용되지 않거나 그러는 데에 어떤 위험이 따른다든지, 혹은 인위적인 조작 과정 그 자체가 중요시될 때에 사용된다.

이 방법은 단위 교육비가 비싸고, 시간의 소비가 많으며, 필요한 시설을 유지하는 데 비용이 많이 들어가므로 충분히 검토한 후에 사용할 필요가 있다. 시뮬레이션에 의한 수업 방법은 다음과 같은 장점을 가지고 있다(직업훈련연구소, 1982).

① 강의나 토의에서 결핍되기 쉬운 현실성을 불어넣어 준다.
② 학생들에게 실제의 현장과 거의 같은 여건하에서 실패에 대한 두려움을 최소한으로 줄이고, 가장 편안한 상태에서 수행하도록 할 수 있다.
③ 학생들이 마음의 부담이 없는 상태에서 자신의 수행을 피드백해 보도록 한다.
④ 실제 현장에서 수행하는 것보다는 싼 비용으로 사실적인 경험을 해 볼 수 있다.
⑤ 실제로 장시간이 요구되는 과정을 단기간에 경험하고 피드백할 수 있게 해준다.
⑥ 다른 교육적 방법보다 학생들이 더욱 적극적으로 참여하도록 유도할 수 있다.
⑦ 어떤 상황하에서 발생되는 사건을 학생들이 직접 통제, 관리해 볼 수 있게 한다.
⑧ 협동 학습과 학생 간의 상호 관계를 강조한다.
⑨ 인지적, 정의적, 심리 운동적 학습을 동시에 수행한다.
⑩ 학생들에게 즉각적인 피드백을 제공한다.

시뮬레이션을 효과적으로 활용하기 위해서는 사용 시에 다음 사항을 유념해야 한다.

① 학습의 초기 단계에서는 시설이나 장비의 구조, 특성 및 주어진 사태에서 해야 될 동작을 학습시키고 가상적인 상황으로 들어가도록 한다.

② 가상적인 경험의 내용을 몇 단계로 구분해서 보다 쉬운 것을 충분히 학습한 후에 최종적인 목표를 수행하도록 한다.

③ 마지막 단계에서는 실제 사태와 거의 흡사한 상태에서 그동안 학습한 기능을 종합적으로 수행해 보도록 한다.

마. 역할 연기

1) 역할 연기의 활용

역할 연기(role playing)는 학생들의 흥미를 자극하고 다른 학습 활동에 더욱 열중하도록 고무시킬 수 있는 방법으로서 다른 교수 방법보다 매우 효과가 있다. 역할 연기는 학생들이 졸업 후에 선택할 수 있는 직업에서 부딪치게 될 여러 가지 문제점을 사전에 해결해 봄으로써 실제 현장에서 효과적으로 처리할 수 있도록 하기 위한 것이다. 역할 연기의 장점은 시뮬레이션의 경우와 거의 유사하다.

역할 연기법을 활용하여 수업을 전개하면 학생들은 자신이 배우고자 하는 필요 사항을 단순히 자료를 읽거나 설명만을 듣는 대신에 실제적으로 경험해 봄으로써 학습할 수 있다. 뿐만 아니라 취업 후 현장에서 부딪칠 것으로 예상되는 여러 다양한 과제나 문제를 사전에 연습해 봄으로써 이에 대비할 수 있다. 의사 결정은 특히 역할 연기를 통해서 키워질 수 있으며 비판적인 사고 방식, 태도 그리고 어떤 사실에 대한 정확한 판단 등이 향상될 수 있다. 효과적인 역할 활동의 적용은 다음의 사항을 전제로 한다.

첫째, 역할 연기가 시작되기 전에 학생들에게 성취 목표를 명확히 해야 한다.

둘째, 학생들에게 그 경험을 소개해 주어야 한다.

셋째, 주요 개념을 강조하고 목표가 성취되었는가를 평가하기 위하여 역할 연기가 끝난 뒤에는 토론을 해야 한다.

2) 역할 연기의 형태

(1) 모의 장치 실습

이 형태의 역할 연기는 산업 현장에서 장비를 가지고 일하게 될 직업 분야의 학생을 교육할 때 유용하다. 장소, 비용이나 위험성 때문에 실습장에서 실제적인 장비로 실습하는 것이 불가능할 때가 많다. 이러한 경우 학생은 모의 장치를 통해 최선의 간접 경험을 얻을 수 있다. 예를 들어 모의 운전 장치는 실제로 운전을 할 때 당면한 여러 문제에 대비하여 실습해 볼 수 있도록 되어야 한다. 피드백은 반드시 제공되어야 하는데 그래야만 학생은 자신의 실수를 교정받을 수 있다.

(2) 사례 연구

사례 연구는 사실적으로 묘사된 문제 상황을 제시해 주고 학생들이 그 문제에 직접 관련된 입장에서 그 문제를 해결하도록 꾸미는 것이다. 교사는 학급 전체나 개개인에게 사례가 내포된 문제 상황을 제시할 수도 있고, 이의 해결을 유도할 수 있다.

학습 경험에 흥미와 깊이를 더하는 한 가지 방법은 몇 명의 학생들을 사례연구에 참여시키는 일이다. 교사는 사례 연구 활동 후 학생들이 각자의 해결책을 가지고 토의하게 할 수도 있다. 학생들은 개인적으로도 이 사례에 대해 생각한 후 해결 방안을 토의할 것이다. 이것은 흥미 있는 좋은 토의의 기초가 될 뿐만 아니라 그들에게 또 다른 관점을 보게 하고 그들 자신의 해결 방법과 다른 방법을 비교 평가하게 할 것이다.

4 탐구중심의 수업

가. 이러닝(e-Learning)

21세기는 "e-시대"로 시작하였다 해도 과언이 아닐 것이다. e-Commerce, e-Business, e-Learning 등 근래에 들어 접두어 "e"를 자주 접하게 된다. 이러한 'e'와 동반되는 용어가 바로 웹(web)과 넷(net)이다. 이 웹과 넷을 통해 많은 사람들이 빠르고, 싸고, 쉽게 커뮤니케이션을 하거나 정보를 검색, 교환하게 되었으며 이 웹과 넷을 이용하여 교육에서도 효과성을 증진시키려는 시도가 진행되고 있다.

이러닝이란 네트워크를 중심으로 학습 내용을 전달하고 학습자와 상호작용하며 학습을 촉진시키려는 일련의 과정을 의미한다. 여기서 네트워크란 인터넷일 수도 있고, 학교 내의 LAN(Local Area Net) 또는 기업에서 흔히 사용하는 WAN (Wide Area Network)일 수도 있다. 또한 학습은 개별적으로 이루어질 수도 있다. 이러닝은 동기적으로 또는 비동기적으로 진행될 수도 있다. 이러닝은 언제, 어디서나, 누구나, 자기에게 알맞은 학습을 할 수 있게 하는 것을 목적으로 한다. 따라서 이러닝이 효율적으로 진행이 될 때, 학습자는 지식기반 사회가 요구하는 능력, 즉 스스로 학습할 수 있는 능력을 기르게 될 뿐만 아니라 협동하는 능력, 사고하는 능력을 함양하는 등 탐구 중심의 학습이 가능하다(강명희 외, 2017).

1) 인터넷

인터넷은 컴퓨터로 연결된 네트워크로서, 그물망처럼 연결된 전 세계의 컴퓨터 터미널과 전송선을 이용하여 다른 컴퓨터들과 정보를 주고받는 체제이다(이옥화 외, 2005).

(1) 인터넷의 특성

인터넷은 다음과 같은 특성을 지닌다.

첫째, 정보 교환이 용이하다. 인터넷에 연결되어 있는 정보망을 이용하여 좀 더 손쉽게 원하는 정보를 검색하고 교환할 수 있다.

둘째, 기종의 호환이 가능하다. 웹 브라우저에 제공되는 많은 정보는 사용자가 가지고 있는 컴퓨터 기종과 관계없이 정확하게 제공된다.

셋째, 웹 브라우저에 제공되는 정보는 멀티미디어의 기능을 포함한다.

넷째, 시공간의 제약을 극복한다. 인터넷에 연결되어 있는 정보는 언제 어디서나 얻을 수 있고, 사용자가 직접 정보가 있는 장소에 가지 않아도 원하는 정보를 얻을 수 있다.

(2) 인터넷의 효과 및 효율

인터넷을 활용함으로써 다음과 같은 측면에서 교수-학습 방법의 효과성과 효율성을 높일 수 있다.

첫째, 이론 중심의 학습 내용이 실세계에서 일어나는 상황과 문제 중심의 학습 내용으로 전환되어, 학교에서의 학습 내용이 실제 생활에서의 적용 가능성이 높아지고 있다. 이에 인터넷은 실생활에서 일어나는 여러 가지 상황을 직접 가보지 않아도 생생하게 재현할 수 있는 특성을 가지고 있어, 학습 내용과 현실과의 연계성을 높이는 데 중요한 역할을 하고 있다.

둘째, 학습자는 시공간의 장애 없이 원하는 장소, 원하는 시간에 원하는 정보와 지식을 얻을 수 있게 되었다. 더욱이 학습 시간 및 속도도 학습자 임의로 조절할 수 있어 개별화 학습이 가능하도록 한다.

셋째, 기존의 교실 수업에서 탈피하여, 인터넷으로 전달되는 사이버, 원격 수업의 형태, 혹은 전통적인 교실 수업과 사이버 수업의 병행의 형태가 가능하다.

넷째, 학습을 주도해나가는 교수자의 역할이 학습을 촉진하고 안내하는 역할로 변화하고 있다. 인터넷을 활용하는 환경에서는 학습자의 개인의 자율성을 보장하고 학습을 안내하고 촉진하는 역할을 강조하게 된다.

다섯째, 사용자 중심의 인터넷 교육환경에서 학습자의 역할 등이 자기 주도적, 협력적으로 변화되어야 한다. 인터넷 환경에서는 개인의 자기 주도성과 집단의 협력성이 중요한 능력이 된다. 따라서 학습자는 능동적이고 자기 주도적으로 학습을 진행하고 동료와의 협력관계를 형성하여야 한다.

(3) 교수-학습에의 인터넷 활용

인터넷을 통한 교수-학습 활동은 정보 검색 활동, 자율 학습 활동, 문제 해결 활동, 의견 교환 활동 등에 널리 적용되고 있다.

정보 검색 활동은 학습자가 인터넷에 연결되어 있는 정보를 자신의 목적에 따라 검색하고 습득하는 활동을 말한다. 교사, 개발자, 혹은 연구자에 의해 이미 구축되어 있는 자료를 학습자들이 이미 설계된 자료의 분류 체계에 따라 검색하고 습득할 수 있다. 컴퓨터의 저장 능력에 따라 저장될 수 있는 정보의 범위가 광범위해질 수 있으므로, 학습 정보의 조직과 설계 방법에 따라 자료 검색의 효율성과 효과성이 좌우된다.

자율 학습 활동은 수업 내용에 관련된 가정 학습 과제를 완성하거나 교육과정에 관련하여 자기 주도적으로 이끌어 가는 학습 방식이다. 일반적으로 가장 많이 논의되는 형태는 수업 내용에 관련된 과제를 독립적으로 해결한다거나 학습자의 능력에 따라 개별적으로 학습을 진행할 수 있도록 하는 방법이다. 학습자 스스로 자신의 학습 목표, 학습 내용, 학습 수준, 학습 환경을 선택하고 학습을 스스로 진행하여 평가하는 활동이다. 이는 컴퓨터를 통하여 전달되는 학습 내용을 이용하여 학습해 가는 전통적인 CAI(computer assisted instruction)를 통한 학습 활동과 유사하다.

문제 해결 활동은 주어진 문제를 해결하거나, 주어진 사례나 주제에 대한 정보의 교환과 비교 및 종합을 위주로 하는 학습 활동이다. 일반적으로 학교 내에서 이루어지는 문제 해결 활동은 상황의 제시와 탐구 문제 설정, 탐구 활동에 대한 평가 등의 단계에 따라 진행된다. 학습자에게 실제의 경험이 제공되고 이를 통하여 학습자 스스로가 이해하고 그 의미를 명료화해 가는 과정이다.

의견 교환 활동은 참여자 간에 컴퓨터가 제공하는 통신 기능을 이용하여 의견을 교환하고 정보를 주고받는 활동으로, 같은 시간에 다른 장소에서 또는 다른 시간에 다른 장소에서 서로 의견을 교환할 수 있다. 이러한 의사 교환의 활동은 학습에 참여하는 사람들 간의 물리적 공간의 차이에서 오는 문제점을 극복할 수 있고, 인터넷을 활용한 소집단 활동을 가능하게 한다. 일반적으로 소집단 학습 활동은 학습 목표를 달성하기 위하여 그 집단의 구성원들이 협동하는 과정을 통하여 학습을 진행하는 협력 학습의 방법을 가능하게 한다. 협력 학습을 위하여 집단의 구성원은 개인의 학습에 대한 완성과 책임감, 다른 사람과의 상호작용을 위한 기술을 갖추어야 하고, 집단의 원활한 의사소통을 위하여 상호 의존성과 집단 활동 기술이 요구된다.

나. 문제해결법

문제(problem)란 어려움, 긴장 상태, 혼란, 의혹을 일으키는 실제적인 상태로서 그 문제를 해결하기 위해서는 책에 있는 단순한 사실의 발견 이상의 고차적인 사고를 필요로 한다. 문제는 그 문제해결을 위하여 요구되는 사고의 유형에 따라 창의적인 문제(creative problem), 귀납적 문제(inductive problem), 판단 문제(judgement problem), 추리 문제(reasoning problem)로 분류된다.

창의적 문제를 해결하기 위해서는 특수 상황에 학생들이 지니고 있는 지식을 적용하는 능력이 요구되고, 귀납적 문제해결을 위해서는 미지의 사실이나 원리를 발견하는 능력이 필요하며, 판단의 문제를 해결하기 위해서는 어느 것(which), 무엇을(what), 어떻게(how)의 질문에 답할 수 있는 능력이 필요하고, 추리 문제를 해결하기 위해서는 논리적인 사고를 필요로 한다.

이러한 문제해결법(problem solving method)은 효과적인 교수 방법의 하나로 권장되고 있는데, 문제해결법이 갖는 장점은 다음과 같다.

① 학생들이 문제에 당면하게 되면, 그 문제해결을 위한 흥미를 유발시키고, 사고하며, 평가하고 추리하여 결단을 내리는 능력을 계발시킨다.

② 문제해결을 위해 적용되었던 사실이나 지식은, 실제적인 경험을 하였기 때문에 오랫동안 파지된다.

③ 문제해결 학습은 어떤 자료로부터 추리를 할 수 있는 충분한 기회를 제공한다.

④ 문제해결 학습은 장차 직면하게 될 문제에 관하여 해결하려는 태도, 즉 문제를 의식하고, 질문하고, 비교하며, 의문을 갖는 태도를 기른다.

⑤ 문제해결 학습은 집단의 노력에 의한 해결 기회도 가지므로 민주적인 태도를 갖게 한다.

⑥ 문제해결은 전통적으로 내려오는 보수적인 사고에 대하여 도전적인 능력을 키워 준다.

문제해결 학습은 문제의 내용이나 성질에 따라 그 해결의 순서를 달리하고 있다. 즉 귀납적 방법에 의한 절차는 ① 문제의 인식, ② 자료의 수집, ③ 수집된 자료의 취사 선택 및 비교, ④ 개괄의 순으로 전개된다. 연역적 방법에 의한 문제해결 학습은, ① 문제의 인식, ② 자료의 수집, ③ 문제해결에 적용할 여러 가지 원리의 재검토, ④ 검증 순으로 이루어진다.

이와 같은 문제해결 학습에서의 귀납법과 연역법을 비교하면, 학습의 출발에서는 양자가 모두 어떠한 문제에서 시작하고, 그 문제를 확실히 인식해야 한다는 점에서 같은 입장이 된다. 그런데 그 다음 단계부터는 활동의 형식은 같은데, 활동의 관점이 다르다. 예를 들면, 문제해결 학습을 위한 자료를 수집함에 있어서, 귀납법은 자료를 모아서 미지의 개괄로 조직하려 하는데, 연역법은 기성 지식의 원리나 사실을 모아 그 원리에 맞추려는 것이 된다. 개괄 단계에서도 마찬가지이다. 귀납적인 개괄은 가능한 해결의 가설 또는 합리적인 추측인데, 연역적인 개괄은 이미 '참'이라고 알려진 기성 지식의 원리에서 선정된 것이다. 이와 같이 이 두 가지 방법에는 여러 가지 같은 점과 다른 점이 있으나, 실제의 문제해결에서는 그 문제나 과제의 성질에 따라 이 두 가지 방법을 적당히 활용해야 한다.

일반적으로 문제해결 학습은 다음과 같은 단계로 전개된다(직업훈련연구소, 1982).

① 단계Ⅰ: 문제해결에 있어서의 첫 단계는 문제가 무엇인가를 파악하여 명료하게 정의하는 것이다. 교실에서의 토의는 그 수업과 가르쳐야 할 단원의 필수적인 요구에 부응할 수 있도록 가상적인 문제가 아니라 적절한 실제 문제를 선택해야 한다. 또한 교사는 그 학습에서 다루기에 적합한 문제들을 만들 수도 있다.

② 단계Ⅱ: 문제를 명확하게 규정하고 정의한 다음에는 문제에 수반되거나 관계되는 요인들을 파악하기 위해서 정보를 필요로 한다. 다시 말하면 임시 해결책을 찾기 위해 전제되는 의문에 대한 답은 무엇이며, 더 나아가 어떤 영역에는 무슨 정보가 필요한가를 알아야 한다는 것이다.

③ 단계Ⅲ: 문제해결에 있어서 세 번째 단계는 인지된 요인들에 관한 정보를 획득하는 것이다. 이 단계에서는 보다 심화된 질문과 토의를 통해서 학급이 이미 소유하고 있는 정보를 파악하는 것으로부터 출발하는 것이 바람직하다.

④ 단계Ⅳ: 학생들이 정보를 수집 정리하고 나면 교사는 학생들에게 문제해결을 위해 수집한 정보를 사용하는 법을 지도해야 한다. 그럼으로써 그 문제해결이 가능한 방안을 찾게 될 수가 있다.

⑤ 단계Ⅴ: 이 단계에서는 임의 해결 방안 또는 대체 방안을 선택한다. 문제에 대한 해결 방안을 결정할 때, 교사는 학생들이 제안한 각 해결 방안을 평가하고, 가장 적당한 것으로 생각되는 하나를 선택하도록 지도해야 한다.

⑥ 단계Ⅵ: 최종 단계는 제안된 해결 방안을 시험해 보고, 그 결과를 평가하는

것인데, 이때의 한 가지 방법은 그 해결 방안을 실제 상황에 적용시켜 시험해 보는 것이다.

다. 프로젝트법

1) 의의

프로젝트법(project method)은 교사의 지도와 동시에 학생이 생활상 가치 있는 문제를 선정하고, 그것을 해결하여 가는 것을 학습하는 방법으로서 직업 교육에서 널리 활용되는 방법이다. 프로젝트란 '앞으로 던진다'는 뜻에서 '생각한다', '연구한다', '구상한다', '묘사한다'는 의미로 쓰인다. 이와 같이 무엇인가 마음속에서 생각하고 있는 것을 구체적으로 실현하고, 형상화하기 위하여 자기 스스로 계획을 세워 수행하는 활동을 말한다. 프로젝트 학습은 20세기 초엽부터 주로 미국에서 활발하게 활용된 수업의 형태인데, 논하는 사람에 따라 강조점은 다르지만 공통되는 점은 다음과 같다.

① 종래의 주입식 가르침을 배격하고 학생들의 자발적이고 능동적인 학습 활동을 촉구한다.

② 학생 자신의 계획, 구안, 문제해결의 실천을 거쳐서 지식과 경험을 종합적으로 획득한다.

③ 실제의 생산이나 생산 활동을 자연 환경 속에서 전개시킨다.

그러므로 프로젝트 학습은 학습자의 실제적 활동을 통하여 이루어진다는 교육원리에 기반을 두어, 어떠한 입장에서나 문제해결의 학습 활동을 강조한다. 따라서 문제 학습과 프로젝트 학습과는 흡사한 점이 많은데, 그 차이점은 다음과 같다. 즉 문제해결법은 지적 능력을 필요로 하고 반성적인 사고 과정이 중심이고, 이론적, 상상적으로 문제를 해결해가는 과정이므로 상징적인 행위를 반드시 수반하게 할 필요는 없다.

프로젝트 학습은 지적 능력과 조작적 능력, 즉 정신적 능력과 신체적 능력을 필요로 하며 상징적인 행위라 해도 뭔가 결과를 가져오는 목표를 생각하지 않으면 안 된다. 따라서 학교 신문이나 문예지를 편집한다든가, 통계나 도표를 작성하기, 시나 단편 창작, 사건을 극적으로 연출하기, 국기함을 만들기, 로봇 만들기, 잼 만들기, 옷 만들기, 학교 화단에 꽃 가꾸기 등을 해 보는 것 등의 학습 활동은 당연히 프로젝트 학습에 포함된다. 프로젝트 학습은 문제해결 학습에서 발전한 것이라고 볼 수 있다. 대개의 경우에 프로젝트 학습은 문제해결 학습을 포함하게 되며, 이런 프로젝트법의 특징은 다음과 같다.

① 프로젝트법은 일정하고 명확한 목적으로써 동기 유발을 하는 활동이다.
② 문제는 학습자 자신의 계획에 의하여 선택되고 수행된다.
③ 문제를 실질적, 구체적으로 해결한다.
④ 문제해결을 위하여 물질적 재료가 사용된다.
⑤ 프로젝트법은 개인차에 따른 활동을 가능하게 한다.

2) 장 · 단점

프로젝트법의 장점과 단점은 지금까지 이야기한 것으로 시사되는 점이 많지만 이것을 요약해 보면 다음과 같다.

(1) 장점

① 학생의 흥미에서 출발하므로 학습에 확실한 동기가 이루어진다.
② 자신이 계획하고 실행하므로 학습을 통해 자주성과 책임감을 훈련시키는 데 도움이 된다.
③ 생활에 있어서 실제적인 문제해결의 기회를 주므로 학교 생활과 실제 생활을 결합시킨다.

④ 끝까지 작업 수행을 요구하므로 학습에 대한 인내심과 작업을 완수하는 즐거움을 갖게 한다.
⑤ 창의성과 연구심을 중요시하므로 창조적, 구성적 태도를 기르는 데 적합하다.
⑥ 특히 집단적 프로젝트법은 협동 정신, 희생 정신, 지도 정신 등 많은 사회적 덕성을 함양함에 도움이 된다.

(2) 단점

① 학습자 자신의 계획에 의해서 실시되는 것이므로, 그만한 능력이 없는 학생에게는 시간과 정력의 낭비에 그칠 뿐이다.
② 문제를 해결하기 위하여 많은 자료가 필요하므로 자료를 얻지 못하여 실패하는 경우가 있다.
③ 집단적 프로젝트 학습이 이루어지는 경우에는 일부 우수한 학생이 독점하는 경향이 있다.
④ 학생 활동의 자유가 보장되지만 경우에 따라서는 무질서해져서 관리상 어려울 때가 있다.
⑤ 학생의 흥미에 호소하고 교재를 심리적으로 전개하므로 때때로 교재의 논리적인 체제를 무시하는 경향이 있다.
⑥ 실제적, 기술적 방면에 편중하므로 감상적이라든가 기계적인 숙련 등을 필요로 하는 학습을 등한시하는 경향이 있다.

이러한 장·단점을 갖고 있는 프로젝트법을 적용하여 학습을 지도하는 경우에 교사는 여러 가지 곤란이나 문제를 극복해야 하며, 따라서 교사가 유의해야 할 점은 다음과 같다.

① 학습 활동에 있어서 학생의 흥미나 요구를 중요시함으로써 학습 과정에 있어서의 제반 훈련이 경시되기 쉽다. 특히 교외에서의 연구 작업이라든지 집단활동 등에 시간을 낭비하기 쉽고, 때로는 학생이 작업에 참가하지 않는

일도 있으므로 그 집단을 잘 조절할 수 있도록 노력해야 한다.

② 프로젝트의 선택은 모든 학생이 좋아하는 것을 택하도록 유의해야 한다. 또 개인 프로젝트의 경우에는 자기 능력으로 해결할 수 있는 것을 택하도록 조언해야 한다.

③ 프로젝트법은 프로젝트마다 끊어서 단편적인 것으로 하기 쉽다. 그러므로 연속적 과정으로서의 학습의 발전을 곤란하게 하는 경우도 있다. 따라서 교사는 각 프로젝트 사이의 연락 조절을 잘 갖추도록 지도에 유의해야 한다.

④ 프로젝트는 학교의 전체적인 교육 계획과 조화되는 것이어야 한다.

3) 수행절차

이상과 같은 유의 사항을 바탕으로 프로젝트를 수행하는 절차는 다음과 같다.

(1) 과제의 선정

과제의 선정 방법은 세 가지가 있는데 첫 번째는 교사가 학생에게 과제를 제시하는 경우이고, 두 번째는 학생이 자유로이 과제를 선정하는 경우이며, 세 번째는 교사가 학생들에게 여러 종류 과제의 목록표를 제공하여 학생이 그중 하나를 택하거나, 자신이 바람직하다고 인정하는 대체 과제를 스스로 선택할 수 있도록 하는 방법이다. 이렇게 함으로써 학생은 교사의 지도하에 과제를 선정하여 학습목표를 달성하게 될 것이다. 바람직한 과제를 선정하는 데 도움이 되는 기준을 열거해 보면 다음과 같다.

① 과제 수행의 목표를 달성할 수 있어야 한다. 즉 교육과정 목표, 개인별 직업상의 목표, 또는 스스로 필요하다고 느끼는 개인적인 학습목표를 달성할 수 있어야 한다.

② 학생의 동기 정도, 성숙도, 능력 수준에 맞아야 한다.

③ 과제를 수행하는 학생에게 의미 있는 일이며, 가치 있는 일이어야 한다.
④ 탐구력과 창조성을 유발시켜야 한다.
⑤ 이론과 실제를 통합할 수 있어야 한다.
⑥ 주어진 여건, 즉 시간, 공간, 장비, 비용 등이 과제 수행에 적합해야 한다.
⑦ 학생 스스로, 배우는 일에 대한 책임감을 느낄 수 있는 일이어야 한다.

(2) 과제의 계획

수업목표에 적합한 과제가 선정되면, 학생은 이를 수행하기 위한 계획을 세워야 하는데, 과제 계획에는 다음이 포함되어야 한다.

① 과제의 개요 기술
② 기술, 정보, 개념 및 태도 등의 달성 목표에 대한 진술
③ 과제에 필요한 추정 비용, 장비, 설비, 소모품 열거
④ 수행해야 할 활동의 순서 제시
⑤ 과제 진척도의 기록 방법 선정
⑥ 학생, 교사, 학부모에 의하여 사용될 평가 방법 및 평가 시기의 결정

(3) 과제의 수행 및 평가

만약 과제가 교사와 학생 모두의 노력에 의하여 계획되고 진행되었다면, 학생은 과제를 수행하는 데 거의 어려움을 느끼지 않게 된다. 어려운 일이 발생하더라도, 계획된 중간 평가에 의하여 처리될 수 있다. 예를 들면, 학생이 과제 진척도를 기록하고 평가 방법을 사전에 계획했다면, 과제 수행 도중의 중요한 시점에서 교사와 상의하여 어떤 문제가 발생하더라도 심각해지기 전에 미리 수정, 보완할 수 있을 것이다.

최종적이고 전반적인 평가 도구는 학생이 수행한 과제의 형태에 따라서 선정되어야 한다. 만약, 학생의 과제 목표가 양질의 제품을 만드는 것이라면, '양질'이란

말의 의미에 관한 평가 기준이 있어야 한다. 이 경우, 평가 기준을 최종 제품의 판매 여부에 둘 수도 있을 것이다. 정보 수집이나 문제해결을 위한 과제를 수행한다면 과제의 평가 수단으로, 보고서 제출이나 구두 보고를 활용할 수 있다. 문제해결 과제를 수행한 학생의 경우, 배운 것을 새로운 여건에 적용토록 해 보는 것도 좋은 평가 방법이다. 이 밖에 여러 가지 평가 방법들이 있으나, 과제의 계획이 잘되어 있으면 계획서에 무엇을, 어떻게 배울 것이라는 점이 명시되어 있을 것이다. 따라서 배우려고 의도한 것을 배웠는가 하는 것을 알아보는 기준을 마련하는 기초 자료로서 과제 계획서를 활용할 수 있다.

라. 자율학습

교사의 구체적인 안내나 지도 없이 학생 스스로 자기에게 필요한 지식이나 기능을 익히도록 하는 방법을 자율학습(self study)이라 한다. 학생 혼자서 혹은 뜻이 맞는 동료들과 함께 어떤 프로젝트를 구상, 실험, 평가해 보는 것도 자율학습에 속한다. 이와 같이 교사의 지나친 간섭을 받지 않고 학생 자신이 스스로 학습해 나가는 방법은, 학습자 자신의 독특한 흥미를 추구하도록 하거나 자신의 필요를 충족시키도록 하는 데 도움이 될 뿐만 아니라, 학생들에게 책임감을 길러 주기도 한다.

앞으로는 자기주도 학습이 점점 더 중요시되고 있는데, 자율학습을 실시할 때에 주의할 점은 다음과 같다.

① 학생들이 읽어야 할 내용이나 익혀야 할 지식 혹은 기능을 분명히 제시한다.
② 어떤 자세로 자율학습에 임해야 되는지를 사전에 알려준다.
③ 학습자의 학습진도를 수시로 파악할 수 있도록 사전에 계획을 세운다.
④ 지나친 간섭은 삼가하되 필요한 경우에는 충분한 지도 조언을 해준다.
⑤ 자율학습의 결과를 학생 스스로 평가해 보도록 한다.

마. 블렌디드 러닝과 플립 러닝

1) 블렌디드 러닝

블렌디드 러닝(Blended Learning)은 이러닝과 전통적 교육 방식의 장점을 극대화하고 단점을 보완하는 혼합형 교수–학습체제라고 할 수 있다. 그래서 블렌디드 러닝은 다양한 수업 양상들의 결합, 다양한 수업 방법의 결합, 온라인 오프라인 수업의 결합으로 정의되기도 한다.

블렌디드 러닝의 한 사례로 대학에서 교육방법 및 교육공학을 수강하고 있는 학생이 3월의 수업 동안 4주간 교생실습으로 인해 수업에 참석하지 못하는 학생들에게 온라인과 오프라인의 장점을 혼합한 블렌디드 러닝을 전개한 결과는 〈표 8–3〉과 같다.

〈표 8–3〉 블렌디드 러닝 사례

블렌딩 유형	Off-Line 활동	On Line 활동	비고
유형 1	강의실 기반 강의, 토의	성찰 일지 작성 온라인 토론	강의실 기반
유형 2	학습자 주제발표	온라인 평가	
유형 3	–	학습자 주제발표 온라인 평가	4주간 실습 참여
유형 4	온라인 미디어 제작, 제공, 활용안내	온라인 강의 성찰일지 온라인 토론	
유형 5	전체 정리 활동	성찰일지 보충(온라인수업)	온라인/오프라인 학습정리

자료: 허균(2016). 「스마트 교육과 미디어 이해를 위한 교육방법 및 교육공학의 이론과 실제」. 부경대학교 출판부. pp.222-224.

〈표 8-3〉은 한 학기 동안 학생들이 경험하는 블렌디드 러닝 환경의 유형을 나타내고 있다. 수업에서는 기본적으로 유형 1과 유형 2와 같이 강의와 토의, 학생 주제발표 위주의 강의실 기반 수업이 이뤄졌고, 수업 후 학생들의 온라인 활동을 통해 성찰일지 작성, 팀별 온라인 토론 및 정리활동, 온라인 평가 활동 등이 이뤄졌다. 4주간의 실습에 참여하는 동안 유형 3과 유형 4에서 보는 바와 같이 교수자는 온라인으로 학습할 수 있는 매체를 제공하고 활용 안내를 하였으며, 학습자는 온라인 강의 수강, 성찰일지작성, 온라인 토론을 하였다. 학습자의 주제발표는 온라인을 통해 이뤄졌으며, 평가도 온라인으로 이뤄졌다. 유형 5는 온라인을 통해 주로 학습했던 유형 3과 유형 4의 활동을 강의실 수업을 통해 정리하고 확인하는 활동이 이뤄졌다(허균, 2016, p. 224).

2) 플립 러닝

플립 러닝(Flipped Learning)이란 수업 시작하기 전에 이러닝이나 동영상 등을 통해 수업 내용을 미리 학습한 후 수업 시간에는 심화적인 토론과 활동을 하는 학습 방식이다.

블렌디드 러닝의 한 형태라고 생각할 수 있는데 이 수업에서 학생들은 수동적으로 강의를 듣는 입장이 아니라 능동적이고 주도적인 활동을 하는 입장으로 변화된다. 수업내용을 사전에 학습하고 수업시간에는 도전적인 활동이나 고차적인 문제해결을 위해 시간을 활용할 수 있다. 학습자 입장에서는 스스로 학습 진도를 조절할 수 있는 장점이 있다. 국내에서는 '거꾸로 교실의 마법'이라는 방송 프로그램을 통해 사람들에게 많이 알려지게 되었다.

전통적인 교실 수업과 플립러닝을 비교하면 〈표 8-4〉와 같다.

〈표 8-4〉 전통적인 교실 수업과 플립러닝의 비교

구분	전통적인 교실 수업	플립 러닝
수업방식과 내용	• 교사 중심의 강의 • 교과지식의 전달과 이해 • 획일적 표준화된 수업	• 교과의 핵심 내용 이해를 위한 사전학습 • 교과 내용 이해를 토대로 학생 중심의 심화 학습활동 • 다양하고 개별화된 수업
교사의 역할	• 지식 구성 및 전달 • 교수설계자 • 통제적 감독	• 학습활동 구조화 및 환경설계 • 수업의 안내자 • 학습촉진자 및 조력자
학습자 참여	• 학습 내용 숙지 • 수동적 참여	• 개별적, 협력적 학습활동 • 능동적 학습의 주제
상호작용	• 제한적 상호작용	• 적극적이고 긴밀한 상호작용

자료: 이성흠, 이준, 구양미, 이경순(2017). 「교육방법 및 교육공학: 의사소통, 교수설계, 그리고 매체 활용」(제4판). 교육과학사. p.344.

플립 러닝의 특징을 몇 가지 더 제시하면 먼저 수업의 주체로서 학생의 참여가 강조된다. 학습자는 수업 전 미리 동영상 등을 학습하고 오는 것을 전제로 하고 있다. 그리고 수업 중에는 좀 더 심화된 내용이나 학습 활동, 문제풀이 등을 통해 학습자의 참여가 학습의 결정적 역할을 한다.

교사는 전통적 수업 속 전달자의 역할에서 학생들을 돕는 안내자로서의 역할이 중요해진다. 교사는 학습자가 학습할 동영상을 제작하거나 학습할 자료를 미리 선정하여 제공해 주는 역할도 해야 한다. 또한 수업 중 학습자의 활동을 계획하고 참여를 유도하며 학습자 활동 중 개별학습이 될 수 있도록 도움을 주어야 한다.

마지막으로 다양한 형태의 역동적 수업이 가능하다. 수업내용을 전달하는 시간에 내용에 대해 토의 토론을 통한 심화학습, 문제풀이를 통한 확인학습, 모르는 부분의 질의나 문제들을 해결하는 문제해결학습 등의 다양한 유형의 수업이 가능하다.

플립 러닝의 문제점으로는 모든 수업이 플립 러닝 방식으로 이뤄진다면 학습자는 각 교과마다 미리 학습해야 하는 내용들이 점점 많아질 수 있다. 사전학습의 이해정도가 제대로 되어 있는지에 대한 부분의 구체적인 확인이 어렵고, 이로 인해 수업시간의 참여도 좌우될 수 있다. 따라서 예견되는 확인이 어렵고, 이로 인해 수업시간의 참여도 좌우될 수 있다. 따라서 예견되는 문제점을 미리 파악하고 전체 수업일정을 참고하여 미리 계획해서 활용해야 할 필요가 있다(허균, 2016, p. 225-227).

5 모듈 중심의 수업

가. 모듈의 정의

어떤 학력의 소유자라는 것이 중요한 것이 아니라, 어떤 능력의 소유자라는 것이 인정받고 존경받는 사회가 되고, 또 그러한 교육 환경이 이루어지려면 직업교육뿐만 아니라 일반 교육에서도 모듈 수업이 폭넓게 권장되고 활용되어야만 한다.

모듈(module)은 원래 물리학에서 사용된 개념이었는데, 교육학에도 도입되었다. 물리학에서 모듈이란 측정의 기준을 말하고, 특히 건축물 부분품 상호 간의 비례를 나타내거나 유체(流體)에 관한 측정 기준을 뜻한다. 기계학에서는 모듈은 톱니바퀴 계산을 위한 단위의 개념으로 사용되며, 기준이 되는 시간, 무게 등의 값과 또는 여러 부분들이 상호 관계를 이루는 건축물에서 기본 요소로 쓰일 수 있는 결정 인자를 뜻하기도 한다. 그래서 물리적인 개념을 많이 사용하는 사람들은 모듈을 단위로 번역해서 사용하기도 한다. 그러나 교육학에서 모듈이라는 개념이 쓰일 때는 다음 세 가지 중의 어느 하나를 의미한다(이무근, 2005).

① 학교의 일과시간표 중에서 학습 단원의 내용과 특성에 따라 시간을 50~60분 정도로 구분하여 학습자들에게 부과된 학습 시간

② 함께 공부하고 있는 학습자들의 소집단

③ 학습자들이 스스로 학습할 수 있도록 준비되어 있는 몇 개의 잘 서술된 학습 목표를 가진 하나의 학습 단원

이들 세 가지 의미 중에서 모듈은 세 번째 의미로 가장 많이 쓰인다.

교육학적인 관점에서 핀치(Finch, 1999)는 모듈이란 「몇 개의 잘 서술된 학습목표를 학습자가 숙달할 수 있도록 도와 줄 수 있게 고안된 일련의 학습 경험을 포함하고 있는 자율적인 교수・학습 과정의 일부」라고 정의했다.

그리고 딕(Dick)과 루(Lou)는 모듈 수업에서 특히 기능・능력을 강조하면서 다음과 같이 정의하고 있다. 모듈 수업이란 통합적 주제에 따라 학생이 일정한 지식과 기능을 성취하기 위해 필요한 정보를 제공하고, 전체적인 교육 과정의 일부가 되며, 스스로 공부할 수 있게 되어 있는 수업의 하나이다.

이상의 설명을 토대로 모듈을 종합적으로 정의하면, 모듈이란 어떤 학습 주제 또는 단원을 학습함에 있어서, 학습자가 달성해야 하는 몇 개의 잘 서술된 학습목표에 따라 학습자의 활동, 그리고 학습자의 활동 여부를 알아보는 평가 방법을 체계적으로 조직하여, 학습자 스스로가 학습목표를 달성할 수 있게 고안된 교수・학습 과정의 하나이다. 따라서 이 정의에서 모듈 수업은 모듈에 의해 학습 현장을 구성하는 교수 및 학생 간의 상호 활동으로 생각되고 있다. 이상의 정의들은 모듈을 하나의 학습의 과정 또는 수업의 독특한 한 형태로서 이해하고 있는 견해이다.

그런데 모듈을 바라보는 또 다른 시각으로는 모듈을 학습 교재의 하나로 보는 견해들이다. 그린우드(Greenwood)는 학습을 위해서 만들어진 학습 교재로서 모듈 패키지(Packages)를 제시하면서, 모듈을 학습 교재의 하나로서 이해하고 있다.

핀치는 학습 교재를 조작물, 인쇄물, 시청각물 등으로 구분하여 〈표 8-5〉와 같이 열거하면서, 모듈을 인쇄한 학습 자료의 하나로 보기도 하였다.

〈표 8-5〉 학습 자료

조 작 물	인 쇄 물	시 청 각 물
1. 수수께끼 2. 놀이 3. 모형 4. 표본 5. 인형 · 그림 6. 공작 세트 7. 실험 8. 기구 9. 모의 장치	1. 실습 지침서 2. 작업 공정표 3. 팸플릿 4. 학습 지도서 5. 참고 서적 6. 교과서 7. 잡지 8. 신문 9. 모듈	1. 사진 2. 도표 3. 영사기 4. 녹음기 5. 필름 6. 필름 스트립 7. 필름 루프 8. 슬라이드 환등기 9. 비디오 10. 투명지(T.P)

나. 모듈의 종류

모듈은 기존 교과 단원과의 연관성 정도에 따라 네 가지로 나뉜다.

① 완전히 기존 교과로부터 작성된 모듈: 기존 교과를 완전히 모듈화시킨 경우에 해당된다. 이러닝을 통해서도 한 교과를 완전히 모듈화할 수 있다.

② 기존 교과의 일부로부터 작성된 모듈: 이 경우에는 자료의 연계성에 따라 모듈이 작성되기 때문에 연계성 있는 모듈(sequential module)이라고도 한다.

③ 한 교과를 보완하기 위하여 작성된 모듈: 이 모듈은 학습자들이 시발점 행동에서 미비하였던 점을 보완하거나 학습이 진행되는 과정에서 부족했던 학습 경험을 보완할 수 있도록 작성된다. 실험 실습, 숙제, 보충을 위한 학습, 강화 활동, 선수 학습을 위한 활동 등에 이용한다.

④ 특정의 주제로 작성된 모듈: 이 모듈은 교과 단원과의 관련성을 따지지 않고 특정한 주제에 대하여 만든 것이다.

다. 모듈의 특징

모듈의 일반적인 특징은 다음과 같다.

첫째, 모듈에 의한 수업은 자율적이다.

이것은 학생들이 교사에 의존하지 않아도 되며, 다음 단계의 행동이나 어떤 자료를 사용해야 하는지 물어보지 않아도 된다는 것을 의미한다. 왜냐하면 정보라든지 지시 사항 등이 이미 모듈 속에 제시되어 있기 때문이다. 각 모듈에는 학생들이 무엇을 해야 하며, 어떤 절차를 택해야 하고 어떤 자원과 재료를 사용해야 하는가에 대한 안내가 제시되어 있다. 보조 자료들은 모듈 속에 융합되어 있거나 체크 아웃(check out) 속에 딸려서 쓸 수 있도록 되어 있다.

둘째, 모듈은 전형적으로 개별화되어 있다.

비록 개발에 따르는 비용과 시간이 제한 인자가 되어 모듈의 완전한 개별화를 달성할 수 없다고 하더라도, 개발을 담당한 사람은 가능한 한 개별화된 학습을 많이 할 수 있도록 작성해야 한다. 어떤 모듈이라도 적어도 다음의 세 가지 요소는 갖추도록 해야만 한다.

① 능력에 따른 속도(self pacing): 학습자는 모듈에 의하여 자신의 속도에 맞추어 공부하게 되며, 각자는 이에 따라 개인의 능력에 준하는 학습 경험 절차를 밟게 된다.

② 피드백(feedback): 학습자는 각 모듈에 있는 학습 경험을 이수하여 나감에 따라 어느 정도 진척이 있었는지 평가를 받게 된다. 각 학습 경험을 완전히 이수하고 난 다음에 다음 능력을 위한 학습 경험으로 옮겨진다.

③ 완전 학습(mastery learning): 학습자는 각 모듈에서 세부적이며, 측정 가능한 학습목표를 반드시 달성하도록 되어 있다. 모듈에서는 이러한 학습 경험을 이수함에 따라 학습목표를 완전하게 달성하도록 되어 있다.

셋째, 모듈은 패키지(package)이다.

모듈에는 출발점과 도착점이 규정되어 있고, 모듈의 내용이 논리적이며 체계적인 흐름을 갖는다는 것을 의미한다. 다른 말로 바꾸면 학습자는 출발점과 자신이 학습된 정도의 지점을 알도록 되어 있다는 말이다. 특정한 학습목표를 달성하기 위해서는 무엇을 해야 하며, 과연 그것을 달성했느냐의 여부를 명백히 알도록 되어 있다.

넷째, 모듈은 학습목표와 학습 경험을 반드시 포함하고 있다.

각 학습자들이 가능한 한 효율적으로 학습목표를 달성할 수 있도록 보조할 수 있는 학습 경험들이 주어지며, 다양한 학생들에 맞추어 독서물, 청취물에서부터 역할 연기, 모의 학습(simulation), 현장 실습까지 다양하게 주어지고 있다.

다섯째, 학생들이 각 학습목표에 도달했는지의 여부를 평가할 수 있는 체계를 반드시 가지고 있다.

이 평가가 들어 있다는 것은 매우 중요한 말이다. 이는 학습자들의 피드백과 완전한 학습과도 긴밀히 연관되어 있는 말이다. 평가가 모듈을 충족시켜 주는 준거 혹은 기준으로서 사용된다는 사실도 중요한 점이다.

특히 모듈을 일반 학습 단원과 비교해 보면 다음과 같은 점에서 두드러진 특징이 있다.

① 학습에 참여한 전 학생 개개인을 대상으로 개별적으로 활용할 수 있다.
② 학생이나 교사가 시간에 제약을 받지 않는다.
③ 모듈의 형태에는 절대적인 제한이 없다.
④ 학습 단원들은 사고력이 풍부한 교사들이 구상할 수 있는 교과서, 녹음 자료, 프로그램 자료까지 동원하여 구성될 수 있다.
⑤ 모듈은 학생 개개인이나 집단이 교사의 도움 없이 또는 교사의 도움을 받아 수행할 수 있다. 여기서도 마찬가지로 개별화, 자율화, 다양성과 융통성, 풍부한 학습 자료들이 모듈의 특징임을 강조하고 있다. 또한 수업이 전개되는 현장에서의 모듈 수업의 사상(事象)은 기존 강의식 수업의 사상과는 여러 면에서 다르다. 각 사상들의 차이점을 보면 〈표 8-6〉과 같다.

여기서도 특히 개별화, 능력별 완전화, 프로그램화 및 다양성, 신축성, 융통성 및 피드백을 강조하는 것이 모듈로 전개하는 수업의 특징임을 지적하고 있다. 직업·기술 교육 분야를 중심으로 많은 모듈을 개발한 바 있는 ILO에서도 다음과 같이 모듈의 특징을 열거하고 있다.

① 각 모듈은 자체적으로 완전히 독립되어 있다.

② 각 모듈은 작업에 따라 구분되어 있다.

③ 각 모듈은 일정한 학습 내용을 갖는다.

④ 모듈을 이수한 학습자의 작업 수행 능력 수준을 객관적으로 평가할 수 있다.

여기에서도 역시 모듈은 패키지화, 능력에 따른 학습 내용의 구성, 자율적인 평가가 반드시 포함되어 있음이 그 중요한 특징임을 지적하고 있다.

〈표 8-6〉 모듈 수업과 강의식 수업의 차이

사 상 명	모듈식 수업	강의식 수업
① 학습목표 진술	행동적 목표	비행동적 목표
② 학습 경험	통합된 학습, 개별화 학습 학습자 중심	강의 및 토의 위주 교사 중심
③ 교사의 역할	진단자 동기 유발자	지식 전달자
④ 개별화	고도의 개별화	학습자 전체화
⑤ 시간 배당	충분히 배당	제한된 시간
⑥ 신축성	학생에 따라 신축	비신축적 수업
⑦ 교재 선정	학습목표에 맞는 교재 선택	교재가 우선 선정됨
⑧ 교수 전략	다양한 전략	한두 가지 전략
⑨ 강화	즉시 강화	시험 후 강화
⑩ 수업의 이동성	크다	적다
⑪ 학습 자료 수정	학생에 따라 수정	수정에 많은 노력이 든다.
⑫ 융통성	접근 방법 다양	접근 방법에 비융통성
⑬ 학생들의 참여	능동적 참여	수동적 참여
⑭ 학습 속도	능력별	일률적
⑮ 개인차	개인차에 따른 학습	개인차에 따른 학업 성취 곤란
⑯ 평가	학습목표 성취를 평가	학습 내용을 평가

사 상 명	모듈식 수업	강의식 수업
⑰ 평가 기준	사용	사용하지 않음
⑱ 학습목표 성취	학생이 안다	교사가 판정
⑲ 이수	능력에 따라 전원이 이수	이수하지 못하는 학습자 많음
⑳ 낙제	과제 중에 학생이 쉽게 안다.	학생은 시험 때까지 모른다.

CPSC(1979)에서는 모듈 수업의 특징을 다음과 같이 제시하고 있다.

① 스스로 학습할 수 있게 되어 있는 패키지이다.

② 학습자의 개인적인 능력의 차를 인정한다.

③ 학습목표를 반드시 진술하고 있다.

④ 지식 간의 연관, 구조, 계열을 나타내고 있다.

⑤ 각종의 다양한 학습 매체를 사용할 수 있다.

⑥ 학습자가 적극적으로 참여한다.

⑦ 학습 형성에 대한 즉각적인 강화를 한다.

⑧ 완전 학습을 했는지 여부를 평가한다.

역시 모듈 수업은 자율성, 개별화, 다양성, 적극성, 피드백이 그 특징이며, 학습 경험이 프로그램화되어 있어서 각 지식 간에는 연계성이 있도록 꾸며져 있고, 수업의 과정에 학습목표와 형성 평가를 반드시 거치게 되어 있음을 제시하고 있다. 이러한 여러 가지의 특징을 갖고 있는 모듈 수업은 기본적으로 몇 가지의 가정을 내포하고 전개된다. 즉 학습자가 다음과 같은 상황에 있다고 가정한다.

① 학습자는 학습 과제로부터 부과된 것을 명백히 찾아내는 능력이 있어야 한다.

② 학습을 가능하게 하는 경험이 주어져야 한다.

③ 학습자는 스스로 학습 진도표를 작성할 수 있어야 한다.

라. 모듈의 장 · 단점

모듈은 일반적으로 다음과 같은 장·단점을 갖고 있다.

1) 장점

첫째, 학습자 개인을 강조한다. 모듈은 교사의 시간을 절약시켜 주며, 교사는 그 시간을 학습자에게 재투자하여 학습을 도와준다.

둘째, 학습의 질이 높다. 모듈을 통한 학습에서 학습자들은 학습을 예견하고 평가의 기준을 명확히 파악한다.

셋째, 수업과 학습목표가 긴밀히 결부되어 있다. 모듈은 명확한 학습목표와 지시 사항을 제시하면서 완전 학습을 추구하도록 되어 있다.

이상과 같은 세 가지 일반적인 장점 외에도 교사와 학생의 입장에서 다음과 같은 장점이 있다. 먼저 교사의 입장에서의 장점은 다음과 같다.

① 모듈은 교사 또는 학생의 흥미를 반영한다.
② 모듈은 자율 학습의 이론을 채택하여 부족한 학습을 집중 지도한다.
③ 학습 과정에서 학습 진도를 알아볼 수 있다.
④ 학생들과 자유스런 접촉을 할 수 있다.
⑤ 각 단원이 독립되어 부분적인 개편이 쉽다.
⑥ 창의력 있고 개성을 첨가하려는 교사에게 좋은 방법이다.

둘째, 학습자의 입장에서 모듈식 학습은 다음과 같은 장점이 있다.

① 학습자는 학습 과정에 반드시 참여한다.
② 학습자는 자기의 관심 있는 부분을 집중적으로 학습할 수 있다.
③ 학습자는 자기의 능력에 따라 학습한다.
④ 알고 있는 내용은 학습하지 않는다.
⑤ 한 모듈을 완전히 학습해야 다음 모듈로 넘어간다.

⑥ 자신의 학습 여부를 스스로 알 수 있다.

⑦ 교사 없이 공부할 수도 있다.

⑧ 학습자는 자신의 학습에 책임감을 갖게 된다.

2) 단점

첫째, 모듈은 개발에 시간과 노력이 많이 소요되는 어려움이 따른다.

둘째, 시간 배당 및 학점을 주는 데 난점이 따른다. 모듈은 개별화 학습을 지향하기 때문에 시간 배당에 어려움이 따르고, 완전 학습을 지향하기 때문에, A, B, C, D 등으로 학점을 매기기가 어렵다.

셋째, 학습 지도에 자료 완비가 어렵다.

모듈은 대체로 많은 양의 학습 보조 자료를 필요로 한다.

마. 모듈의 구성

한 교과는 수 개의 모듈로 구성된다. 한 교과에서는 몇 개의 학습 주제를 추출할 수 있으며, 이들 각 학습 주제는 각각 하나의 모듈로서 구성되는 것이 원칙이다. 때로는 1개의 학습 주제를 2개 이상의 모듈로 구성하는 경우도 있으나 드물다. 모듈의 구성을 구성 요소와 대비시켜서 흐름도(flow chart)로 나타내면 [그림 8-4]와 같다.

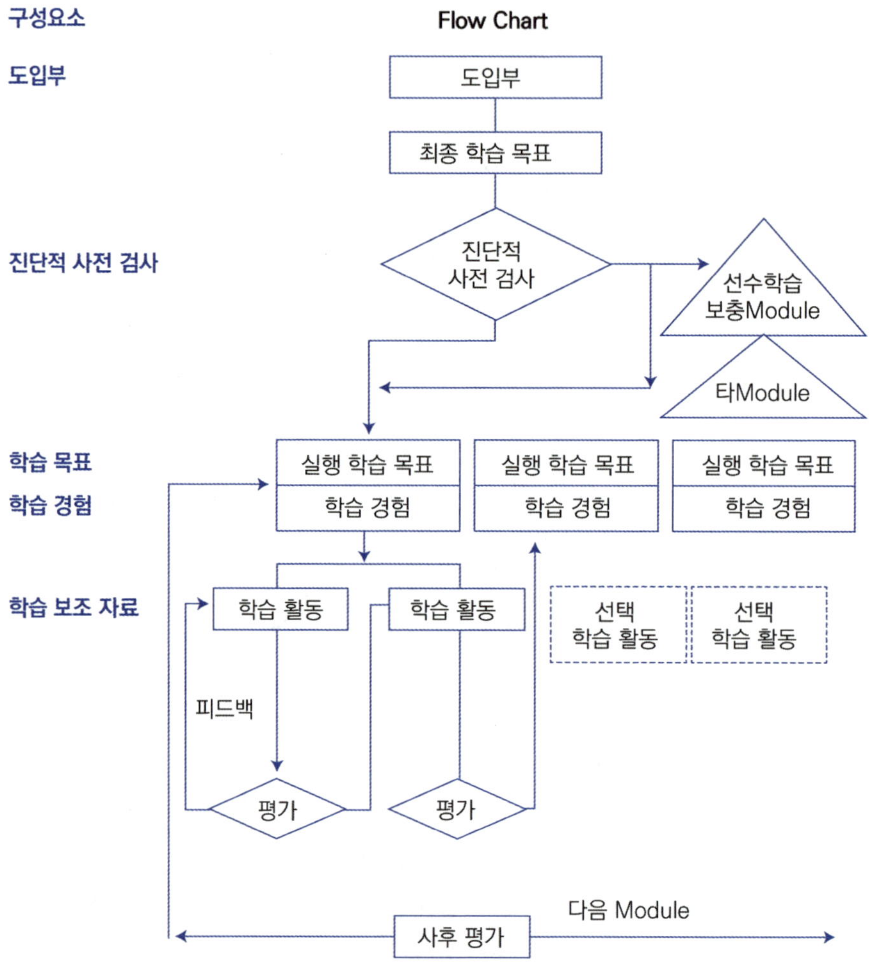

[그림 8-4] 모듈의 구성

모듈은 위의 흐름도 및 구성요소에서 제시되어 있는 대로 대체로 순서에 따라서 구성된다. 이 순서는 도입부, 학습목표, 학습 경험, 학습 자료, 전후의 진단적, 총괄적 평가 등으로 구성된다. 이때 다음 네 가지의 조건을 고려하면서 모듈이 구성되어야 한다.

① 학습자 개인은 모듈 전체에 대해서 또는 일부 학습 경험에 대해서 학습 정도

를 알아볼 수 있는 기회가 부여되어야 한다.

② 학습자들은 각 학습 경험이나 전체 모듈 내용을 피드백을 통해서 완수할 수 있는 기회가 부여되어야 한다.

③ 모듈을 수행하는 데 있어서 학습자들에게 절대 시간적인 제한을 가하지 않는다. 모듈은 각자의 보조에 따라서 하는 것이기 때문이다.

④ 학습자들은 모듈을 완전히 학습했다는 증거로서 학습 행동을 연시할 수 있어야 한다.

요약

교수 · 학습 방법은 학습목표, 학습자의 특징, 학급 규모, 학습 내용, 자원의 활용 가능성, 가용 시간, 교사의 교수법에 대한 지식에 따라 선택된다.

일반적으로 교사는 주어진 수업목표를 달성하기 위하여 다양한 교수법을 사용하는데, 실기를 지도하는 교수법에는 강의법, 토의법, 실연법, 시범, 시뮬레이션, 문제해결법, 프로젝트법, 협동교수제, 역할 연기, 이러닝, 모듈식 수업 등이 있다. 많은 학습자들에게 가장 짧은 시간 내에 관계 지식 등을 교수하는 데 효과적인 강의법은 학습자들의 참여를 이끌어 내기가 힘들다는 단점이 있다.

교사가 주도적으로 하는 교수법에는 강의법, 실연법, 시범을 들 수 있으며, 창의적인 능력을 길러 주는 데에는 문제해결법, 프로젝트법, 토의법, 플립 러닝이 효과적이다. 최근에는 여러 교사들이 협동하여 한 학생을 지도하는 협동교수제와 컴퓨터의 도움을 받아 학습자가 스스로 학습하게 하는 이러닝과 모듈 수업이 관심을 모으고 있다.

토의주제

1. 강의법의 장점과 단점을 설명하여 보자.
2. 학습자의 창의력을 길러 주는 데 효과적인 교수법을 열거하여 보자.
3. 학생들을 견학시킬 때 유의할 사항을 열거하여 보자.
4. 시범을 보일 때 유의할 점을 설명하여 보자.
5. 하나의 주제를 선정하여 인터넷을 통하여 교수 · 학습하는 프로그램을 개발해 보자.
6. 하나의 주제를 선정하여 모듈을 개발하여 보자.

참고문헌

강명희, 정재삼, 조일현, 이정민, 임규연, 소효정(2017). 「교육방법 및 교육공학」. 교육과학사.

김진규(2009). 「실기교육방법론」. 도서출판 학이당.

박성익(1998). 「교수학습방법의 이론과 실제」. 서울: 교육과학사.

변영계 외(2003). 「교육방법 및 교육공학」. 서울: 학지사.

설양환 역(2005). 「교육공학과 교수매체」(SHARON E. SMALDINO, 제8판). 아카데미프레스.

신명희(2002). 「교수방법의 심리적 기초」. 서울: 학지사.

이무근(2005). 「직업교육과정 및 교육평가」. 서울: 교육과학사.

이상혁 외(1999). 「기술교과 교수학습 방법론」. 서울: 교학사.

이성흠, 이준, 구양미, 이경순(2017). 「교육방법 및 교육공학: 의사 소통, 교수설계, 그리고 매체 활용」(제4판). 교육과학사.

이옥화 외(2005). 「컴퓨터 교육4-u」. 서울: 교육과학사.

이수경 외(2000). 「실업계 고등학교의 교수학습방법 연구」. 한국직업능력개발원.

정인성(1997). 「실천적 교수방법」. 서울: 교육과학사.

직업훈련연구소 역(1982). 「견학 지도」. 교사교육용 교재 모듈 C-1, 서울: 동연구소.

직업훈련연구소 역(1982). 「모의 학습법」. 교사교육용 교재 모듈 C-5, 서울: 동연구소.

직업훈련연구소 역(1982). 「문제해결법」. 교사교육용 교재 모듈 C-8, 서울: 동연구소.

직업훈련연구소 역(1982). 「기능시범」. 교사교육용 교재 모듈 C-16, 서울: 동연구소.

허균(2016). 「스마트교육과 미디어 이해를 위한 교육방법 및 교육공학의 이론과 실제」. 부경대학교 출판부.

CPSC for Technician Education(1975). Module Instruction, *A Part of CPSC Modules.* Singapors: CPSC.

Creager Jean G. & Murray, Darrel L.(1975). *The Advantages and Applications of Modules.* Bangkok: UNESCO Regional Office for Education in Asia.

Finch, Curtis(1999). *Curriculum Development in Vocational and Technical Education.* Boston: Allyn and Bacon Inc.

Norton, R. E.(2003). SCID: *Systematic Curriculum and Instructional Dvelopment* (5th ed.) Columbus, Ohio: The Ohio State University. Center on Education and Training for Employment.

제9장

수업 매체의 선정

<학습목표>

1. 수업 매체 선정의 기초가 되는 관련 이론을 이해할 수 있다.
2. 비투사 매체에 속하는 각 매체의 특징과 그 활용법을 설명할 수 있다.
3. 투사 매체에 속하는 각 매체의 특징과 그 활용법을 설명할 수 있다.
4. 시청각 매체의 유형별 특징과 그 활용법을 설명할 수 있다.
5. 상호작용 매체의 유형별 특징과 그 활용법을 설명할 수 있다.

1 수업 매체의 선정

가. 수업 매체의 개념

1) 수업 매체의 필요성

우리가 잘 알고 있는 격언 중에 백번 듣는 것보다 한 번 보는 것이 더 좋다(百聞不如一見)든가, 일 온스의 경험은 백 톤의 이론보다 더 낫다는 말이 있다. 이 말을 교육에 적용시켜 본다면 교육은 가급적 학생들에게 구체적인 경험을 가질 수 있도록 환경을 조성해 주고, 이를 바탕으로 추상적 개념인 언어를 통해 경험의 일반화를 가져오도록 하는 것이 바람직하다는 뜻이다. 학생들에게 보다 구체적인 학습 경험을 부여하기 위해서는 시청각 자료를 비롯하여 여러 가지 교수・학습 자료를 다양하게 활용할 필요가 있다. 수업 매체를 좀 더 효율적으로 사용하지 않으면 안 될 현대 교육의 당면 문제를 학습 지도와 관련하여 제기하여 본다면 다음과 같다.

① 우리나라는 학급당 학생수가 많아 교사가 모든 학생을 개별 지도하기는 어렵다.

② 지식과 기술의 폭증으로 교육 과정의 개편이 계속 이루어지고 있어 교사가 변화된 교과 내용을 완전하게 가르친다는 것이 어렵다.

③ 교수・학습의 효과를 증대시키기 위하여 새로운 교수・학습 자료가 개발되고 있다.

④ 학교 외의 각종 유흥 프로그램으로 인하여 학생들의 학습 동기 유발에 어려움이 있다.

이러한 문제점을 해결하고 수업의 효과를 증대시키기 위해서는 다각적인 수업 매체의 활용이 필요하다.

2) 수업 매체의 뜻과 종류

수업 매체란 수업에 활용될 수 있는 모든 기기와 자료를 의미한다. 즉 교육 자료, 교재, 교구, 교육 기재, 시청각 기재, 교육 매체 등으로 불리는 모든 것을 총칭하는 것이다. 교육의 목적을 효율적으로 달성하기 위하여 활용되는 모든 매개 수단과 방법들을 지칭하는 것이라고 할 수도 있다. 교사가 교실에서 활용할 수 있는 매체는 전통적인 것에서부터 현대적인 것까지 많은 종류가 있다. 전통적인 매체도 교실 수업의 질을 높이는 데 조금도 손색이 없는 훌륭한 매체이다. 아무리 기술적으로 발달된 매체가 쏟아져 나와도 교사의 설명과 칠판이 중요하듯이 전통적인 모형이나 도표, 그래프는 잘 사용하면 어느 매체 못지않은 효과적인 매체이고, 앞으로도 그럴 것이다. 매체의 종류를 살펴보면 다음과 같다.

① 교사와 칠판 및 책이 중요한 수업 매체이다.

② 모형은 실물을 단순화시킨 것들이다. 예를 들면, 지구의는 지구의 모형이다. 경우에 따라서는 실물의 일부만 본떠서 모형으로 만든 것도 있다. 인간의 주요 기관을 모형화한 것도 있다.

③ 지도, 그래프, 만화, 도식(diagram), 차트 등 그래픽 자료도 훌륭한 수업 매체이다.

④ 신문이나 잡지에서 오려낸 현상된 사진, 슬라이드 등 정(靜)사진은 유용한 매체들이다.

⑤ 동(動)사진은 시각적, 청각적인 현실적 자극을 주는 것으로 교육에서 많이 활용된다.

⑥ 테이프 레코더는 청각적 자료로 라디오와 함께 학교에서 많이 쓰이는 것이다.

⑦ 텔레비전 매체는 세 가지 특성을 갖고 있다. 하나는 청각과 시각적 자극이 동시에 가능하고, 무한히 많은 시청자에게 도달할 수 있으며, 시청자까지 도달하는 데 시간이 걸리지 않는다.

⑧ 컴퓨터 보조 학습으로 이것을 흔히 약자로 CAI(computer assisted instruction)라 한다. 지금은 이러닝으로 일반화되어 가고 있는데, 이것은 학습 프로그램을 컴퓨터에 넣고 조작하여 학생 개개인이 학습하는 것이다. 이 컴퓨터 프로그램으로 개념이나 정보 학습은 물론 검사도 받을 수 있고, 또 게임을 통한 학습도 가능하며, 모의 학습 활동도 가능하다.

이외에도 실물을 위시해서 융판, 전시회, 표본, 그림극, 기타 많은 종류의 인쇄물들도 있다. 이상과 같은 교수 매체를 전달 채널과 방식에 따라 유형을 분류해보면 〈표 9-1〉과 같다.

〈표 9-1〉 교수매체의 전달 채널과 방식에 따른 유형 분류

전달채널 전달방식	시각매체	청각매체	시청각매체	상호작용매체
아날로그 방식	• 책 • 글자 • 사진 • 그림 • 모형 • 융판 • 그래프 • 포스터 • 만화 • 신문 • 디오라마	• 음반 • 오디오테이프 • 라디오방송 (AM, FM) • 녹음기	• 슬라이드/오디오 동시 프로그램 • 비디오테이프 • 공중파 방송 위성방송 • 케이블 방송 • 영화	• 문자 메시지 • 가정 통신문
디지털 방식	• e-book • 컴퓨터 그래픽 • 디지털 사진 • 디지털 교과서 • 전자칠판 • 실물 화상기 • 빔프로젝트	• 디지털 오디오 테이프 • ODO CD • MP3	• DVD • 디지털 TV • 인터넷 TV 또는 IPTV • DMB • Webcast • Podcast • 스마트폰 • 가상현실 • 증강현실	• 컴퓨터 보조수업 • 상호작용 비디오 • 멀티미디어 • 쌍방향 텔레비전 소셜 네트워크 • 이러닝 • 모바일러닝

자료: 강명희 외(2017). 「교육방법 및 교육공학」. 교육과학사. pp.237-238.

나. 수업 매체의 선정

1) 수업 매체의 실태

지난 수십 년간 수업 매체 선정의 이론적 근거의 하나로 되어온 것이 데일(Dale, 1959)의 원추였다. 데일이 주장하는 매체의 가치는 구체적인 경험과 추상적인 개념을 형성시키는 데 있다. 이 도형은 매체의 구체성과 추상성을 말해주는 한편 발달 단계에 따라 선택할 매체를 시사해주고 있다고 볼 수 있다. 어린 나이에는 보다 구체적인 매체를 선정하고 나이가 들수록 보다 추상적인 것을 택하는 것이 효과적이라는 판단에 따라 이를 매체 선정에 적용해 왔다.

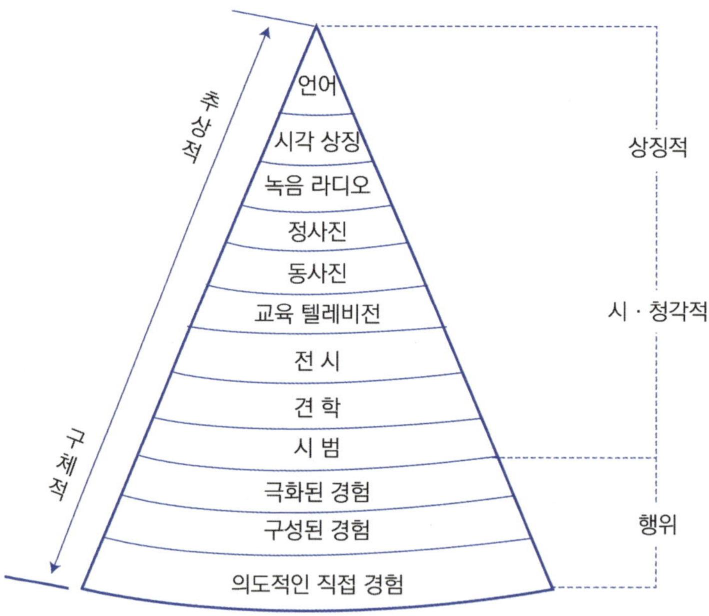

[그림 9-1] 데일의 경험의 원추

과거의 매체 선정의 근거의 하나는 어떤 매체가 더 효과적이냐 하는 판단이었다. 추상적인 언어보다는 시각적이고 구체적인 실물이나 활동이 더 효과적인 것으로 판단하였다. 그리고 시각적인 하나의 자극보다는 청각적인 자극도 동시에 갖춘 시청각 자료가 보다 효과적인 매체로 간주되었다. 그러다가 교육 공학의 발달로 교수 계획의 중요성이 강조되면서 매체 선정은 발달 단계에 따라 그 추상성도 고려해야 하겠지만, 더 중요한 것은 주어진 학습 과제에 알맞은 매체를 선정해야 한다는 것이라고 보았다. 그런데 학습 과제에 알맞은 매체가 어떤 것인지 명확한 이론적 혹은 경험적 근거를 제시 못하고 막연한 판단에 따르고 있는 실정이다.

2) 수업 매체 선정과 활용에 관한 ASSURE 모형

수업매체 선정에 유용한 이론은 '어떤 매체가 특정 학습에 효과적인가?' 또는 '어떻게 매체를 효과적으로 선정하거나 고안할 것인가?'에 대한 해답을 주는 것이어야 하는데(김형립, 1983), 다음에 소개하는 ASSURE 모형은 하이니히(Heinich) 등(2002)이 이러한 목적을 위해서 고안한 모형이라고 할 수 있다. 여기서 ASSURE란 [그림 9-2]에서 보는 바와 같은 여섯 단계 절차의 첫 글자를 따서 만든 것인데, 단계별로 구체적인 내용을 살펴보면 다음과 같다(강명희 외, 2017, pp. 242-248).

(1) 학습자 분석(analyze learners)

학습자의 특성, 교재의 내용, 학습내용의 제시 방법 등은 교수매체의 효과에 많은 영향을 미칠 수 있으므로, 교수매체를 활용하는 수업계획을 함에 있어서는 우선 학습자를 정확하게 분석하는 일이 중요하다. 이러한 학습자 분석에는 연령이나 학년, 직업이나 지위, 문화적, 사회경제적 요인과 같은 일반적인 특성, 새로운 학습을 시작하기에 앞서서 학습자의 선수지식이나 태도, 기능 등과 같은 출발점에서의 행동, 학습자의 학습 환경에 대한 반응이나 지지와 관련된 학습양식에 대한 분석 등이 포함된다.

(2) 목표 진술(state objectives)

교수매체를 체계적으로 활용하기 위해서는 학습자가 학습 이후에 어떤 상태나 지점에 도달하기를 기대하는지를 가급적 구체적으로 진술할 필요가 있다. 이러한 목표 진술에는 목표한 행동을 나타내는 조건과 목표달성의 기준이 포함되어야 한다.

(3) 교수방법, 매체 및 자료의 선정(select methods, media, and materials)

학습자에 대한 분석과 학습목표 진술이 완료된 다음에는, 분석된 학습자가 진술된 목표에 도달하도록 하기 위한 교수방법과 매체를 선정하고, 이를 실행에 옮길 자료를 결정해야 한다. 모든 자료를 교사가 직접 개발할 필요는 없다. 학습자에 대한 분석결과와 목표를 기초로 이용 가능한 기존자료를 그대로 활용할 수도 있고, 기존 자료를 수정 보완해서 사용할 수도 있으며, 또는 새로운 자료를 개발해서 사용할 수도 있다.

(4) 매체와 자료의 활용(utilize media and materials)

이 단계는 준비된 매체와 자료를 어떻게 활용할 것인가에 대한 계획을 세우는 단계로서, 수업 전에 자료를 점검하고 내용과 제시 순서 등을 정하여 미리 연습해 볼 필요가 있다. 다음으로 교사는 기자재나 시설, 환경을 미리 점검한 후, 학습자의 주의를 집중시킨 다음, 프레젠테이션 기술을 발휘해서 실제 수업을 전개한다.

(5) 학습자의 참여유도(require learner participation)

학습이 효과적으로 이루어지기 위해서는 학습과정에 학습자가 능동적으로 참여하는 것이 중요하므로, 적절한 피드백을 통해서 학습자가 수업에 참여하는 기회가 많아지도록 할 필요가 있다.

(6) 평가와 수정(evaluate and revise materials)

수업효과에 대한 학습자의 성취도를 평가함은 물론, 수업방법과 교수매체의 효과에 대한 평가도 필요하다. 특히 교수매체에 대한 평가는 차기에 교수매체를 사용하는 데 참고하기 위해서도 필요한 과정이다. 교사의 의도와 실제 평가의 결과에 차이가 있다면 다음 수업을 위해 교수매체에 대한 계획을 수정할 필요가 있다. 이처럼 평가는 ASSURE 모형의 최종 단계이기도 하면서, 지속적인 매체활용을 위한 시발점이 되기도 한다.

A: Analyze Learner (학습자 분석)

S: State Objectives (목표 진술)

S: Select Methods, Media, and Materials (교수방법, 매체 및 자료의 선정)

U: Utilize Media and Materials (매체와 자료의 활용)

R: Require Learner Participation (학습자의 참여 유도)

E: Evaluate and Revise Materials (평가와 수정)

[그림 9-2] ASSURE 모형

3) 수업 매체 선택 시 고려해야 할 사항

교사가 수업 매체를 선택할 때 고려하여야 할 사항은 다음과 같다.

① 교육 내용과 관련된 효과의 정도

② 학습자의 이해 수준, 흥미, 관심에 적합성

③ 자료 활용에 소요되는 시간과 전체 학습 시간과의 관계 고려

④ 가격과 구입 문제 고려

⑤ 작업 장소, 시설, 시간 등의 고려

이를 그림으로 제시하면 [그림 9-3]과 같다(강명희 외, 2017, pp.303-304).

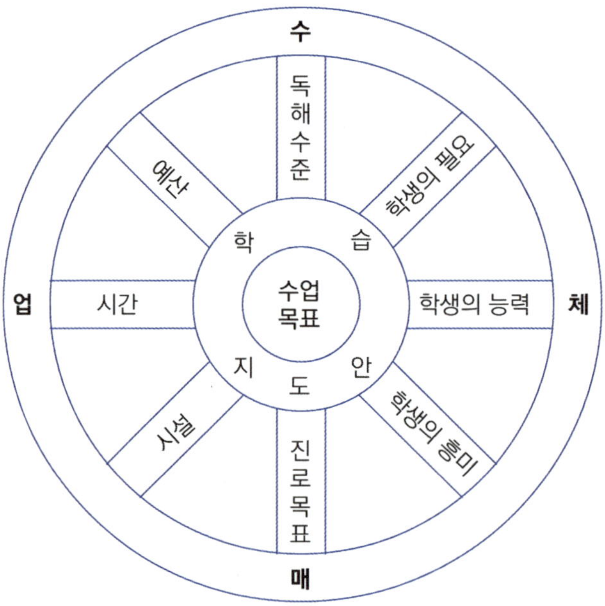

[그림 9-3] 수업 매체 선정의 기준

4) 수업 매체를 활용할 때의 유의 사항

교사가 수업 매체를 활용할 때의 유의할 사항은 다음과 같다(강명희 외, 2017, pp.304-306).

(1) 사전 준비

① 자료의 내용과 특성을 파악하고 학습 내용과의 관련성 고려
② 이용 장소, 시기, 시간, 방법 등의 고려
③ 기재의 사전 정비, 시험, 시사, 시청, 주유 및 기재 취급에 대한 기술적 완벽
④ 이해하기 어려운 복잡한 자료나 내용은 설명서, 도해물 또는 팸플릿 준비
⑤ 특수 사태(정전 또는 기재 고장) 등에 대비

(2) 사전 지도

① 학습자에게 사전 준비물에 대한 지도
② 자료 취급법에 대한 사전 지도
③ 이해하기 어려운 자료나 내용에 대한 사전 지도
④ 문제의 제시, 토의 형식의 협의나 지도
⑤ 활동 범위와 연기에 대한 지도

(3) 도입, 전개, 정리, 사후 지도

① 도입 단계－강한 학습 동기를 유발시키고 학습 문제를 파악하기 위해 활용
② 전개 단계－학습 경험을 풍부하게 하고 학습을 능률화시키기 위해 사용
③ 정리·사후 지도 단계－결과를 정리, 확인하기 위해 사용

(4) 사후 정리

① 학습 결과를 교사의 입장에서 정당하게 반성

② 사용했던 시설, 기재 기타 자료를 원위치에 정리

사후 정리에서는 교수·학습 자료를 어느 정도 잘 선정하였는지 평가되어야만 한다. 그리고 수업 매체 중 시청각 교구를 이용할 때에는 다음과 같은 사항에 유념하여야 한다.

① 시청각 교구의 사용에 의한 학습 진행은 일반적으로 전개되는 학습 형태에 비하여 학생들이 흥미를 갖게 되어 잘못하면 호기심에서 시작하여 흥미만으로 그치기 쉬우므로 면밀한 학습 계획을 세우고 사용하여야 한다.

② 시청각 교구를 사용하는 학습 진행에서 학습자가 그에 대한 충분한 이해를 갖고 있지 않을 때에는 교사는 교재를 사용함에 앞서서 또는 사용하면서 학습자에게 기구 사용의 필요와 방법을 설명해야 한다.

③ 시청각 교구의 사용에 의한 학습의 진행에서 교사는 학습 지도의 내용이나 목적, 어린이들의 능력, 경험 내용, 학습 습관 등을 잘 고려해서 어떤 종류의 시청각적인 기계, 교재를 언제, 어떻게 사용할 것인가, 또 무엇을 위하여 사용하는가 등에 대하여 확실히 알아야 한다.

④ 시청각 교구의 사용에 의한 학습의 진행에서는 기구 사용을 서두르지 말아야 한다.

⑤ 시청각 교구의 사용에 의한 학습 진행을 앞에서의 몇 가지 문제점에 유의하여 전개시킴으로써 교실 학습을 통하여 현실적인 감각을 갖게 되기는 하지만 그것은 실제 경험을 보충하는 데 불과하다는 것을 알아야 한다.

2 비투사형 매체

가. 모형과 표본

1) 모형

모형이란 크기를 축소하거나, 확대하여 실제 물체를 인식하게 하는 모조품이다. 모형에는 크기 비율이 다른 모형, 실물보다 단순한 단순 모형, 물체의 한 부분이나 보이지 않는 상태를 알 수 있는 단면 모형, 실제보다 더 단순한 작동 모형이 있다. 교사는 필요하면 언제나 실물을 사용하도록 노력하여야 하나 어떤 상황에서는 모형을 사용하는 것이 더 유익할 수도 있다(직업훈련연구소, 1982).

2) 표본

표본이란 실물 그대로의 모습을 유지하면서 학습의 편의를 위하여 어느 정도 가공, 분류, 보관해 놓는 것이다. 그 종류로서는 광물 표본, 곤충 표본, 식물 표본, 박제 표본, 생태 표본, 프레파라트 표본, 해산물 표본 등이 있다. 표본을 사용함으로써 갖는 가치로는 다음과 같다(직업훈련연구소, 1982).

① 구체적이며 직접적인 경험을 준다.
② 시간이나 공간의 제한을 받지 아니한다.
③ 개념 형성을 용이하고 정확하게 해준다.
④ 학생들의 흥미와 주의를 집중시킬 수 있다.

나. 칠판

칠판의 형태는 다양한데 형태별에 따른 특징을 살펴보면, 먼저 고정 칠판은 활용하기 쉽고 늘 이용할 수 있고 이동 칠판은 방의 어느 위치에나 또는 방에서 방으로 이동시킬 수 있으며, 접는 칠판은 고정 칠판을 설치할 공간이 부적당할 때 활용될 수 있다. 칠판이 광범위하게 이용되는 이유는 다음과 같은 장점이 있기 때문이다(직업훈련연구소, 1982).

① 거의 모든 교실에서 쉽게 이용될 수 있다.
② 상대적으로 활용하기 쉽고 편리하다.
③ 학생과 교사에 의해 광범위하게 활용될 수 있다.
④ 설치비가 저렴하고 분필만이 소비 품목이기 때문에 유지비도 적다.
⑤ 중요 요점을 강의하고 요약하는 데 적당하다.

반면에 칠판의 단점으로는 다음과 같은 것이 있다.

① 많은 양의 자료를 취급할 수 없다.
② 세부적이고 복잡한 그림을 그리기가 어렵고 그림을 그리는 데 많은 시간이 소비된다.
③ 영구적인 기록이 필요한 상황에는 부적당하며 학생들이 스스로 메모하지 않는다면 똑같은 자료에 대한 복사판을 얻을 수 없다.
④ 분필 가루가 어떤 사람에게는 자극물이 될 수 있다.

그러나 지금은 전자 칠판을 통하여 칠판의 단점이 많이 해소되고 있다.

칠판의 효과적인 활용을 위한 기법으로는 여러 가지 색깔의 분필을 사용하여 색도 조절의 효과를 높이거나 칠판을 항상 깨끗하게 해 둔다든지, 글자와 그림을 충분히 크게 쓰고, 칠판을 향하여 설명을 하지 않고 학생들의 시야를 가리지 않도록 하며, 자료를 효과적으로 배열하기 위하여 미리 계획을 세우거나 긴 설명문이나 복잡한 그림을 미리 준비하는 것 등이다.

다. 융판

융판이란 활용 목적에 따라 적당한 크기의 합판이나 두꺼운 종이의 표면에 털이 나 있는 천을 붙여 그 위에 각종 교수·학습 자료를 붙여 사용하는 것이다.

① 간단한 교재물이다.
② 융통성이 있다.
③ 시간이 절약된다.
④ 적응성이 있다.
⑤ 색깔과 모양이 다양하다.
⑥ 주의를 집중시킨다.
⑦ 비용이 적게 든다.

융판을 사용할 때의 주의할 점은 다음과 같다. 융판이 학생의 눈 높이에 있어야 하며 윗부분을 뒤로 약간 기울인다. 제시한 내용을 어디서나 잘 볼 수 있을 정도로 커야 하고, 제시 전에 그 자료를 순서대로 정돈해 두어야 하며, 한번에 너무 많은 종류의 제시를 삼간다. 그리고 제시할 때에는 아래로 밀면서 붙이면 잘 붙는다. 또 사용 후에는 자료 보관에 주의를 하여야 한다.

라. 괘도

한 장씩 떼어 쓰는 '자료철'이라고도 하는 괘도 자료는 쉽게 이동시킬 수 있어서 교실이나 실험실 등 거의 모든 교육 장소에서 다양한 용도로 활용될 수 있다.

그 사용 기법은 다음과 같다.

① 매직 펜, 연필, 유성 연필을 사용하여 색도 조절의 효과를 높인다.
② 글자와 그림은 충분할 정도로 크게 한다.
③ 학생들의 시야를 가리지 않도록 한다.
④ 괘도 자료를 향하여 설명하는 것은 피하도록 한다.
⑤ 게시 기법을 활용한다.
⑥ 자주 활용되는 괘도 자료나 도표는 잘 보관해 둔다.

마. 사진과 그림

사진과 그림이 수업 매체로 갖는 특징은 다음과 같다.
① 어떤 사상의 일부분 또는 한 단면을 고정하여 나타낸 정화이다.
② 어떤 현실을 효과적으로 축소하여 간단히 표현하였다.
③ 학습을 위한 도입 및 동기 유발에 적절하며 어떤 단원이나 사상을 개괄하여 보일 수 있다.
④ 실물 환등기(opaque projector)에 의해 많은 사람이 동시에 볼 수 있다.

3 투사형 매체

가. 슬라이드

한 장 한 장으로 구성된 슬라이드와 그림과 그것을 설명하는 문구가 찍혀 있는 연속적인 필름 스트립도 수업 현장에서 자주 사용되는 것들이다. 그 제시의 속도는 교사에 의하여 좌우되고 교사는 설명을 할 수도 있다. 반드시 암실에서 할 필요가 없으므로 교사와 학생 간의 관계가 단절되지 않고 학생은 필기를 할 수도 있다.

이것들이 갖는 교육적 가치는 다음과 같다(직업훈련연구소, 1982).

① 교육 내용을 정지한 상태로 확대 영사할 수 있다.
② 현실에 접근된 경험을 제공할 수 있다.
③ 정적이고 시간의 제한을 받지 않는다.
④ 주의력 집중과 인상의 강화를 가져올 수 있다.
⑤ 기재의 조작이나 시설이 간편하다.
⑥ 슬라이드를 스스로 만들 수 있다.
⑦ 복제가 가능하다.
⑧ 다른 자료에 비하여 활용이나 관리가 편리하다.
⑨ 정서적이고 오락적인 보도에 효과가 있다.
⑩ 특수 표현이 가능하다.

슬라이드를 사용할 때 유의할 점은 학습 계획과 직결이 되도록 하여야 하고, 또한 사용하고자 하는 슬라이드를 사전에 시사하여 보아야 한다는 점이다. 정확하고 순서적인 영사를 제시하여야 하며, 사후 지도 및 학습 결과에 대한 평가가 있어야 한다.

나. 투시물 환등기

한동안 인기 있게 사용되었던 수업 매체의 하나가 투시물 환등기 OHP(overhead projector)인데, 이것은 보통 25㎝×25㎝의 유리판에 트랜스패런시 시트(transparency sheet)를 놓아 비쳐지게 하는 것이다. 또한 트랜스패런시 시트에 글씨(여러 가지 색깔의 사용이 가능하다)를 쓸 수 있어 칠판 대용으로도 가능하다.

OHP의 주요구조를 다음과 같이 분류할 수 있다.

① 광원부 - 영사 전구, 반사경
② 광학부 - 집광 렌즈, 반사경, 영사 렌즈

③ 냉각 장치-송풍기
④ 자료대-투명 유리판

OHP가 갖는 교육적 특징은 다음과 같다(직업훈련연구소, 1982).

① 밝은 교실에서 활용이 가능하다.
② 학습자와 대면해서 학습 진행이 가능하다.
③ 트랜스패런시(TP) 자료와 종류가 많고 다양하다.
④ 다양성 있는 학습 진행이 가능하다.
⑤ 자료 제작이 편리하다.
⑥ 자료 활용과 관리가 편리하다.
⑦ 기계 조작이 간편하다.

OHP를 사용하면서 교사는 칠판에 글씨를 쓰거나 그림을 그리는 대신에 아세테이트지 위에 펜이나 유리용 펜이나 유성펜으로 필기할 수 있다. 학생들의 주의 집중을 위하여 TP의 일부분을 노출시킬 수도 있으며, 여러 장의 TP를 이용하여 중첩시킬 수도 있다. 투명한 물체를 투사할 수 있으며 불투명한 물체도 영상만이 나타나는 실루엣 투사가 가능하다. 색채 사용이 가능하며, 초보적인 단계에서의 움직임이나 애니메이션을 보여 줄 수 있다.

다. 실물 환등기

OHP가 TP를 제작하여야 하는 반면에 책이나 자료를 그대로 사용할 수 있는 것이 실물 환등기(opaque projector)이다. 실물 환등기가 갖는 교육적 가치로서는 자료의 수집이나 제작이 손쉽고 비용이 적게 들며, 피사체가 확대 영사되고, 제시물의 범위가 넓고 원색대로 제시가 가능하다. 또한 스크랩식 편집에 의한 계통적 학습 지도가 가능하며 기계 조작이 간단하다는 것이다. 반면 실물 환등기를 사용할 때 주의해야 할 항목으로서는 완전한 암막 시설이 필요하고, 30분 이상 투영 시 중간에 냉각이 필요하고, 영사 거리는 7m를 유지하여야 하고 교재를 잘 분류 정리하여야 한다는 것 등이다(직업훈련연구소, 1982).

라. 컴퓨터 프로젝터

컴퓨터 프로젝터는 컴퓨터 모니터의 화면을 프로젝터를 이용해 스크린에 투사해 주는 것으로 엘시디 패널(LCD Panel)과 빔 프로젝터(Beam Projector)의 두 가지 방식이 있다. 일반적으로 프로젝터를 컴퓨터와 연결하여 사용하는 빔프로젝터가 널리 사용되고 있으며 컴퓨터 프로젝터의 특징은 다음과 같다(박성익 외, 2008).

① 정적인 자료뿐만 아니라 멀티미디어 자료를 제시할 수 있다.
② 컴퓨터프로그램의 기능이나 소프트웨어의 작동을 보여줄 수 있다.
③ 다양한 그림자료와 문서형태를 손쉽게 수정, 편집할 수 있다.
④ 자료를 반복해서 영구히 사용할 수 있다.
⑤ 다양한 기기와 연결하여 사용할 수 있어, 따로 TV를 갖출 필요가 없다.

4 시청각 매체

가. 녹음기

녹음기는 최근 전자 산업의 발달과 함께 대중에 널리 보급되었다. 이것은 소리를 자석과 함께 접착시킨 테이프에서 소리를 재생하는 것이다. 녹음기의 구조는 마이크, 증폭기, 녹음 헤드, 소거 헤드, 되감기, 전진기, 스피커로 되어 있다. 이런 녹음 교재의 특성은 다음과 같다(직업훈련연구소, 1982).

① 녹음과 재생을 겸할 수 있다.
② 교재 준비가 용이하다.
③ 장기 보존이 가능하고 보관이 편리하다.
④ 시간 제한을 받지 않는다.
⑤ 학생들의 자습 활동에 유용하다.
⑥ 음악, 언어 학습, 시범, 연설 등 단순 훈련이나 연습을 위해 광범위하게 사용할 수 있다.

나. 영화

영화가 갖는 일반적인 특성으로서는 영화는 동작을 시사하고, 주의력을 집중시키며, 현실성을 높여주고, 시간적 공간적 제한을 받지 않으며, 어떠한 사건의 기록이나 작용을 용이하게 재생시켜 준다는 것이다. 또한 실물의 크기를 확대 또는 축소하여 제시할 수 있고, 경험의 공통성을 제시하고 태도에 영향을 주며, 추상적 관계의 이해를 조장하고, 충분한 심미적 경험을 준다는 것이다.

영화가 갖는 교육적 가치로는 보다 현실적인 학습 조건을 실현하게 하고 사고와 문제 해결을 촉진시키며, 시간을 절약시켜 준다는 것이다. 그러나 영화를 보는 것이 오락이라는 생각을 갖게 하는 것과 같이 분위기를 흐리게 하고, 영화의 제공이 꼭 학생들의 흥미를 가져온다고 할 수 없다.

교사는 영화를 상영하려고 할 때에는 계획과 준비를 철저히 하여야 한다. 먼저 이용할 수 있는 많은 영화 필름 가운데서 상영할 필름을 선정하는 것이 그 첫 번째 임무이다. 그때 다음과 같은 점을 고려하여 영화를 선정하여야 한다(직업훈련연구소, 1982).

① 영화 상영의 목적이 무엇인가?

② 영화 상영이 어떤 행동적인 목표를 갖고 있는가?
③ 영화 상영이 교사가 의도하는 목표와 학습 지도안과 관련이 있는가?
④ 영화 상영이 학생들이 이제까지 수업한 것을 고려하고 그것에 기초하였는가?
⑤ 그 내용이 정확하고, 현대적이고, 잘 제시되었는가?
⑥ 설명이 적당한가?
⑦ 녹음이 잘 되었는가?
⑧ 상영시간은 적당한가?
⑨ 만약 영화 속에 어떤 수업법이 있다면 그것은 무엇인가?
⑩ 학생들이 이 영화를 재미있다고 생각할 것인가?

영화가 선정되면 교사는 사전에 영사 계획과 교수 계획을 짠다. 이때 교실의 배치, 좌석 배열, 환기, 영사기 위치, 확성기의 위치를 고려하고 장비를 사전에 점검한다. 교사는 영화를 상영하기 이전에 영화에 대하여 소개하고 그 목적을 설명한다. 때로는 영화를 상영하기 이전에 토의를 시키기도 한다. 영화를 상영하는 도중에 학생들을 정숙하게 하여야 한다. 또 영화를 마친 후에는 토의를 통하여 질의 응답과 영화 내용에 관한 최종 정리를 하는 시간을 가져야 한다.

다. 녹화기(VTR)와 텔레비전(TV)

교수·학습 자료로 자주 사용되고 있는 VTR(video tape recorder)이 갖는 특성은 다음과 같다(직업훈련연구소, 1982).

① 촬영 후 즉시 영상과 음을 재생시킬 수 있다.
② 영상과 동시에 음성을 수록하여 재생할 수 있다.
③ 테이프의 반복이 가능하다.
④ 기계의 조작이 간편하다.
⑤ 화면의 크기에 제한이 있다.

⑥ 기동성에 제한이 있다.
⑦ 편집에 지장이 있다.
⑧ 화면의 선명도가 낮다.

VTR을 교육에 사용하려고 할 때 고려하여야 할 교육적인 특성은 다음과 같다.
① TV 교재의 기록, 보존, 재생의 가능성,
② 새로운 영상 교재의 제작 사용의 가능성,
③ 학습자의 활동을 기록 재생하여 자주적 학습의 가능성,
④ 수업 분석 및 교육 연구 면의 활용성 등이다.

교육용 기재로서의 TV 매체 및 녹음 자료 활용법으로서는 이미 제작되어 있는 녹화 테이프를 사용하거나, 교실이나 실험실에서 수업 중에 이루어지는 비디오 녹화와 녹화 테이프를 활용한 수업 전개, 또는 폐쇄 회로 TV(CCTV)를 포함한 중앙 방송망에 의하여 송신된 TV 교육 방송 프로그램을 교육적으로 사용하는 것 등이 있다.

5 상호작용 매체

가. 디지털 매체

오늘날 컴퓨터와 인터넷, 태블릿 PC, 스마트폰 등은 학습자 중심 활동에 매우 다양한 수단과 방법을 제공하고 있다. 이러한 컴퓨터와 연결하여 사용할 수 있는 디지털 매체를 일반적으로 뉴미디어(new media)라 일컫는다. 전자칠판, 컴퓨터,

3D 프린팅, 증강 현실 및 가상 현실 등이 뉴미디어의 대표적인 예다.

1) 전자칠판

전자칠판은 교실에 설치되어 프로젝터에 투사된 화면에 전자펜으로 그림을 그리거나 글씨를 쓸 수 있고, 표면에 적은 정보를 그대로 출력할 수 있으며, 원격 학습을 위해 다른 장소에 있는 전자 칠판에 접속할 수도 있다. 전자칠판은 컴퓨터와 연계해서 화면에 디지털 파일 내용을 제시할 수 있으며, 새로 입력한 내용을 편집, 출력, 팩스 또는 이메일로 공유할 수 있다는 장점이 있다.

2) 컴퓨터

컴퓨터는 학교 현장에서 가장 보편적이고 활발하게 활용되고 있는 수업 매체 중 하나이다. 컴퓨터를 활용한 교수-학습방법에는 컴퓨터보조 수업, 컴퓨터 관리 수업, 원격교육, 웹기반 학습 등이 있다.

컴퓨터 보조 수업(Computer Assisted Instruction, CAI)은 전통적인 매체인 교재와 칠판을 활용하는 것 대신 컴퓨터를 활용하는 수업 형태이다. 교수자는 수업자료를 컴퓨터 화면으로 보여주고, 학습자가 자판이나 마우스로 응답하는 방식으로 수업이 진행된다.

컴퓨터 관리 수업(Computer Managed Instruction, CMI)은 교수자가 컴퓨터를 통해 수업에 필요한 수업자료, 학습지도, 학습자 정보 등을 보관하고 관리하는 것이다.

3) 3D 프린팅

3D 프린터는 생산 기술과 정보통신 기술이 접목된 새로운 기술로서, 컴퓨터 소

프트웨어를 이용하여 원하는 모양이나 형상을 모델링하여 3차원 물체를 만들어내는 장치이다. 학습자들은 원하는 모양을 모델링하기 위해 다양하게 보급되고 있는 소프트웨어 프리웨어를 사용할 수 있다. 교수-학습 현장에서 3D 프린팅을 활용함으로써 학습자들이 갖고 있는 추상적인 지식들을 물리적으로 실체화할 수 있으며 창의적인 교육을 촉진할 수 있는 매체이다.

4) 증강현실 및 가상현실(Augmented Reality/Virtual Reality)

증강현실(AR)은 시각 데이터(서류, 매체, 실제행동)들을 통합하여 어떠한 정보를 실제 현실처럼 느끼도록 해주는 기술을 의미한다. 증강현실은 가상현실(VR)의 한 분야로 실제 환경에서 가상 사물이나 정보를 합성하여 원래의 환경에 존재하는 사물처럼 보이도록 하는 3차원의 그래픽 기법이다.

나. 스마트 러닝(Smart Learning)

스마트 러닝이란 컴퓨터, 태블릿 PC, 스마트폰 등 스마트 기기를 활용한 학습의 형태를 의미한다. 학습자들은 다양한 스마트 기기를 통해 하나의 학습 커뮤니티를 형성하고, 소셜 소프트웨어를 활용해 다양한 정보와 미디어를 서로 공유하여 상호작용할 수 있다. 이렇게 스마트기기를 활용하여 일어나는 모든 형식적 또는 비형식적 학습의 형태를 스마트 러닝이라고 칭한다. 스마트 러닝에는 스마트폰, 태블릿 PC 등 모바일 기기가 주로 사용되며, 인터넷 접속을 통해 위치기반 서비스와 클라우드 기술 등이 적용되어 언제 어디서나 학습이 가능하게 된다. 스마트 러닝의 방법들로는 원격교육, 이러닝, 모바일 러닝 등이 있다.

1) 원격교육(Distance Learning)

원격교육은 거리상으로 멀리 떨어져 있는 교수자와 학습자가 인쇄물, 방송이나 메일, 오디오와 비디오, 컴퓨터와 같은 전기통신을 통해 의사소통과 교육이 이루어지는 학습형태를 의미한다. 원격교육환경에서 학습자는 컴퓨터를 통해 다양한 학습을 접할 수 있으며, 시간과 공간의 제약을 받지 않고 제공된 강의를 반복적으로 학습할 수 있다.

2) 이러닝(Electronic Learning, e-learning)

이러닝은 컴퓨터와 각종 정보통신매체가 지원하는 상호작용성을 기반으로, 주로 온라인 학습을 적용하면서도 시간과 장소에 대한 제약을 받지 않는 교수·학습의 형태다.

이러닝은 교수·학습에서 여러 가지 형태로 활용되고 있는데, 대표적인 예로는 대형 온라인공개강좌(Massive Open Online Course, MOOC)가 있다. 국내에는 국내 대학의 강의를 공개하는 K-MOOC가 있다.

3) 모바일러닝(Mobile Learning, M-learning)

모바일(mobile)은 이동성을 의미하는 것으로, 모바일러닝은 핸드폰, 노트북 등의 이동성 기기를 이용해 무선 인터넷으로 학습콘텐츠를 접하는 모바일 통신환경을 기반으로 하는 교수-학습 방법을 의미한다. 이러닝이 컴퓨터를 기반으로 하는 학습을 의미한다면, 모바일러닝은 모바일 기기(스마트폰, 태블릿 PC 등)를 활용하여 학습하는 방식을 말한다. 모바일러닝은 이러닝의 시간과 공간을 초월한 학습에 이동 가능성까지 추가한 새로운 형태의 학습이다. 모바일 기기를 활용하여 학습자들은 자기주도성을 가지고 학습할 수 있으며, 자신이 원하는 정보를 습득할 수 있다는 점에서 학습의 개별화가 가능하다. 학습자가 개별적, 자기 주도적으로 학습하는 과정에서 학습자들 간에 상호작용이 형성되어, 학습공동체까지 형성될 수 있는 장점이 있다.

대표적인 모바일러닝의 도구에는 스마트폰과 태블릿 PC가 있다. 스마트폰은 컴퓨터로 할 수 있는 작업들을 이동 중에도 사용할 수 있도록 개발한 휴대용 전화기이다. 학습자들은 스마트폰을 통하여 개별적으로 인터넷을 검색해 원하는 지식을 얻을 수 있고, 사진 촬영/편집, 음성 녹음, 수업자료 메모 및 여러 가지 교육 애플리케이션을 통하여 학습의 효과를 높일 수 있다.

태블릿PC는 터치스크린을 주 입력 장치로 정착한 휴대용 PC로, 개인이 개별적으로 갖고 다니며 활용할 수 있게 설계된 스마트기기이다. 태블릿 PC를 통해 언제, 어디서나, 원하는 정보를 얻을 수 있다. 태블릿PC는 스마트폰보다 비교적 크기가 큰 화면과 보다 확장된 범위의 하드웨어적 특성을 제공하기 때문에 다양한 교육용 콘텐츠들을 활용하는 데 있어 효과적인 매체 중의 하나이다. 또한 인터넷에 연결되어 시공간의 제약 없이 교수-학습자, 학습자-학습자 간에 실시간 상호작용을 지원할 수 있는 기능을 갖고 있어 학습의 보조도구로도 널리 활용되고 있다.

4) 클라우드 서비스

스마트러닝이 가능하기 위해서는 학습자가 언제, 어디서나 자료에 접근 가능해야 한다. 인터넷상에서 접할 수 있는 정보가 많아지고, 개인이 소유하고 있는 지식정보량이 많아지면서 웹사이트의 접속만으로 문서를 작성하거나 편집하고, 파일을 저장하고 공유할 수 있게 되었다. 이러한 기능들을 웹상에서 실행해주는 매체로 클라우드 서비스가 있는데 구글(Google) 드라이브, 마이크로소프트사의 원드라이브, 네이버(Naver)의 N 드라이브, 다음(Daum)의 클라우드 등이 있다.

다. 소셜 미디어(Social Media)

웹 2.0 시대가 오면서 데이터의 소유자나 독점자 없이 누구나 데이터를 생산하고 인터넷상에서 공유할 수 있는 사용자 중심의 인터넷 환경이 만들어졌다. 과거의 웹 1.0은 읽기 중심이었다면, 웹 2.0은 사용자가 직접 데이터를 다룰 수 있도록 플랫폼을 통해 직접 정보를 생성하고 쉽게 공유하여 서비스를 받을 수 있도록 만들어져 있다. 사용자가 직접 지식을 생성하는 서비스의 대표적인 예로는 블로그(blog)나 위키피디아(Wikipedia) 등이 있다. 사용자가 지식을 생성한 후에 관리하고 공유하며 상호작용할 수 있는 소셜미디어 서비스의 대표적인 예로는 유튜브(Youtube), 페이스북(Facebook), 트위터(Twitter) 등이 있다.

요약

학생들에게 보다 구체적인 학습경험을 제공하기 위해서는 시청각 자료를 비롯한 다양한 매체를 활용하여야 한다. 수업 매체란 수업에 활용될 수 있는 모든 기기와 자료를 의미한다. 즉 교육의 목적을 효율적으로 달성하기 위하여 활용되는 모든 매개 수단과 방법을 총칭하는 것이다. 수업 매체 선정의 이론적 근거 중에서 가장 중요한 것이 데일의 경험원추이다. 그는 매체를 구체성과 추상성이라는 기준에 따라 구분하였다. 가네와 화이트는 기억구조모형을 제시하였다.

수업 매체는 크게 비투사 매체, 투사 매체, 시청각 매체, 상호작용 매체로 구분할 수 있다. 먼저 투사성이 없는 비투사 매체는 모형, 표본, 칠판, 융판 등이 있고, 투사 매체에는 OHP, 실물 환등기, 컴퓨터 프로젝터 등이 있다. 시청각 매체에는 녹음기, 영화, VTR, TV 등과 같은 것이 있다. 한편, 상호작용성이 높은 매체로는 디지털 매체, 스마트 러닝, 소셜 미디어 등이 있다.

이들 매체는 각각 고유한 특성이 있으므로, 학습자의 특성, 각 수업의 목적과 내용 등에 적합한 매체를 적절하게 선정하는 것이 중요하다. 이들 수업 매체를 잘 활용하면 학생들의 흥미를 유발할 수 있고, 구체적인 경험을 제공해 주어서 학습의 효과를 높일 수 있다.

토의주제

1. 학교 실험 · 실습실에서 사용할 수 있는 수업 매체의 종류를 파악하여 보자.
2. 파워포인트(Power Point) 자료를 작성하여 실제 사용하여 보자.
3. 실기교육에 활용할 수 있는 멀티미디어 자료를 조사하여 보자.
4. 인터넷을 활용한 실기수업을 계획하여 보자.
5. 실험 · 실습 지도에서 수업 매체를 활용할 계획을 작성하여 보자.

참고문헌

강명회, 정재삼, 조일현, 이정민, 임규연, 소효정(2017). 「교육방법 및 교육공학」. 교육과학사.

김영환(1996). "과학교육에서의 멀티미디어". 「교육공학연구」, 9(1).

김종표, 이복희, 이영희, 홍성욱(2016). NCS 기반 교수법. 양서원.

김형립(1983). "수업 매체". 「교육공학 연수교재」, 서울: 한국교육개발원.

나일주, 정인성(2006). 「교육공학의 이해」. 서울: 학지사.

박성익 외(2008). 「교육방법의 교육공학적 이해」. 서울: 교육과학사.

변영계, 김영환, 손미(2006). 「교육방법 및 교육공학」. 서울: 학지사.

이성흠, 이준, 구양미, 이경순(2017). 「교육방법 및 교육공학: 의사소통, 교수 설계, 그리고 매체 활용」(제4판). 교육과학사.

이옥화 외(2005). 「컴퓨터교육4-u」. 서울: 교육과학사.

조규락, 김선연(2008). 「교육방법 및 교육공학」. 서울: 학지사.

직업훈련연구소 역(1982). 「게시 및 전시 기법」. 교사 교육용 교재, 모듈 C-21, 서울: 동 연구소.

직업훈련연구소 역(1982). 「실물 및 융판자료 활용법」. 교사 교육용 교재, 모듈 C-22, 서울: 동 연구소.

직업훈련연구소 역(1982). 「투시 및 실물 환등기 사용법」. 교사 교육용 교재, 모듈 C-23, 서울: 동 연구소.

직업훈련연구소 역(1982). 「영사 자료 활용법」. 교사 교육용 교재, 모듈 C-25, 서울: 동 연구소.

직업훈련연구소 역(1982). 「녹음자료 활용법」. 교사 교육용 교재, 모듈 C-26, 서울: 동 연구소.

직업훈련연구소 역(1982). 「녹화자료 활용법」. 교사 교육용 교재, 모듈 C-27, 서울: 동 연구소.

최정빈(2017). 「플립드 러닝(Flipped Learning) 교수설계 및 전략」. 성안당.

한정선 외(2008). 「교육방법 및 교육공학」. 서울: 교육과학사.

허균(2016). 「스마트 교육과 미디어 이해를 위한 교육방법과 교육공학의 이론과 실제」. 부경대학교 출판부.

Dale, Edgar, (1959). *Audio-Visual Methods in Teaching.* New York: Holt, Rinehart and winston, Inc.

제10장

실험 · 실습의 지도

<학습목표>

1. 실험 · 실습 지도의 중요성을 이해할 수 있다.
2. 실험 · 실습 지도의 과정을 단계별로 설명할 수 있다.
3. 실험 · 실습을 위한 지시서를 작성할 수 있다.
4. 개별확인식 수업모형에 의한 실습을 진행할 수 있다.
5. 학생들이 일에 대한 건전한 습관을 함양하도록 지도할 수 있다.

1 실험 · 실습 지도의 정의

직업 · 기술 교육 분야에서 실기 교육의 장소는 학교와 산업체의 현장 두 가지로 구분해 볼 수 있다. 학교에서는 해당 교과목에 대한 이론을 배우고 기초적인 실험 · 실습을 주로 하는 반면에, 산업체의 현장에서는 학교에서 배운 것을 기초로 실제에 적용해 보게 된다. 먼저, 이 장에서는 학교에서의 실험 · 실습 지도에 관해서 살펴보기로 한다.

가. 실험 · 실습의 개념

자연 과학이나 기술 교육에서 실험과 실습은 매우 중요하며, 수업의 상당한 시간을 실험 · 실습을 하면서 보낸다. 따라서 실험과 실습을 어떻게 하면 효율적으로 지도할 수 있느냐에 대해서 자연 과학이나 기술 교육을 담당하는 교사라면 누구나 필수적으로 잘 알고 실천할 수 있는 능력이 있어야 한다. 실습은 예체능 분야의 경우도 마찬가지로 대단히 중요하다고 할 수 있다. 그러면 먼저 실험과 실습이 지니는 뜻은 무엇인가부터 알아보기로 한다.

실험이란 과학적 연구 방법의 하나로 대상에 처치(treatment)하여 인위적인 조건하에서 어떤 현상을 관찰하는 방법이라고 정의한다(서울대 교육연구소, 1994). 실험은 실험 목적에 따라 다음과 같이 세 가지 형태로 구분할 수 있다.

① 연구 개발을 위하여 미지의 분야에 속하는 문제의 해결을 위한 연구 실험
② 기존 지식을 적용함으로써 현재의 이론이나 사태를 개선하기 위한 실험
③ 어떤 사실이나 원리를 완전히 이해할 수 있도록 이미 알고 있는 원리를 실험을 통해 학습자들이 확실히 이해하도록 하는 실험

위의 세 가지 중 교육의 관점에서의 실험은 세 번째에 해당된다.

학생들이 직접적인 경험을 통하여 어떤 원리·원칙이나 기술의 과학적 근거를 잘 이해하게 하고, 실험 기술을 체득하며, 문제를 실험적 방법에 의하여 해결하려는 태도를 기르는 데 실험의 목적이 있다.

실습(practice)이란 학생들이 어떤 기능(skill)을 의식적인 노력을 하지 않아도 자동적으로 어느 수준까지는 수행할 수 있도록 하고, 일에 대한 올바른 태도와 습관을 갖도록 계속적이고 반복적으로 실행하는 정신적·육체적인 학습 활동이라고 정의한다. 여기서 기능(skill)이란 학습한 개념이나 원리를 효과적으로 그리고 자유로이 활용하는 능력, 또는 어떤 일을 신체적 활동이나 학습 과제의 수행에서 정확하고, 신속하며, 유연하게 행하는 학습된 능력을 말한다(Gagne & Briggs, 1979).

이러한 기능의 향상은 인간의 능력 중에서 가장 쉽게 관찰될 수 있으며, 외생적 피드백과 내생적 피드백에 달려 있다. 일반적으로 기능은 전체적 성취와 전체적 성취를 구성하는 부분 기능(part-skill)으로 나눌 수 있다. 기능의 습득을 위해서는 이러한 부분 기능에 대한 각각의 학습은 물론 이들 부분 기능이 어떻게 통합되어야 하는가도 학습되어야 한다. 예를 들어 수영의 경우 전체적 성취인 수영은 손 움직임, 발 움직임 등 부분 기능으로 나눌 수 있는데, 수영을 배우기 위해서는 손 움직임, 발 움직임 등 각각의 부분 기능에 대한 학습은 물론 이들 부분 기능의 통합에 대해서도 학습되어야 한다.

실기 지도에 의하여 습득되는 기능은 다음과 같은 몇 가지 특징을 가지고 있는데, 이를 이해하는 것이 기능을 개발·발전시키는 데 있어서 하나의 전제 조건이라고 할 수 있다.

① 기능에는 발달의 단계가 있다. 처음에는 조잡하고 완만하며, 여러 가지 동작이나 운동들을 적절하게 조정하지 못하다가 점차적으로 민첩하고 정확하게 여러 가지 행동 상호 간에 조화가 이루어진다. 이와 같은 발달 단계는 기능의 숙달을 의미하며, 기능의 발달에 있어서 가장 중요한 사실은 성숙과 연습 등에 따라서 기능 발달의 단계를 구분할 수 있다는 점이다.

② 기능은 개인이나 집단에 따라서 형태(pattern)를 달리한다. 그것은 기능의 스타일(style)과 형식(form), 내부 조직(internal organization)과 외부와의 관련(coordination with external objects or event)에 의하여 생기는 차이라 하겠으며, 무엇이 가장 좋은 기능이냐에 대한 기준이 달라질 수 있음을 시사한다. 기능은 개인이나 집단에 따라 형태의 독자성(uniqueness)과 통일성(unity)이 있으므로, 기능의 다양성과 개인차 현상을 고려하여 기능 학습이 이루어져야 한다.

③ 기능의 습득에 있어서는 학습 일반, 특히 운동 학습 일반에 관한 여러 법칙이 적용된다. 또한 기능 습득 시에는 학습자의 성숙도와 관련된 학습 결과의 활용 및 학습 목적과 관련된 학습 동기 유발의 중요성이 강조된다.

④ 기능은 신체적 운동을 필수 요건으로 하지만, 지적 요인과 정서적 요인도 포함하고 있다. 어떠한 상황이나 사물에 관하여 지적으로 이해하고 판단하는 것만으로서는 기능이 될 수 없다. 그것은 반드시 운동을 통하여 동작으로 나타나게 될 때 기능이라 한다. 또한 대상에 대한 정서적 반응이나 태도도 동작으로 나타날 때 기능이라는 말로 지칭할 수 있다.

⑤ 기능에는 분명히 다음과 같은 한계가 있다.

첫째, 기능의 한계는 인간의 생리적 한계에서 찾아볼 수 있는데, 속도나 정확성은 물론 인내력과 지구력 등에서 사람은 체력의 한계가 있다는 것이다.

둘째, 방법론상의 한계를 들 수 있다. 특정의 방법을 사용할 때, 그 방법에 이용되는 기구와 기재는 물론 접근 방법 등에 한계가 생길 수 있다. 좋은 기계의 발명과 기술의 발견이란 결국 이와 같은 방법론상의 한계를 좀 더 완화시켜 보려는 데 그 의도가 있다.

셋째, 동기 면에 있어서의 한계를 말할 수 있다. 이것은 어떠한 기능을 습득하려는 의욕이나 유인의 구조에 따라 그것을 습득하는 데 있어 차이가 나타나는 것을 보아도 알 수 있는 것같이 학습 과정 일반에 관련된 현상이라 하겠다.

나. 실험 · 실습 지도의 중요성

농업, 공업, 상업, 수산, 해양, 보건, 가사, 예체능 분야의 직종은 다른 분야의 직종에 비하여 지적인 영역(cognitive domain)보다는, 우리가 흔히 말하는 심리 운동적 영역(psychomotor domain)의 능력을 필요로 하는 경우가 많다. 그런데 심리 운동적 영역 중 오관의 활동을 통하여 어떤 능력을 계발할 경우에는 최종적으로 의도했던 기능 자체의 획득도 중요하지만, 이에 못지않게 중요한 것은 이런 능력을 학습하는 과정에서 실험 · 실습에 임하는 태도와 훌륭한 일의 습관이다. 이런 습관이란 "세 살 버릇 여든까지 간다"는 속담이 있듯이 한번 잘못 학습되면 고치기가 힘들기 때문에 실험 · 실습을 처음 실시할 때 올바로 배워야만 한다. 이런 관점에서 볼 때 실험 · 실습에 임하는 자세의 중요성은 아무리 강조하여도 지나치지 않을 것이다.

2 실험 · 실습 지도의 방법

가. 실험 · 실습을 위한 준비

새 학년 또는 신학기를 맞이하여 한 교과와 관련된 실험 · 실습을 하려면 준비해야 할 사항이 많다. 신학기를 맞이할 때 학기 시작 전에 교사가 실험 · 실습을 위하여 준비할 일들에는 어떤 것이 있는지를 알아보면 다음과 같다.

① 실험 · 실습실을 점검하고 수리 · 정비할 것을 확인하여 학교로부터 행 · 재정적 지원을 받아 정상적으로 작동할 수 있게 한다.

② 실험 · 실습의 각종 장비와 도구를 안전하고 사용하기 편리하게 정리 정돈해 둔다.

③ 실험 · 실습에 필요한 각종 수업 자료를 준비해 둔다. 여기에는 작업 지시서(job sheet), 과업 지시서(assignment sheet), 계획 명세서(plan sheet), 공정 지시서(operation sheet), 안전 포스터, 시청각 자료 및 기계 게시판, 참고 문헌, 차트 등이 포함된다.

④ 실험 · 실습에 사용되는 실습 재료를 점검하고 필요한 것을 주문한다.

⑤ 실험 · 실습의 정리와 청소에 관한 사항을 점검하며, 여기에는 비누, 종이와 컵, 걸레, 비, 솔, 청소복 등이 포함된다.

⑥ 실험 · 실습에서 학생들이 사용할 캐비닛과 열쇠 등을 준비한다.

나. 실험 · 실습의 오리엔테이션

어느 교과를 막론하고 그 과목의 첫 시간에 실시되는 해당 교과에 대한 오리엔테이션 내용과 오리엔테이션을 하는 과정에서의 교사와 학생들과의 첫 대면이 중요하다.

이때 이루어진 오리엔테이션 수업의 형태가 한 학기 동안 그 학급의 분위기를 결정하기도 하기 때문이다.

실험 · 실습에 있어서도 일반 교과 학습의 경우와 마찬가지로 첫 시간의 실험 · 실습에 대한 오리엔테이션은 매우 중요하다. 실험 · 실습을 위해 첫 시간에 오리엔테이션을 하는 경우 포함되어야 할 중요한 내용 몇 가지를 제시하면 다음과 같다.

① 실험 · 실습 시간에 맞춰 학생들보다 좀 일찍 도착하여 학생들을 기다리면서 학생들을 임시로나마 정렬시키고 학생들이 모두 출석하였는지를 확인한다.

② 교사는 자신을 소개하고 계속 학생들의 주의를 집중시키도록 한다.

③ 실험 · 실습의 개요를 설명하고 이 실험 · 실습이 교과와 관련된 사항, 실험 · 실습의 목적과 계획서 등을 명확히 설명한다.

④ 실험 · 실습을 어떻게 진행할 것인가에 대해 설명하는데 실습조 편성을 비롯

해서 실습 진행에 관하여 구체적으로 설명하고, 실험·실습에 필요한 학습 자료 등을 설명한다.

⑤ 실험·실습실에서의 안전 수칙, 학생들의 활동 허용 범위, 사물함(locker)과 보관 시설 등에 관해 설명한다.

⑥ 실험·실습실을 둘러보면서 학생들에게 실험·실습실의 위치, 장비, 실험·실습도구, 재료 등에 관하여 간단히 설명한다.

⑦ 실험·실습 계획 전반에 관한 질의를 받고 대답을 한다.

다. 각종 지시서의 개발

1) 지시서의 뜻과 이점

실습을 개별화시키는 하나의 효과적인 방법은 학생이 사용할 수 있도록 지시서를 작성하는 일이다. 지시서는 워드로 쳐서 인쇄하거나, 복사한 모든 종류의 교육적 보조 자료를 의미한다. 지시서는 한 장이거나 여러 장일 수도 있고, 교사가 준비할 수도 있으며, 학교에서 공급할 수도 있고, 출판사나 산업체로부터 구입할 수도 있다. 지시서는 문장화된 지시 사항에 시각적인 자료를 추가하여 만드는 것이 일반적이다. 수업을 전개하는 과정에서 학습 지도안이 교사의 활동 방향을 알려 주듯이 지시서는 학생들이 실험·실습을 할 때의 학습 활동의 방향과 내용을 제시해 준다. 이러한 작업 지시서를 작성 활용함으로써 얻을 수 있는 이점은 다음과 같다(직업훈련연구소, 1982).

(1) 지시서를 적절하게 사용하면 학생에게 직업 교육·훈련, 실습 기간 동안에 효과적인 학습 경험을 제공할 수 있다. 학생이 몇 가지 작업을 하느냐, 어느 수준의 능력 범위에서 작업을 하느냐 하는 상황에 맞는 지시서를 잘 준비하는 교사는 학생의 이러한 다양성을 통제해 나갈 수 있다. 따라서 교사는 학생을 가르치는 데 있어 개별 지도라는 가장 중요한 기능을 수행할 수 있게

된다.

(2) 지시서는 설명이나 지시의 반복을 줄여 시간을 절약할 수 있다. 지시서를 사용함으로써, 학습 과제에서 새로운 진행 과정에 대한 지시, 기술, 새롭고 적절한 자료가 쉽게 구체화될 수도 있다.

(3) 지시서는 필요할 때 참조할 수 있는 확실하고 명료한 지시 사항이 있으므로, 학생들이 터무니없는 실수를 하지 않도록 해준다. 작업을 일찍 효과적으로 끝낸 학생은 새롭게 해볼 만한 작업으로 빨리 전환할 수 있고, 좀 부진한 학생은 미루거나 포기하지 않고 작업을 해나갈 수 있다. 모든 학생들은 지시에 따라서 자신의 능력을 개발하고, 작업을 효율적으로 체계화할 수도 있다. 또 잘 작성된 지시서는 학생들의 흥미를 유발할 수 있고 주어진 실습 과제를 해낼 수 있도록 도와준다.

그러나 지시서는 단점도 있는데, 오용과 남용의 위험성도 있다. 같은 자료를 몇 번이고, 또는 해마다 되풀이하여 써서는 안 되며, 그런 자료는 그 효용성이 감소된다. 기술된 지시가 너무 상세하면 학생의 독창적이고 자발적인 문제 해결의 기회가 없어진다. 그렇다고 해서 지시서가 교사의 지시나 시범을 대신하거나, 학생 간의 개인적인 접촉의 기회를 갖지 못하게 하는 것은 아니다.

2) 지시서의 유형

실습 목적과 특징, 실습실에서의 효용 등에 따라 지시서에는 몇 가지 유형이 있는데, 비교적 자주 사용되는 지시서의 유형을 제시하면 다음과 같다.

(1) 작업 지시서

이 지시서는 하나의 작업을 완전하게 수행해 나가는 데 필요한 지시와 설명이 포함되도록 구안되었다. 이 지시서는 문장으로 된 지시나 공작도로 구성되어 있다. 작업 지시서의 예를 들면 〈표 10−1〉과 같다.

〈표 10-1〉 작업 지시서(예 1)

작 업 명 : 강철 정 만들기
작업단위 : 금속 형태 만들기
단조
목 표 : 학생들은 금속의 형태와 특성의 변화를 단조 방법의 실습으로 증명해 볼 수 있다. 학생들은 그라인더와 줄 사용에 대한 기본 기술을 실습할 수도 있다.
실습작업 :
1. 공작도에 따라 강철로 정을 만든다.
2. 고탄소강 8각봉을 사용한다.
3. 열처리로에 넣고 가열시킨다.
4. 대체적인 형태로 단조한 후 연삭기로 연마하여 형태를 다듬고, 고운 연삭기로 연마한다.
5. 정확한 형태가 만들어지도록 줄 작업을 한다.
6. 센티 게이지로 날 끝각의 정밀도를 점검한다.

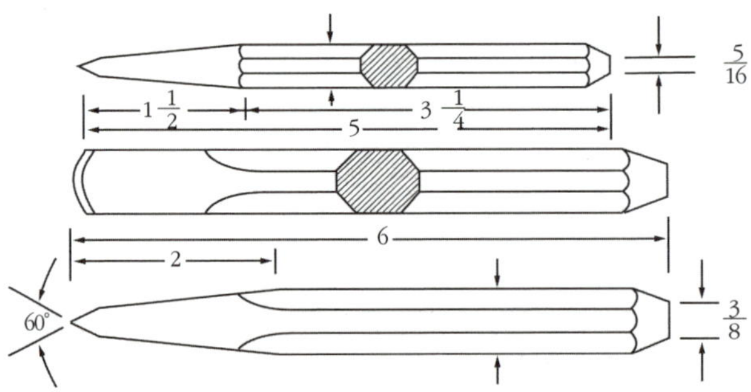

평 가 : 교사의 평가 사항과 점검 사항
1. 정확한 크기, 형태, 날 끝각
2. 표면에 홈이 없는지, 적절히 가공되었는지 검사

(2) 요소 작업 지시서(예 2)

이 지시서는 단일한 기본 작업이나 과정을 지도하는 데 사용한다. 이 작업 지시서에 대한 지시는 실행상에 나타나는 어떤 일이나 문제점에 적용할 수 있다. 작업 지시서의 예 2는 〈표 10-2〉와 같다.

〈표 10-2〉 요소 작업 지시서(예 2)

요소작업명:	나무줄기에 접목하기
목 적:	접목은 1년 또는 1년 이상 된 가지에 과일 나무를 이식시키기 위하여 사용될 수 있다.
조건과 상황:	어린 가지는 길이가 약 8~10㎝이고 지름은 약 1~1.2㎝가 되어야 한다. 싹은 부풀어 물이 오르되, 트지 않아야 한다. 어린 가지 위의 끝에 있는 싹이 더 좋다.
장비, 도구, 재료:	비닐로 된 0.9㎜의 얇은 띠, 칼
작 업 순 서:	1. 밑둥에서 약 0.15~0.3㎝ 정도의 깊이로 어슷하게 자른다. 2. 나무와 껍질 조각을 없애기 위해 크게 자른 밑부분을 각지게 자른다(그림 A). 3. 어린 가지의 경우에는 줄기에서 자른 부분과 일치하도록 나무와 껍질 부분을 자른다(그림 B). 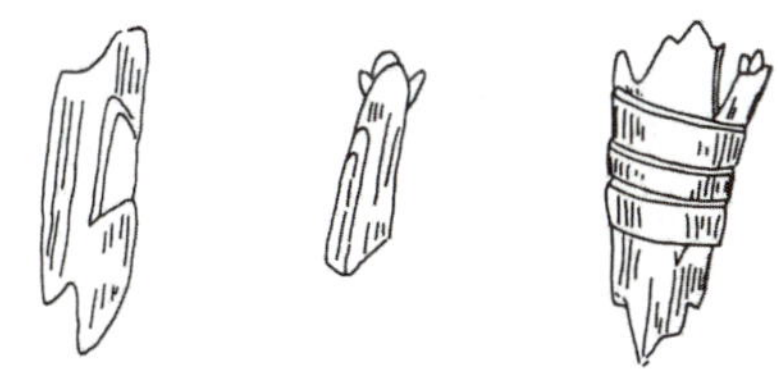 그림 A　　그림 B　　그림 C 4. 어린 가지의 밑둥 부분 위의 혀 모양 첨단을 줄기 위에 좀 더 낮게 자른 부분의 벤 자국 속에 맞게 끼운다. 5. 맨 끝의 싹을 밖으로 노출시켜 비닐로 된 얇은 띠로 접목을 단정하게 싸준다(그림 C). 접목은 3~4주 동안 그대로 두어야 한다. 잘 드는 칼을 가지고 어린 가지를 자를 때 조심해야 한다. 1. 접목을 위해 맨 끝의 싹을 선택하여야 한다. 2. 줄기의 자르는 부분은 최소한 밑둥에서 약 3.7㎝ 길이로 또 0.15㎝의 깊이로 자른다. 3. 어린 가지의 자른 부분을 줄기의 자른 부분에 꼭 끼게 맞춰 넣는다. 4. 접목은 싹을 밖으로 노출시켜 안전하게 싸준다.

(3) 참고 자료지

참고 자료지는 다른 출처로부터 쉽게 얻을 수 없는 자료를 학생들에게 마련해 준다. 이것은 새로운 기술과 스타일, 직업 정보 자료 또는 부여된 업무를 수행하기 위해 필요한 전문적인 자료에 관한 정보가 포함되어 있다.

이외에도 직업 교육·훈련 교사가 활용할 수 있는 과제 지시서, 실험 지시서, 작업 계획 지시서 등이 있다. 어떤 종류의 지시서이든 간에 모든 지시서는 신중히 생각하고 준비를 해서 작성하여야 한다. 빈약하게 구안되었거나, 겉치레만 된 학습 자료는 없는 것만 못하다. 학생에게 잘못된 지식을 가르치는 것을 방지하고, 실습실에서의 혼돈을 막기 위하여 모든 사실, 자료, 그리고 명세 사항이 정확한지를 철저히 검토해 보아야 한다. 또 자료에 쓰인 철자, 문법, 전문 용어 등도 올바르게 되어 있는지 잘 확인하여야 한다. 뿐만 아니라 지시서는 학생들이 호감을 가질 수 있을 정도로 양식에 짜임새가 있어야 한다.

위와 같은 점을 고려하여 지시서를 작성할 때 고려해야 할 일반적 지침을 제시하면 다음과 같다.

① 지시서는 직접화법으로, 대상 학생들이 쉽게 이해할 수 있는 어휘를 사용하여야 한다. 새로운 용어는 정의를 해주고 자주 쓰이지 않거나 애매한 단어나 문장은 가급적 피한다.

② 학생이 필요한 내용을 쉽게 찾을 수 있도록 모든 지시서는 단순한 체제이어야 한다. 제목이나 목적, 삽화, 교재는 쉽게 읽을 수 있고, 눈에 바로 잘 띌 수 있도록 표에 명시하여야 한다.

③ 표제나 소제목, 또는 강조하고 싶은 내용은 쉽게 판별을 할 수 있도록 밑줄을 친다.

④ 혼동을 피하기 위해 용어는 일관성 있게 사용한다.

⑤ 이해를 명확히 하기 위하여 문장에다 스케치나 삽화 또는 도표를 첨가한다.

⑥ 특별 지시는 가급적 간단명료하게 한다.

⑦ 되도록 한 장의 종이에 지시서를 압축한다. 그리고 내용이 어느 한 부분에 몰리지 않게 한다.
⑧ 여러 가지 항목, 요점, 문장은 숫자나 문자, 공간, 점으로 분류한다.
⑨ 관련이 있는 학습 자료만을 포함시킨다. 즉 아무리 훌륭하게 보이더라도 무관하고 불필요한 자료는 지시서 내에 넣지 않는다.

3) 지시서의 활용

실습 지시서는 직업 교육 · 훈련을 위한 실습에서 다음과 같은 방법으로 지시를 개별화하는 데에 유용하게 쓰일 수 있다. 즉 학급 단위로 하여, 수업을 처음 행할 경우 대집단의 수업 시간에는 전 학급 학생에게 시범이나 설명을 한 후 학습 자료를 제시하고, 학생 각자에게 실제 작업을 배당하며 각 개인에게 작업 지시서를 나누어준다. 그 후 작업표에 관하여 토의할 시간을 주고, 그 다음에 필요에 따라 요소 작업 지시서, 과제 지시서, 참고 자료지 등을 나누어준다.

비록 작업 지시서에 의해 개별 학습이 이루어진다고 하더라도 교사는 학생들이 작업 지시서에 의해 실습을 하는 동안, 실습실 전체를 순회하면서 학생들의 개별 지도와 필요에 따라서는 가끔 학생 전체에게 시범, 사례 설명, 실험 등을 해 줄 수 있어야 한다.

라. 실습을 통한 기능 학습 지도

1) 기능 학습을 위한 학습 구조

기능 학습의 몇 가지 학습 구조를 제시하면 〈표 10-3〉과 같이 나타낼 수 있다.

첫 번째 구조는, 기술 분야에서 사용되는 장비를 올바르게 사용하는 것에 기초를 둔 기능 학습 구조의 예이다. 그 첫 번째 단계는 이전 수업과 학습하려는 내용과의 연계를 짓는 과정이다. 두 번째 단계는 학습 목표가 진술되고, 세 번째 단계는 시범을 통하여 학생들이 무엇을 볼 것인가에 관해 설명하고, 네 번째 단계는 완전한 시범을 보여주고, 다섯 번째 단계는 학생들이 시범을 통해 관찰한 주요 특성에 대한 설명이 뒤따른다. 여섯 번째 단계는 학생들이 시범의 주요 특성을 기록하고, 일곱 번째는 학생들이 그 특질에 관해서 얼마나 이해하였는지에 관해서 시험을 본다. 여덟 번째는 교사의 감독하에 밀도 있는 실습이 이루어지고, 마지막으로 앞으로 학습되어야 할 주요과제와 실습에 관하여 확인시키고 실습하게 된다.

〈표 10-3〉 기능 학습 구조의 예

최소한의 지식 (출발점행동)	**수업 전략 →**							**학습한 지식 (도착점행동)**
1. 지난 수업의 시험	2. 수업 목표의 진술	3. 시범의 소개	4. 시범	5. 설명	6. 시범의 기록	7. 시험	8. 집중적인 실습	차시실습 과제 제시

1. 수업 목표의 진술	2. 시범의 소개	3. 시범	4. 설명	5. 집중적인 실습	6. 시험	7. 추가 실습	8. 수정

1. 수업목표로 진술된 시범의 소개	2. 시범	3. 설명	4. 집중적인 실습	5. 시험 평가

소개 ◀ 중요부분 ▶ 결론

두 번째 구조는, 속기(shorthand)와 같은 성격의 교과를 가르칠 때 사용된다. 그 첫째 단계는 수업의 목표를 진술하는 과정이다. 두 번째 단계는 교사가 수업 목표에 나타나 있는 속기의 윤곽을 시범한다. 세 번째는 시범을 하고, 네 번째는 시범과 함께 자세한 설명이 있고, 다섯 번째에는 집중적인 실습을 하며, 여섯 번째로, 실습 결과에 대한 평가가 따른다. 일곱 번째는 앞으로 더 학습되어야 할 실습이 있고, 마지막에 최종적인 수정이 따른다.

세 번째 구조는, 악기를 다루는 기능의 수업에 주로 사용된다. 교사는 수업 목표에 명시된 행동 특성을 간단히 시범을 통해 보여준다. 그 후 제2단계로 집중적인 시범을 보여주고, 제3단계에서 무엇을 보고 무엇을 들을 것인가에 관하여 기술적인 설명을 한다. 그 후 지침에 따른 집중적인 실습이 이루어지고 실습 후에는 각 학생의 성취에 관한 검사와 평가가 따른다.

2) 기능 학습의 과정

기능 학습 지도는 다른 학습 내용 지도보다 어렵고 복잡하다. 왜냐하면 기능 학습은 어떤 다른 행동보다 심신의 유기적이고 긴밀한 유대가 요청되므로, 학습자의 심신 발달의 정도를 잘 알고 있어야 하기 때문이다. 또 지식 학습이 학습 지도에서 수동적인 경우가 많지만 기능 학습에서는 학습자의 능동적 활동을 많이 요구하므로, 학습자들에게 강한 학습 동기 유발이 요청된다.

또 행동 목표의 분류에 있어서 지적 · 정의적 영역은 행동 특성이 어느 정도 체계적으로 분류되어 있지만, 기능을 포함한 심리 운동적(psychomotor) 영역은 행동의 분류 체계가 정립되어 있지 못하기 때문에 이를 지도하는 데에도 어려움이 있다. 마지막으로 한 가지 더 어려운 점을 제시한다면, 지적 학습 활동에 비해 기능 학습 활동은 많은 시설과 기구 및 재료를 필요로 하고, 실제적인 경험을 요구하기 때문에 이에 충족되는 학습 지도를 하기가 어렵다는 점이다. 이렇게 학습 지도가 어려운 기능을 지도하기 위해서는 다음과 같이 6 단계로 구성된 기능학습의 과정이 적용되면 효과적이다(Klausmeier & Goodwin, 1975; 한국교육개발원, 1980).

① 학습자의 능력에 맞도록 기능을 분석한다. 즉, 교사는 가르치고자 하는 기능과 관련되는 지식을 알고 학습자의 능력을 파악해야만 지도 방향을 설명할 수 있다.

② 올바른 시범을 보여주어야 한다. 기능은 언어로 표현하기 어려운 것이 많으므로 교사의 정확한 시범을 통하여 학습자의 정확한 반응을 불러일으킬 수 있다.

③ 학습자의 첫 반응을 이끌어 주어야 한다. 학습자에게 학습한 기능에 대한 일반적인 정보를 제공하고, 부분적인 기능을 전체 기능과 관련시켜 주는 것은 기능의 학습에 도움을 준다. 교사의 시범에 따라 학습자가 첫 반응을 보일 때 교사가 중요한 점을 강조하거나 시범을 반복하면, 학습자는 자기의 반응을 수정하여 올바른 반응을 굳힐 수 있다.

④ 적당히 연습을 시켜야 한다. 연습이 기능의 학습에서 중요한 역할을 한다는 것은 누구나 다 아는 사실이다. 그러나 어떠한 연습의 조건이 바람직한가는 학습자의 능력과 기능의 본질에 따라 다르게 된다. 따라서 학습자를 연습시킬 때는 연습의 조건에서 가장 중요한 연습 방법과 연습 기간 등을 학습자의 능력에 알맞도록 조절하여야 한다.

⑤ 결과에 대한 지도로 부적합한 반응을 교정시켜야 한다. 결과에 대한 지식, 즉 피드백은 기능 학습에 큰 효과를 미치는 요인이 된다. 학습자는 결과에 대한 지식 없이 기능을 향상시킬 수 없으므로 가능한 한 빨리 결과에 대한 지식을 제시해 주는 것이 좋다. 또한 부적합한 반응도 즉시 교정해 주어야 하며, 학습자가 얼마나 빨리 기능을 습득하고 높은 성취를 보이느냐 하는 것은 학습자가 부적합한 반응을 보였을 때 교사가 얼마나 자주 교정해 주었느냐 하는 것과 직결된다.

⑥ 학습자 스스로 평가를 하도록 도와주어야 한다. 학습자는 교사의 도움이 많을수록 이에 비례하여 높은 성취를 보이는 것만은 아니다. 기능은 학습자 스스로 성취해야 되는 것이므로 학습자 스스로 자기의 결과를 평가하여 교

정해 나갈 수 있어야 한다. 학습자는 독자적으로 결과를 평가할 때 교사에 의한 외적인 평가와는 달리 결과에 대한 정보를 곧 알 수 있으므로 기능의 높은 성취도를 나타낼 수 있다.

3) 개별 확인식 수업 모형에 의한 실습

위와 같은 원리에 의하여 기능을 학습하기 위해서 개별 확인식 수업 모형을 소개하면 다음 [그림 10-1]과 같다.

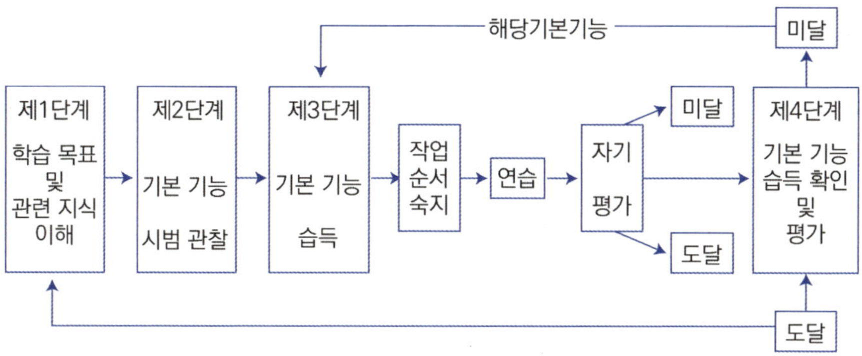

[그림 10-1] 개별 확인식 수업 모형

(1) 제1단계: 학습 목표 및 관련 지식 이해 단계

개별 확인식 수업 모형의 제1단계는 학습 목표 및 관련 지식을 이해하는 단계로서, 도입, 전개, 정리의 3과정으로 나누어지는데 이를 도해하면 [그림 10-2]와 같다.

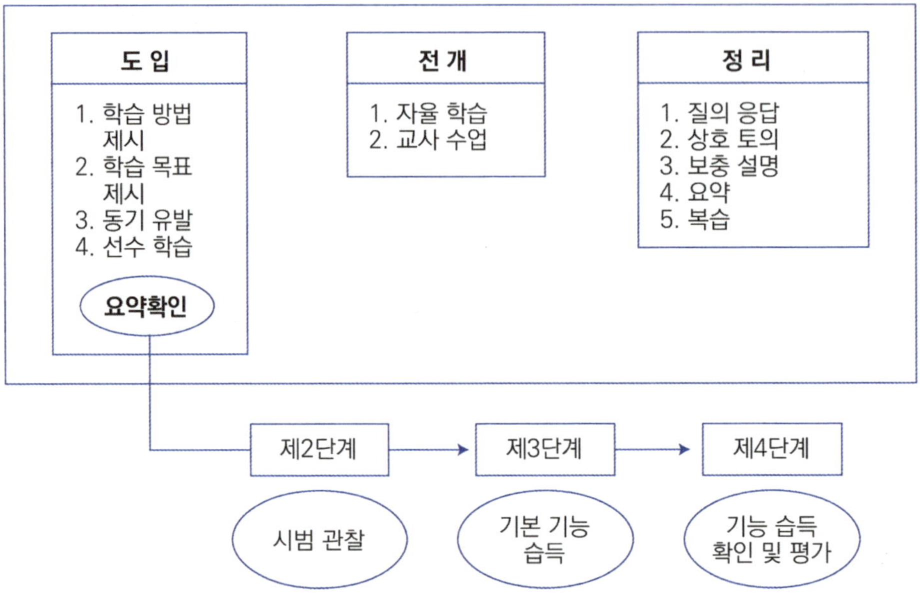

[그림 10-2] 제1단계: 학습 목표 및 관련 지식 이해 단계

학습자는 우선 도입 과정에서 개별 확인식 수업 모형에 의한 학습 방법을 교사의 설명이나 기능 실습 교재에 의하여 배우게 된다. 학습 방법을 숙지한 학습자는 역시 교사의 설명이나 제시에 의하여 자기가 배워야 할 학습 목표가 무엇이며, 그 학습 과제가 왜 중요하고 이전에 배운 학습 내용과 어떠한 관계가 있는가를 알게 된다. 학습 방법과 학습 목표 및 선수 학습을 인지한 학습자는 새로운 학습을 하기 위한 준비가 되었으며, 학습하고자 하는 의욕이 생겼다고 볼 수 있다.

학습을 위한 준비와 학습 동기가 적당히 유발되었을 때 학습자는 전개 과정에서 새로운 학습 과제를 학습하게 된다. 이때의 학습 내용은 기본 기능을 익히는 데 필수적으로 알아야 할 지식으로서 기초 이론과 관련된 지식이며, 교사의 설명과 기능 실습 교재를 중심으로 하여 학습자 스스로 학습하도록 되어 있다.

관련 지식에 대한 학습이 끝나면 정리 과정에서는 학습 내용을 다시 요약해 주고 보충 사항이 있으면 보충 지도한다. 또한 중요한 부분은 질의응답으로 강조하고 학습자 상호 간에 토의시킨다. 정리 과정의 평가는 일종의 형성 평가로서 교사의 질문에 의하여 학습자의 관련 지식에 대한 이해도를 측정하는 것이다. 따라서 평가에서 미달된 학습자는 관련 지식을 재학습하게 되고 도달된 학습자는 다음 단계로 진행한다.

(2) 제2단계: 기본 기능 시범 관찰 단계

제1단계에서 학습 목표 및 관련 지식을 이해한 학습자는 제2단계에서 기본 기능에 대한 시범을 관찰하게 된다. 제2단계는 [그림 10－3]에서 보는 바와 같이 도입, 시범 관찰, 정리의 세 과정으로 되어 있다.

도입 과정에서 교사는 학습 목표를 재확인하고, 학습 동기를 유발하며 주의하여 관찰해야 할 관점을 제시해 준다. 이에 따라 학생은 전 단계에서 학습한 내용과 관련지으며 시범을 관찰하게 된다.

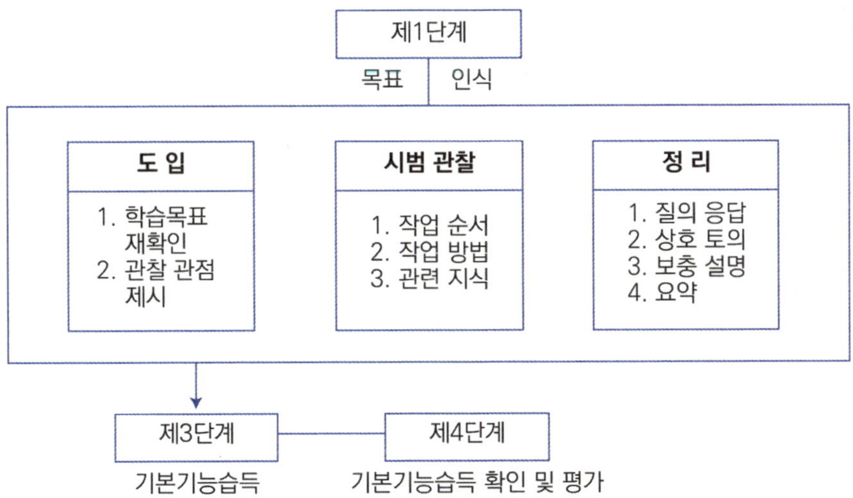

[그림 10-3] 제2단계: 기본 기능 시범 관찰 단계

이때 학생들은 우수한 기능 보유자의 시범을 담은 YouTube와 같은 SNS를 통하여 기본 기능의 작업 순서, 작업 방법, 관련 지식, 작업 안전 등에 관하여 배운다.

기본 기능에 대한 시범의 관찰이 끝나면 교사와 학생은 YouTube와 같은 SNS 내용에 대하여 질의응답하고 상호 토의하며, 필요에 따라서는 교사의 보충 설명에 따르게 된다. 교사는 작업 순서, 작업 방법, 관련 지식 및 작업 안전에 대하여 요약하여 YouTube와 같은 SNS 내용을 오래도록 기억하게 하고 관련 지식과 관계를 맺을 수 있도록 지도해야 한다. 이때 학생의 이해도가 낮다고 인정되거나 다시 보여 주어야 할 필요가 있을 때는 적당한 시기를 택하여 다시 보여줄 수도 있다. 이 단계에 투입되는 교수-학습 자료로는 교사용 수업 지침서와 기본 기능 시범용 YouTube와 같은 SNS 자료와 교사의 사이트에 올려놓은 자료가 있다.

(3) 제3단계: 기본 기능 습득 단계

개별 확인식 수업 모형의 제3단계는 기본 기능을 습득하는 단계로서 본 모형의 가장 핵심적인 부분이며, 대부분의 학습 활동이 이루어져 학습 목표가 달성되는 부분이다. 기본 기능의 습득에 대한 학습 활동을 도해하면 [그림 10-4]와 같다.

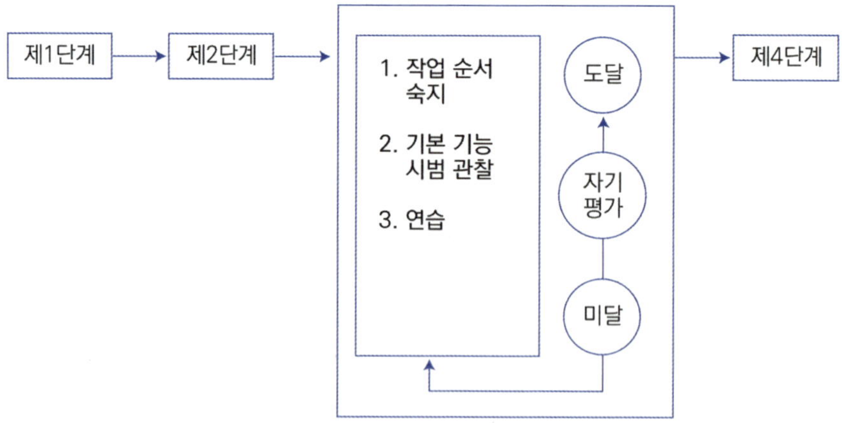

[그림 10-4] 제3단계: 기본 기능 습득 단계

학습자는 기능 실습 교재를 가지고 이제부터 해야 할 일감이 무엇이며, 어떠한 순서로 작업을 하여야 하는가를 알아본 다음 YouTube와 같은 SNS 자료에서 관찰한 작업 방법과 작업 안전 사항을 되살려 공구와 재료를 가지고 작업 순서에 따라 연습을 한다. 연습이 끝나면 기능 실습 교재의 자기 평가 목록에 자신의 작업 결과를 체크한다. 자기 평가의 결과가 만족스럽지 못하면 그 이유를 알아보고, 작업 방법과 순서를 올바르게 수정하여 반복 연습을 하고, 자기 평가가 일정 수준에 도달되면 다음 단계로 진행한다.

(4) 제4단계: 기본 기능 습득 확인 및 평가 단계

개별 확인식 수업 모형의 마지막 단계는 기본 기능의 확인 및 평가 단계로서 교사가 학생이 습득한 기본 기능을 최종적으로 확인하여 평가하는 단계이다. 이 단계는 기본 기능에 대한 총괄 평가 실시 과정과 이를 채점하여 결과를 활용하는 과정으로 구성된다. 이를 도해하면 [그림 10-5]와 같다. 총괄 평가 실시 과정은 지금까지 학습한 기본 기능에 대하여 마지막에 평가하는 과정이다.

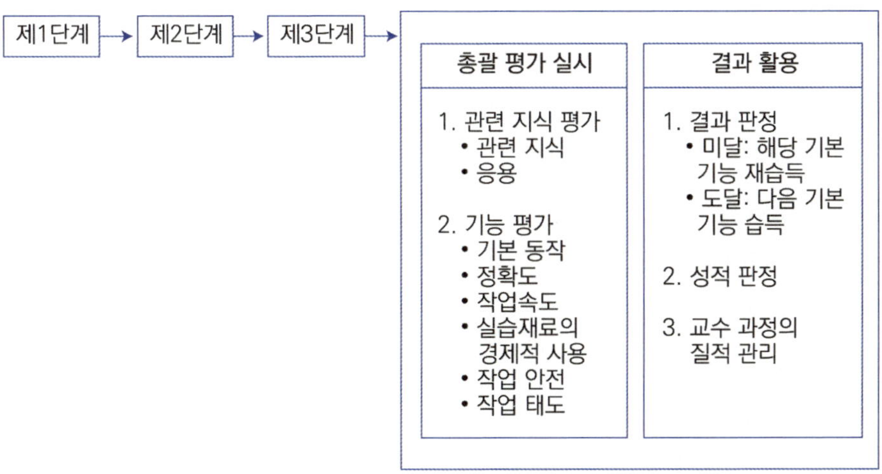

[그림 10-5] 제4단계: 기본 기능 습득 확인 및 평가 단계

이때의 평가는 관련 지식의 평가와 기능 · 태도 평가로 이루어진다. 관련 지식의 평가 관점은 관련 지식과 타 기능과의 관계 및 이의 적용에 있고, 기능 평가의 관점은 기본 동작, 작업순서, 정확도, 작업 속도, 재료 사용, 경제성, 작업 안전, 작업 태도 등이다. 평가 방법은 관련 지식의 경우 지필 검사로 하고 기능의 경우는 실습과정 중에나 완료 후에 한다.

마. 실험 · 실습의 최종 정리

한 교과의 실험 실습을 마치면서 최종 정리를 하는 것은 두 가지 의미에서 매우 중요하다. 첫 번째는 한 학기 동안 사용했던 각종 도구와 장비 등을 수리 정리하고 실험 · 실습을 재정비할 수 있는 기회가 된다. 두 번째는 모든 실험 · 실습의 기자재를 원위치에 정리 · 정돈함으로써 신학기 수업에 임할 때 수업 준비를 하는데 시간을 절약할 수 있기 때문이다. 위와 같은 중요성 때문에 그 학기의 마지막 주는 일반적으로 다음과 같은 실험 · 실습실의 최종 정리를 위해서 시간을 활용할 수 있도록 계획하는 것이 바람직하다.

① 실험 · 실습실 재고 목록 작성
② 다음 학기 실험 실습에 필요한 각종 청구서의 제출
③ 관리하여야 할 기계 목록 준비
④ 관리하여야 할 전기 스위치와 전등의 목록 준비
⑤ 수공구의 안전 보관
⑥ 기계 표면에 기름칠하기
⑦ 수공구에 기름칠하기
⑧ 수업 자료의 보관
⑨ 창문을 잠그고 유리와 차양의 상태를 기록 보고
⑩ 방학 동안 사용될 장비 및 도구를 별도 보관
⑪ 가죽 벨트를 느슨하게 조정

⑫ 사용 중이던 페인트 통을 막고 깨끗하게 하며, 모든 페인트 브러시를 깨끗하게 씻어 보관
⑬ 각종 톱의 날을 갈아 둠
⑭ 학교 당국에 제출하여야 할 보고서의 작성
⑮ 실습실 기록장의 정리 및 보관
⑯ 학생들의 작업대 정리
⑰ 작업대와 기계의 필요한 부분에 칠하기
⑱ 공구실의 정리 정돈
⑲ 실험 · 실습실 내의 각종 창고 정리
⑳ 필요 없는 실험 · 실습 재료 및 폐물 처리
㉑ 실험 · 실습실의 각종 전원 장치의 차단

교사가 한 학기를 마치면서 실습 지도를 하거나 지시서를 개발하는 것이 어느 정도 잘 이루어졌는가를 교사 스스로 평가하는 양식은 다음 〈표 10-4〉와 같다.

〈표 10-4〉 **실험 · 실습지도 평가서(교사용)**

작성법: 교사의 성취도를 그 달성 목표에 따라 「성취 수준」의 적당한 난에 "∨"표 하시오.
특수 상황으로 인하여 적용되지 않는 사항이나 실시 불가능한 사항은 "해당 없음"난에 "∨"표 하시오.

교 사: ____________
날 짜: ____________
자원인사: ____________

평가 기준	성취 수준					
실험 · 실습 지도를 할 때, 교사는	수	우	미	양	가	해당 없음
1. 학급 학생들이 필요로 하는 적절한 종류의 지시를 하였다.	□	□	□	□	□	□
2. 다음의 방법을 활용해서 학급 학생들에게 실습에 대해 충분히 준비시켰다.						
가. 형식화된 지시(예를 들면, 예시적 설명, 시범 등)	□	□	□	□	□	□
나. 작업 지시서	□	□	□	□	□	□
다. 요소 작업 지시서	□	□	□	□	□	□
라. 참고 자료지	□	□	□	□	□	□
마. 학생이 작성한 작업 계획서	□	□	□	□	□	□
기타 학습 자원	□	□	□	□	□	□
3. 필요할 때, 모든 필수품, 장비, 학습 자원이 이용될 수 있도록 확보하였다.	□	□	□	□	□	□
4. 토의를 위한 시간을 주었고, 질문을 하도록 격려하였다.	□	□	□	□	□	□
5. 개인이나 소집단에게 적절한 활동을 해 주었다.	□	□	□	□	□	□
6. 일찍 끝나면 학생이 다른 일을 계속할 수 있도록 준비하였다.	□	□	□	□	□	□
7. 실습 기간 동안 다음의 사항을 달성하기 위해 작업대 사이를 순회하였다.						
가. 모든 학생을 관찰하기 위하여	□	□	□	□	□	□
나. 필요시 적절한 협조를 주기 위하여	□	□	□	□	□	□
다. 학생의 수행 사항에 대한 피드백을 주기 위하여	□	□	□	□	□	□
8. 모든 학생이 활동을 알고 있는가를 확인해 가면서 실습 상황을 관리해 나갔다.	□	□	□	□	□	□
9. 관계 지식서, 그리고 작업 지시서의 요구 사항을 근거로 하여 학생의 성취 능력을 평가하였다.	□	□	□	□	□	□

평가 기준	성취 수준
10. 학생이 지니고 있는 경험이나 기술 수준을 근거로 하여 개발하였다.	□ □ □ □ □ □
11. 지시 사항은 명료하고, 정확하며, 알기 쉽게 되었다.	□ □ □ □ □ □
12. 지시 사항은 명확한 스케치나 삽화 또는 도표 등으로 보충하였다.	□ □ □ □ □ □
13. 요소 작업과 작업을 수행하는 데 따르는 모든 주요 단계는 적절한 순서로 기록되었다.	□ □ □ □ □ □
14. 정확한 기술 용어가 사용되었다.	□ □ □ □ □ □
15. 요소 작업과 작업 요점이 기록되었다.	□ □ □ □ □ □
16. 준수하여야 할 안전 유의 사항이 포함되었다.	□ □ □ □ □ □
17. 작업에 대한 평가 기준이 제시되었다.	□ □ □ □ □ □
18. 지시서의 구성 형식, 그림, 복사 상태가 관심을 끌 수 있도록 되어 있고, 알아보기 쉽게 되어 있다.	□ □ □ □ □ □
19. 지시서의 내용은 학습의 목적과 직접 관련이 있었다.	□ □ □ □ □ □
20. 지시서에 포함된 자료는 최신의 것이고, 정확한 것이었다.	□ □ □ □ □ □

성취수준: 교사는 모든 항목이 "해당 없음"이나 "수", "우" 난에 "∨"표 되어 있는지를 확인한다. "미"이하의 난에 "∨"표 된 항목이 있으면 어떤 추가 학습활동을 하여 보완할 것인가를 반드시 자원 인사와 상의하여 결정한다. 해당 없음은 여건상 해당 항목대로 실험 · 실습 지도를 할 수 없었던 항목을 말한다.

3 실험·실습을 통한 습관 개발

가. 일에 관한 습관의 중요성

실험·실습을 하는 중요한 목적 중의 하나는 일에 관한 올바른 가치관, 태도, 습관 등을 함양하는 것이다. 이러한 일에 관한 능력은 어떤 특정 기능을 함양하는 것 못지않게 중요하다.

습관이란 일을 할 때 깊이 생각하지 않아도 같은 일을 반복해서 할 수 있는 무의식적인 행동을 의미한다. 즉 구두끈 매기, 단추 채우기 등의 동작은 반복에 의한 습관화로 이루어진 거의 무의식적인 행동이다.

좀 더 실제적인 예를 든다면 숙련된 목공은 자기의 톱으로 나무를 자를 때 근육운동의 하나하나에 세심한 정신적 집중을 하지 않아도 잘 자를 수 있다. 이렇듯 톱을 정확하게 잡고, 정확한 방향으로 정확한 압력을 가하여 자를 수 있는 동작은 오랜 시일의 반복에 의하여 이루어진 습성이다. 그러나 그가 처음 톱을 쥐고 일을 배웠을 때는 손과 눈의 동작 하나하나를 조정하여야 하였을 것이다. 숙련공이 하는 동작을 주의 깊게 관찰하고, 동작을 배우기 위하여 세심한 정신적 두뇌의 명령에 의하여 손과 발을 움직였을 것이다. 일반적으로 숙련된 기술자가 일하는 것은 그가 하는 일의 각각에 대하여 생각하지 않고 습관에 의하여 일의 많은 단계를 실행하고 있다.

이런 일을 할 때에는 어떤 분야의 일을 하든 간에 그 일에 공통적인 단계가 있다. 일의 단계에서 한 단계라도 빠지면 어떤 작업도 완성되기는 어렵다. 그 예로 「페인트칠하기」의 단계를 살펴보기로 한다.

첫째, 페인트칠하기 일을 할 준비를 한다.

둘째, 페인트칠할 벽을 정리한다.

셋째, 페인트칠 재료를 준비한다.

넷째, 페인트를 칠한다.

다섯째, 작업을 마치고 뒷정리한다.

이런 일련의 과정이 너무 자세하고 기초적인 것같이 보이나, 이와 같은 구체적인 훈련을 통하여 습관이 되도록 해야 한다. 그렇게 되면 의식적인 노력 없이도 같은 일을 신속 정확하게 실행할 수 있다.

나. 일에 대한 바람직한 습관

실험 · 실습을 통하여 학생들이 길러야 할 올바른 일의 습관은 다양한데, 이들 습관을 요약하여 그림으로 나타내면 [그림 10-6]과 같다.

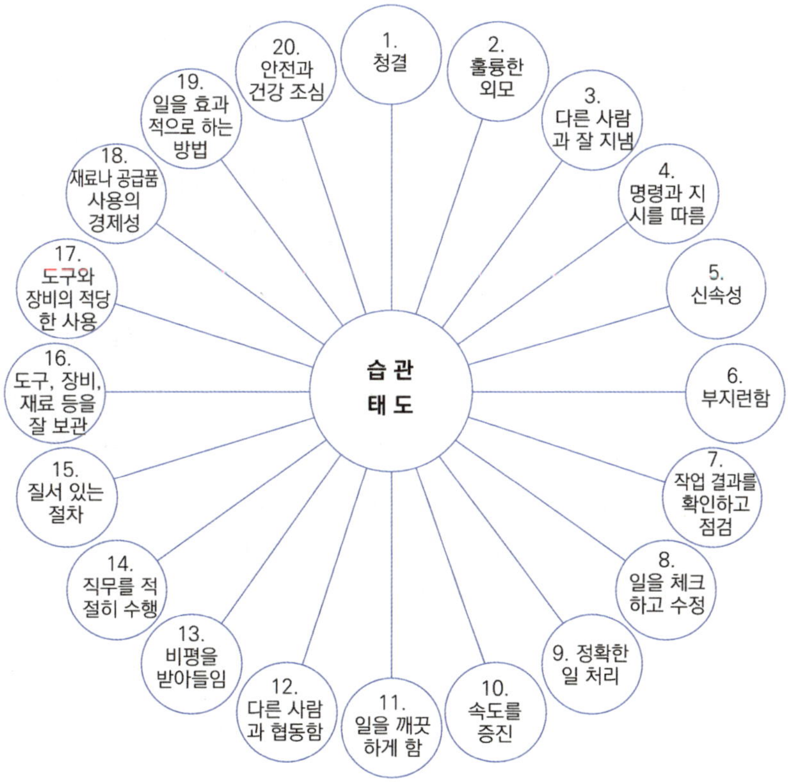

[그림 10-6] 고용주가 원하는 습관 및 태도

다. 일의 습관을 지도하는 원칙

습관을 기르기 위한 기본 원칙 중의 하나는 "습관은 처음부터 바르게 형성시켜야 한다"는 것이다. 즉 첫 실습은 정확하고 바르게 하여 계속 반복되는 실습의 기반이 될 수 있는 것이어야 한다. 첫 실습에서 일에 대한 잘못된 자세나 태도가 있다면 즉시 시정되어야 한다. 잘못된 점을 시정하는 것은 쉬운 일은 아니고, 많은 시간과 노력이 필요하게 되며 학습자에게 실망을 안겨 주는 경우도 있다. 그렇다고 처음부터 완전무결한 실습을 할 수 있다는 것도 아니다. 단지 여기서 강조하고자 하는 것은 모든 주요 작업의 실습은 정확하여야 한다는 점이다. 실습의 첫 시도에는 서투른 부분이 있을 수도 있으나, 그 첫 시도 중 주요 부분에 큰 잘못이 있었다면 이는 시범과 지도 과정에 문제가 있었음을 의미하는 것이다.

첫 실습을 정확하게 실행하기 위해서 실습 시기의 선택, 치밀한 계획 및 기술적 문제 등을 생각해야 된다. 여러 학습자들을 상대로 하는 지도 교사는 개개인의 학습자가 습득한 새로운 기능을 실습하는 자리에 항상 붙어 있을 수는 없다. 그러나 작업 지시서, 요소 작업표, 도표, 사진, 모형, 기타 학습 보조물을 활용하면 개별 지도와 유사한 지도 효과를 올릴 수 있다.

습관을 기르기 위한 두 번째의 법칙은, 첫 실습 후에 반복되는 실습 동작에서 내용상의 변화를 두어서는 안 된다는 것이다. 이 법칙을 따르려면 실습 지도에 있어서 요소 작업표, 작업 지시서, 기타 실습 보조물을 제공하여야 한다. 이것이 필요한 이유는 실습 동작을 반복하는 과정에서 내용상의 변화를 가져오지 않게 하기 위함이다. 습관은 반복할수록 굳어진다. 숙련이란 반복된 행동의 습관화를 의미한다. 이 원칙에 따른다면 바른 행동의 반복은 바른 습관을, 그릇된 행동의 반복은 그릇된 습관을 기르게 된다.

그러므로 올바른 실습 행동의 반복으로 올바른 습성을 개발하도록 하여야 한다.

요약

실험이란 과학적 연구 방법의 하나로 대상에 처치(treatment)를 가하여 인위적인 조건하에서 어떤 현상을 관찰하는 방법이라고 정의한다. 또한 실험은 실험 목적에 따라 다음과 같이 세 가지 형태로 구분할 수 있다.

① 연구 개발을 위하여 미지의 분야에 속하는 문제의 해결을 위한 연구 실험
② 기존 지식을 적용함으로써 현재의 관례나 사태를 개선하기 위한 실험
③ 어떤 사실이나 원리를 완전히 이해할 수 있도록 하기 위해서 이미 알고 있는 원리를 실험을 통해 학습자들이 확실히 이해하도록 하는 실험

실습(practice)이란 학생들이 어떤 기능을 의식적인 노력을 하지 않아도 자동적으로 어느 수준까지는 숙달할 수 있고, 일에 대한 올바른 태도와 습관을 갖도록 하기 위하여 계속적이고 반복적으로 실행하는 정신적 · 육체적 학습 활동이라고 정의한다. 여기서 기능이란 학습한 개념이나 원리를 효과적으로 그리고 자유로이 활용하는 능력, 또는 신체적 활동이나 학습 과제의 수행에서 보이는 정교성과 협응성, 즉 어떤 일을 유능하게 행하는 학습된 능력을 말한다.

실험 · 실습 담당 교사들은 수업에 임하기 전에 필요한 것을 충분히 준비하여야 하고, 실제 수업에 임하여서는 교사와 학생 간에 좋은 관계를 갖도록 노력하여야 한다. 이를 위하여 특히 첫 대면의 시간에 많은 신경을 써야 한다. 실습을 지도할 때 개별화시킴으로써 효과를 가져올 수 있는데 이를 위하여 지시서를 사용한다. 지시서에는 작업 지시서, 요소 작업 지시서, 참고 자료지 등이 있다. 교사가 직접 작성하거나 혹은 준비되어 있는 것을 확보하여 수업에 활용할 수 있다. 기능 학습의 구조와 그 원리를 알아서 개별 확인식 수업 모형에 의하여 실습을 지도하면 좋다. 실험을 지도하는 데도 문제 접근 과정, 계획 준비 과정, 실행 행동 과정, 결과 해석 과정, 적용 발전 과정의 절차가 있다.

일에 대한 훌륭한 습관을 갖게 하는 것은 어떤 특정 기능을 갖게 하는 것 못지않게 중요하다. 이런 일의 습관은 실험 · 실습 지도의 과정에서 구체적인 훈련을 통하여 길러 주어야 하며 그 기본적인 과정이 있다. 교사가 학생들에게 좋은 일의 습관을 길러주기 위하여 처음부터 바르게 계속 반복하여 경험할 수 있도록 치밀한 계획을 세워야 한다.

토의주제

1. 실험 · 실습의 뜻과 중요성에 관하여 서로 토의하여 보자.
2. 실험 · 실습 학습이 다른 일반 학습과 비교하여 갖는 특성을 살펴보자.
3. 각종 실험 · 실습 지시서의 유형을 들고 그 차이를 밝혀 보자.
4. 개별 확인식 수업 모형의 절차에 관하여 토의하여 보자.
5. 시범 실험 · 실습 지도를 하여 보고 나머지 학생들은 그것을 평가하여 보자.
6. 좋은 일의 습관이 무엇인가 토의하여 보자.
7. 좋은 일의 습관을 갖기 위한 방법을 토의하여 보자.

참고문헌

김봉희 외(2004). 「전기기기 실험실습」. 삼성북스.

김성철 외(2003). 「공조냉동실험실습」. 선학출판사.

김진덕 외(2002). 「용접실험실습」. 원창출판사.

서울대학교 교육연구소 편(1994). 「교육학 용어 사전」. 도서출판 하우.

전영주(2001). 「전기설비실험실습」. 광명.

조남지 외(2001). 「제과제빵 실험 실습서」. 유림문화사.

직업훈련연구소 역(1982). 「실험실습지도」. 교사 교육용 교재, 모듈 C-7, 서울: 동 연구소.

황성원 역(2001). 「과학실험실습교육: 주장과 비판」(제리 웰링턴 편). 시그마프레스.

Gagne, R. M. & Briggs, L.(1979). *Principles of Instructional Design.* NY: Holt, Rinehart and Winston.

Heinich, R., Molenda, M., Rusell, J., & Smadino, S.(2002). *Instructional Media and the New Technologies for Learning.* NJ: Pearson.

Klausmeier, H. J., & Goodwin, W.(1975). *Learning and Human Abilities* (4th Edition). New York: Harper & Row.

The University of the State of New York(1981). *Shop Organization and Management.* New York: The State Educational Department.

제11장

현장실습의 지도

〈학습목표〉

1. 현장실습에 관한 법규를 이해한다.
2. 현장실습의 교육적 의의를 이해한다.
3. 현장실습의 주요 유형별 특징을 이해한다.
4. 현장실습 교육을 계획하고 운영할 수 있다.
5. 학교기업의 개념과 활용방안을 이해한다.

1 현장실습의 개념

가. 현장실습의 기원

학습의 효과를 증대시키기 위해서 학습자에게 가급적이면 구체적 경험을 제공하여야 한다는 것은 이미 널리 알려진 사실이다. 그래서 자연을 대상으로 한 교수·학습을 강조하였으며, 행하면서 배워야 한다는 실제적인 경험을 강조하였다. 이러한 구체적인 경험을 바탕으로 하는 학습의 장은 학교뿐만 아니라, 산업 사회에 관련된 기관이나 기업체도 모두 가능하다. 그래서 직업·기술 교육에서는 어느 나라를 막론하고 학교 교육과 산업 현장과의 연계를 통한 실제적인 경험을 얻는 산학 협동 교육이 강조되고 있다.

산학 협동의 예는 각국에서 찾아볼 수 있는데, 대표적인 예로는 미국의 산학협동교육(cooperative education), 영국의 샌드위치 시스템(sandwich system)과 독일의 이원 제도(dual system)를 들 수 있다. 미국의 경우는 1906년 신시내티 대학의 공과 대학생을 대상으로 한 산학 협동 교육과 전문 대학 수준에서 1922년 리버사이드 주니어 컬리지에서 도서관학, 간호학, 건축, 공업 분야에 산학 협동 교육을 실시한 것이 시초이다. 현재 미국 고등학교 및 전문대학에서의 직업·기술 교육이나, 4년제 대학에서도 산학협동교육은 매우 강조되고 있고 상당히 보편화되어 있다.

우리나라의 현장실습 지도는 일제 시대 공업 교육이나 농업 교육에서, 공장이나 유관 기관을 대상으로 현장실습을 실시한 데에서 그 유래를 찾아볼 수 있다. 해방 이후에는 소규모적이고 비형식적인 교육으로 이루어지다가, 1963년 산업교육진흥법이 제정되고, 1968년 대통령 연두 교서에 산학 협동의 필요성이 강조되었다.

나. 현장실습 관련 법규

우리나라의 현장실습에 관한 법적 근거는 1949년 제정, 공포된 교육법의 제11조에서 언급된 이후, 몇 가지의 관련 법규가 제정, 개정되어 왔다. 여기에서는 그 주된 몇 가지의 관련 법규를 제시하였다.

1) 산업교육진흥 및 산학연협력촉진에 관한 법률

현장실습을 법적으로 명문화한 것은 1963년 법률 제1403호로 제정 공포된 산업교육진흥법이라고 할 수 있다. 그 후 지금까지 여러 차례의 개정이 있었는데, 최근 개정은 2017년 말에 법률 제15041호로 개정되었다. 산업교육진흥법은 산업교육을 통하여 근로정신을 함양하고 산업기술을 습득시켜 창조능력을 배양함으로써 국민 경제의 발전에 이바지할 수 있는 산업인력의 양성에 필요한 산업교육의 진흥을 목적으로 하고 있다. 1963년 제정된 산업교육진흥법 제3조의 4에 의하면, 산업교육의 실시에 있어 산업계와 밀접한 협조에 의한 현장실습 계획의 수립을 규정하고 있다. 특히, 1969년 대통령령 제4312호로 산업교육진흥법 시행령이 제정, 공포됨에 따라 본령 제8조의 2에 실업에 관한 학과의 현장실습 기간이 일정기간 규정되었고, 현장실습 산업체의 협조사항, 현장실습에 필요한 시설의 제공, 현장실습 학생의 지도, 현장실습 산업체의 지정공고 등이 규정되었다. 그러나 당시 현장실습은 의무화되지는 않았다.

그 후 산업교육진흥법 시행령이 1973년에 대통령령 제6732호로 개정되면서 제8조의 3에 현장실습을 이수하여야 할 학과와 재학 중 이수하여야 할 학과별 현장실습 기간을 의무화하는 규정이 별표로 명시되었다. 그리하여, 이때부터 산업교육을 실시하는 고등학교, 전문대학, 대학들은 현장실습을 의무적으로 실시하게 되었다.

그러나 1997년에 개정되면서 산학협동, 특히 현장실습에 관한 사항이 대부분

직업교육훈련촉진법에 명시됨에 따라, 현재 '산업교육 진흥 및 산학연협력 촉진에 관한 법률'에는 산업교원의 산업자문 등에 관한 사항을 제외하고는 산학협동과 관련하여 규정된 사항이 제시되어 있지 않다. 다만, 산업교육 진흥 및 산학연협력 촉진에 관한 법률 제5조(기본계획의 수립 등)에 의하면, 교육부장관은 5년마다 산업교육 및 산학연협력 기본계획을 세워야 하며, 이러한 기본계획에 따라 관계 중앙행정기관의 장과 지방자치단체의 장은 연도별 시행계획을 세우고 추진하여야 한다. 이러한 연도별 시행계획에는 '산업교육에 필요한 현장 실습계획'도 포함되어야 한다(동법 제5조 제3항 제3호).

2) 직업교육훈련촉진법

1997년에 제정, 공포된 직업교육훈련촉진법은 자격기본법과 함께 직업교육에서 핵심이 되는 법률 중의 하나이다. 직업교육훈련촉진법은 모든 국민에게 소질과 적성에 맞는 다양한 직업교육훈련의 기회를 제공하고 직업교육훈련의 효율성과 질을 높임으로써 국민생활 수준의 향상과 국가발전에 이바지함을 목적으로 하고 있다. 산학협동과 관련하여 직업교육훈련촉진법의 제2조 제5호에서는 그 개념을 다음과 같이 규정하고 있다. '산학협동'이라 함은 직업교육훈련기관과 산업체(산업체 단체 및 연구기관을 포함한다)가 산업인력의 양성과 산업기술의 개발을 위한 다음의 사항에 관하여 서로 협력하는 활동을 말한다.

① 인력 · 시설 · 설비와 직업교육훈련정보의 공동 활용 및 협동연구
② 특약에 의한 학과 또는 직업교육훈련과정의 설치
③ 직업교육훈련의 위탁실시

직업교육훈련촉진법 제2조 제7호에서는 산학협동의 여러 유형 중 특히 현장실습에 대하여, "직업교육훈련생이 향후 진로와 관련하여 취업 및 직무수행에 필요한 지식 · 기술 및 태도를 습득할 수 있도록 직업현장에서 실시하는 교육훈련과정을 말한다"라고 규정하고 있다. 같은 법 제7조에서는 현장실습의 이수기간, 실습

업체의 선정기준, 실습계약의 체결 등에 관하여 규정하고 있으며, 이에 대한 구체적인 사항은 직업교육훈련촉진법 시행령 제4조에 제시되어 있다. 다음 〈표 11-1〉은 현장실습 이수기간에 대하여 시행령에 규정한 사항을 나타낸 것이다.

이외에도 현장실습과 관련된 법·규정에는 고등교육법과 산업재해보상보험법, 그리고 교육부고시로 고시된 '현장실습표준협약서' 등이 있다.

〈표 11-1〉 현장실습 이수기간의 범위(직업교육훈련촉진법시행령)

별표 호	현장실습 대상	현장실습 기간
1	제19조 제2항 제1호 및 제2호에 해당하는 직업교육훈련기관의 직업교육훈련생 (=1. 산업교육진흥 및 산학연협력촉진에 관한 법률 제2조 제2호에 따른 산업교육기관[3], 2. 고등교육법 제2조 제6호에 따른 기술대학)	초·중등교육법 제23조·제24조 또는 고등교육법 제20조·제21조의 규정에 의한 교육과정 또는 학기의 범위 안에서 교육과학기술부장관이 정하는 교과 또는 실습기간
2	제19조 제2항 제3호에 해당하는 직업교육훈련기관의 직업교육훈련생 (=근로자직업능력 개발법 제2조 제1호에 따른 직업능력개발훈련을 실시하는 기관)	가. 직업교육훈련기간이 2년 이상인 과정: 1월~6월 나. 직업교육훈련기간이 1년 이상 2년 미만인 과정: 1주~3월 다. 직업교육훈련기간이 6월 이상 1년 미만인 과정: 1주~2월 라. 직업교육훈련기간이 6월 미만인 과정: 1월 미만
3	제19조 제2항 제5호에 해당하는 직업교육훈련기관의 직업교육훈련생 (=그 밖에 다른 법령에 따라 설립된 직업교육훈련기관)	가. 직업교육훈련기간이 2년 이상인 과정: 1월~6월 나. 직업교육훈련기간이 2년 미만인 과정: 1주~3월
4	제1호부터 제3호까지 외의 직업교육훈련기관의 직업교육훈련생	당해 직업교육훈련기간의 10분의 1을 초과하지 아니하여야 한다.

3) 산업교육을 하는 다음 각 목의 학교를 말한다.
가. 산업수요에 연계된 교육 또는 특정 분야 인재양성을 목적으로 하는 학교로서 대통령령으로 정하는 고등학교·고등기술학교
나. 직업 또는 진로와 직업교육 과정을 운영하는 특수학교

고등교육법의 주요 내용은 전문대학을 포함하여 산업대학은 산업체를 구성원으로 하는 단체를 포함한 산업체에 위탁하여 교육할 수 있다는 것이다.

산업재해보상보험법에는 현장실습생을 산업체에 근무하는 근로자로 보고, 실습과 관련하여 입은 재해는 근로기준법에 의거하여 재해보상을 받을 수 있도록 규정되어 있다. 그리고 이를 위한 현장실습생의 보험료의 신고 및 납부, 보험급여의 지급 등에 관한 사항에도 규정되어 있다.

현장실습표준협약서에는 현장실습의 목적, 현장실습 방법, 사업주의 의무, 현장실습생의 권리, 현장실습생의 의무, 현장실습시간과 휴식, 여자와 미성년자의 특별보호, 현장실습 수당 및 복리후생, 현장실습의 평가, 현장실습의 해지, 그리고 재해보상 등 현장실습과 관련된 구체적인 사항을 규정하고 있다.

3) 교육과정(2015)상의 현장실습 근거

특성화 고등학교(산업수요 맞춤형 고등학교 포함)는 다양한 직업적 체험과 현장 적응력 제고 등을 위해 학교에서 배운 지식과 기술을 경험하고 적용하는 현장실습을 교육과정에 포함하여 운영해야 한다.

① 현장실습은 교육과정과 관련된 직무를 경험할 수 있도록 운영한다. 특히, 산업체를 기반으로 실시하는 현장실습 운영은 학생이 참여 여부를 선택하도록 하되, 학교와 산업계가 프로그램을 공동으로 개발하고 실습의 과정과 결과를 평가하도혹 한다.

② 현장실습은 지역사회 유관 기관들과 연계하여 다양한 형태로 운영할 수 있으며, 이와 관련된 구체적인 사항은 시·도 교육청이 정한 지침에 따른다.

학교는 실습 관련 과목을 지도할 경우 사전에 수업 내용과 관련된 산업안전보

다. 대학(「고등교육법」 제2조 각 호에 따른 학교, 그 밖에 다른 법률에 따라 설립된 고등교육기관 중 대통령령으로 정하는 기관을 말한다.)

건 등에 대한 교육을 실시해야 하고, 안전 장구 착용 등 안전 조치를 취한다. 현장실습생의 안전사고를 계기로 2018년 2월에 발표한 **"학습중심 현장실습의 안정적 정착방안"**은 **"특성화고등학교 현장실습 매뉴얼"**(교육부, 2013)과 함께 현장실습과 관련한 현실적인 가이드라인이 되고 있다. 이 정책의 핵심은 교육부가 2018년부터 특성화고의 근로중심 현장학습을 학습중심 현장실습으로 개편한 것이다. 교육부는 특성화 고교생의 현장실습 안전사고가 끊이지 않자 '학생을 노동력 제공 수단으로 활용하는 조기 취업 형태의 현장실습'을 2018년부터 전면 폐지한 것이다. 교육부는 근로중심이 아니라 정해진 현장실습 교육프로그램에 따라 실습지도와 안전관리 등을 하는 학습중심 현장실습만 3개월 이내에서 제한적으로 허용하였다. 이에 따라 과거에 비해 현장실습 참여 학생수가 급감하였다.

다. 현장실습의 유형

1) 현장실습의 의의

현장실습교육(work experience education)이란, 기대되는 교육의 성과를 달성하기 위하여 생산적인 작업 현장에서 경험을 얻도록 계획된 프로그램이라고 정의하기도 하고, 상품의 생산·분배 혹은 기업이나 산업체 또는 전문 분야 및 연구기관에서 정상적으로 운영되는 직무에서의 실제적인 활동이라고 정의하기도 한다(Mason et al., 1986).

일반적으로 현장 경험을 통한 교육의 의의는 다음과 같이 종합될 수 있다.

① 학교에서 배운 지식과 기술을 산업 사회의 현장에서 실천해 봄으로써 전공 분야에 관한 이론과 실제를 체험할 수 있게 한다.

② 전공 분야의 여러 직종에 관한 사전 경험을 통하여 졸업 후 자기 적성, 흥미 능력에 알맞은 직업을 선택할 기회를 준다.

③ 학생들에게 일의 존엄성과 자신이 할 일에 대한 책임감·신뢰감·성취감을

갖게 한다.

④ 복합적인 상황 속에서 여러 사람들과 접촉하고 협동하는 과정에서 원만한 인간관계를 가질 수 있는 소양을 길러준다.

⑤ 전공 분야와 관련 있는 사회의 각종 분야와 밀접한 유대 관계를 가질 수 있는 계기가 된다.

⑥ 학교 시설이 부족한 것을 보충할 수 있고, 실험 실습에 소요되는 비용을 줄일 수 있다.

⑦ 학교 교육 과정을 사회의 요구에 보다 적합하게 계획 운영할 수 있다.

교육부 문서인 "특성화고등학교 현장실습 매뉴얼"(교육부, 2013)에 따르면, 현장실습은 학교에서 배운 지식과 기술을 산업현장에서 적용하고 다양한 직업체험을 통해 현장적응력을 기르기 위한 교육과정의 일환이다. 이러한 현장실습의 세부적인 목적은, 첫째, 전공분야와 관련된 직종 등에 대해 사전 체험과 실습을 통해 자신의 소질, 적성, 전공 능력에 맞는 직업 선택 능력 향상과 기회를 제공하고, 둘째, 실습 산업체 구성원 간의 인간관계 형성을 통해 관련 직무 능력 습득뿐만 아니라 자신의 역할에 대한 책임 의식과 사회 구성원으로서 조직을 이해하고 상호 협력하며 적응할 수 있는 자질과 태도를 기르며, 셋째, 산업체에 필요한 현장 적응력을 갖춘 전문 기술 인력을 양성하고, 산·학·관 협동 체제를 활성화하여 국가 산업발전에 기여하는 것이다(교육부, 2013).

2) 현장실습의 유형

현장실습교육의 유형은 교양 교육의 목적과 직업 교육으로서의 목적으로 실시되는 프로그램으로 구분할 수 있다. 교양 교육으로서의 현장 경험은 현장의 일을 관찰하기 위한 프로그램(work observation program)과 현장의 일반적인 일을 실제로 체험하는 프로그램(general work experience program)으로 세분할 수 있다.

또 직업 교육으로서의 현장 경험은 워크 스터디 프로그램(work study program), 인턴십(internships), 그리고 산학 협동 교육(cooperative education program)으로 세분할 수 있다.

(1) 현장의 일 관찰(work observation)

이는 학생들이 작업 현장을 관찰하고 현장에서의 직무는 수행하지 않으며, 각종 직무를 이해하는 데 목적이 있다. 보수는 없고 학습 기간은 일반적으로 수일에서 1주간 정도로서 사전에 실내수업을 통하여 직업 지도와 이에 관한 토의가 이루어질 때 학습이 시작된다.

(2) 일반 현장실습 경험(general work experience program)

학생들이 자신의 전공과는 직접적인 관계는 없지만 작업현장에서 실제로 일을 체험한다. 학생들의 농촌 현장 실습, 사회복지기관에서의 봉사활동 등이 그 예다. 특히 이는 교양 교육으로서의 교육적 가치가 있는 일을 하게 된다. 보수는 받을 수도 있고 안 받을 수도 있다. 실습 기간은 다양하며, 학교 수업과는 직접적으로 연관을 갖지 않으며, 학교로부터의 지도 감독은 제한되어 있다.

(3) 워크 스터디(work study)

이는 학생들이 표준 직무 조건 상태(approved job situation)에서 일을 수행한다. 일반적으로 보수를 받으며 학점으로 인정을 받는다. 현장실습 이전에 직무(job) 경험과 연관된 학교에서의 실내 수업은 거의 없다. 실습 기일은 대개 1학기 내지 2학기 정도이다.

(4) 인턴십(internship)

이는 전문 대학이나 4년제 대학에서의 전문직 혹은 준전문직에 관한 교육을 위하여 적용된다(Stadt & Gooch, 1984). 학교 수업을 통하여 학습한 능력을 졸업 전에 현장에서 종합적으로 경험하게 된다. 전문 직업인이 수행하는 실제 상황에서 그대로 직무를 수행한다. 현장에서의 직무 수행은 새로운 지식이나 기술을 배우는 것보다 이미 학교에서 배운 지식이나 기술을 적용해 보도록 하는 데 주목적이 있다. 완전한 경험을 얻기 위하여 최소한 3개월에 걸친 전일근무와 그곳에서의 숙식 생활을 필요로 한다. 학생들은 일반적으로 대학 당국에서 선정한 장소에서 일하게 되며, 인턴십을 제공하는 기관의 전문가에 의해 지휘 감독을 받으며, 일정한 수당을 받는다.

(5) 산학 협동 교육(cooperative education system)

산학 협동 교육의 실습 내용은 학생들의 진로 목표(career objective)에 근거하며, 작업 장소는 실내 수업을 위한 직업적인 실험실(occupational laboratory)이 된다. 실습 장소는 주의 깊게 선정되며, 학교에서의 수업과 밀접한 관계가 있다. 보수를 받고 학점을 인정받는 것이 보통이며, 철저한 학교의 지도 감독이 따르며, 실습 기간은 특수하게 1년 내지 2년 이상이다.

이상의 현장실습 지도의 유형을 교양 교육과 직업 교육의 목적으로 구분하여 차이점을 구체적으로 비교하여 보면 〈표 11-2〉와 같다.

현장 경험을 통한 교육의 의의는 학습은 항상 어떤 개인의 실제적인 생활 체험인 경험에 기초(learning by doing)를 두어야 한다는 교육 철학적 이론과, 학습자가 학습하여야 할 상황에 직접 참여하도록 하여야 한다는 교육 심리학의 학습 이론을 근거로 하여 찾아볼 수 있다.

〈표 11-2〉 교양 교육과 직업 교육으로서의 현장 실습 지도의 특성 비교

비 교 내 용	교 양 교 육	직 업 교 육
(1) 목적	분야별 교양 수준 향상	직업적 능력 배양
(2) 실시 근거	학습자의 일반적 요구	생애 개발
(3) 고용 자격	관찰자 자격	배우는 근로자 자격
(4) 직무 형태	유용한 정시제 근무	생애 개발을 위한 직무
(5) 학교 교육 연관	간접적	직접적
(6) 직무의 교대	융통성 있게 유도	다양한 직종 체험 유도
(7) 선발 기준	개방적	선택적
(8) 교육 장소	일정 법규 내의 모든 장소	교육 능력과 관심이 있는 기관
(9) 교사 활동	교사의 책임 시간 외로 활동	전담 교사 필요
(10) 감독	실습 범위와 내용이 한정	수용자와 제 문제의 유기적 관계 필요
(11) 보수	원칙적으로 보수 없음	보수 요구

2 현장실습의 계획과 운영

가. 현장실습의 계획

현장실습 교육의 궁극적인 목적은 학교가 설정한 교육 목표를 달성함에 있다. 따라서 현장실습 교육은 학교에서 실시되는 모든 교육과 밀접한 관계를 갖고 있으며, 이에 대한 긴밀한 협조와 상호 보완 관계하에서 그 성과를 기대할 수 있다. 그래서 현장실습 교육을 계획하기 위해서는 많은 활동과 절차가 필요한데, 이를 간단히 설명하면 다음과 같다(Herman, 1975).

1) 현장실습 교육의 목표 설정

현장 경험을 통한 교육의 유형을 설명할 때 제시하였듯이, 현장실습은 그 목적에 따라 유형이 다양하다. 따라서 현장실습을 실시하려고 할 경우에는 그 목적이 교양 교육으로서 현장 작업 관찰이냐, 현장에서의 실제적인 실무 경험에 있느냐, 아니면 직업 교육으로서 워크 스터디, 인턴십 또는 산학 협동 교육이냐가 명확히 정립되어야만 한다. 그렇게 함으로써 학교, 학생, 고용주, 지역 사회, 학부모들이 목적 의식을 갖고 현장실습에 임하고 또 각자 맡은 역할을 올바로 수행할 수 있다.

2) 현장실습 교육에 필요한 기본 조사

현장실습 교육의 목표를 설정하고, 프로그램을 계획하고 운영하기 위해서는 이를 위한 기초 조사가 실시되어야 한다. 기초 조사의 주된 내용은 학생에 관한 것, 학생들이 학습할 현장의 기업 및 관련 기관, 이에 관련된 전반적인 지역 사회 조사가 주가 된다. 학생에 관한 기초 조사로는 다음과 같은 사항이 조사 분석되어야 한다.

① 학생 개개인의 학습 능력의 진단
② 현장실습 교육 프로그램에 대한 흥미와 이해
③ 현장실습을 통하여 학습하고자 하는 학습의 내용과 요구
④ 진로, 특히 취업 및 진학 계획
⑤ 직업에 대한 관심과 희망 분야
⑥ 학생 개개인의 생활관
⑦ 개인의 성격
⑧ 사회 · 경제적 특성

현장실습 교육 기관이나 지역 사회를 중심으로 조사할 항목은 아래와 같다.

① 조사에 답해 주는 사람의 성명과 직위
② 기업이나 대상 기관의 형태 및 특성
③ 현재 고용되어 있는 직원 수
④ 예상되는 고용 인력의 증원 또는 감원 등의 인력 수요 조사
⑤ 학생이 현장실습에 임하게 되었을 때 맡게 될 직무
⑥ 그 산업체의 기술, 목적, 고용 형태의 변화 가능성
⑦ 그 산업체가 현재 실시하고 있는 훈련 프로그램, 체제, 실습 대상, 수용 가능 시설 및 능력
⑧ 현장실습의 의의에 대한 관심도와 태도 및 학교 교육에 협조하고 참여하려는 태도
⑨ 학생들과 학교가 희망하는 분야에서 현장실습 교육을 할 수 있는 장소, 수용 능력, 시간, 기간, 프로그램의 유형 등에 관한 종합적인 자료 조사 실시

나. 현장실습의 운영

위와 같은 기초 조사를 실시하고 계획을 수립하여 운영하는 과정은 일반적으로 다음과 같다.

① 현장실습 교육 운영 위원회를 조직하고 전담 교사를 선정한다.
② 학생 조사를 기초로 현장실습 교육 목표를 설정하고 이를 위해 현장에서는 어떤 것을 학습하게 되며, 이들을 어떤 단계와 절차에 따라 가르칠 것인가를 계획한다.
③ 지역 사회 조사를 기초로 위와 같은 실습을 할 수 있는 장소를 정하고 시기, 기간, 교육 내용 및 방법, 숙식, 교통 문제 등에 관하여 고용주 및 현장 지도 교사와 협약을 한다.
④ 학교의 행정적인 지원 체계, 특히 예산 문제, 학교 수업 기간과 현장실습

기간의 수업 조정, 현장 지도 교사 및 고용주와의 협조 체제 등에 관하여 계획한다.

⑤ 학교, 학생, 고용주 및 현장 지도 교사의 합의하에 산학 협동 교육 프로그램을 계획하고 이에 대하여 학생들에게 오리엔테이션을 실시하며, 고용주 및 현장 지도 교사에게 산학 협동 교육 프로그램을 홍보하고 협조를 청한다.

⑥ 학생들을 현장에서 생활하도록 조치하고 수시로 실습 현장을 방문하여 지도 조언한다.

⑦ 현장실습 교육 결과를 사전에 설정한 평가 기준에 의하여 평가하고 학교, 학생, 고용주, 현장 지도 교사와 공동 평가회를 개최한다.

⑧ 다음 해 산학 협동 교육을 위한 개선 방안을 모색한다.

현장실습 교육이 이루어지는 동안 학생들은 현장실습 일지를, 교사는 현장 지도를 통한 지도 보고서를, 현장 지도 교사는 학생 평가서를 작성하여야 한다. 현장실습 일지에 포함되어야 할 사항은 다음과 같다.

① 현장실습의 목적
② 현장실습 시 유의 사항
③ 현장실습 일지 기록상의 유의점
④ 현장실습지 안내도
⑤ 현장실습 기관에 관한 전반적인 조사
⑥ 실습 계획서
⑦ 실습 일지

교사는 현장실습 지도서를 작성하여야만 하는데 여기서 포함될 사항은 다음과 같다.

① 실습 장소명
② 지도학생, 지도내용, 지도를 통한 애로 및 건의 사항

③ 지도 일시, 지도자명

실습 현장 지도 교사가 실습생을 평가 시, 평가 항목에 포함될 사항은 다음과 같다.

① 실습 태도(작업, 실험을 성실히 하는 태도)
② 작업 및 실험 능력(작업에 대한 신속, 정확, 완결성)
③ 새로운 실습 상황에도 쉽게 익혀서 수행할 수 있는 적응력
④ 현재 실시하고 있는 실습 내용에 대한 지식과 기술의 정도
⑤ 용모, 복장, 언행이 단정한 정도
⑥ 실습생과 직원 상호 간의 협동심 및 원만한 인간관계
⑦ 매사에 적극적이고 창의적인 활동성
⑧ 실습 기간 중 근면성(출퇴근 상황도 포함)
⑨ 자기가 맡은 일에 대한 책임감과 독자적으로 수행할 수 있는 능력
⑩ 실습 중 혹은 후에 각종 기재 기구의 관리 철저와 실습장을 정리 정돈하는 태도

다. 관계자 간의 협력 체제

현장실습 교육 프로그램을 성공적으로 수행해 나가는 데 주도적인 역할을 담당하는 교육자들은 현장실습 교육 전담 교사, 고용주, 현장에서의 지도 교사 등이다. 이들이 서로 협력하여 프로그램을 계획, 운영해 나아갈 책임을 수행하는 과정에 필요한 각각의 역할은 다음과 같다.

1) 현장실습 교육 전담 교사

(1) 교육 계획자로서 전담 교사

① 학습자인 학생들의 관심을 조사한다.
② 산업체 고용주들을 교육의 장에 활용할 수 있는 가능성을 조사한다.
③ 정책 평가 기준 합의 사항 등을 기술한다.
④ 경비 확보에 노력한다.
⑤ 교육 프로그램 계획에 노력한다.

(2) 공무 관계의 전담자로서의 전담 교사

① 홍보 활동에 노력한다.
② 보고서와 공문서로 되는 정보들을 준비한다.

(3) 관리자 및 교육자로서의 전담 교사

① 자문 위원회를 조직하고 기능이 잘 발휘되도록 노력한다.
② 계획에 참여하는 고용주와 함께 학생과 면담하고 산업체에 학습자를 어떻게 배치할 것인가를 조정한다.
③ 학습자들이 실습과 관련된 자격증을 취득하도록 돕는다.
④ 학생들을 위한 교육 프로그램을 개발한다.
⑤ 학교 내의 지도와 현장 경험을 조정한다.
⑥ 현장실습 기간 동안 학생과 교사와 함께 계획된 성과를 달성한다.
⑦ 수시로 고용주와 의논하고 현장의 학생들을 방문한다.

(4) 상담자로서의 전담 교사

① 프로그램상의 문제뿐만 아니라 개인적인 문제를 학생과 의논한다.
② 직업 선택을 하는 학생을 돕는다.

(5) 평가자로서의 전담 교사

① 지역 사회 고용 현황의 실태를 파악한다.
② 현장실습 프로그램에 대한 학생들의 준비 정도를 파악한다.
③ 고용주가 산학 협동 프로그램에 적절한지의 여부를 알아본다.
④ 전체적인 프로그램에서 계획된 일련의 평가 단계를 수행한다.
⑤ 졸업 후에 학습할 내용에 대해서 연구한다.

이러한 현장실습 교육 전담 교사로서의 역할을 수행하기 위하여 전담 교사가 갖추어야 할 자질은 아래와 같다.

① 전담 교사는 지도, 상담, 공무, 고용주와의 관계, 직업의 전망, 현장에 학생들을 배치하는 과정, 관리, 고용에 관한 기본 사항, 지도 기술에 대해 능력을 가져야 하며, 학습 과정에서 교수진이나 현장 감독들을 파악할 수 있는 능력이 있어야 한다.
② 용모, 자신감, 동정심, 강한 동기, 조직과 지도에 민첩함, 친근하고 인간적인 모습을 지녀야 한다.
③ 전담 교사는 일반적으로 전공 분야뿐만 아니라 상담, 조정, 교수·학습 과정과 같은 직업에 관련된 주제에 대한 인식과 지식을 가져야 한다.

2) 고용주

고용주의 역할과 자질은 현장실습 교육 전담 교사나 현장 지도 교사 못지않게 중요하다. 고용주는 학생들이 현장에서 학습을 효과적으로 수행할 수 있게 환경을 조성하여 주고, 학생을 지휘 감독하며, 그 학습 결과를 평가하는 등 다양한 역할을 수행하여야 한다. 현장실습 교육 연합회가 제시한 고용주들의 활동 지침을 요약하면 다음과 같다.

① 고용주는 현장실습 교육이 교육 프로그램의 한 유형이라는 것을 잘 이해하여야 한다. 고용주는 교육적인 관점에서 특정의 학문적인 경험과 현장에서의 실제적인 요소를 조화시키는 것을 강조하고, 실습을 마친 학생이 기업체에 취업할 경우 일련의 연계성 있는 산학 협동 경험이 제공되도록 하여야 한다. 학습에 가장 도움이 되는 직무에 학생을 배치하고, 학생과 고용주의 장기적인 목적을 고려해야 한다.

② 현장실습 교육에 참여하고 있는 학생을 조직의 일원으로 포함시키고 육성시키는 성실한 자세가 있어야 한다.

③ 현장실습은 회사 직원의 능력을 개발하는 데 중요한 프로그램이 될 것이라는 최고 경영자적인 행동이 필요하다.

④ 현장실습 교육을 이해하고 동의하며 적극적으로 참여하는 우수한 현장 지도교사를 임명하고, 회사 전체에 걸쳐 프로그램을 발전 육성시킬 수 있는 위치에 있어야 한다.

⑤ 현장 지도 교사에게 특별한 관심을 갖고 지도 감독자로서뿐만 아니라, 교육자로서 행동할 것을 특별히 강조하고 관심을 갖는다.

⑥ 현장실습 교육에 소요되는 비용은 특별 회계를 통하여 지출되게 함으로써 경상비에서 지출되는 것을 피하고, 학생들의 현장실습을 교육적 관점에서 실시할 수 있도록 프로그램을 계획한다.

⑦ 다소의 경기 변동 속에서도 어느 정도는 현장실습 프로그램이 유지되어야 한다는 현장실습 교육에 대한 철학이 확립되어 있어야 한다.

⑧ 학생들에게 창의적이고 호감이 가는 프로그램이 되도록 노력한다.

⑨ 학생들에게 공정하고 사기 진작이 될 수 있는 보수를 지급한다.

⑩ 학생들에게 특별 수당은 지급되지 않지만 가급적이면 많은 경제적 혜택을 주도록 노력한다.

라. 현장실습의 평가

현장실습을 마치고 나면 현장 지도를 담당하였던 교사와 순회 지도를 한 지도 교사의 평가 결과를 근거로 학생들의 현장실습 결과가 평가되어야 한다. 평가는 서면에 의한 것 외에 현장에서 실습생과 주최 기관의 담당자와 실습이 끝날 무렵 좌담을 개최하거나 학생들이 실습을 마치고 학교에 돌아온 후 담당 교사와 현장실습에 관한 평가회를 갖는 것이 바람직하다. 그리고 현장실습을 최종 정리하는 입장에서 학생들에게는 실습 소감을 반드시 써서 제출하도록 함이 좋다.

마지막으로 현장실습을 마무리하는 과정으로 학교 당국은 현장실습을 담당한 기관과 지도 교사에게 감사의 인사를 하는 것을 잊지 말아야 한다. 아울러 다음 해의 현장실습을 위해 현장실습에 관한 자료가 문서화되어 정리되어야 할 것이다.

〈표 11-3〉 현장실습 평가 구분(예시)

구 분	평가영역	평가비율	배점	비 고
산업체 평가	실습 과제 수행	70%	40점	세부평가 영역은 실습 평가서 참조
	안전관리		10점	
	태도		10점	
	출결		10점	
학교 평가	실습일지	30%	10점	세부평가 영역은 현장지도 복명서 참조
	순회지도 교사 평가		20점	
총계		100%	100점	

이상과 같이 현장실습이 계획, 실천, 평가되는 실무적인 과정을 요약하면 [그림 11－1]과 같다.

산업체 사전 답사	기존 파견업체 및 신규 파견가능업체 파악
↓	
현장실습 의뢰	현장실습 의뢰 공문(학교 안내서 첨부) 발송
↓	
배정의뢰서 접수	산업체로부터 현장실습생 배정의뢰서 접수
↓	
산업체 사전 답사	현장실습 적합성 등 제반 여건 확인 답사 결과 복명
↓	
산업체 선정	학과 구성원의 협의
↓	
희망자 조사	학생에게 산업체 관련 정보 공개
↓	
현장실습생 선발	파견순위부 활용 대상 학생 추천 및 선발 후 학생에게 통보
↓	
학부모 및 학생 상담	보호자 및 학생과의 상담 후 "현장실습 동의/서약서" 작성 산업체에서 요구하는 서류 제출 보호자 및 학생에게 선정 결과 통보
↓	
현장실습 계약	학교장과 산업체장의 협의로 체결 "현장실습표준협약서" 작성 "현장실습 동의 및 서약서" 첨부
↓	
현장실습 파견	학교장 결재 사전 교육 파견 산업체에서 직접 인솔함을 원칙으로 함 실습기간 종료 시 즉시 복교 실습기간 중 복교하는 경우 "복교사유서" 작성 · 비치
↓	
등교 · 순회지도 및 평가	월1회 이상 등교 지도 순회지도 강화 단위학교의 현장실습세부운영계획과 학업성적관리규정에 의한 객관적인 평가 실시

[그림 11-1] 현장실습 추진절차

자료: 교육인적자원부(2006)

마. 현장실습운용 서식

현장실습표준협약서 [교육부 고시 제2018-165호, 2018.9.28]

제1조(목적) 이 현장실습협약서는 기관대표(이하 "현장실습기관"이라 한다)와 학교학생(또는 훈련원생)(이하 "현장실습생"이라 한다) 학교장(또는 훈련원장)(이하 "직업교육훈련기관"이라 한다) 상호 간에 현장실습에 필요한 사항을 정하고 이를 성실하게 준수할 것을 약정함을 그 목적으로 한다.

제2조(용어의 정의) "현장실습"은 교육 또는 훈련을 목적으로 하는 사업 또는 사업장에서 일을 경험하는 것을 말하며, "현장실습생"은 임금을 목적으로 근로를 제공하는 근로자와 달리 교육 또는 훈련을 목적으로 사업 또는 사업장에서 일을 경험하는 자를 말한다.

제3조(현장실습 기간 및 장소) ① 현장실습 기간은 20 년 월 일부터 ~ 20 년 월 일로 한다.

② 현장실습은 직무를 수행하는 "현장실습기관"의 산업현장시설을 이용하여 실시한다. 다만, 직무와 관련된 이론 등의 교육훈련의 경우 산업현장시설 내외부의 별도의 시설에서 실시할 수 있다.

제4조(현장실습방법 및 절차) ① 현장실습은 교육과정(또는 직업교육훈련과정)에 의거 "현장실습기관"이 "직업교육훈련기관"과 협의하여 작성한 현장실습계획에 따라 실시한다. 이때 현장실습계획에는 정해진 기간 동안 필요한 직무능력을 높일 수 있도록 교육훈련 목적 및 목표, 교육훈련 내용 및 방법, 현장실습담당자, 교육훈련 장소 및 시간, 교육훈련 대상 등이 포함되어야 한다.

② "직업교육훈련기관"은 현장실습의 내실화를 위해 제5조 제4호에 따른 산업체 현장실습 담당자와 직업교육훈련기관의 교사(또는 직업교육훈련교사)가 참여하는 현장실습협의체를 구성하며, 현장실습협의체는 "현장실습기관"과 현장

실습에 관한 제반사항을 협의한다. 다만 "현장실습기관"의 산업현장시설에서 현장 실습하는 현장실습생이 적어 현장실습협의체 구성의 필요성이 없는 경우 "직업교육훈련기관"이 "현장실습기관"과 직접 현장실습에 관한 제반사항을 협의한다.

③ "현장실습기관"은 "현장실습생" 또는 "직업교육훈련기관"이 요청 시 매월 1회 이상 "현장실습생"이 소속된 직업교육훈련기관에 출석하여 직업교육훈련 및 평가를 받을 수 있도록 한다.

제5조(현장실습기관의 의무) "현장실습기관"은 현장실습이 내실 있게 실시되도록 다음 각 호의 사항을 준수한다.

1. "현장실습생"의 전공과 희망을 고려하여 현장실습부서에 배치하고, "현장실습생"이 다양하고 폭넓은 현장경험을 쌓을 수 있도록 순환실습기회를 제공할 것
2. 현장실습에 부합하는 범위 내에서 "현장실습생"의 신체적 부담 능력을 고려하여 현장실습과제를 부여할 것
3. 현장실습에 필요한 시설, 공구, 재료 등을 제공할 것
4. 현장실습을 지도할 능력을 갖춘 현장실습담당자를 배치하여 "현장실습생"의 현장실습을 성실하게 지도할 것
5. "직업교육훈련기관"이 현장실습표준협약의 이행 여부 등을 확인하고자 할 경우 이에 협조하는 한편 그 확인 결과 드러난 개선 및 변경사항을 현장실습에 반영하도록 노력할 것
6. "현장실습생"에게 「근로기준법」, 「산업안전보건법」 등 노동관계법령에 대한 교육을 실시할 것
7. "현장실습생"에게 직장 내 성희롱 예방교육을 실시할 것

제6조(직업교육훈련기관의 의무) ① "직업교육훈련기관"은 "현장실습생"의 현장실습에 앞서, 현장실습 협약 내용, 계획, 방법, 준수사항, 관련법, 제7조 및 제8조에 따른 현장실습생의 권리와 의무에 관한 사항 등을 포함한 교육을 실시하

여야 하며, 이때 교육내용은 "현장실습기관"과 협의해야 한다.

② "직업교육훈련기관"은 "현장실습생"의 현장실습 출결상황을 관리해야 한다.

③ "직업교육훈련기관"은 현장실습에 관한 제반사항을 매월 1회 이상 점검해야 한다.

제7조(현장실습생의 권리) ① "현장실습생"은 현장실습 시 산업현장의 적응력을 배양할 수 있도록 적정한 지도를 받을 수 있는 권리를 가진다.

② "현장실습생"은 현장실습기간 중 산업재해로부터 보호받을 권리와 산업재해 시 적정한 보상을 받을 권리를 가진다.

③ "현장실습생"은 고의 또는 중대한 과실이 있는 경우를 제외하고는 현장실습과 관련하여 손해배상 책임 등의 불이익을 받지 않을 권리를 가진다.

제8조(현장실습생의 의무) "현장실습생"은 다음 각 호의 사항을 준수한다.

1. 현장실습과제를 성실하고 근면하게 수행할 것
2. 현장실습기간 중 실습에 필요한 범위 내에서 해당 사업장 질서에 관한 규정을 준수할 것
3. 현장실습을 위한 기계, 공구, 기타 장비가 파손되거나 분실되지 않도록 주의깊게 사용할 것
4. 현장실습 도중 알게 된 "현장실습기관"의 기밀을 누설하지 않을 것

제9조(현장실습 시간과 휴식) ① 현장실습 시간은 주 시간을 원칙으로 하며, 1일에 시간(현장실습 초기의 적응기간 일은 시간)으로 한다. 다만, 직업교육훈련촉진법 제9조의 2에 따라 1일 7시간 이내, 주당 35시간을 넘지 않도록 하되 "현장실습기관"이 "현장실습생"의 동의를 얻은 경우에는 현장실습 학습목적에 한해 1일에 1시간, 1주일에 5시간 범위 내에서 연장할 수 있다.

■ 1일 1시간 연장에 대한 동의 여부: (동의, 부동의)(해당사항에 ○표)

② 현장실습 중 휴식시간은 분(집체교육훈련 시 1시간당 분)으로 한다. 다만, 「근로기준법」 제54조에 따라 1일 현장실습시간이 4시간 이상일 경우 30분 이상, 8시간인 경우에는 1시간 이상의 휴식시간을 현장실습 시간 중 부여하여

야 한다.

③ "현장실습기관"은 "현장실습생"에게 1주 2회 이상의 휴일을 주어야 한다.

④ "현장실습기관"은 직업교육훈련촉진법 제9조의2에 따라 야간(오후 10시부터 오전 6시까지) 및 휴일에 "현장실습생"에게 현장실습을 시켜서는 아니 된다.

제10조(현장실습생 특별보호) ① "현장실습기관"은 "현장실습생"을 「근로기준법」 제65조 및 같은 법 시행령 제40조 별표4에서 정하고 있는 도덕상 또는 보건상 유해・위험한 사업에 현장실습을 시켜서는 아니 된다.

② ("현장실습생"이 18세 미만인 경우) "현장실습기관"은 「근로기준법」 제65조 및 제72조에 따라 "현장실습생"을 보호하여야 한다.

③ ("현장실습생"이 여성인 경우) "현장실습기관"은 "현장실습생"이 청구하면 월 1일의 생리결석을 인정해야 한다.

제11조(안전・보건상의 조치) "현장실습기관"은 "현장실습생"의 산업재해를 예방하기 위하여 안전・보건교육 실시, 작업에 적합한 보호구 지급, 해당 기계・기구・설비 등에 대한 위험방지 조치 및 원재료・가스・분진 등에 의한 건강장해 방지조치 등 안전・보건상 필요사항을 조치한다.

제12조(재해보상) "현장실습기관"은 "현장실습생"이 현장실습과 관련하여 재해를 입은 경우에는 「산업재해보상보험법」 제123조(현장실습생에 대한 특례)에 따라 재해보상을 한다. 다만, "현장실습기관"의 사업이 「산업재해보상보험법」이 적용되지 아니하는 경우에는 「산업재해보상보험법」의 보상에 준하는 재해보상을 한다.

제13조(현장실습 수당 및 용품 등) ① "현장실습기관"은 식비, 교통비, 복지비 등을 포함한 현장실습 수당을 다음과 같이 매월 일에 지급한다. 다만, "현장실습기관"은 "현장실습생"이 현장실습을 중도 포기하거나 무단결근하는 경우에는 그 실습일수에 비례하여 현장실습 수당을 지급한다.

– 다 음 –

■ 20 년 월 일부터 ~ 20 년 월 일까지 매월(일) 원

② 중식의 제공 여부는 "현장실습기관"의 사규 또는 사업장 관행을 준용한다.

③ "현장실습기관"은 현장실습기간 중 "현장실습생"에게 현장실습교재, 작업복, 실습재료, 개인용 공구, 안정보호구, 기타 현장실습에 필요한 물품을 무상으로 제공한다.

제14조(복리후생) "현장실습기관"은 "현장실습생"에게 식당, 휴게실, 의무실, 기숙사, 통근버스 등의 복리후생시설을 이용할 수 있도록 편의를 제공한다.

제15조(현장실습의 평가) "현장실습기관"은 "직업교육훈련기관"이 정한 기준에 따라 "현장실습생"의 현장실습 결과를 평가하여 그 결과를 "직업교육훈련기관"에 통보한다.

제16조(포상) "현장실습기관"은 "현장실습생"의 현장실습태도가 우수하여 타의 모범이 되거나 현장실습기간 중 특별한 선행이 있는 경우에는 포상할 수 있다.

제17조(현장실습내용의 변경) 현장실습생의 소질 · 건강 · 기능습득의 정도 또는 기타의 사유로 인하여 "현장실습기관"이 현장실습내용을 변경하려면 "현장실습생"과 "직업교육훈련기관"의 동의를 얻어야 한다.

제18조(현장실습계약의 해지) ① "현장실습기관"과 "현장실습생"은 현장실습기간 동안에 계약을 해지해야 할 부득이한 사유가 있을 때에는 계약해지일 일 전에 해지예고를 하고 계약을 해지할 수 있다. 이 경우 "현장실습기관"과 "현장실습생"은 "직업교육훈련기관"과 사전에 협의한다. 다만, "현장실습생"이 「근로기준법」 제65조 및 같은 법 시행령 제40조 별표4에서 정하고 있는 도덕상 또는 보건상 유해 · 위험한 상황에 있다고 판단되는 경우에는 즉시 계약을 해지할 수 있다.

② 계약의 해지는 서면으로 하며 해지예고 시에는 그 사유를 명기하여야 한다.

제19조(현장실습중단 방지) "현장실습기관"은 "현장실습기관"의 귀책사유로 인하여 "현장실습생"의 현장실습이 중단될 경우에는 "직업교육훈련기관"과 협의하

여 "현장실습기관"과 동일하거나 유사한 직종의 다른 현장실습 산업체로 "현장실습생"을 알선하는 등 "현장실습생"의 현장실습이 중단되지 않도록 노력하여야 한다.

제20조(취업) "현장실습기관"은 현장실습 수료자에 대해서는 우선적으로 채용하도록 노력하여야 한다.

제21조(수료증명서) ① "현장실습생"이 제4조 제1항에 따른 현장실습계획에 따라 현장실습을 이수 후 "현장실습생" 또는 "직업교육훈련기관"이 요청 시 "현장실습기관"은 "현장실습생"에게 현장실습 수료증명서를 교부한다.

② "현장실습기관"은 계약기간 종료 전에 현장실습계약이 해지되었을 때 "현장실습생" 또는 "직업교육훈련기관"이 요청 시 "현장실습생"이 이미 이수한 내용과 기간 등을 기입한 증명서를 "현장실습생"에게 교부한다.

제22조(준용) 이 협약서에 명기되지 아니한 사항에 대해서는 직업교육훈련촉진법을 준용한다.

본 협약서는 3부를 작성하여 "현장실습기관", "현장실습생", "직업교육훈련기관"이 기명날인한 후 각각 1부씩 보관한다.

20 . .

(현장실습기관)기 관 명

대표이사 (인)

(현장실습생)주 소

성 명 (인)

(직업교육훈련기관)직업교육훈련기관명

대 표 (인)

3 학교기업을 통한 현장실습

가. 학교기업제도의 개념과 의의

산학협동과 관련해서 산업계는 교육의 사회적 유용성과 현장성 강화에 대한 요구가 높으면서도, 실제로 학생들에게 현장실습 기회를 제공하는 데는 매우 소극적이다. 또한 학교와 산업계 간에 연구 개발된 지식이나 기술을 상호 확산・공유할 수 있는 시스템이 제대로 마련되어 있지 못한 것도 현실이다. 이러한 문제들은 학교와 산업계가 추구하는 근본 목적이 다르기 때문이다. 모든 문제의 해결의 출발점은 필요를 더 느끼는 쪽의 적극적 태도에 달려 있다. 따라서, 산학협력을 필요로 하는 학교는 학생들에게 원활하게 현장실습 경험의 기회를 제공함과 동시에, 산업계와 지식과 기술을 상호 공유할 수 있는 대안을 적극적으로 모색할 필요가 있다. 현장실습은 외부의 산업체에 나가서 받아야 한다고 하는 기존의 고정관념에서 벗어나 생각해볼 필요가 있다. 학생들에게 산업현장에 대한 체험을 시키는 것이 교육적 효과와 목표달성을 위해서 필요한 것이라면, 학교 스스로가 그러한 환경을 만들어 볼 수도 있다는 쪽으로 발상을 전환해 볼 수도 있는 것이다. 그 대안의 하나로 학교 내에서 현장실습이 가능하도록 학교기업(SBE; school-based enterprise) 등 생산 경영체제를 도입하는 것이다(김재식 외, 1998).

학교기업이란 학생들이 자신들이 아닌 타인에게 판매나 사용을 목적으로 하는 서비스나 재화를 생산・제공하는 활동에 참여하는 것을 의미하는데, 특히 학교기관에 의하여 지원되거나 관리되는 활동을 일컫는다(Stern, 1991). 즉 SBE는 각종 직업교육기관에 재학 중인 학생이 직접 운영하는 기업으로 학교에서 후원, 감독하는 것을 의미한다(SERVE, 1995). 1994년의 미국 School-to-Work Opportunities Act에 따르면 SBE는 일에 기초한 학습(work-based learning)의 적법한 형태로서 학교 후원기업(school-sponsored enterprise)으로 인식되고 있다(NCRVE, 1998).

학교기업은 계속적으로 급변하는 현대 직업사회에서 적응할 수 있는 신규인력의 양성과 기존 인력의 재교육을 위하여 고안된 학교교육과 일 경험을 연계시키는 교육체제 중의 하나이다. 미국의 경우, 학교기업은 중등학교와 중등 이후의 단계에서 매우 일반적인 체제로 존재하는데, 가장 대표적인 사례로 학교에서 운영하는 농장을 들 수 있다. 또한, 학교에서 학생들이 운영하는 식당이나 복사실, 아동보호센터, 소매점, 미용실, 자동차 정비센터 등도 학교기업의 유형에 포함된다.

직업교육에서 나타나는 독특한 교육체제인 학교기업은 다른 산학협동교육에서처럼 학생들이 학습한 내용을 실제적으로 활용함으로써, 그 과정에서 보다 더 많은 것을 학습할 수 있다는 신념을 기반으로 하는 교육체제이다. 특히, 학교기업은 학생들이 경험하는 내용들을 학교기관에서 감독·조정하기 때문에, 현장실습과 같이 산업체와의 미흡한 조율 등으로 나타나는 문제들을 상당 부분 해결할 수 있다(Stern, Bailey, & Merritt, 1996)는 점에서 대안적인 속성을 지니고 있다. 뿐만 아니라, 학교기업 과정에 참여한 학생들은 일반적인 유형의 산학협동교육에서처럼 학교 밖의 직업을 가진 경우보다 학교기업에서 더 많은 것을 배울 수 있었다고 평가한다.

학교기업은 여러 국가에서 다소 다른 유형이나 목적을 지니고 운영되고 있다. 예를 들어, 최근 학교기업을 확장하고 있는 덴마크에서는 직업자격증을 취득하지 못하고 의무적으로 학교를 졸업한 미취업 청소년들을 대상으로 정규 교육이나 도제 제도와는 다른 생산고등학교(production high school)를 운영하고 있으며, 영국에서는 비록 특별한 산업이나 직업을 위한 훈련은 아니지만, 전반적인 일에 대한, 일을 위한, 일을 통한 학습을 위하여 소기업(mini-enterprise)보다 한 단계 진보한 청소년기업(young enterprise)이라는 조직을 운영하고 있다.

지방 제조업자를 위한 프로젝트를 개발·적용하며, 신제조기술, 공장자동화, 플라스틱제조기술, 제조소프트웨어 분야의 기술자를 양성하고 있는 싱가포르의 독일후원 조직인 독일-싱가포르 협회(GSI; German-Singapore Institute)는 경제와 관련하여 학습을 하는 SBE의 좋은 운영 사례이다. 학교기업의 또 다른 형태는 창업반(entrepreneurship class)에서 보육되는 학생소유사업(student-owned business)으로서 주로 농촌지역에서 졸업한 학생들이 자신의 사업을 시작할 수 있도록 창업교육과정을 제공하는 REAL(Rural Entrepreneurship through Action Learning) 조직이 좋은 운영 사례이다.

종합해 볼 때, 학교기업은 학교기업의 운영 목적 및 방향을 어떻게 설정하느냐에 따라 달리 정의될 수 있다. 학교기업 운영의 일차적인 목적을 학교 재정 확충에 둔다면, 학교기업의 개념은 수익성이 높은 상품 및 서비스의 생산·판매를 통한 학교 재원 확충 프로그램이라고 할 수 있을 것이다. 이와는 달리 학생들에게 기업가 정신(entrepreneurship)을 함양시키는 것을 일차적인 목적으로 설정한다면, 학교기업은 학생들이 상품 및 서비스의 기획, 생산, 판매, 평가의 전 과정에 주도적인 참여를 통하여 기업가 정신을 함양하는 프로그램이라고 정의될 수도 있다.

나. 학교기업 운영 시 기대 효과

1) 교육적인 측면

첫째, 학교에서 학습한 결과를 즉시 적용해 볼 수 있는 기회를 통하여 높은 교육 효과를 거둘 수 있다. 이론 위주의 교과 과정에 따른 학습으로 자칫 소홀하기 쉬운 응용 및 적용 능력을 개발하여 학습 의욕을 고취시키고, 학생들로 하여금 교육성과 향상을 직접 체험하게 함으로써 기존의 학습 방법에 따른 부족한 부분을 보충해 줄 수 있다.

둘째, 졸업 후 취업할 산업 현장에서 요구하는 능력과 적응 방법을 체득할 수 있는 기회를 제공한다. 학교기업은 위치가 학교 내 혹은 인근에 위치해 있을 뿐 모든 과정이 현실의 기업과 같기 때문에 학교기업 운영 과정에 참여한 학생은 향후 취업 시 당면하는 현실적인 사업장에서의 문제점을 그대로 체험할 수 있게 되어 별도의 교육이 필요 없이 사전에 충분한 직업 교육을 받을 수 있게 된다.

셋째, 학생들에게 학업 참여에 대한 동기를 유발하여 학업 성취도를 높여 준다. 학교기업은 교육과정 중에 습득한 이론적인 지식을 현장에서 직접 적용하고 경험해 보기 때문에 학생들의 학습 참여 의욕이 높아지며, 아울러 학업 성취도를 높여준다.

넷째, 전문적인 직업 능력의 개발과 문제 해결 능력의 향상에 도움을 준다. 학교기업에 참여한 학생은 자신의 전공 분야에 관하여 전문 지식을 체득할 수 있는 기회를 제공하여 학교 교육과정에서 보다 심화된 전문 직업 능력을 계발할 수 있다. 또한, 학교기업의 재화와 용역의 생산 과정에서 발생할 수 있는 다양한 문제점에 대한 대응 방법 및 창의적인 작업 방법 구상 등 다양한 문제 해결 능력을 키워준다.

2) 경제적인 측면

첫째, 학교기업 운영으로 발생하는 수익을 통하여 학교 운영에 필요한 재정을 확보할 수 있다. 이를 통하여 최신 시설 장비의 구입을 통하여 학생들에게 양질의 교육을 할 수 있다.

둘째, 참여 학생들의 취업 능력 제고와 취업 시 보다 높은 임금을 받을 수 있는 기회를 제공한다. 학교기업 참여를 통하여 획득한 유무형의 경험과 기능을 기초로 노동 시장으로 진출 시 그렇지 않은 학생들에 비하여 높은 취업 가능성을 가지며, 취업 후에도 현장 적응력 및 보다 높은 기능 수준으로 인하여 높은 임금을 받을 수 있다.

셋째, 학교기업이 속한 지역 사회의 경제발전에 기여할 수 있다. 학교기업은 양질의 저렴한 재화와 서비스를 지역 주민에게 제공하여 지역 경제의 후생 증대에 기여할 수 있다.

3) 사회적 측면

첫째, 재화와 용역의 생산 및 판매 과정을 학습함으로써 일에 대한 올바른 직업의식을 갖도록 해 준다. 이를 통하여 학교기업의 참여 학생은 장차 근로자가 갖추어야 할 기본 소양을 학습하게 된다.

둘째, 비행 청소년 및 중도 탈락생 등의 학교 교육 시 발생할 수 있는 부작용을 최소화할 수 있다. 학교기업의 참여를 통하여 학업에 흥미를 느끼지 못하거나 중도에 탈락하는 학생들에게 새로운 학습 활동에 관심을 가질 수 있는 계기를 마련해 주어 사회 문제화할 수 있는 이들 계층에 대한 학교 정착 및 학습 유인 효과를 가진다.

다. 학교기업과 현장실습

우리나라에서 학교기업이 제도화된 것은 산업교육진흥 및 산학연협력촉진에 관한 법률 제36조에 의해서이다. 산업교육기관 또는 산학협력단은 학생과 교원의 현장실습교육과 연구에 활용하고, 산업교육기관에서 개발된 기술을 민간부문에 이전하여 사업화를 촉진하기 위하여 특정 학과 또는 교육과정과 연계하여 직접 물품의 제조·가공·수선·판매, 용역의 제공 등을 하는 "학교기업"을 둘 수 있다. 이 경우 그 사업활동으로 인하여 교육에 지장을 주거나 학생과 교직원에게 이용을 강제하여서는 아니 된다.

학교기업으로 운영할 수 있는 사업종목과 그 밖에 학교기업의 설치·운영에 필요한 사항은 대통령령(시행령)으로 정하도록 하고 있다. 동 규정 제36조에 따르면, 산업교육기관의 장은 학교기업을 학생과 교원의 현장실습교육과 연구에 우선적으로 활용하여야 한다. 산업교육기관의 장은 학교기업의 시설·설비, 교육훈련 프로그램의 적절성, 직원의 수 및 인적 구성, 실습 여건 및 후생복지 등이 학생의 현장실습에 적합하다고 인정되는 경우에는 학교기업을 직업교육훈련촉진법 제8

조에 따른 현장실습산업체로 선정할 수 있다. 현장실습산업체로 선정된 학교기업에서 현장실습을 받으려는 학생은 직업교육훈련 촉진법 시행령 제6조에 따른 표준협약서에 따라 현장실습을 실시하기 7일 전까지 산업교육기관의 장과 미리 현장실습계약을 체결하여야 한다. 산업교육기관의 장은 학칙으로 정하는 바에 따라 학교기업 관련 학과 학생들이 학교기업에서 현장실습을 마치도록 하여야 한다.

또한, 동 시행령 제37조에 따르면, 산업교육기관의 장은 해당 산업교육기관의 졸업에 필요한 학점・이수단위 또는 교육과정의 4분의 1 범위에서 학칙으로 정하는 바에 따라 학교기업에서의 현장실습 결과를 산업교육기관의 학점・이수단위 또는 교육과정을 마친 것으로 인정할 수 있다. 산업교육기관의 장은 학교기업에서의 현장실습 결과를 학점・이수단위 또는 교육과정을 마친 것으로 인정하려는 경우에는 학칙에 현장실습학기 또는 실습기간 및 실습시간에 따른 학점・이수단위 또는 교육과정의 이수 정도를 정하여야 한다. 참고로, 2015년을 기준으로 전국적으로 220개의 학교기업이 설치・운영 중(대학 90개, 전문대 83개, 특성화고 47개)이다.

4 현장실습과 직장예절

현장실습에 임하는 학생은 실습기간 동안 직업인으로 행동해야 하므로 올바른 직업관과 직업윤리를 가지고 있어야 한다. 직업윤리란 직업 활동에 있어서 그것을 지키는 것이 사회적으로 기대되고 있는 마음가짐으로서 직업의 정신, 기풍, 기질 등으로 바꾸어 말할 수 있으며 근로의 윤리라고도 할 수 있다. 현장실습에 임하는 학생은 실습 기간 동안 직업인으로서의 예절을 지키는 데도 각별히 유의할 필요가 있는데, 현장실습 매뉴얼(교육인적자원부, 2006)을 기초로 현장실습에 필요한 예절의 주요한 내용을 정리하면 다음과 같다.

예절은 흔히 에티켓 또는 매너라고도 하는데 이는 곧 예의범절이며 좋은 풍습, 습관이다. 에티켓은 상대방을 존경하고 질서와 규율을 지키고 상대방의 입장에 서서 상대방의 마음을 이해하는 것이다. 마음은 표정과 행동으로 나타나는데, 예절이라는 차원에서 마음이란 존경, 경애, 인정, 성의, 감사, 애정 등과 같이 개인의 내면에서 우러나는 겸손과 깊은 관계가 있다. 마음 다음으로 소중한 것은 태도인데, 태도에 의해서 마음이 보다 선명하게 상대방에게 전달된다. 상대방과의 접촉, 대화, 교제, 교섭 등 각각의 상황에 따라 그에 적합한 태도를 취해야 한다.

가. 복장과 표정

의복은 자기 분수와 개성에 맞는 것을 선택하여 효과 있게 입어야 한다. 단정하고 조화된 인상을 주도록 하는 것이 바람직하며, 직장에서 일하기 쉽도록 기능적인 면을 생각하여야 한다. 겉옷 못지않게 속옷도 깨끗한 것으로 입는 마음가짐이 필요하다. 직장에 출근할 때는 나이, 직업에 맞는 옷을 입을 필요가 있으며, 깨끗하고 청결한 인상을 주는 옷을 입도록 해야 한다. 이를 위해서는 옷이나 구두 등의 손질은 매일 하고, 낡은 것도 깨끗이 손질해서 청결감을 유지할 필요가 있다. 극단적인 색채나 이상한 복장은 경망성을 나타내며 교양을 의심케 하므로 주의할 필요가 있다.

믿음직한 얼굴, 명랑한 얼굴, 건강하게 보이는 얼굴을 갖기 위하여 평소의 마음가짐을 바르게 하고 사람을 대할 때에는 온화한 표정을 지어야 한다. 남의 말을 들을 때 관심을 보이는 표정을 짓는 것이나 식장에서 경건한 표정을 지어야 하는 것은 기본적인 몸가짐이다. 남과 마주 이야기할 때, 곁눈질을 하거나 아래위로 훑어보는 태도는 예의에 어긋나는 일이다. 어른이나 윗사람 앞에서는 언제나 다소곳해야 하고, 하품이나 껌 씹기는 때와 장소를 잘 가려야 한다.

나. 인사와 악수

인사하는 각도에 따라 목례, 보통례, 정중례로 구분해 볼 수 있다. 그리고 악수를 할 때에는 오른손을 사용하며 상대방의 손을 다섯 손가락으로 잡고 한 호흡할 정도로 잡은 뒤에 놓는다. 허리를 굽실거리거나 흔들지 않는다. 여자의 장식용 장갑은 낀 채로 하여도 좋으나 방한용 장갑은 벗는다. 악수는 윗사람이나 여성이 먼저 청하는 것이 일반적인 예의이다.

〈표 11-4〉 인사의 종류

인사	각도	사용 상황
목 례	(15°절)	친한 사람, 협소한 장소, 화장실, 복도에서의 인사
보통례	(30°절)	일반적인 인사, 만나고 헤어질 때의 보통 인사
정중례	(45°절)	사과, 감사를 표할 때의 인사

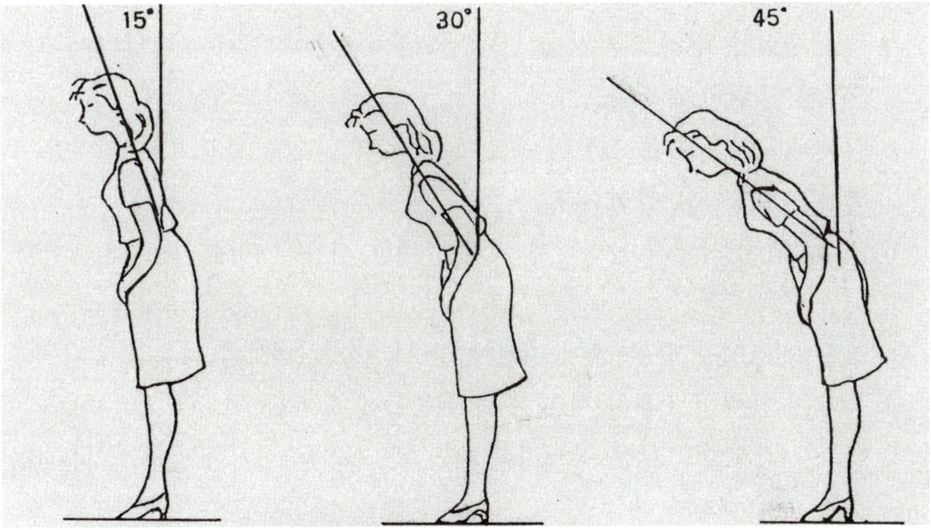

[그림 11-2] 인사법 실습

상황에 알맞은 인사말을 사용하는 것도 중요한데, 구체적인 예를 보면 다음과 같다.

(1) 일상적인 인사말: 안녕하십니까? 안녕하셨습니까? 반갑습니다.
(2) 특별한 날씨에: 날씨가 매우 춥습니다(덥습니다).
(3) 아침 일찍: 안녕히 주무셨습니까?
(4) 외출・귀가 시: 다녀오겠습니다. 다녀왔습니다.
(5) 어른의 외출・귀가 시: 다녀오십시오. 안녕히 다녀오셨습니까?
(6) 배웅 시: 안녕히 가십시오.
(7) 떠날 때: 안녕히 계십시오.

다. 직장에서의 예절

먼저 출근 시에 지켜야 할 예절을 소개하면 다음과 같다.

(1) 업무를 시작하기 적어도 10분 전에 출근하고 소지품은 일정한 장소에 둔다.
(2) "안녕하십니까?"라고 인사를 한다. 기분 좋은 아침인사는 그날 하루의 첫 출발을 명랑하게 한다.
(3) 직장에 들어설 때는 신발의 흙을 털고 옷의 먼지를 털고 머리를 매만져서 경건한 마음으로 들어선다.
(4) 지각하면 상사에게 솔직하게 지각에 대한 사유를 이야기하고 사과한다.

다음으로 직장에서 근무 중에 지켜야 할 예절을 살펴보면 다음과 같다.

(1) 동작은 언제나 조용히 하며 주위 사람들에게 폐를 끼치지 않는다.
(2) 대화는 간결하고 낮은 목소리로 하며 큰 소리를 내거나 웃음소리를 내는 것은 피해야 한다.
(3) 상대가 다른 사람과 대화 중일 때는 "말씀 중에 실례합니다만"이라는 양해를 먼저 구하고 용건을 말한다.

(4) 일을 하고 있는 사람에게 말을 걸 때에는 상대의 이름을 불러서 말한다.
(5) 직무 중에 자세는 단정히 하고 의자는 앞으로 바싹 당겨서 앉는다.
(6) 비스듬히 기대어 일을 하는 것, 또는 턱을 괴고 일을 하는 등의 자세는 마음이 해이해져 있는 것이다.
(7) 외출할 때는 행선지, 용건, 소요시간 등을 옆자리 동료에게 알린다.
(8) 사적인 면회는 휴식시간에 한다.
(9) 공적이든 사적이든 외출할 때는 허가를 받는다.

한편, 직장 내에서 근무 중에 통로를 이동하는 상황에서 지켜야 할 예절을 소개하면 다음과 같다.

(1) 부득이한 경우를 제외하고는 뛰지 말고 걸어야 한다.
(2) 복도나 계단에서 상사를 만났을 때는 잠깐 머물러 가볍게 인사한다.
(3) 급한 용건이 있어 상사를 앞질러 갈 때는 “실례합니다”라고 인사한다.
(4) 서서 잡담을 하지 말아야 하며, 필요한 경우에는 옆으로 비켜서서 한다.
(5) 농담을 하거나 큰 소리를 내지 않도록 한다.
(6) 상사 혹은 고객과 나란히 걸을 때는 좌측에서 걷고, 그렇지 못할 때에는 두어 걸음 뒤에 서서 걷는다.
(7) 엘리베이터를 탈 때에는 상사나 고객이 먼저 타게 하고, 내릴 때에는 먼저 내려서 기다린다.
(8) 안내할 때에는 앞에서 걷고, 출입구 출입은 상사나 손님이 먼저 출입하도록 한다.

퇴근 시에 지켜야 할 예절을 살펴보면 다음과 같다.

(1) 퇴근 준비는 근무시간이 끝나고 나서부터 한다.
(2) 업무를 마무리 짓고 내일의 예정을 세운다.
(3) 책상 주변을 정리해 놓고 내일의 집무에 대비하도록 한다.

(4) 서류 비품은 정해진 장소에 놓고 언제나 누구든지 알 수 있도록 한다.

(5) 먼저 퇴근할 때에는 상사, 동료에게 확실하게 인사를 한다.

라. 지시와 보고 과정

직장에서 상사의 부름을 받으면 바로 대답한다. 명령받은 내용을 알아들었으면 "네, 알겠습니다"라고 대답한다. 명령을 받을 때에는 메모지와 필기구를 준비하고, 편안한 자세로 신경을 집중하고 메모하면서 듣는다. 이때 상사를 바라보면서 이야기를 듣고 딴 곳을 보아서는 안 된다. 지시 내용을 정리하면서 확실히 할 필요가 있는 경우 복창한다. 지시를 받고 나서는 상사가 명령하는 내용을 알아들었다는 표현을 하고, 끝까지 잘 듣고 필요한 질문을 한다.

상사의 명령은 부당한 것이 아닌 한 솔직하게 받아들이는 자세가 필요하며, 예정기일보다 빨리 지시를 이행하도록 노력한다. 일을 처리할 때는 두뇌를 활용하여 창의적으로 연구한다. 가급적 귀찮은 일을 먼저 하고, 오늘 예정된 것은 오늘로 끝내도록 하며, 처리할 수 없는 일이 있으면 즉시 보고한다.

상사에 대한 업무보고는 신속하고 정확한 것이 생명이다. 즉 보고는 시기가 중요하므로, 시기를 놓치면 보고의 가치가 없어진다. 보고는 명령한 사람에게 직접 하는 것이 원칙이다. 보고 내용은 사실을 올바르게 요점만을 강조하고, 상대가 이해할 수 있도록 하는 것이 중요하며, 결론－이유－경과 순으로 보고하는 것이 일반적이다.

요약

현장실습지도란 어떤 학습 목표를 산업 현장에서 실질적인 경험을 통하여 달성하도록 하기 위하여 학교와 산업 현장의 지도자가 공동으로 계획하고 지도하도록 계획된 프로그램이다.

현장실습지도는 그 실습 목적에 따라 교양 교육으로서의 현장실습교육과 직업 교육으로서의 현장실습교육으로 구분할 수 있다. 교양 교육과 직업 교육으로서의 현장실습 교육의 특징은 목적, 실시 근거, 실습 조건, 직무 형태, 학교 교육의 관련 정도, 직무의 순환 근무, 선발 기준, 교육 장소, 교사의 참여 정도, 감독, 보수 등에 따라 구분될 수 있다.

현장실습의 의의는 학교에서 배운 지식과 기술을 산업 현장에서 실천해봄으로써 전공 분야와 관련된 이론과 실제를 파악할 수 있고, 전공과 관련된 직종에 관한 사전 경험을 통하여 자기의 적성, 흥미, 능력, 성격 등에 맞는 직업을 선택할 기회를 제공하며, 일의 존엄성과 자신이 한 일에 대한 책임감, 신뢰감, 성취감을 갖게 하고, 여러 사람과 일하는 과정에 원만한 인간관계를 유지하는 방법을 배우며, 학교의 시설 부족으로 미흡한 것을 보충해 주는 데 있다. 특히 산학 협동 교육은 학생, 학교, 지역 사회, 산업 기관에 각각 유용한 의의를 부여한다. 현장실습은 학교기업(SBE)을 통해서 실시될 수 있다.

현장실습 지도를 계획하고 운영하려면, 계획 단계에서 현장실습 교육의 목표를 설정하고, 이를 위해서는 현장실습 계획에 필요한 기초 조사를 하여야 한다. 운영 단계에서는 현장실습 교육 운영 위원회의 조직, 목표 설정, 실습 장소, 시기, 시간, 내용, 방법, 숙식, 교통 문제 등에 관하여 교사와 산업 현장 지도 교사와 협의하고 학생, 교사, 산업 현장 지도자가 사전에 모든 것을 이해하도록 하고, 학생은 실습일지, 교사는 지도 보고서, 현장 지도 교사는 평가 보고서를 작성하도록 한다.

특히 현장실습 지도가 잘 이루어지려면 학교의 적극적인 노력, 학생들이 현장실습에 임하는 성실한 자세, 그리고 산업 현장의 긍정적인 이해와 지도가 잘 이루어져야만 한다. 우리나라에서는 현장실습 교육의 중요성은 인식되고 있으면서도, 여러 가지 이유 때문에 의도된 대로 현장실습 교육이 이루어지지 못하고 있는 경우가 있어 아쉬움이 있다. 현장실습을 활성화하기 위하여 최근에는 학교기업을 통한 현장실습이 다각적으로 시도되고 있다. 한편 현장실습에 임하는 기간 동안은 직장인으로서 행동하는 데 필요한 예절을 이해하고 있어야 할 필요도 있다.

토의주제

1. 우리가 현재 실시하고 있는 현장실습지도는 어떤 유형에 속하는가 알아보자.
2. 현장실습교육은 이론적인 면에서 대단히 바람직한데 우리나라에서 현장실습교육이 왜 잘 안되고 있는지 문제를 파악하고 이유를 규명하여 개선 방안을 제시해보자.
3. 우리나라에서 학교기업을 설립 운영하고 있는 실태를 파악하여 그 특성을 비교해보자.
4. 고등학교, 전문대학 또는 대학에서 학교기업을 운영하고 있는 사례를 조사해보자.

참고문헌

강경종(2004). 「산업인력 양성의 효율성 제고를 위한 실업교육 방안」. 한국직업능력개발원.

교육부(2013). 「특성화고등학교 현장실습 운영 매뉴얼」. 교육부.

교육부(2018). 「학습중심 현장실습의 안정적 정착방안」. 교육부.

교육인적자원부(2006). 「현장실습 운영 매뉴얼」. 교육인적자원부 실업교육정책과.

김재식 외(1998). 「학교와 산업체간 지식/기술의 확산·공유를 위한 산학 협력 정책에 관한 연구」. 교육부.

백성준 외 3인(2000). 「새로운 학교회계제도 도입에 따른 실업계 고등학교 학교 기업 운영 방안」. 교육인적자원부.

여주자영농업고등학교(2005). 학교기업운영사례 보고서.

이남철 외 3인(2003). 학교기업운영 모델 연구. 교육인적자원부.

이무근 외(1990). 「현장실습 교육의 활성화: 문제와 대책」. 한국고등교육연구회.

정태화·이병준(1999). 학교기업 활성화 방안. 한국직업능력개발원.

Herman Barry(1975). *Cooperative Education in Community College.* Jossey-Boss Publishers.

Mason, Ralph E., et al.,(1986). *Cooperative Occupational Education and Work Experience in the Curriculum.* Illinosis: The Interstate Printers & Publishers.

NCRVE(1998). *School-Based Enterprise.* [MDS-950]. [On-line]. Available at: http://vocserve.berkeley.edu/MDS-950-School-B.html.

SERVE(1995). *Youth apprenticeship: A School-to-Work Transition Program.* SouthEastern Regional Vision for Education(ERIC ED 384-479).

Stadt, Ronald W. & Gooch, Bill G.(1984). *Cooperative Education.* Indiana: Bobbs-Merrill Educational Publishing.

Stern, D.(1991). *Combining School and Work: Options in High School and two-year Colleges.* Washington, DC: Office of Vocational and Adult Education. (ERIC Document Reproduction Service No ED 354 410)

Stern, D. et al.(1994). *School-Based Enterprise: Productive Learning in American High School.* San Francisco: Jossey-Bass Publishers.

Stern, D., Bailey, T., & Merritt, D.(1996). *School-to-Work Policy Insights from Recent International Developments.*[MDS-950]. Berkeley, CA: National Center for Research in Vocational Education.

____________(1994). *Improving the U.S. System Of School-to-Work Transition for Youth Young and Adults: A Consideration of the Federal STWOA.* Paper presented at the Annual Convention of the American Vocational Association. Dallas, TX.

제4부

실기평가

제12장

실기평가

〈학습목표〉

1. 실기평가의 개념과 원리를 이해할 수 있다.
2. 실기평가의 목적과 유형을 이해할 수 있다.
3. 실기평가의 영역별 특성을 이해할 수 있다.
4. 실기평가를 실시하고 그 결과를 해석할 수 있다.
5. 실기평가를 위한 각종 도구를 개발할 수 있다.

1 실기평가의 의의

학생들이 성취해야 할 수업 목표를 설정하고, 학습할 내용을 선정하여 조직 원칙에 따라 알맞게 실습과목을 조직하였다. 그리고 수업을 이끌어 나가기 위한 계획표로서의 학습 지도안을 작성하고, 효과적인 학습 지도 방법을 선택하며, 필요한 수업 매체를 선정·제작하여 실제 몇 시간에 해당하는 실기 지도를 했다고 하자. 그러면 이것으로 수업은 끝난 것이고 교사는 할 일을 다 했다고 할 수 있을까? 이것으로만 수업이 완전히 이루어졌고 교사의 할 일이 끝났다고 할 수는 없다. 교사는 수업이 끝난 다음에 학생들이 처음에 설정된 수업 목표를 달성했는지 판단해야 하고, 그 결과를 토대로 다음의 수업을 좀 더 효과적으로 이끌기 위한 구상을 하여야 한다. 이것이 수업에 있어서의 평가이다. 수업의 결과를 효과적으로 평가함으로써 학업성취도를 파악할 수 있을 뿐만 아니라 이미 실천된 수업을 반성하고 앞으로 하여야 할 수업을 좀 더 효과적으로 전개시킬 수 있다. 아울러 노동시장의 요구에 맞춰 수행목표를 정하였다면 실기평가는 취업 가능성을 높이는 역할을 한다. 그러면 먼저 실기평가의 의의에 관하여 논의하여 보자.

가. 실기평가의 개념

실기평가란 실기 지도를 하는 과정에 일어나는 여러 가지 의사 결정 문제에 대한 정확한 판단을 내리기 위해서 필요한 정보가 무엇인가를 알아보고, 이를 수집하고 활용하여 이미 설정되어 있는 실기의 목표, 실험·실습 목표에 비추어 보는 과정이다.

실기평가에는 몇 가지 강조하는 점이 있다. 첫째, 실기평가는 특히 심리 운동(기능)적인 영역을 크게 강조해서 평가를 실시한다는 점이다. 둘째, 실기란 일반적인 학습 경험들이 학습되는 것과는 다른 독특한 과정을 거쳐서 학습된다는 것을 염두에 두고 평가를 실천해야 한다는 점이다. 실기는 보통 인지단계에서 한 걸음 더 나아가 정착되고 이것이 내면화・자동화되는 단계로 발전함으로써 학습되어 간다. 셋째, 실기 지도를 이끌어 나가고 여러 가지 자료・기구들을 선택하며 수업 전략을 택하고 지도 방법들을 선택할 때 일반적인 수업과는 다른 독특한 면이 나타난다. 넷째, 실기 평가는 학생의 실험・실습 과정과 더불어 실습하는 태도, 실습이 끝난 다음에 학생들이 만들어 낸 작품들을 평가하는 방법에 많이 쓰인다.

나. 실기평가의 목적과 유형

1) 실기평가의 목적

교육이 이루어지는 상황에서 수시로 학생들의 학습이 잘되었는지, 교사의 지도 방법은 결점이 없었는지, 이대로 다음 시간의 실기 지도를 진행시켜도 좋은지 등과 같은 수많은 의사 결정 과정이 있다. 이때 의사 결정을 보면 설정되어 있는 기준에 비추어서 판단하고 있다. 즉 목적에 도달했는지, 도달하였다면 얼마나 도달하였는지를 판단한다. 이러한 목적을 의식한 판단 과정을 거치는 것을 흔히 '평가를 한다'라고 말한다.

평가, 특히 교육의 현장에서의 평가란 정확한 의사 결정을 하기 위한 판단을 내리기 위해서 정보를 수집하고 이를 활용하여 이미 설정된 기준에 비추어 보는 과정이다.

평가 = 기준설정 → [측 정 / 비측정] → 가치 판단

따라서 평가는 반드시 유목적적이며, 판단을 위해서 자료를 수집한다. 자료 수

집은 대개 측정을 통해서 이루어지기도 하고 사고 작용과 함께 측정 없이 이루어지기도 한다. 측정을 통해서 하는 것이 더 객관적이고 설득력 있는 것이라 할 수 있다. 이 측정은 「평가척이나 실제의 도량형척 혹은 검사지와 같은 방법을 동원하여 재고자 하는 바의 속성을 재는 것」이다.

검사(test) 역시 평가의 의미와 관련하여 비교해 보아야 할 용어이다. 검사란 측정을 위해서 만들어진 일종의 척도이다. 따라서 검사를 통해서 혹은 이를 수단으로 측정이 이루어지며, 이는 측정과 더불어 평가를 합리적으로 하기 위해서 반드시 필요하다. 교육에 있어서 평가의 목적은 다음과 같다.

① 학생들이 수행 목표에 어느 정도 도달했는지 정도를 알아보기 위함이다. 수업에 임하기에 앞서서, 수업 도중에, 수업을 끝낸 후 학생들이 처음에 계획된 목표에 얼마나 접근했는가를 알아보는 것이다.

② 교사 자신이 반성의 자료로 삼기 위해서이다. 평가의 목적은 학생의 진도를 알아보는 것도 있지만, 교사 자신의 입장에서 과연 자신의 실기지도가 학습 목표 달성에 효과적이었던가를 돌아볼 수 있는 기회도 된다.

③ 학생들의 학습 의욕을 촉구하기 위해서이다. 평가가 실시되기 위해서는 검사가 이루어지는데, 검사를 하면 학생들은 대개 더 의욕적으로 학습하게 된다.

④ 교수·학습을 위한 자료를 얻기 위함이다. 평가는 또한 다음의 수업을 효과적으로 전개하기 위한 근거 자료로서 활용된다.

⑤ 교육과정 혹은 실습 프로그램의 타당성을 검증하기 위해서이다. 평가는 전개된 교육과정, 실습 프로그램 등이 과연 적절한가, 개선할 점은 어떤 것인가 등을 지적해 주기도 한다.

⑥ 설정된 학습 목표의 적합성 여부를 판단케 해주는 근거가 되며, 설정될 바람직한 학습 목표란 어떤 것이어야 되는가를 암시해 준다.

⑦ 그 외에 평가 과정을 거침으로써 실기 지도에 동원된 지도 자료, 그리고 지도방법이 적합한가를 따져볼 수 있고 좀 더 바람직한 것이 무엇인가에 대해서 생각해 볼 수 있다.

⑧ 노동시장의 요구에 맞도록 직무수행능력을 갖추어주기 위해서 수행목표에 도달하도록 실기평가, 즉 수행평가를 한다.

따라서 실기 지도에 있어서 평가란 단순히 학생들의 실기 능력의 향상 정도를 알아보는 것뿐만 아니라, 그 외에 여러 가지로 활용될 수 있다는 것을 알아야 한다. 그래서 평가는 될 수 있는 한 폭넓은 의미로 해석하고 다양하게 활용하여야만 한다.

2) 실기평가의 유형

평가는 단일한 형태만이 있는 것이 아니라 다양한 유형이 있다. 유능한 교사는 실습 상황에 맞는 평가를 잘 선택하여 적용할 수 있어야 한다. 일반적인 교육 평가의 유형 중에서 실기 지도에 적용이 되고 시사를 줄 수 있는 것을 몇 가지 다음에 제시한다.

(1) 시간적인 흐름에 따른 평가의 유형

평가를 항상 수업이나 실기 지도 혹은 프로그램의 끝이나 때로는 도중에만 이루어질 수 있다고 생각함은 잘못이다. 평가는 프로그램의 시작 전, 도중, 끝난 다음 어느 때라도 적용될 수 있다. 만약 프로그램에서의 평가인 경우 사전 평가, 중간 평가, 사후 평가가 될 수 있다. 그리고 계획 단계, 실천 단계, 마무리 단계, 어느 단계에서나 평가가 가능하다. 흔히 수업에 있어서는 진단 평가, 형성 평가, 총괄 평가의 순으로 나타난다.

(2) 평가 대상에 따른 평가의 유형

평가는 '무엇을 평가하려고 하는가?'라고 물었을 때의 그 무엇에 따라서 유형이 달라진다. 이는 평가의 내용이라고도 할 수 있다. 학습의 영역을 평가하고자 할 때 지식을 평가한다면 지식 평가, 기능을 평가한다면 기능 평가, 태도를 평가한다면 태도 평가 등으로 구분할 수 있다.

(3) 평가자에 따른 평가 유형

평가는 될 수 있는 한 여러 평가자들의 공통된 의견을 집약하는 것이 좋고 실기 지도 프로그램에 관계되는 여러 사람들이 각 관점에 따라서 평가하는 것을 종합하는 것이 훨씬 합리성이 높고 설득력이 크다. 만약 실습 시 교사에 의해 평가가 이루어진다면 교사에 의한 평가, 학생에 의해서 이루어진다면 학생에 의한 평가, 다른 자원 인사에 의해서 실시된다면 자원 인사에 의한 평가, 이들의 공동적인 협력에 의해서 이루어진다면 협동 평가 등이 된다.

(4) 평가 대상의 내용의 크기에 따른 평가 유형

평가는 거시적인 안목에서도 할 수 있고, 미시적인 안목에서도 가능하다. 교육에 있어서 교육 평가, 교육 과정 평가, 수업 평가라는 평가 유형은 그 내용의 범위가 얼마나 큰가에 따라서 구분된 것이다. 실기 지도에 있어서도 대단위 프로그램에서의 평가를 할 수도 있고, 큰 기능의 습득에 대해서도 평가가 가능하고, 단위 기능에 대해서도 평가가 가능하다.

(5) 검사 방법에 따른 평가의 유형

검사는 평가를 위해서 꼭 필요한 절차이다. 이 검사를 어떤 방법으로 사용하는가에 따라서 평가 유형이 달라진다. 구두 질문에 의한 평가, 필기 시험에 의한 평가, 실제 실연을 통한 평가, 관찰에 의한 평가 등은 모두 검사 방법에 따른 평가로 구분할 수 있다.

다. 실기평가의 원리

실기평가에서 고려해야 할 요인들이 많이 있는데, 그중 사회적 요인, 직업적 요인, 학교적 요인, 학생의 개인적 요인, 수업적 요인 등은 중요한 요인들이다.

(1) 실기평가가 바람직하게 실천되기 위해서는 사회적 요인이 고려되어야 한다. 사회는 우리 학생들을 받아들이고 수용하게 되는 곳이며, 따라서 학생들에게 바라고 있는 기능들이 있다. 이러한 기대되는 기능들은 항상 일정하여 불변하는 것이 아니라 시간과 함께 변화한다. 평가의 기준도 이들을 고려해야 될 것이다.

(2) 직업적인 요인도 고려하여야 한다. 실습을 통해서 학생들이 궁극적으로 바라고 있는 것은 바람직한 직업인이다. 직업 세계는 자격증도 필요하고 직무 처리 능력도 요구한다. 이러한 직업적인 요인도 실기평가의 기준을 설정할 때 고려해야 한다.

(3) 제도적인 요인이 고려되어야 한다. 사회에 존재하고 있는 각종 기관들은 일정한 가치관과 태도를 학생들에게 요구하고, 이러한 것들이 수업 프로그램 속에 반영되기를 바라고 있다. 학교는 나름대로 여러 가지 제도적인 면에서 수업 프로그램에 영향을 끼치는 요소를 갖고 있다. 학교의 교육 방침, 주요한 사항의 결정 과정, 학교의 시설 및 교사진 등은 모두가 실기평가를 위한 기준 설정에 영향을 주고 있는 한편 수행 기준 역시 이들에 대해서 영향을 준다.

(4) 학생의 개인적 요인도 고려되어야 한다. 수업 및 실기 지도의 궁극적인 목표를 비롯하여 모든 것은 학생을 중심으로 이루어져야 한다. 학생들은 모두 자신의 필요, 흥미, 능력, 적성을 갖고 있으며, 그들 나름대로의 직업관과 직업적 목표, 학습 계획을 가지고 있다. 이러한 것은 각 학생마다 개인차가 있기도 하다. 학생에 관계되는 이 모든 사항들은 실기평가의 기준을 설정하는 데 영향을 끼치는 것들이기 때문에 이들을 반드시 고려해야 한다.

(5) 수업적 요인도 고려하여야 한다. 기능도 수업이라는 과정을 통해서 습득된다. 이 기능을 습득시키기 위한 수업의 과정이 실기의 평가에 있어서도 크게 고려되어야 함은 명백한 사실이다. 수업을 위해서 교육 과정도 있고, 교과 과정, 단원 계획, 학습 지도 계획들이 있다. 뿐만 아니라 수업에서 벌어지는 독특한 수업 상황이 있는데 이들 모두가 평가에 있어서 고려사항이 된다.

2 실기평가의 영역

실기평가는 다양한 영역에 걸쳐서 평가되어야 한다. 실습의 목적이 기능의 습득이라 하더라도 단순히 숙달된 손놀림만으로 습득되는 것이 아니다. 실기의 습득은 머리로 생각하고, 손놀림을 숙달시키며, 실습에 대한 건전한 태도를 갖는 데서 이루어진다. 이 모든 것들을 동시에 만들어 내는 교향악이 곧 실기의 습득이요, 기능의 습득이다. 따라서 실기평가에서는 지적인 영역, 기능적인 영역, 일에 대한 태도에 겹쳐서 폭넓게 평가하는 것이 바람직하다. 물론 아주 합리적으로 평가하자면 에릭슨(Erikson, 1980)의 주장대로 6개 영역에 걸쳐서 평가가 이루어져야 하는데, 중·고등학교에서의 실기 지도는 위에서 제시한 3영역에 걸쳐서 평가한다면 대체로 무난하다.

가. 인지적 영역의 평가

어떠한 것을 학습하든 간에 학생의 두뇌 속의 사고 작용을 거치지 않는 것이 없다고 볼 때, 이 인지적인 영역에 있어서의 평가는 대단히 폭넓게 적용된다고 볼 수 있다.

여기에서는 교사가 실기 지도를 전개시키기 전에 계획 단계에서 지식의 영역을 평가하기 위한 계획을 어떻게 세우는가를 중점적으로 다루기로 한다. 교사는 학생들의 성취 목표가 어떤 것인가를 정하게 되면 곧 이 성취 목표의 달성 여부를 어떻게 평가할 수 있을까를 생각하게 된다. 학생들이 인지적인 영역에 있어서 진보의 정도를 평가하기 위한 제1단계는, 평가되어야 할 인지적인 영역 속에서의 학습 목표가 어떤 수준의 것인가를 검토해야 한다. 제5장 수업목표의 분류에서 설명하였듯이 지적인 영역에서의 각 학습 목표는 단순한 지식에서부터 복잡한 지식에 이르기까지 다양하며, 블룸(Bloom)은 이를 복잡성의 수준에 따라서 분류해 놓고 있다.

제2단계는 어떤 평가 기법을 사용할 것인지를 검토하는 단계이다. 검사를 할 것인가, 질문지를 만들어서 할 것인가, 점검표를 만들어서 할 것인가, 아니면 평정척을 제작하여 할 것인가를 결정해야 한다. 단순한 사실의 기억에 해당하는 낮은 수준의 지적 영역인 지식을 평가하기 위한 기법은 분명히 높은 수준의 판단력과 평가력 등을 평가하기 위한 기법과는 차이가 있게 된다.

제3단계는 평가를 위한 도구를 어떤 것으로 할 것인지를 검토하는 단계이다. 평가란 말은 흔히 검사라는 말과 혼용되어 쓰이고 있다. 평가도구를 결정한다는 말은 곧 검사 형태를 어떤 것으로 할 것인가라는 말과도 직결된다. 인지적인 영역의 검사로서 흔히 쓰이고 있는 것은 진위형, 단답형, 완결형, 배합형, 선다형과 같은 객관식 검사와 논문형의 주관식 검사와 그 외 직접 구두로 물어보는 검사, 과제를 주어서 풀게 하는 검사 등을 사용한다. 실기평가 시에는 이들 중 어느 하나를 선택하면 된다.

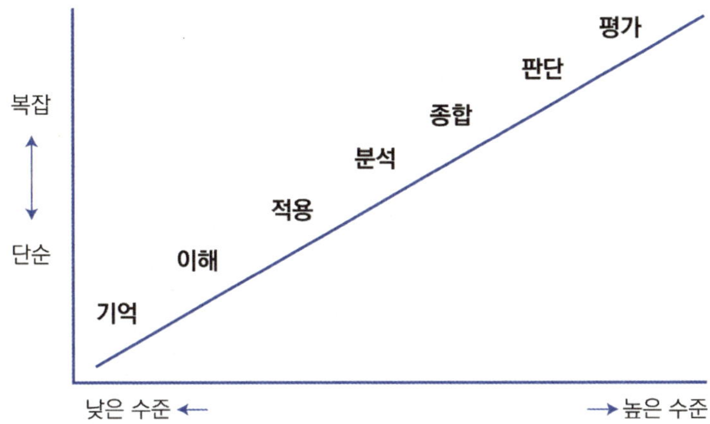

[그림 12-1] 인지적 영역의 학습 경험의 수준

이것이 제4단계이다. 객관식인 경우 이것은 곧 문항 작성이 되고, 논문형 주관식인 경우 세부적인 질문을 작성하는 것이 된다. 이때는 될 수 있으면 쉽게 작성하고 간단한 질문으로 여러 가지를 알아볼 수 있어야 하고, 또한 문항은 타당성, 객관성, 실용성, 신뢰성 등이 있어야 한다.

나. 심리운동적 영역(기능)의 평가

기능적인 면의 평가라 하면 흔히 실기평가의 특징이어서 더 관심을 두고 있다. 이는 실기평가에서는 다른 평가에 비해 기능적인 면에서의 평가에 특히 신경을 써서 비중을 크게 두어야 한다는 말과도 통한다.

기능적 능력에 대한 평가는 지식에 대한 평가와 마찬가지로 성취에 대한 어떤 기준의 세트를 요구한다. 보통 그러한 기준을 성취의 정교함이라고 한다. 기능은 연습에 의해서 개선이 되는 것으로 알려져 있으므로, “학습이 되었다”, “학습이 안되었다”라고 하는 감각에서 완숙 수준을 정의하기를 기대하는 것은 바람직하지 않다. 성취에 대한 기준은 완숙 수준의 달성 여부를 파악하기 위해서 결정되어야 한다.

키보딩 능력은 기능적 능력에 있어서의 평가 방법에 대한 좋은 예를 제공해 준다. 키보딩 교과의 경우 성취에 대한 몇 가지 상이한 기준이 있다. 상위수준으로 올라갈수록 점점 더 긴 연습 시간을 필요로 하도록 준비되어 있다. 즉 상급 과정으로 올라가기 위해서는 더 많은 연습 시간을 필요로 한다.

재봉틀의 실을 뀐다, 산소 용접기를 점화시킨다, 키보딩의 실수를 교정한다, 피스톤을 깎는다, 과수의 가지를 전정한다 등에서 볼 수 있듯이, 실습 과제별로 일정한 수준의 성취를 요구하고 있는데 제작품을 산출하는 기능은 과제별로 다르다. 기능적인 영역의 학습 목표는 수준에 따라 모방, 조작, 정밀 조작, 연계 조작, 자동 조작의 단계로 나눌 수 있다.

기능에 대한 평가를 계획하는 절차로서 능력중심 교사 교육(performance based teacher education: PBTE)에서는 다음과 같이 6단계를 제시하고 있다(Center for Vocational Education, 1977). 제1단계는 실제 직무상에서의 상황과 문제를 고려하는 것이다. 예를 들어 이런 경우 학생이 판매직에 취업하기 위해 준비하고 직물가게에서 일한다는 것은 상황이고, 고객이 직물을 사고자 찾아왔다는 것은 문제가 된다. 제2단계는 학생들이 실천해야 하는 작업 명세서를 작성하는 단계이다. 이는 평가 상황에 비추어 간단하게 제시하기도 하고 복잡하게도 한다.

상황: 판매직에 취업하기 위해 준비하고 있다. 바로 지금 직물 가게에서 일을 보고 있다.
그런데 고객이 우단 직물을 5m 사러 왔다.

1. 고객에게 우단천을 5m쯤 끊어 준다.
2. 우단천을 5m쯤 끊는다. 이때 우단 섬유란 쉽게 끊어지는 것이 아니기 때문에 반드시 마름질용 가위를 사용해야 한다.

제3단계는 학생들이 사용해야 하는 재료, 도구, 연장 등을 열거하는 단계이다. 위의 상황을 예로 재료와 도구를 열거해 본다.

재료 및 도구
우단천 두루마기
마름질용 가위
5m가 훨씬 넘는 재단용 책상

제4단계는 성취 정도를 판단하기 위한 수행기준을 작성하는 단계이다.

Ⅰ. 과정상의 세부 기준
1. 먼지가 없고 다른 돌기물이 없는 재단용 책상 위에 천을 놓는다.
2. 무늬가 꼭 맞도록 천의 끝이 단정한가 검사한다. 무늬가 맞지 않으면 맞게 끊는다.
3. 천을 규정된 마름용 자로 재고 표시한다.
4. 재단 시의 손실을 고려하여 천의 여유를 5mm 정도 더 둔다.
5. 무늬에 꼭 맞추어 마름질용 가위로 끊는다.

Ⅱ. 산출물 성취의 세부 기준
1. 절단 재료는 먼지라든가 다른 이물질이 없다.
2. 절단선은 무늬에 맞추어 반듯이 끊겼다.
3. 양측 변이 반듯하다.
4. 절단된 천은 5mm 정도의 여유가 있으며 정확한 길이로 되었다.

제5단계는 위에서 결정된 기준에 비추어 어떤 평가 기법을 사용할 것인지 결정하는 단계이며, 마지막 6단계는 평가도구를 개발하는 단계로서 끝나게 된다.

다. 정의적 영역의 평가

실기평가에 있어서 두 가지 면과 아울러 중요한 것으로서 정의적 영역에 속하는 평가가 있다. 학생들의 작업 태도, 수업에 대한 적극성, 일에 대한 학생들의 태도는 모두 정의적 영역에 속하는 평가의 영역들이다. 정의적 영역에 해당하는 학습 목표와 이에 따른 학습 경험들은 제5장 블룸의 목표 분류에서 이미 소개하였듯이 감수성, 반응, 가치화, 조직화, 인성화 등 그 내면화 정도에 따라 수준이 다르다. 태도에 속하는 영역을 평가할 때는 다른 영역에 비해 이 영역은 정확한 평가를 하기가 좀 어렵다는 것을 염두에 두어야 한다. 태도라는 것은 어떠한 정답도 있을 수 없고, 앞서와 같은 문제 제시로도 태도를 알 수 없기 때문이다. 태도 측정에는 간접적인 방법이 사용되고 피험자의 반응 경향을 미리 예상하고 평가에 임해야 한다. 이러한 점에서 태도 평가의 특징이 있다. 따라서 특징적인 검사 방법이 동원되며, 태도 평가에서 강조해야 할 검사 방법 중 중요한 것을 소개하면 다음과 같다.

1) 면접에 의한 구두 평가

교사가 학생과의 직접 대화를 통하여 검사를 하는데, 질문 항목을 미리 정하는 수도 있고 즉석에서 중요한 점을 질문해 보는 수도 있다.

2) 태도 검사를 이용한 평가

태도 검사를 위한 척도를 미리 개발하여 이것으로 태도를 검사하는데 보통 5단계 척도가 많이 활용된다. 앞의 「직물 판매직」의 예에서 태도척을 만들어 본다.

태도척	매우 그렇다	그렇다	보통	그렇지 않다	매우 그렇지 않다
1. 비록 고객이 나에게 거슬리는 말을 하더라도 나는 웃을 수 있다.	…	…	…	…	…
2. 고객에게 그가 나쁘다고 말을 하지 않는다.	…	…	…	…	…

3) 자유스럽게 기술하게 함으로써 평가를 하는 방법

자유 기술식 질문
1. 실습 도중에 싫증이 나면, 나는 ______________________________.
2. 실습장이 어질러져 있으면, 나는 항상 ______________________________.
3. 내가 가장 참기 어려운 것은 교사가 ______________________________.

4) 점검표에 의한 평가

점검표를 만들어 실습 태도를 평가하는 방법의 예는 다음과 같다.

실습 태도 점검표

	상	중	하
1. 실습에의 적극성	–	–	–
2. 안전 규칙 준수	–	–	–
3. 실습 기자재에 대한 애착	–	–	–

그 외 질문을 만들어 보는 방법, 평정 척도를 사용하는 방법, 관찰을 해보는 방법, 소시오그램을 사용하는 방법 등 많은 방법이 있다.

3 실기평가의 절차

평가가 실시되는 과정은 여러 가지 특징적인 국면을 포함한다. 이들 각 국면을 시간적인 계열성 속에서 나열, 일련의 평가 절차가 되는데, 이들을 각 단계별로 알아본다. 평가 단계는 크게는 평가내용의 결정, 평가 계획, 자료 수집을 위한 도구 작성, 자료의 수집, 그리고 해석 및 활용으로 이루어진다.

가. 평가내용의 결정

평가내용을 결정하기 위해서는 최소한 세 단계를 거쳐야 한다. 먼저 특정 단원의 내용을 구조화하고, 그 다음에 세부 영역별로 목표를 행동 목표로 진술하며, 마지막으로 앞의 두 단계를 거쳐 2원 목표 분류를 하여 영역별로 어떤 행동 특성이 평가되어야 하는가를 구체적으로 분류한다. 위의 세 단계에 걸쳐 평가내용을 결정하는 과정을 '목공일하기' 단원을 중심으로 예시하고자 한다. 먼저 「목공일하기」 단원을 구조화하면 다음 〈표 12-1〉과 같다.

〈표 12-1〉「**목공일하기**」 **단원의 구조**

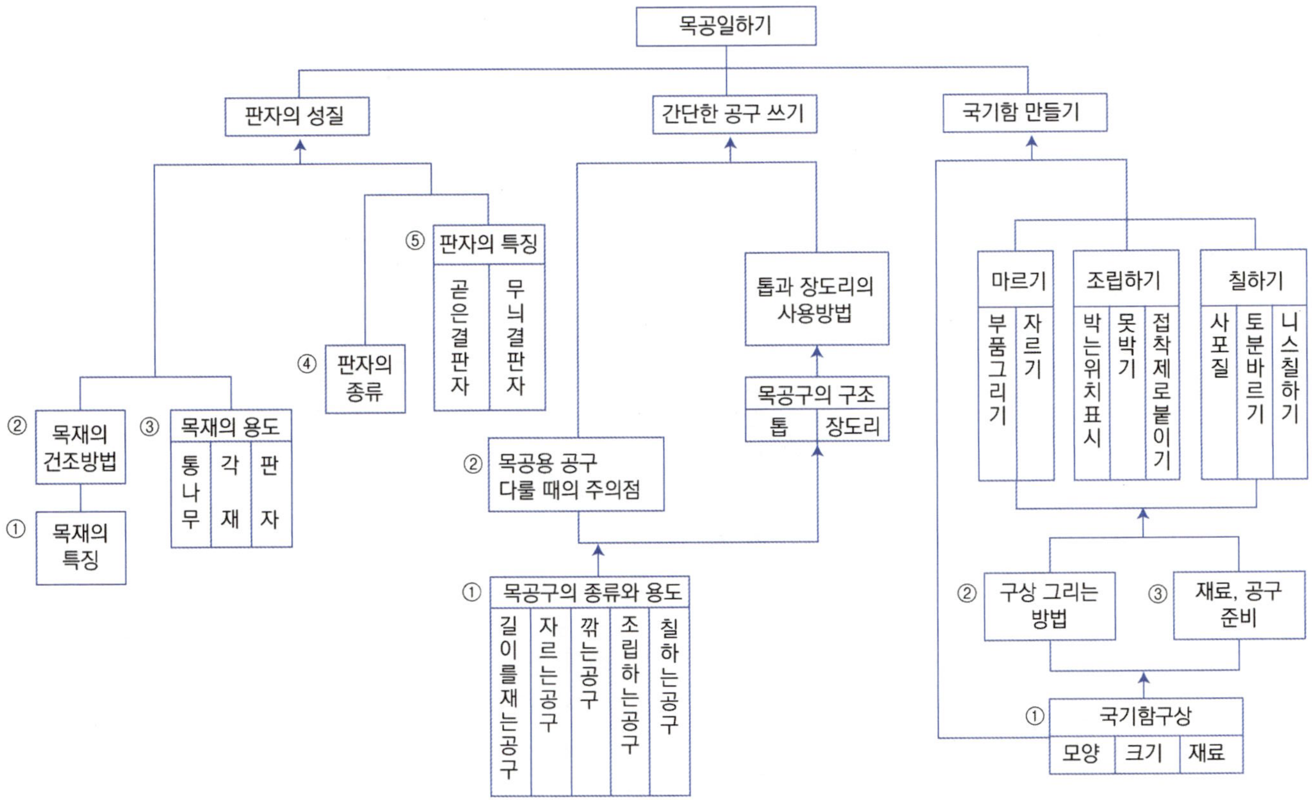

「목공일하기」 단원의 구조화된 내용들에 대해 목표를 행동목표로 진술하면 다음과 같다.

〈단원 6. 목공일하기〉

〈판재의 성질〉

Q 72. 목재의 특성을 설명할 수 있다.
- Q 721. 목재의 장점과 단점을 말할 수 있다.
- Q 722. 목재의 3가지 단면을 그림을 그려 설명할 수 있다.
- Q 723. 목재를 사용하기 전에 충분히 건조시키는 이유를 말할 수 있다.

Q 73. 목재의 용도를 안다.
- Q 731. 목재의 이용 범위가 다양함을 관찰할 수 있다.
- Q 732. 침엽수와 활엽수를 구별할 수 있다.
- Q 733. 각재와 판재의 용도를 구별할 수 있다.

Q 74. 제재 방법에 따른 판자의 특성을 식별할 수 있다.
- Q 741. 무늬결 판자와 곧은결 판자의 나뭇결을 비교할 수 있다.
- Q 742. 제재 방법을 그림으로 표시했을 때 무늬결 판자와 곧은결 판자를 구별할 수 있다.
- Q 743. 합판의 특징을 설명할 수 있다.

Q 75. 목재를 이용할 때 목재가 지닌 장점을 충분히 발휘할 수 있도록 주의를 기울인다.
- Q 751. 건축재와 가구재에 쓰이는 목재가 다름을 안다.
- Q 752. 목재의 질감, 색깔, 무늬를 살펴 목재가 지닌 자체의 아름다움을 살필 수 있도록 관심을 가진다.

〈간단한 목공구 쓰기〉

Q 76. 목재 가공에 쓰이는 목공구의 종류를 열거하고 그 용도를 구분할 수 있다.
- Q 761. 길이를 재는 공구의 이름을 댈 수 있다.
- Q 762. 자르는 공구, 깎는 공구, 조립하는 공구의 종류를 열거할 수 있다.

Q 77. 목공구를 다룰 때 안전을 중요시한다.
  Q 771. 사용 목적에 맞는 규격 공구를 골라서 사용해야 하는 이유를 말할 수 있다.
  Q 772. 톱과 장도리를 사용할 때 안전한 자세를 취할 수 있다.
  Q 773. 목공구를 정돈하여 일정한 곳에 보관할 수 있다.

Q 78. 켜는 톱니와 자르는 톱니를 구별하여 사용할 수 있다.
  Q 781. 양날톱의 구조를 안다.
  Q 782. 사용 목적에 맞는 톱니의 종류를 선별할 수 있다.
  Q 783. 목재 켜기와 자르기의 차이점을 말할 수 있다.
  Q 784. 톱질하는 방법을 안다.

Q 79. 간단한 목공구를 다룰 수 있다.
  Q 791. 톱을 사용하여 목재를 켜거나 자를 수 있다.
  Q 792. 장도리를 사용하여 못을 박거나 뽑을 수 있다.

〈국기함 만들기〉
Q 80. 간단한 목공품의 제작 절차를 확인할 수 있다.
  Q 801. 목공품이 완성되기까지의 과정을 단계별로 기술할 수 있다.
  Q 802. 제작품의 사용 목적을 파악할 수 있다.
  Q 803. 준비해야 할 재료, 공구를 선정할 수 있다.
  Q 804. 작업 순서에 따라 일을 수행하려는 습관을 가진다.

Q 81. 국기함을 만들기 위한 구상을 할 수 있다.
  Q 811. 국기함의 용도를 확인한다.
  Q 812. 국기함의 모양, 크기를 구상할 수 있다.
  Q 813. 구상한 것을 그림으로 나타낼 수 있다.
  Q 814. 설계도 그리는 방법을 안다.

Q 82. 부품의 치수를 확인하여 마르기를 할 수 있다.
  Q 821. 도면을 보고 판자에 옮겨 그릴 수 있다.
  Q 822. 판재의 마름질 선을 따라 톱질하여 자를 수 있다.

Q 83. 부품을 조립할 수 있다.
  Q 831. 못 박히는 위치를 정하여 표시할 수 있다.
  Q 832. 장도리와 못을 사용해 부품과 부품을 맞대어 박을 수 있다.
  Q 833. 직각자로 부품 조립 상태의 직각 검사를 할 수 있다.
  Q 834. 접착제를 사용하여 목재를 붙이는 것과 못박기로 조립하는 것의 차이점을 말할 수 있다.

Q 84. 조립한 목제품에 니스칠을 할 수 있다.
  Q 841. 목재의 특징을 살릴 수 있는 칠감을 선정할 수 있다.
  Q 842. 니스칠하는 과정을 파악할 수 있다.
  Q 843. 니스칠을 하기 전 사포질과 토분바르기를 하는 이유를 말할 수 있다.
  Q 844. 목재에 사포질을 할 수 있다.
  Q 845. 토분바르기 하는 방법을 설명할 수 있다.
  Q 846. 목재에 니스를 칠할 수 있다.

Q 85. 작업을 할 때 항상 안전을 지키려고 노력한다.
  Q 851. 목공구를 조심스럽게 취급한다.
  Q 852. 작업실에서는 안전 수칙을 확인하여 지킬 수 있다.
  Q 853. 작업실을 정리 정돈할 수 있다.

Q 86. 노작의 의의를 알고 완성된 작품에 대하여 애착심을 가진다.
  Q 861. 완성한 국기함이 구상한 모양과 치수대로 만들어졌는가를 확인할 수 있다.
  Q 862. 노작을 통하여 쓸모 있는 물건을 만들어 내는 기쁨을 가진다.
  Q 863. 서로 도와서 하는 일에 가치를 둔다.
  Q 864. 국기함을 활용하여 국기를 소중히 보관하는 태도를 가진다.

자료: 김현숙(1984). 국민학교 실과 평가의 원리와 실제. 한국교육개발원 개발연구. TR 84-11

앞의 단원의 구조와 행동 목표를 종합하여 이원 목표 분류를 하고 이들이 어떤 평가 장면을 통하여 평가가 이루어져야 하는가를 제시하면 〈표 12－2〉와 같다.

〈표 12-2〉「목공일하기」 단원의 이원 목표 분류와 평가장면

행동분류 / 학습내용	A·O 지 식				B·O 문제해결력						C·O 기 능			D·O 작업 태도					평가장면				
	A-1 특수사실에 관한 지식	A-2 분류에 관한 지식	A-3 준거에 관한 지식	A-4 방법에 관한 지식	B-1 관찰·문제의 파악	B-2 관계의 분석	B-3 문제해결의 발견	B-4 일의 계획능력	B-5 결과의 정리	B-6 유사사태의 적용	C-1 촉각·협응능력	C-2 조 작 력	C-3 숙련동작	D-1 관 심	D-2 주의집중	D-3 자 진 성	D-4 만 족	D-5 가치부여	설명·토의발표	실습 개 별	실습 시 범	가정학습과제	조사·관찰학습
〈목공일하기〉																							
o 판자의 성질																							
• 목재의 특징	Q 72																		○				
• 목재의 용도	Q 73				Q 731														○				
• 판자의 종류		Q 74																	○				
• 판자의 특징	Q 743																		○				
• 목재의 이용					Q 75														○				
o 간단한 공구 쓰기																							
• 목공구의 종류와 용도	Q 76																		○				
• 목공용 공구 다룰 때의 주의															Q 77				○				
• 톱과 장도리 다루기			Q 78							Q 79											○		
o 국기함 만들기																							
• 국기함의 구상								Q 808													○		
• 설계도 그리는 방법				Q 814																	○		
• 재료 공구의 준비								Q 803												○			
• 국기함 마르기												Q 82								○			
• 조립하기				Q 831								Q 83								○			
• 니스칠하기					Q 841							Q 84								○			
• 끝손질									Q 853											○			
• 국기함의 이용																Q 86						○	

자료: 김현숙(1984). 국민학교 실과 평가의 원리와 실제. 한국교육개발원 개발연구. TR 84-11

나. 평가 장면의 선정

내용의 구조화와 행동 목표 진술을 통하여 영역별로 어떤 행동 특성이 평가되어야 하는가가 분류되면 이들 행동 특성을 어떤 상황, 조건에서 평가할 것인가에 대한 평가 장면이 선정되어야 한다.

실험・실습결과에 대해 평가되어야 할 행동 유형 중에서 기능적인 면이 많기 때문에 실습이나 실험실에서 여러 가지 기자재를 가지고 평가가 이루어진다. 그렇기 때문에 평가를 실시할 때에는 평가를 실시할 장소, 평가에 필요한 자료, 도구 등이 사전에 충분히 계획 검토되어 준비되어야 한다. 〈표 12-2〉의 「목공일하기」 단원에서 볼 수 있는 바와 같이 이 단원을 평가하기 위한 평가 장면이 학습내용과 행동 목표에 따라 달리 표시되고 있다.

다. 평가도구의 제작

평가도구 제작은 평가의 중요한 절차 중의 하나이며, 요점이라고도 할 수 있다. 그래서 평가도구를 어떻게 제작하느냐에 따라 평가가 성공적이냐 보잘것없는 결과를 초래하느냐의 관건이 되기도 한다. 바람직한 평가도구가 지녀야 할 조건으로는 타당성, 신뢰성, 객관성, 실용성 등이 요구되고 있다.

첫째, 좋은 평가도구가 되기 위해서는 타당도가 높아야 한다. 타당도란 검사 혹은 평가도구가 측정하려고 하는 바를 어느 정도로 측정하느냐 하는 것이다. 간단히 말해서 무엇(what)이란 개념과 관련이 있다. 예를 들어 "경운기를 학교 농장에서 올바른 순서에 따라서 운전할 수 있다"라는 학습 목표를 측정하기 위해서 검사를 제작했는데, 문항이 필기 시험에 의해서 경운기 운전하는 방법을 쓰라거나, 안전 수칙을 열거하라는 식으로 되어 있다면 타당도가 낮은 것이다. 이때는 경운기를 실제 조작할 수 있는 기능을 측정할 수 있는 검사이어야만 타당성이 있다고 할 수 있다.

단원 6. 「목공일하기」 실습 기능 평가지

(제재: 국기함 만들기)　　　　　　　　　　학년　　반　　번 이름:

핵심기능	배점	평 가 관 점	평 정 척 도				비고
1. 구상도 그리기	6	• 만들고자 하는 목공품의 구상도를 모눈종이에 그릴 수 있는가?(Q813)	구상도의 형태와 크기가 구상한 목공품과 일치한다.	구상도의 형태는 바르나, 치수 표시가 잘못되었다.	구상도의 형태와 크기가 구상한 것과 다르다.	6 4 2	1차
2. 마르기	12	• 판재에 각 부품의 도면을 옮겨 그릴 수 있는가?(Q822)	옮겨 그린 부품에 빠짐이 없고 치수가 정확하다.	옮겨 그린 부품에 빠짐이 없으나, 치수가 정확지 못하다.	옮겨 그린 부품에 빠짐이 있으며, 치수가 정확지 못하다.	6 4 2	
	12	• 톱으로 판재를 자르고 켤 수 있는가?(Q822)	톱질 자세가 안정되었고 안내선에 맞추어 자르고 켰다.	톱질 자세는 안정되었으나, 마름질한 선이 곧지 못하다.	톱질 자세가 불안정하고 마름질한 선이 곧지 못하다.	6 4 2	1차
3. 조립하기	12	• 못박을 위치를 바르게 표시할 수 있는가?(Q831)	못박기 선이 모서리와 나란하고 못박을 위치가 정확하다.	못박기 선을 바르게 그었으나, 못박을 위치가 부정확하다.	못박을 위치 표시가 안 되었다.	6 4 2	2차
		• 부품을 대어서 장도리로 못을 박을 수 있는가?(Q832)	용구를 잘 다루며 제 위치에 똑바로 못을 박았다.	용구를 잘 다룰 수 있으나, 조립 상태가 불안정하다.	용구 사용이 서툴고 조립상태가 불안정하다.	6 4 2	
4. 칠하기	12	• 니스칠을 할 수 있도록 사포질을 할 수 있는가?(Q845)	사포질한 면이 매끈하다.	사포질을 하였으나, 손질한 상태가 거칠다.	칠하기의 준비 손질이 되어 있지 않다.	6 4 2	3차
		• 목재에 니스칠을 할 수 있는가?(Q846)	칠감의 양이 적당하고 칠한 면이 매끈하다.	칠감의 양은 적당하나, 칠한 면이 매끈하지 못하다.	칠감의 양이 부적당하고 칠한 면이 매끈하지 못하다.	6 4 2	
계	42	7 항 목					

둘째, 좋은 평가도구가 되기 위해서는 신뢰도가 높아야 한다. 신뢰도란 평가도구가 평가하려고 하는 바를 얼마나 오차가 없이 정밀하게 잴 수 있는가 하는 정도를 말한다. 즉 어떻게(how)에 관계된 문제이다. 똑같은 집단인데 처음 실시한 검사와 나중에 다시 실시한 검사 점수 간에 차이가 크다면 신뢰도가 낮다고 할 수밖에 없다. 또한 지적 능력을 평가하는 방법으로는 진위형, 배합형, 선다형, 서술형, 논문형 등이 있는데, 동일 학생이 평가유형을 달리하였을 경우 점수에 차이가 컸다면 그 평가도구는 신뢰도가 낮다고 할 수 있다.

셋째, 객관도가 높아야 한다. 객관도란 측정의 결과에 대해 검사자들 간에 어느 정도로 일치된 평가를 하는가의 정도이다. 실기평가나 주관식의 검사는 보통 편견 때문에 객관적 검사에 비해 객관도가 상대적으로 낮을 수 있기 때문에 객관적인 평가 기준의 설정과 각별한 주의가 필요하다.

넷째, 실제로 작성된 평가도구는 경제적이어야 하고, 쉽게 활용할 수 있어야 한다. 즉 실용도가 높아야 하며, 실용도가 높은 검사는 실시가 용이하고 채점이 쉽고 해석이 용이하고 돈도 적게 드는 검사이다.

평가도구란 평가를 실천하기 위한 수단이 되는 모든 것을 말한다. 검사를 할 목적으로, 주관식 문제를 만들고 객관식 문제를 작성하고, 평가척을 만들고 실기기능 점검표를 만드는 것 모두가 평가도구의 제작이라고 할 수 있다. 왜냐하면 이들은 궁극적으로 평가를 위해서 활용될 것이기 때문이다. 검사에서 활용되는 평가도구로서 실기 지도 평가에 시사점을 줄 수 있는 것을 골라 제시하면 다음과 같다.

1) 진위형 검사

어떤 표현을 진술하고 진실이냐 허위이냐를 가리게 하는 방법이다.

[예]

• 전기 장치를 작동하기 전에 모든 회로의 전류가 통하지 않는다는 것을 반드시 확인하여야 한다.	맞다 (　　) 틀리다 (　　)
• 땜납은 납으로만 되었으며 합금이 아니다.	맞다 (　　) 틀리다 (　　)
• "부산 상회로부터 상품 ₩10,000의 주문을 받다" 라고 하는 것은 부기상의 거래이다.	맞다 (　　) 틀리다 (　　)

[진위형 문항 제작의 전략]

① 진술문은 한 가지 제작만 가능한 절대적 진위의 진술 문제에 한해서 사용한다.

② 한 개의 문항에는 단일한 아이디어만 포함시킨다.

③ 부정 문장은 가능한 한 피한다. 이중 부정은 특히 피한다. 부정형 서술문에는 밑줄을 그어 평가받는 학생의 실수를 막는다.

④ 종속절 조건이 많이 붙은 복합문이나 긴 문장은 사용하지 않는다.

⑤ 학습 자료나 교과서에서 따온 문장은 그대로 사용하지 않는다.

⑥ 진과 위의 문항 수는 균형되게 배열한다.

⑦ 특수한 결정 요인을 의미하는 단어는 피한다.
때때로, 일반적으로, 가끔, 흔히, …경향이 있다 – 진
만, 뿐, 모두, 아무것도 아니다, 반드시, 결코 – 위

⑧ 가능하면 질적 표현보다 양적 표현을 사용한다.

2) 배합형 검사

여러 개의 전제와 답지를 나열해 놓고 이 전제와 답지 간에 합당한 것끼리 연결시키는 방법이다.

[예]

• 셰이퍼(shaper) 작업의 보기이다. 어떤 작업인지 골라 번호를 쓰시오.

(1) 골 깎기
(2) 수직 깎기
(3) 각도 깎기

• 다음은 톤(ton)의 종류이다. 해당되는 파운드(lbs)와 연결하시오.

(1) Long ton	(1) 2,204 lbs
(2) Short ton	(2) 2,240 lbs
(3) Metric ton	(3) 2,000 lbs
	(4) 2,100 lbs
	(5) 1,900 lbs

• 전기 용접의 종류들인데 그 특징과 연결하시오.

(a) 맞대기 용접	(1) 전극은 끝이 둔한 원뿔형이 되어 모래를 가압한다.
(b) 점용접	(2) 용접할 2개의 모재를 접촉시키고 교류를 통한다.
(c) 시임 용접	(3) 용접할 판재를 롤러 전극 사이에 끼우고 회전시킨다.
	(4) 전기 대신 아아크를 이용하여 용접한다.

[배합형 문항 제작의 전략]

① 전제와 답지는 고도의 동질성이 있는 것으로 묶는다.

② 전제와 답지의 길이는 전제 5, 답지 7~8 정도로 적절히 제한해야 된다.

③ 답지의 수는 반드시 전제의 수보다 많아야 한다.

④ 전제나 답지의 항목은 최대한 분명하고 편리하게 배열한다.

⑤ 어떤 기초 위에서 배합할 것인지를 분명히 지시하여야 한다.

⑥ 전제나 답지의 각 항목은 중첩되는 개념이어서는 안 된다.

3) 선다형 검사

질문이나 문장을 제시하고 여러 개의 답지를 제시하고 올바른 답지를 선택하게 하는 방법이다. 이 방법은 객관식 검사로서 가장 대표적인 형태이다. 선다형 검사에서 가장 대표적인 4지 선다형 검사를 제시하면 아래와 같다.

[예]

- 직물 판매직에 종사하면서 고객에게 천을 끊어 주었다고 할 때 천이 끊긴 상태가 바람직하지 <u>않은</u> 것은? ( )
  (1) 절단면에 먼지라든가 이물질이 없다.
  (2) 절단면은 무늬에 관계없이 반듯이 끊겼다.
  (3) 양 측면도 반듯하다.
  (4) 절단된 천은 5mm 정도의 여유를 더 두어 끊었다.

- 다음은 어떤 가공을 하고 있는 작업인가? ( )

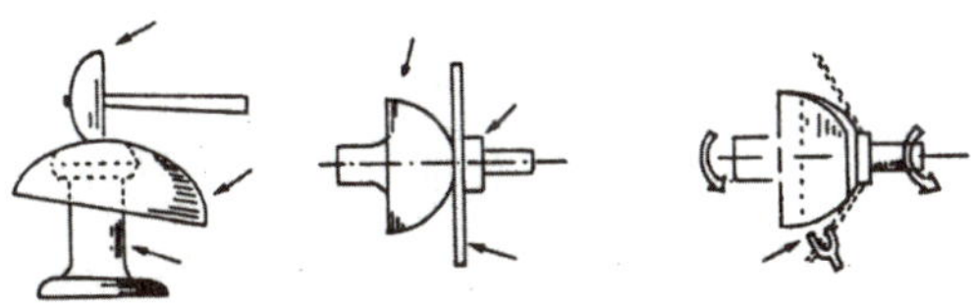

  (1) 절단 가공
  (2) 굽힘 가공
  (3) 타출 판금 가공
  (4) 압축 가공

- 복리 이자 계산과 직접 관계가 <u>없는</u> 것은? ( )
  (1) 이율 (2) 기수
  (3) 원금 (4) 할인율

[선다형 문항 제작의 전략]

① 문제는 직접 질문형이나 불완전 문장형으로 사용한다.

② 답지 중 정답은 분명하고 오답은 그럴듯하게 만들어야 한다.

③ 각 답지에 반복되는 말은 문제에 포함시켜 표현하도록 한다.

④ 답지는 문제와 적절히 관련되어야 한다.
⑤ 가능한 한 문제는 긍정문이 되도록 한다.
⑥ 오답을 지나치게 전문적 용어로 표현하지 않는다.
⑦ 답지의 중복을 피한다.
⑧ "정답 없음"이 정답이 되는 답지 방식도 사용한다.
⑨ 답지에 어떤 논리적 순서가 있으면 그에 따라 배열한다.
⑩ 가능한 한 문제는 자세히 표현하고 답지는 간결하게 줄인다.
⑪ 답지의 길이는 비슷해야 한다.
⑫ 정답의 위치는 다양성이 있어야 한다.
⑬ 답지의 수는 4~5개가 적당하다.
⑭ 술어의 정의를 다루는 문항에서는 문제에 술어, 답지에는 그 정의를 둔다.

4) 동일형 검사

보통 학생들이 도구나 장치의 각 부분품에 대하여 알고 있는지를 검사할 때 사용된다. 도표나 그림을 보고 공백에 적당한 명칭을 찾게 하거나 도구나 기구 또는 장치의 어떤 부분을 제거하고 학생들에게 그 명칭을 기입하게 하는 것과 같은 방법이다. 이는 서답형 검사의 하나인 연결형의 검사 방법과 비슷하나 공백을 더 많이 제시하는 것이 특징이다.

[예]

절단형 토치이다. 각 부분의 명칭을 찾으라.

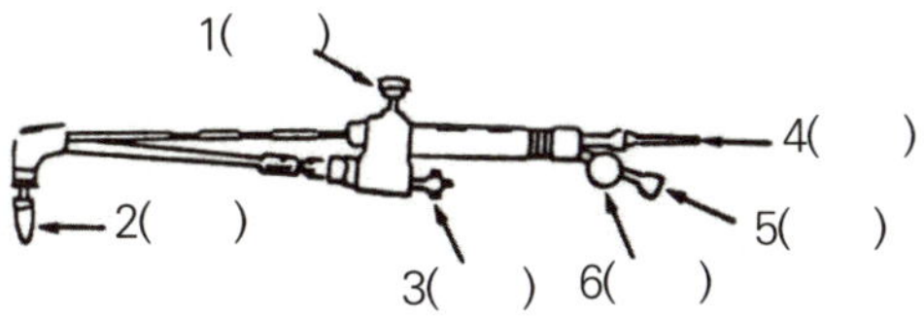

1. 팁
2. 고압 산소 조절 밸브
3. 저압 산소 조절 밸브
4. 아세틸렌
5. 아세틸렌 조절 밸브
6. 산소

5) 단답형 검사

단답형 검사는 간단한 질문에 대해서 한두 마디 정도의 단어로 답하는 방식의 검사이다. 이는 답지 없이 간단히 답하는 형태의 검사 중에서 가장 간단한 형태의 것이다.

[예]

- 원판 또는 원통체의 외극면이나 끝면에 여러 개의 날을 붙여 회전시키면서 일감을 절삭하는 공구인데 밀링 커터를 부착하고 있다. 공작 기계의 명칭은 무엇인가?
- 용접봉은 금속 전극이 되며, 피복재로 되어 있다. 이것은 어떤 용접에 있어서의 상태인가?
- 주산의 나눗셈에서 나누는 수를 (　　　　　　)(이)라고 한다.

[단답형 문항 제작 전략]

① 답이 간단한 단어, 어구, 수, 수식으로 대답할 수 있도록 한다.

② 정답의 수는 될 수 있는 대로 한 개 혹은 몇 개가 되도록 한정한다.

③ 질문이 명료해야 한다.

④ 술어에 관한 지식이나 이해력을 물을 때는 술어를 주고 정의를 대답하게 한다.

⑤ 정답이 여럿으로 표현될 수 있는 경우에는 모두 정답으로 간주한다.
⑥ 내용을 묻는 문항일 때는 철자법, 문법 등에 의해 채점하지 않는다.
⑦ 교과서에서 그대로 옮겨오거나 상투적인 표현을 최대로 줄인다.
⑧ 답을 쓸 수 있는 여백을 적절히 마련한다.

6) 서술형 검사

고도의 주관식 검사이다. 주제를 주고 자유스럽게 아는 바를 표현하게 하는 방법이다. 인지적 영역의 높은 수준에 해당하는 학습 영역, 즉 판단력, 종합력, 평가력 등을 검사하기에 좋은 방법이다. 그러나 실기평가에 있어서도 이의 활용이 불가능한 것은 아니다.

[예]

① 나사깎기 작업에 필요한 공구 및 기계를 열거하고 작업 절차와 각 절차에서 유의해야 할 점에 대해서 쓰시오.
② 벼에 발생하는 병해충을 각각 세 가지씩 제시하고 그 예방책에 관하여 논하시오.
③ 감가 상각의 계산 방법을 설명하시오.

[서술형 검사 제작 전략]

① 수험자 집단의 성질을 고려한다.
② 지식보다는 고등 정신 기능을 측정하도록 만든다.
③ 구체적인 목적을 검사할 수 있도록 구조화시키고 제한성을 갖도록 한다.
④ 여러 문항 중에서 선택해서 쓰도록 하지 않는다.
⑤ 가능하면 채점 기준을 미리 제시한다.
⑥ 문항수를 적절히 조정한다.
⑦ 문항은 곤란도의 순서로 배열한다.

7) 작업 기능 점검표를 이용하는 방법

점검표를 이용하여 학생의 기능이 어느 정도 숙달되었는지를 평가하는 방법이다. 이 방법은 실기평가에 있어서 특히 많이 활용될 수 있다. 점검표는 학생들이 조작이나 작업을 하는 과정, 그리고 작업 결과를 점검하기 위한 세부 항목으로 구성되어 있다. 석유 발동기 실습에 있어서 점검표를 예로 제시하면 〈표 12-3〉과 같다.

더 상세한 내용은 4. 학습 안내서와 수행평가 단원에서 다루도록 한다.

〈표 12-3〉 석유 발동기의 조작 평가법

항 목	착 안 점	평가 기준					학 생 성 명				
		5	4	3	2	1	A	B	C	D	E
시동 준비하기	1. 냉각수를 준비한다. 2. 연료 윤활유를 준비한다. 3. 연료 탱크를 점검 · 조절한다. 4. 전기계통을 확인한다. 5. 기관부를 점검한다.										
운전 조작하기	1. 시동의 방법을 숙지한다. 2. 석유를 교환한다. 3. 정상적 운전 상태를 확인한다. 4. 필요하면 윤활유를 주유한다. 5. 회전수를 확인한다.										
정지 후 뒷 정리하기	1. 연료 윤활유를 폐정(閉井)한다. 2. 냉각수를 처리한다. 3. 기계를 점검하고 손질한다. 4. 기계를 보존한다.										
계											

8) 실습 과제 평가

모든 실습 과제는 실습을 진행하면서 또는 마치고 나서 학생 자신이나 교사가 일정한 주어진 평가 기준표에 따라 평가를 한다. 예를 들면 공업 고등학교에서 〈표 12-4〉와 같은 제품을 제작하는 실습의 경우에는 〈표 12-5〉와 같은 평가 기준표를 가지고 평가하게 된다. 이때 관계 지식 평가는 그 실습 과제를 실습하는 학생이 실습과 관련된 기술적인 지식을 습득하고 있는지를 알아보기 위한 것이다.

[그림 12-2]와 〈표 12-6〉은 중학교 기술Ⅰ에 나오는 책꽂이 제작 도면과 이를 평가하기 위한 평가 기준표를 예시하고 있다.

〈표 12-4〉 장부 맞춤 실습 지시서

단 원	목공실습	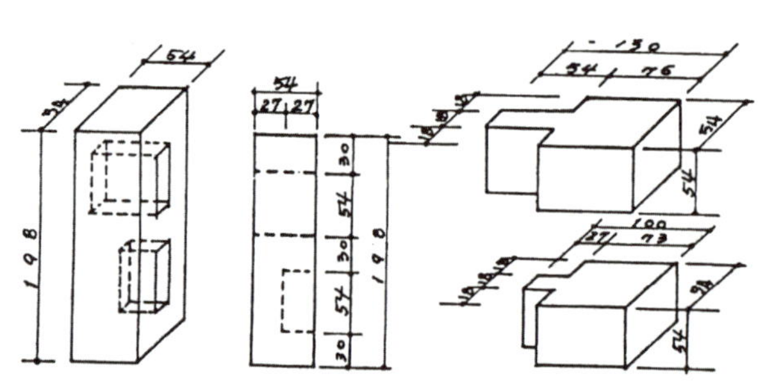
번 호	No. Ⅰ-4-1	
과제명	장부맞추기	
재 료	미송 450×60×60	
시 간	4	

단 계	실 습 활 동	유 의 점
준 비 (10분)	• 장부맞춤의 특징, 용도, 종류에 관한 설명을 듣는다. • 실습 목표를 확인한다. (주어진 재료를 사용하여 도면의 치수에 따라 ±0.5mm 이내의 오차로 정확하게 가공할 수 있다.)	
제 시 (10분)	• 지급받는 재료와 공구를 점검한다. • 교사의 시범을 관찰하고 각 요소 작업을 확인한다. • 시범상의 의문점에 대하여 질문하고 논의한다. • 작업 요소를 검토한다.	

단 계	실 습 활 동	유 의 점
적 용 (210분)	• 실습 순서에 따라 부재를 가공, 조립한다. 1. 54×54mm 되게 부재를 대패질한다. 2. 기준선을 긋는다. (기준선에서 A부재는 30, 54, 30, 54, 30 되게 B부재는 54, 76 되게 C부재는 27, 73 되게 마름질선을 긋는다.) 3. 부재를 절단한다. 4. 각 부재마다 장부와 장부구멍의 마름질 선을 긋는다. 5. 장부 구멍을 끌질한다. 6. 장부켜기 톱(등대기톱)으로 부재를 뒤집어 가며 3단계로 장부를 켠 다음, 등대기톱으로 장부 어깨를 자른다. 7. 장부끝을 면접기 한다. 8. 조립한다.	• 마름질할 때 톱질로 잘려 나가는 여유를 1~2mm 가량 둔다. • 끌질 시 안전에 주의한다.
평 가 (10분)	• 완성된 제품을 점검하고 제출한다. • 공구를 손질하고 작업장 주변을 정리한다.	

자료: 김판욱(1988). "목표지향 평가 방법에 대한 학습자 반응". 대한공업교육학회지. 13권2호.

〈표 12-5〉 실습 과제 평가 기준표

단 원	번 호	과 제 명	재 료	시간
목 공 실 습	NO. Ⅰ-4-Ⅰ	장부맞추	450×60×60	4

평가항목	배점	평가기준	관련 요소 작업					점수
			금긋기	대패질	톱질	끌질	조립	
1. 부재의 단면치수 54×54	10	• 오차±0.5mm 까지 10점 • 오차 1.0mm 마다 1점씩 감점						
2. 대패질 면의 평면상태	10							
3. 마름질 금의 정확도(중간 채점)	10							
4. 부재의 전체길이(198,130)	10							
5. 가공장부치수와 장부구멍(18×54)	10							
6. 조립된 부재의 틈새	10							
7. 조립된 부재면의 일치와 직각 상태	10							
8. 대패질, 톱질, 망치자국, 홈	10	1개소당 1점 감점						
9. 관계 지식 평가	5	1문항당 1점						
10. 재료의 활용 및 작업 안전, 작업 후 정리정돈	5	재지급 및 사고 발생, 정리불량 0점						
11. 복장 및 공구 준비와 손질	5	복장, 공구 불량 한 건마다 1점 감점						
12. 기준 시간 완성	5	시간 내 완성 5점 +20분 3점 +30분 0점						
건 축 과 1학년 반 번	배점		득점계					

장부맞춤

관계 지식 평가	번호	No. Ⅰ-4-1
1. 장부맞춤의 특징을 설명하시오. 2. 가구 목공에 널리 사용되는 장부맞춤의 종류를 5개 이상 열거하시오. 3. ( )가 바르게 톱질되지 않으면 맞추었을 때 두 부재가 밀착되지 않는다. 4. 부재의 나비가 60mm이면 장부와 장부구멍의 나비는 ( )mm가 적합하다. 5. 막힌 장부 구멍의 깊이는 장부의 길이보다 ( )mm 정도 깊게 한다.		
건 축 과 1학년 반 번 이름	득점	

자료: 김판욱(1988), 전게서

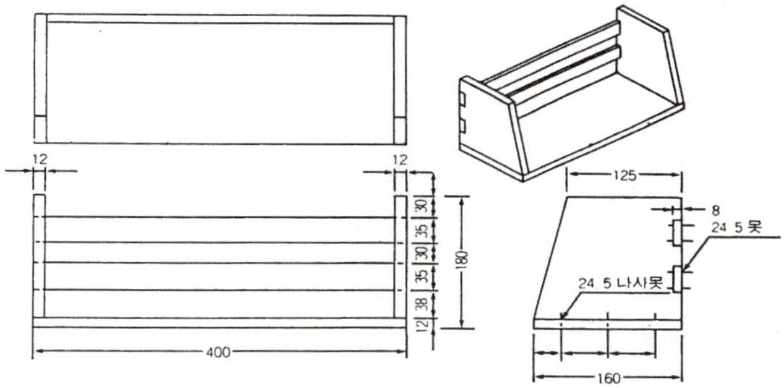

1. 재료는 나왕을 사용하고 마감칠을 토분으로 눈메움한 후 래커칠을 3회 한다.
2. 부재를 접합할 때 접착제를 바른 후 못과 나사못을 박는다.
3. 목재는 함수율이 15% 이내인 것을 사용한다.

품명	책꽂이	척도	
학교	○○중학교	도번	1001
이름	김기술	제도일	

[그림 12-2] 책꽂이 실습 과제 도면

〈표 12-6〉 **책꽂이 평가 기준표**

1. 정밀도(60점)

부 품 명	항목	치수(mm)	배점	평 가 기 준	득 점
(1) 밑판	두께	12	5	0.5 오차마다 1점 감점	
	가로	400	5	1 〃	
	세로	160	5	1 〃	
(2) 옆판	두께	12	5	0.5 오차마다 1점 감점	
	높이	168	5	1 〃	
	폭1	129	5	1 〃	
	폭2	160	5	1 〃	
(3) 뒤판	두께	8	5	0.5 오차마다 1점 감점	
	폭	35	5	1 〃	
	깊이	400	5	1 〃	
(4) 부재간	직각도	90도	10	1도 오차마다 1점 감점	
계			60		
2*. 외관(20점) (1) 대패질(10점) (2) 도장면(10점)	3*. 작업과정(20점) (1) 안전 작업(5점) (2) 작업 순서(5점) (3) 재료의 경제적 사용(5점) (4) 작업 시간(5점)			상(10) · 중(7) · 하(4) 상(10) · 중(7) · 하(4) 사고 1회 시 2점씩 감점 순서 바뀐 경우마다 1점 감점 재지급 시 2점씩 감점 2시간 지연 시 1점씩 감점	

* 표 항목은 교사와 같이 평가하고 나머지는 자율 평가.

자료: 김판욱(1988). 전게서.

라. 평가의 실시, 해석 및 활용

이렇게 해서 평가도구를 작성하고 검토한 후 검사 형식을 통해 검사를 실시하면 검사 결과가 얻어지게 된다. 이렇게 얻어진 검사 결과를 어떻게 해석할 것인가 그리고 이를 어디에 활용할 것인가를 알아보도록 한다.

평가의 결과는 두 가지 관점으로 표현할 수 있다. 하나는 상대 평가이고 다른 하나는 절대 평가이다. 두 표현 방법의 차이를 다음 예를 통하여 구분해 보자. 「영호는 반에서 세 번째이다」, 「순아는 꼭 평균 점수이다」, 「갑수의 점수는 반에서 제일 밑이다」, 「영자는 백분위 점수로 84점이다」, 「영미는 T점수로 60점을 받았다」, 「갑석이는 2기통 엔진의 피스톤을 한 번의 실수도 없이 조립한다」, 「민희는 일 분간 40단어를 타자할 수 있는데 실수는 2번 이하이다」. 앞의 5개는 상대적인 평가이고, 뒤의 2개는 절대 평가이다. 상대 평가는 어떤 집단과 비교하여 우열을 판단하여 판단의 근거를 규준(norm)에 두고 있다. 반면 절대 평가는 평가의 기준을 성취해야 할 최종 목표에 둠으로써 이 기준에 비추어 각각의 학생이 도달한 성취 정도를 확인한다. 따라서 절대 평가에서의 점수는 절대 기준으로부터의 이탈 혹은 접근 정도를 나타낸다. 기능을 측정하는 것이 특징인 실기평가에 있어서 이 절대 평가란 상당히 중요하다. 각 학생의 성취는 이때에 누구보다 잘했느냐 못했느냐가 중요시되는 것이 아니라, 학습 목표에 어느 정도 도달했는가가 더욱 중요한 경우가 많기 때문이다.

원점수가 얻어지고 의미 있는 숫자로 전화되었다고 할지라도 이것은 숫자일 뿐으로, 이것을 다시 학생의 행동과 관련시켜 해석을 해야 한다. 이것이 평가 결과의 해석이다. 따라서 평가 결과의 해석은 비숫자적인 언어로 행동과 결부시킴을 뜻한다고 보아도 좋다. 평가 결과에 대한 해석은 크게 나누어 개인적인 해석과 집단적인 해석이 있다. 개인적인 해석은 학생 개개인의 결함의 소재를 밝히고, 그 원인을 규명하고 그에 따른 지도 방법을 찾는 것을 목적으로 한다. 개인적인 해석이 개인을 진단 치료함을 목적으로 하고 있는 데 반하여 집단적 해석은 집단의 장점이나 결함을 찾고, 그 원인을 규명하고 지도 방법을 모색하는 것을 목적으로 하는 방법이다.

교육 평가의 결과는 학생, 교사의 지도, 수업 상황 등을 개선하고 확인하는 데 다방면으로 활용된다. 평가 결과의 활용은 평가의 목표와 결부되어 있다. 예를 들어 교육과정 평가인 경우, 교육과정 프로그램과 교육 과정에 소요되는 자료의 개선을 위해 활용될 수 있다. 마찬가지로 실기를 평가한 경우 학생이 실기를 얼마나 성취했는지를 확인할 수 있고, 어떻게 하면 훌륭하게 성취할 수 있느냐를 위하여 활용될 수 있을 것이다.

교육의 목표가 학생들의 발달에 있고, 모든 교육적인 노력이 이를 위한 수단이며, 실기 지도라는 것도 결국 이러한 노력의 일환이다. 따라서 실기 지도에 있어서 하나의 부분인 실기평가 역시 학생의 실기를 습득하는 데 기여하여야 하며, 여기에 평가의 활용이 요망된다.

4 학습 안내서와 수행평가

능력중심교육에서는 자율평가, 수행평가, 일반지식평가 등 평가가 중심이 된다. 특히 교사는 가르치는 역할에서 평가자로 역할이 바뀐다. 여기에서는 능력중심교육에서 활용되는 학습안내서(learning guide)를 소개하고 그 속에 있는 자율평가와 실습점검표, 수행평가표에 대해 살펴보기로 한다.

가. 능력중심교육과 학습안내서

능력중심교육과정을 구현하기 위해서는 잘 개발된 교재가 있어야 한다. 능력중심교육이 아무리 좋은 교육 방법이라고 하더라도 잘 조직되고 세심하게 개발된 교재가 없이는 이상적인 능력중심교육과정을 효율적이고 효과적으로 실현할 수 없다.

여기에서 몇 가지 중요한 교육 용어를 정의하고 넘어가기로 한다.

용어	정의
능력 (competency)	해당 직업의 작업을 성공적으로 수행하는 데 필요한 기능, 지식 및 태도
능력중심교육 (competency based education)	직무를 수행하는 자가 일터에서 실질적으로 필요로 하는 기능, 지식 및 태도를 가르치는 교육
모듈 (module)	학습자가 스스로 능력을 습득하는 데 필요한 모든 관계 지식과 실습방법을 자체적으로 포함하고 있는 수업 교재

전통적인 교과서를 사용해서 집단으로 강의하고 총괄적으로 평가하는 방법인 전통적 교수방법으로도 능력중심교육과정의 첫 부분을 진행할 수 있을지 모르겠으나 이내 벽에 부딪치게 된다. 학습자들이 같이 출발해서 한두 가지 과제를 배웠다고 하자. 그러나 어떤 학습자는 앞으로 진도를 나가고자 하지만 다른 학습자는 아직 마치지 못했을 것이다. 이때 교수는 다음 중 한 가지를 택해야 한다.

- 뒤처진 학습자들이 기능 습득을 마칠 때까지 전체 학습자를 기다리게 한다.
- 빨리 마친 학습자를 기준으로 곧이어 다른 과제로 넘어간다.
- 중간 정도의 학습자를 기준으로 삼는다.

이러한 문제를 해결하면서 개별화 학습을 위해 학습 안내서를 활용한다. 다시 말해서 이 학습안내서를 활용하면 진도가 빠른 학습자들은 준비되는 대로 앞으로 진행해서 나아가고 뒤처진 학습자는 마저 그 과제를 마칠 때까지 기다렸다가 다음 과제로 진행한다. 학습안내서가 반복적인 교수활동을 대신하기 때문에 그 나머지 시간에 개별지도나 소집단 지도를 할 수 있다.

나. 학습안내서

학습안내서는 일련의 학습활동에 관한 지시를 모아놓은 것이다. 이것은 학습자로 하여금 학습 목표를 달성하도록 안내하고 그들이 현재 있는 곳에서 그들이 선택한 직업의 숙련 근로자로서 마땅히 있어야 할 곳으로 어떻게 가야 할지를 안내해주고 있다.

학습안내서의 이점들은;

- 학습자들에게 관계지식이 있는 곳이 어디인지 그리고 그것을 어디에서 찾을 수 있는지를 알려준다.
- 학습자들이 배우기를 바라는 기능을 어떻게 실습을 해야 하는지를 알려준다.
- 학습자들이 평가받을 때 사용되는 수행기준을 열거해 준다.

학습안내서는 검증되고 선택된 직업능력들마다 하나씩 개발되므로 능력 숫자만큼 학습안내서가 개발된다.

학습안내서가 모듈 교재와 다른 점은 모듈교재는 자체적으로 필요한 관계지식을 수록하고 있으나 학습안내서는 필요한 관계지식을 학습자들이 참고 문헌에서 찾아보도록 지시하고 있으므로 비교적 분량이 적다는 것이다.

학습안내서가 가지고 있는 특성을 열거하면 다음과 같다.

- 학습안내서는 집필하기가 쉽고 빠르다.
- 학습안내서는 교사가 직접 개발하였기 때문에 최신 정보로 언제라도 간단하게 수정·보완할 수 있다.
- 학습안내서는 발간 비용이 저렴하다.
- 학습자들이 교과서보다 더 좋아하고 이것으로 공부하고 싶어 한다.

학습 순서

[가상 시나리오]

능력중심교육에서 전형적인 학습 순서는 다음과 같을 것이다. 김능력이라는 학생이 있다고 하자. 이 학생은 자신이 시작한 프로그램 차트를 보고 다음 학습할 능력을 선택한다. 선택한 능력을 안내할 학습안내서를 집어서 앞 페이지에 있는 서론을 보면서 개요를 파악하고 수행목표와 세부목표를 확인하여 학습 의욕을 새롭게 한다. 김능력이 학습안내서에서 안내하는 학습 활동을 하고 있는 모습을 학습자료센터, 도서관, 실습장 등에서 발견한다.

첫 번째 세부목표를 달성하기 위한 학습 활동을 마치고 자율적으로 관계지식에 대한 평가를 하여 계속 실습을 할 수 있는 준비가 되었는지를 확인한다.

두 번째 세부목표까지 마치고 나서 김능력은 실습장에서 동영상을 보면서 실기를 익히거나 지역사회에 있는 기업체를 방문하여 견학을 하기도 한다. 그는 항상 학습안내서를 가지고 다니며 중간에 특별한 도움이 필요할 때 한두 차례 교사를 찾아간다.

이때쯤 그는 수행평가에 있는 모든 항목을 점검하여 자신이 모두 다 학습을 완수하였음을 확인하고 교사를 찾아가 평가를 받게 해달라고 요청한다. 교사는 수행평가 일정을 잡는다. 정해진 날에 김 군은 교수를 찾아간다. 교사는 자신의 학습안내서에 있는 구체적 수행기준에 따라 김 군이 그동안 학습한 결과를 평가한다. 모든 항목에 걸쳐 충분히 수행하는 것을 보는 것은 별로 놀랄 일이 아니다. 총평에서 3등급 이상을 받은 김 군은 능력차트를 보면서 다음 도전할 능력을 찾는다. 물론 1차 평가에서 실패를 하면 재차 평가를 받기 위해 더욱 노력해야 한다는 것도 알고 있다.

◆ 학습안내서의 역할

위에서 소개한 가상 시나리오는 여러 가지 다른 모습으로 전개될 수도 있다. 그러나 특성화 고등학교, 전문대학, 폴리텍대학, 직업전문학교, 기업 내 연수원 등 어느 기관에서도 학습안내서를 학습자들이 사용하는 기본적인 방법은 거의 비슷하다. 결국 학습안내서는 학습자들이 전체 프로그램에 걸쳐 의지해야 하는 뼈대이다. 그러므로 올바르게 집필되어야 하고 교사나 학습자가 사용하기 쉽게 개발되어야 한다.

◆ 학습안내서의 이점

(학습자에게 주는 이점)

- 학습자에게 기대되는 것과 능력을 취득하기 위해 무엇을 해야 하는지를 명확하게 알 수 있다.
- 학습자 스스로 학습할 책임이 있다.
- 학습 진도가 늦다고 초조할 필요가 없으며 다른 학습자들이 따라올 때까지 기다릴 필요가 없다.

(교사가 갖는 이점)

- 강의를 하는 데 많은 시간을 할애하는 대신 학습자 개개인이나 소집단에게 더 많은 시간을 할애할 수 있다.
- 학습자와 개별적으로 수행평가를 실시해서 직무수행능력을 갖추도록 확인한다.

> 잘 개발된 학습안내서에 따라 학습자들의 학습이 이루어지도록 해서 능력중심교육이 제 기능을 발휘하도록 해 준다.

학습안내서 집필자를 위한 개발지침서

〈학습안내서 구성 요소〉

다음에 제시하는 학습안내서 양식은 특성화 고등학교, 전문대학, 폴리텍대학, 직업전문학교, 그리고 기업 내 연수원 등에서 모두 적용할 수 있도록 개발되었다.

이것은 학습자들이 사용하기 편리하게 구성되었으며 어떤 직업의 능력들도 잘 적용되도록 개발되었다. 이 양식은 정해진 것에 구속받지 않고 학습안내서 내용 자체에 집중할 수 있도록 비교적 자유스럽게 짜여 있다.

하나의 학습안내서 주요 구성 내용은 다음과 같은 순서로 되어 있다.

1. 서론과 수행목표가 있는 표지
2. 학습 경험/활동
3. 관계 지식
4. 자율 평가/모범 답안
5. 수행평가지
6. 일반지식 평가지(선택)

각 항목들의 구체적 내용은 다음에 설명한 학습안내서에 수록되어 있다.

학습안내서 양식은 같은 양식을 사용하더라도 항목마다 수록된 내용의 형태나 방법은 서로 다르다. 예를 들면 어떤 능력은 몇 쪽 분량의 관계지식이 필요하기도 하지만 어떤 능력은 한 쪽으로도 충분하다. 모든 경우에 관계지식을 학습하고 나서는 자율평가를 한다. 그 후에는 한두 개의 실습을 하고 최종적으로 수행평가를 받는다. 아울러 지식평가를 별도로 할 것인지도 결정해야 한다.

다음에 학습안내서 요소들의 구체적 내용들을 설명하고 구성 요소들의 개발 지침을 소개하기로 한다. 만약 지침을 잘 따라서 개발한다면 우수한 학습안내서를 보다 더 쉽게 개발하여 학습자들이 원하는 능력을 획득하도록 돕는 데 효율적으로 사용할 수 있다.

〈학습안내서 구성 내용〉

① 표지
- 학습안내서 능력 번호
- 임무/과목 명칭
- 학습할 직업능력 명칭
- 서론 소개
- 수행목표와 세부목표 제시
- 필요한 경우 선수능력 열거

② 학습 경험들
- 세부 목표 진술
- 학습 활동 열거
- 특별 지시 열거
- 사실, 개념, 다이어그램, 도면, 삽화 등

③ 관계지식(선택)
- 보충 지식을 제공
- 사실, 개념, 도면, 다이어그램, 삽화 등 수록

④ 자율평가/모범답안
- 진척에 따라 자주 즉각적인 피드백 제공
- 모범 답안 포함

⑤ 실습 경험
- 토론, 견학 및 실습 제공
- 수행평가와 같은 기준의 수행기준 제시
- 평가도구(점검표) 포함

⑥ 수행평가
- 학습자들의 수행 능력을 평가
- 수행 기준 포함
- 평가도구 포함

⑦ 일반지식 평가
- 중요 지식을 평가
- 필기 시험 내용 포함
- 교수에 의해 통제

〈표 지〉

모든 학습안내서의 표지에는 학습자들에게 지침서 전체에 걸친 정보를 간략하게 제공한다. 학습안내서를 집필하는 사람들은 필요한 정보를 빠짐없이 수록해야 하고 그것이 정확한지를 점검해야 할 책임이 있다.

임무/과목 명칭: 학습할 구체적 능력/작업이 속해 있는 임무 영역의 명칭을 진술한다. 데이컴 차트나 능력프로파일 차트에 있는 명칭을 그대로 사용한다.

능력 명칭: 검증을 거친 능력프로파일차트에 있는 명칭 전체를 정확하게 기입한다.

서 론: 학습 동기유발에 도움이 되도록 과제의 중요성을 부각하여 간략하게 진술한다.

수행 목표: 앞에서 설명한 방법대로 학습안내서의 수행 목표를 진술한다. 목표진술 형식에 맞는지 그리고 의도한 대로 진술이 되었는지 점검한다.

세부 목표: 앞에서 배운 방법에 따라 학습안내서의 세부 목표를 진술한다. 능력마다 학습해야 할 기능의 양에 따라 세부 목표의 개수는 2개 이상이 된다. 세부 목표가 정확하게 진술되었는지 다시 확인한다.

선수 능력: 미리 학습해 두어야 할 능력명을 기입한다.

집필 날짜: 학습안내서를 집필한 날짜를 연월일로 기입한다. 만약 개정을 하였다면 개정한 날짜도 같이 기입한다.

학습안내서 예를 다음에 들고 작성방법을 설명하였다.

〈학습안내서〉

(학습안내서를 사용할 학과명, 대학의 명칭, 주소, 기관명, 혹은 기업체명 등을 기입한다)

과목명: (데이컴 차트의 임무명이 과목명과 유사함)

능력명: (능력프로파일에서 진술된 능력명칭과 번호를 써넣는다)

서 론:

* 학습자 동기 유발에 도움이 되도록 이 과제가 직업 생활에 얼마나 중요한가를 진술하거나 이 과제의 특징을 2~3개 문장으로 간략하게 진술한다.
* 학습안내서의 개략적 내용을 정확하게 소개한다.
* 직접화법으로 학습자들에게 말한다.
* 학습자들이 무엇을 배우며, 왜 중요하며, 지금까지 배운 것들과 어떤 관계가 있는지 등을 설명한다.
* 100단어 이내로 간략하게 진술한다.

수행 목표(performance objective):
(조건, 기대되는 일의 수행, 수행의 기준을 포함해서 진술된 목표를 써넣는다)
세부 목표(enabling objectives):

* 학습의 효과를 올리는 데 쓰이도록 세부 목표들을 기입한다.
* 최소한 한 개의 세부 목표는 학습자가 관계지식과 태도를 학습하도록 진술한다.
* 최소한 또 다른 하나의 세부 목표는 실기를 학습하도록 진술한다.
* 혹은 세부 목표는 관계지식과 실기를 함께 학습하도록 진술한다.

선수 능력(prerequisites):
(학습자가 이 능력을 학습하기 전에 미리 학습해야 할 내용이나 능력이 있을 때 그 제목을 기입한다)

날짜: (마지막 줄에 개발한 날짜나 개정한 날짜를 기입한다.)

〈학습경험 1〉

<table>
<tr><td colspan="2">세부목표 # (표지에 있는 세부목표 번호를 기입한다)
* 표지에 있는 세부 목표를 그대로 써넣는다.
* 세부 목표마다 학습 경험을 하나씩 준비한다.</td></tr>
<tr><th>학습 활동</th><th>특별 지시 사항</th></tr>
<tr><td>• 이 난에는 가르치는 사람이 학습자로 하여금 세부 목표를 달성하는 데 필요한 활동이나 과제를 지시하는 내용을 열거한다.

• 이들 활동에 우선순위가 있다면 위에서부터 아래까지 그 순서에 따라 정리한다.

• 읽으시오, 보시오, 해결하시오, 점검하시오, 들으시오, 계획하시오, 실습하시오 등과 같이 행동을 나타내는 동사로 문장을 마친다.

• 읽기, 미디어 보기, 실기 실습하기, 프로젝트 수행하기, 역할연기하기, 견학하기 등 다양한 활동을 하도록 한다.

• 학습자들에게 직접 지시하되 학습자들이 이해하기 쉽게 표현한다.

• 학습자들에게 참고문헌을 읽게 할 경우 서적의 명칭과 쪽 번호를 밝힌다.

• 만약 다음 쪽까지 학습활동 내용이 계속될 경우 쪽 맨 밑에 다음 쪽 계속이라고 알려놓는다.

• 학습 활동을 다 마친 학습자는 가르치는 사람의 허락을 받아 이론지식평가나 수행평가를 받는다. 평가에 합격한 학습자는 능력을 성취하였다는 인증을 받는다.</td><td>• 이 난에는 학습자가 학습 활동을 완성하는 데 필요한 특별한 지시사항을 설명해 준다.

• 해당 학습 활동 진술문 바로 옆에 나란히 기입한다.

• 모든 학습 활동마다 특별 지시사항을 요구하지는 않는다.

• 다음과 같은 내용을 이 난에 기입한다.
－특별한 안전수칙
－자료가 있는 곳
－학습활동을 더 상세하게 설명한 내용
－필요한 특별자원을 얻는 방법
－해당 학습활동을 대신할 수 있는 활동
－피해야 할 함정</td></tr>
</table>

〈관계지식〉

- 이것은 학습자가 다른 자료원에서 필요한 지식을 얻을 수 없을 때 개발한다.

- 학습자나 가르치는 사람이 서로 관계지식의 제목으로 의사소통이 되도록 제목을 붙인다.

- 이 관계지식은 한 쪽 또는 여러 쪽 분량이 될 수 있다.

- 다른 사람이 집필해 놓은 자료를 사용할 때에는 원저자를 밝혀 놓는다.

- 판권으로 제약을 받는 자료는 승낙을 얻어 사용한다.

- 관계지식서는 소모품이 아니기 때문에 필요한 경우에는 복사를 해서 사용한다.

- 다음과 같은 것들이 관계지식 자료로 쓰인다.
  - 집필자 자신이 새로 개발한 내용
  - 다른 소스로부터 인용한 것
  - 다이어그램
  - 프로젝트 계획
  - 견학 지침이나 점검표
  - 차트
  - 표나 명세서(시방서)
  - 특별한 지시사항이나 사례 연구 등

- 관계지식항목에 수록된 지시사항이나 정보들은 학습자들이 가르치는 사람에게 찾아가서 보충설명을 요구하지 않더라도 충분히 이해되도록 쉬우면서도 명확하게 진술한다.

〈자율평가지〉

지시사항:

• 학습자들이 스스로 평가할 수 있도록 분명하면서도 간단하게 지시사항을 기술한다. 만약 학습자들이 응답한 것을 모범답안과 비교하기를 바라거나 학습자의 작업을 가르치는 사람이 점검하기 바라면 여기에 언급한다.

• 일반적으로 모든 학습 경험에는 자율평가지가 있다. 가끔 학습활동에서 요구한 참고자료에 연습문제나 평가요소가 포함되어 있어 평가지 대용으로 사용되는 경우도 있다.
• 기능을 평가할 때에 실습점검표를 사용하는 것을 제외하고 각 자율평가지는 모범답안이 있어야 한다.
• 학습자와 가르치는 사람 사이에 서로 의사소통이 잘 되도록 관계지식에는 간단한 제목을 붙인다.
• 학습 경험에서 제시된 내용 중 중요한 것만 골라서 10개 내지 12개 정도의 문항으로 자율평가지를 만든다. 가능한 한 한 쪽 분량으로 한다.
• 논술형, 다지선택형, 완성형, 연결형, 진위형, 단답형 등 어떤 형태의 문항 유형도 괜찮다. 그러나 하나의 자율평가지 내에 너무 다양한 형식의 문항을 섞어서 제시하면 학습자들이 헷갈린다. 또한 출제가 쉽다고 주로 논술형으로 출제하면 학습자들이 답을 하기가 어렵다.
• 수행 여부를 묻는 자율평가지인 경우에는 “예” “아니오” 난이 있어야 한다.
• 각 피드백 활동의 끝에는 다음과 같은 수행수준(performance level)이 있다.
  - 학습자의 평가지에 대한 응답은 모범 답안과 같아야 한다. 만약 일정 점수에 미달하거나 의문점이 있으면 관계지식지에 있는 자료를 검토하거나 필요한 경우에는 교수(사)에게 질문한다.
  - 모든 항목에 대한 응답은 “예”나 “해당 사항 없음”에 표시되어야 한다. 만약 “아니오”에 표시되는 경우 가르치는 사람과 상의해 약한 부분의 능력을 성취하여 완성하려면 어떤 추가적인 활동이 필요한지를 결정해야 한다.

〈실습 평가지〉

지시사항:
- 먼저 학습자에게 동료 실습생이 수행하고 있는 작업을 관찰하도록 말한다.
- 동료 실습생과 함께 작업의 특성을 토의한다.
- 다음과 같은 실습결과 점검표로 동료 실습생이 평가를 해 주도록 요청한다.

실습결과 점검표

- "학습자는" 또는 "근로자는"으로 시작해서 과거형 서술문으로 작성한다.
- 작업을 단순히 했는지를 알아보는 것이 아니라 질적으로 어느 수준까지 수행하였는지를 평가한다.

(학습자는 실습을 할 때)

	성취 수준			
	해당 없음	하지 않았음	일부만 했음	완전히 하였음
1.				
2.				
3.				
4.				
5.				
6.				
7.				
8.				

성취수준: 위 모든 항목에 대해 '해당 없음'이나 '완전히 하였음'에 답하여야 합니다. 만약 '하지 않았음'이나 '일부만 하였음'에 답을 하였다면 앞에서 소개한 자료들을 다시 읽어서 확인하여 다시 실습하고 필요한 경우에는 교사와 상의하시오.

〈수행평가〉

<table>
<tr><td colspan="2">학습자 성명:</td><td colspan="3">평가날짜:</td></tr>
<tr><td colspan="2">능력:
• 표지에 있는 능력번호와 능력명칭을 기입한다.</td><td colspan="3">평가차수
1차 2차 3차</td></tr>
<tr><td colspan="2" rowspan="6">지시사항:
• 학습자가 수행평가를 받을 수 있도록 명확하면서도 완전한 지시사항을 쓴다.

• 학습자에게 다음과 같은 사항을 말한다.
－학습자에게 기대하는 것
－준비해줄 평가 조건
－평가 시 사용할 재료가 있는 곳
－금지 사항(예, 참고문헌을 보지 않는다)</td><td colspan="3">총평</td></tr>
<tr><td>성취
정도</td><td colspan="2">수행 수준</td></tr>
<tr><td></td><td colspan="2">4. 감독을 받지 않고 혼자서 문제를 해결하면서 이 기술을 수행할 수 있다.</td></tr>
<tr><td></td><td colspan="2">3. 다른 사람의 도움이나 감독을 받지 않고 만족하게 할 수 있다.</td></tr>
<tr><td></td><td colspan="2">2. 약간의 도움이나 감독을 받으면서 만족할 만큼 할 수 있다.</td></tr>
<tr><td></td><td colspan="2">1. 상당한 도움이나 감독을 받으며 일부만 만족하게 할 수 있다.</td></tr>
<tr><td colspan="2">수행 기준
(합격되기 위해서는 “예” 또는 “해당 없음”에만 표시되어야 한다.)</td><td>예</td><td>아니오</td><td>해당
없음</td></tr>
<tr><td colspan="2">• “학습자는” 또는 “근로자는”으로 문장을 시작한다.

• “~하였는가?”와 같이 과거시제의 의문문으로 작성한다.

• 단순히 하였는지 여부만 묻지 않고 질적인 기준을 포함해서 진술한다.

• 제작한 제품, 작업한 순서, 바람직한 작업자의 태도, 안전수칙준수여부, 시간 등에 따라 학습자의 성취 수준을 평가한다.

• 일터와 같은 수행 기준과 같은 수준인지를 산업현장의 전문가에게 검토시킨다.

• 학습 안내서에 있는 내용만 수행 평가한다.</td><td></td><td></td><td></td></tr>
</table>

수행 기준	예	아니오	해당 없음

평가자 서명: ____________ 평가날짜: ______________

성취수준: 위 모든 항목에 대해 '예'나 '해당 없음'에 답하여야 합니다. 만약 '아니오'에 답을 하였다면 교수와 상의하여 어떤 부분이 약한지를 확인하고 어떤 추가 활동이 필요한지를 물으시오.

〈일반 지식 평가〉

학습자 이름:	날짜:
능력 • 표지에 있는 능력번호와 능력 명칭을 기입한다.	평가 횟수 1차 2차 3차
지시사항 • 평가를 받는 데 따른 완전한 지시사항을 명확하면서도 완전하게 쓴다. 각 항목에 대해 어떻게 답할지와 합격되기 위해 얻어야 할 최소 득점을 알린다.	득점 ________ 합 격 ________ 불합격 ________ 교수 사인

- 일반 지식 능력을 알아보기 위해 일반지식평가를 한다.

- 수행을 요구하는 능력 학습에서 일반지식 평가는 선택 사항이다. 다음과 같은 경우에 일반지식 평가가 필요하다.
  - 수행 자체가 상당 부분 배경 지식에 의존할 때
  - 학습자들이 실습을 시작하기 전 꼭 알아야 할 특별한 안전수칙이 있을 때
  - 자격 검정을 위해 학습자가 꼭 알아야 할 때

- 지식 평가 항목은 자율평가 내용과 일관성이 있어야 하고 100% 정확해야 한다.

- 간단한 논술형 문항이 좋다. 왜냐하면 이런 유형이 학습자가 생각할 때 유용하다고 느끼기 때문이다.

- 단순 암기와 같은 낮은 수준의 지식 평가로 국한하지 말고 이해 문제나, 창의적인 문제, 평가문제와 같은 차원이 높은 지식도 같이 평가한다.

- 지식평가지는 학습안내서와 같이 공개되지 않고 별도 안전한 곳에 잘 보관해서 문제가 알려지지 않게 해야 한다.

요약

모든 인간의 활동에는 평가가 따르듯이, 실기 지도에 있어서 실기평가라는 것은 필수 요소이다. 실습 지도는 실기평가를 하여 완성된다고 해도 과언이 아니다. 평가란 끊임없이 목표에 비추어 판단을 내리는 과정이라고 한다. 합리적인 평가를 하기 위해서는 여러 가지 과학적인 원리에 입각해야 하고, 정확한 절차에 따라서 평가가 실천되어야 한다. 평가가 실천되기 위해서는 먼저 학습 목표가 확인되고 평가를 어떤 상황에서 실천할 것인가를 결정해야 한다. 그리고 평가의 스케줄이라고 할 수 있는 평가 계획표를 작성해야 하며, 이에 따라 무엇을 평가할 것인지, 무슨 정보를 찾을 것인지를 밝히는 작업이 있어야 한다. 이어서 실제로 정보를 수집하기 위한 도구, 즉 평가도구가 작성되어야 하고, 과학적인 평가도구 분석을 거친 후 검사라는 형식을 통해서 정보를 수집하여야 한다.

이렇게 얻어진 정보는 의미 있게 표현되고 종합되며, 목적에 비추어 해석하고 활용하게 된다. 이렇게 해서 목표에서 다시 목표를 확인함으로써 평가의 한 사이클은 이루어지게 된다. 평가의 절차상 강조해야 된다고 생각하는 평가도구의 작성과 영역별 평가의 실천 방법에 특히 비중을 크게 두었다.

다시 한번 강조한다면 평가란 목표를 위해서 사용되는 수단임을 잊어서는 안 된다. 평가를 위한 평가이어서는 안 되고, 실기 지도의 목표인 학생들의 능력 향상을 위한 수단이어야 한다.

토의주제

1. 평가란 목표를 확인하는 끊임없는 과정이라고 한다. 실기 지도에 있어서 평가는 왜 필요한지 생각해 보자.
2. 여러 가지 평가도구가 있는데 실기 지도에서 특히 활용성이 큰 평가도구는 어떤 것이 있는지 알아보고 어떻게 제작하는지 알아보자.
3. 어떤 단원 하나를 선정하여 평가 절차에 따라 평가하여 보자.

참고문헌

김판욱(1988). 「목표 및 평가 준거 제시에 의한 동기유발이 실기 성취에 미치는 경향과 실기 지도에 관련된 변인」. 서울대학교 박사 학위 논문.

김판욱(1988). "목표지향 평가 방법에 대한 학습자 반응." 「대한공업교육학회지」, 13권 2호.

김판욱(2003), "체계적 교육과정과 교재개발", 대전: 충남대학교 출판부.

김현숙(1984). 「국민학교 실과 평가의 원리와 실제」. 한국교육개발원 개발연구 TR 84-11.

백순근(2003). 「수행평가의 원리」. 서울: 교육과학사.

이무근(2004). 「직업교육학원론」. 서울: 교육과학사.

Erickson, R. C.(1990). "Techniques for Appraising Vocational Education". *Vocational Education.* American Vocational Association.

The Center for Vocational Education(1979). *PBTE Module D-4.* Columbus Ohio: AAVIM.

제13장

자격의 개념과 기능

〈학습목표〉

1. 자격과 그 관련 유사 용어의 개념을 이해할 수 있다.
2. 자격의 기능과 요건을 설명할 수 있다.
3. 자격을 여러 가지 기준에 따라 유형별로 분류할 수 있다.
4. 국가기술자격제도의 가치를 이해할 수 있다.
5. 자격검정의 종목과 그 방법을 이해할 수 있다.

1 자격의 의의

실기교육의 성과는 학교에서 학습평가를 통해서 일차적으로 확인된다. 학교에서 이루어지는 학습평가는 교육의 달성정도를 확인하는 것이 주목적이다. 이 평가결과를 산업계에서 필요한 근로자 선발의 참고자료로 활용할 수 있지만, 선발 대상자가 무엇을 할 수 있다고 하는 직업적 능력을 증명하기에는 충분하지 않다. 이를 보완하기 위해서 자격제도가 마련되어 있다. 자격제도는 특정 능력에 대한 사회적 평가시스템이라고 볼 수도 있다. 실기교육의 궁극적 목표는 학생들에게 사회적으로 필요한 직업적 실기능력을 개발해주어서, 그들이 산업계에서 유능한 일꾼으로 정착하는 데 도움을 주는 것이다. 실기교육을 받은 학생들이 직업의 세계에 진입하기 위해서는 자신의 능력을 증명해 보여야 할 필요성이 높다. 이러한 필요를 충족시켜 주기 위해서는 실기교사가 학생들의 자격증 취득에도 많은 관심을 기울여야만 한다. 그러기 위해서는 우선 자격제도에 대한 올바른 이해가 선행되어야 한다.

가. 자격의 개념

일상생활에서와는 달리 직업교육 분야에서 자격제도는 직업과 밀접한 관련을 가지고 있다. 고등학교 졸업 시험이 공식화된 제도로 운영되고 있는 유럽 국가에서는 자격이 학력의 의미를 포함하기도 한다. 우리나라에서는 학력과 구별되는 직업자격을 통상 자격의 개념으로 사용하고 있다. 우리나라의 자격기본법에서는 일정한 기준과 절차에 따라 평가・인정된 지식・기술의 습득 정도로서 직무수행에 필요한 능력을 자격이라고 규정하고 있다.

자격기본법에서 규정하고 있는 바와 같이 넓은 의미에서 자격은 일정한 기준과 절차에 따라 평가·인정된 지식 및 기술의 습득 정도를 나타내는 개념으로 규정할 수 있으나, 좁은 의미로는 구체적인 직무수행에 필요한 능력을 일정한 기준과 절차에 따라 평가·인정한 증명서, 즉 자격증(certificate)을 의미하기도 한다(신명훈 외, 1998).

한편 OECD(1996)는 자격이라는 용어가 각국마다 매우 다양한 의미로 사용되고 있음을 파악하고, 보다 명확하고 구체적으로 자격의 의미를 개념화할 필요가 있다고 지적하였다.

이와 관련하여 OECD는 자격이 인정되는 과정을 체계화하는 일이 중요함을 지적하면서 '자격인정(certification)'을 다음과 같이 설명하고 있다. 자격인정은 개인이 획득한 지식이나 자질을 공식적이고 형식적인 과정을 거쳐서 확인한 결과이며, 훈련 과정이나 시험을 통해 성공적으로 성취한 결과를 실증해 준 결과이다. 이때 실증은 사회적, 행정적, 법률적인 행위로서 구속력을 갖고 있다. 자격증의 형태로 실체화되는 자격인정은 사회·경제적인 힘을 부여해 주는 도구이며 이것의 영향력은 직업교육·훈련 체제의 영역을 벗어나서 발휘된다. 자격인정은 자격을 수여하는 기관에 상관없이 개인에게 시장가치가 높으면서 법률에 의해 보호되는 행위수단을 부여해 주는 절차이다. 따라서 일반 사람들이나 전문가 집단이 자격부여 과정에 많은 관심을 갖게 되는 것이다. 아울러 이들은 자격검정 기관이 공인받는 과정을 사회적으로 잘 통제해야 할 필요성도 인식하고 있다.

이어서 OECD는 엄격하고 공식적으로 관리되는 자격제도와는 달리 개인이 스스로 획득한 자질(qualifications)이 갖는 사회·경제적 가치를 인정해 주는 제도가 일부 국가에 존재하고 있다고 하였다. 이 제도 역시 기존의 자격제도 못지않게 중요함을 강조하고 있다. '능력인정제도(valorisation)'라고 명명될 수 있는 이 제도는 기초 훈련 후에 추가되는 훈련에 보다 큰 관심을 갖기 때문에 계속 훈련 영역에 있어서 중요한 의미를 갖는 것으로 인식되고 있다. 이 제도는 한 개인이 소유한 기술을 사회적으로 인정해 주는 체계로서 기존의 자격제도가 적용되는 공식제도 밖에서 개인이 획득한 자질이 갖는 사회·경제적 가치를 중요시한다.

OECD는 회원국마다 자격의 형태와 자격인정의 절차는 다르지만 대체적으로 자격은 공통적인 하위 요소를 갖고 있으며, 이들은 지식, 노하우, 자질, 기술 등이라고 결론지었다.

첫째, 지식 체계(set of knowledge)는 개인이 학습을 통해 얻은 결과로서 상당한 정도의 인식론적인 체계를 갖추어야 하며, 여러 가지 하위 요소가 축적된 결과이다. 지식은 사물과 현실 그 자체에 대한 이해 혹은 이들의 작동 원리를 이해하는 데 필요한 것이다. 중요한 점은 지식이 상당한 정도의 객관성(objectivity), 사회성(sociability), 타 직종으로의 전이성(transferability)을 갖추어야 한다는 점이다.

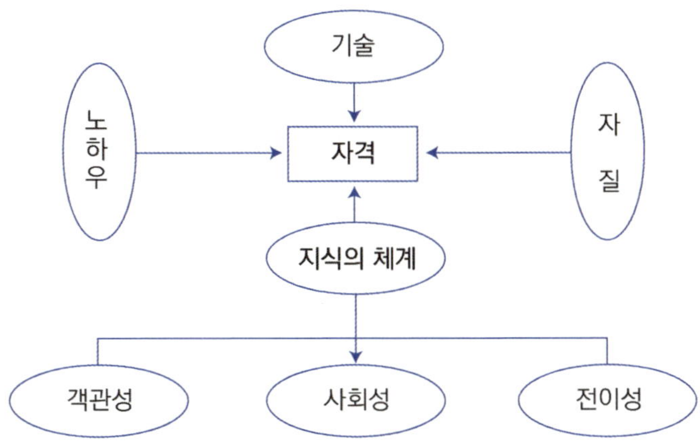

[그림 13-1] 자격의 공통적 하위 요소

둘째, 노하우(know-how)는 특정한 활동이 진행되는 과정에서 사용되는 지식이다. 이는 개인에게 자신이 알고 있는 일에 대해 무엇인가를 행할 수 있게 해주는 지식, 혹은 적절한 방법으로 실제적 문제를 해결할 수 있게 해주는 능력이라고 규정되기도 한다. 이 능력은 개인이 객관적으로 소유하고 있는 소유물이라고 할 수 있으며, 타인에게 전수될 수도 있다. 노하우는 특허의 형태로 팔거나 살 수도 있다.

셋째, 자질(qualification)은 특정한 직무를 완성하는 데 필요한 지식이나 노하우의 결합체라고 할 수 있다. 이 개념은 개인이 획득한 기술보다는 개인이 성취한 것에 초점을 맞추어 규정되며 직접적인 유용성을 강조한다. 자질은 매우 구체적인 직무를 수행하는 데 필요한 능력이므로 구체적인 업무를 수행하기를 희망하는 사람들은 동일한 자질을 갖추어야만 한다. 따라서 자질은 객관성과 보편성을 갖게 된다.

기술의 변화와 자질의 변형 간에는 직접적인 연관성이 존재한다. 기술은 직접적으로 직무의 내용에 영향을 미치면서 다른 한편으로는 작업방식의 재구조화를 요구한다. 또한 새로운 직무를 수행하는 데 필요한 자질의 변형을 요구한다. 이러한 이유 때문에 직업의 세계와 직접적으로 접촉하지 않고 자질의 변화에 대해 인식하지 못하는 교육·훈련기관은 시대에 뒤떨어져서 더 이상 직업의 세계에서 요구하는 자질을 제공해 주지 못하게 된다. 자질과 직무는 상보적인 관계에 있다. 때문에 자질의 최종 소비자라고 할 수 있는 기업들이 자격인정 과정에 크게 관심을 갖고 적극 참여하려고 하며, 이를 통해 교육·훈련기관에서 가르치는 형식화된 자질과 작업장에서 구체적으로 필요한 자질 간의 괴리를 최대한 줄이려고 하는 것이다.

넷째, 기술(skills)은 구체적인 직무 수행을 위해 개인에게 요구되는 세부적인 지식과 기능을 의미한다.

나. 자격 관련 용어

자격과 관련해서 유사한 의미로 사용되는 용어들이 많아서 혼란이 생기는 경우가 있다. 일부만 예를 들어도, 공인회계사, 운전면허, 자격검정, 능력평가, 실무능력인정 등과 같은 것이 있다. 이는 자격기본법이 있기는 하지만, 이외에도 여러 개별법에서 그 목적에 따라 규정하는 방식이 다르고, 개별용어를 사용하는 맥락의 차이에서 발생하는 문제라고 할 수 있다. 따라서 여기에서는 자격 관련 용어들의 정확한 개념과 이들 간의 미묘한 차이가 무엇인지를 검토해 보기로 한다(신명훈 외, 1998).

1) 면허

면허는 일반적으로 자격과 유사한 용어로 쓰이고 있다. 면허란 법에 의해 일정한 일을 수행하도록 허가하는 행위라고 할 수 있다. 즉 면허란 공공성이 필요한 행위에 대해 관청이나 공인(公人)이 허가한 결과로 특수한 행위를 특수한 사람에게만 허가하는 행정 처분이라고 할 수 있다.

자동차 운전 면허제도나 의사 면허제도는 일반인에 대해서는 차의 운전이나 의료행위를 금지시키되, 일정 시험에 합격하고 일정 요건을 충족시키는 자에게는 그 금지를 해제시키는 제도이다. 이렇게 볼 때, 면허제도는 사회의 안전과 공공성을 확보하기 위한 장치라고 할 수 있다.

일본의 경우에 '면허'를 "일정한 조건을 만족한 사람에게만 허가하는 행정처분"으로 정의하고 있다. 따라서 일부 예외적인 경우는 있지만 대부분의 면허는 직업상 특정 업무에 관하여 독점적이고 배타적인 지위가 보장되는 자격으로서, 자격이 없으면 해당 직업에 종사할 수 없다. 예를 들면 의사 자격이나 공인회계사 자격 등 주로 국가자격이 이에 해당된다.

국가자격 중에서 면허적 성격을 갖는 자격은 특정 업무나 직업을 수행하는 데 요구되는 필수조건이지만, 반드시 취업 행위의 필수 조건이 되지는 않는다. 결국 면허는 인간의 생명이나 안전 및 질서와 관련하여 국가가 개인의 직업 행위를 법적으로 인정해 준 결과이며, 그 선행 조건으로서 자격의 취득을 요구한다고 할 수 있다.

2) 공인(公認)/인증(認證)/인정(認定)

공인(公認, authorization)이란 사전적 의미로 국가나 사회단체가 어느 행위나 물건에 대하여 인정하는 행위를 말한다. 인증(認證, attestation)이란 어떤 행위 또는 문서의 성립 기재가 정당한 절차로서 이루어졌음을 공식적인 기관이 증명하는 것을 의미한다. 즉 학교나 대학, 병원 등의 교육기관 및 사회사업 기관 등이 국가에서 요구하는 공식적인 수준의 활동이나 행위를 수행하고 있는가를 증명하는 것이다. 직업교육·훈련과 관련하여 호주에서는 인증의 개념을 '평가인정(accreditation)'으로 사용하고 있는데, 각 주의 직업교육·훈련 당국이 국가훈련위원회에서 요구하는 능력이나 기준의 달성에 필요한 내용을 적절하게 반영하여 교육훈련을 실시하고 있는가를 공식적으로 보증하는 개념으로 활용하고 있다(한국산업인력관리공단, 1996).

인정(認定, recognition)이란 국가나 지방자치단체가 자체의 판단에 의하여 어떤 일의 당부(當否)를 결정하는 일을 의미한다. 결국 인정이란 일정한 행위의 정당성을 평가해 주는 행위라고 할 수 있다.

이상에서와 같은 개념의 차별성에도 불구하고 우리 사회에서는 이들 용어가 혼용되고 있는 것이 현실이어서 이들의 정확한 개념 사용이 요청되고 있다.

3) 검정(assessment)/평가(evaluation)

자격제도와 관련하여 영어권 국가에서는 개인의 성취 능력을 평가할 때 '검정(assessment)'과 '평가(evaluation)'라는 용어를 혼용하여 왔다. 우리나라에서도 이 두 개념을 분명하게 구별하지 않고 대체적으로 '평가'라는 용어로 활용함으로써 개념상의 혼란이 상존하여 왔다. 그러나 직업교육·훈련 및 자격제도와 관련하여서는 이에 대한 개념을 명확히 할 필요가 있다.

'검정(assessment)'은 주로 개인과 관련하여 적용되는 개념이다. 검정은 개인의 성취 정도를 평가하는 행위로서 등급화(grading), 시험(examining), 측정(testing), 자격부여(certifying) 등의 의미를 내포한다. 이에 비해 '평가(evaluation)'는 개인에 대해서보다는 프로그램, 교육과정, 기관과 같은 대상에 적용되는 개념으로 많이 쓰인다. 또한 평가는 어떤 대상에 가치나 의미를 부여하여 사용되며, 주로 상호 비교 관점을 중시한다. 이에 비해 검정은 가치 판단을 배제하고 현상을 정확하게 측정해내는 일에 초점을 둔다는 점에서 큰 차이가 있다. 이같이 접근할 때,

개인의 직업적 능력을 인정하여 자격을 부여하는 과정은 평가라기보다는 검정이라고 할 수 있다.

한편 검정(assessment)은 훈련 그 자체 혹은 훈련의 결과에 관심을 갖고 행해지는 평가(evaluation) 행위로서 학생이나 교관은 물론 훈련 방법 및 훈련 결과에 관심을 갖는 행위라고 할 수 있다. 검정은 훈련생으로 하여금 자신이 행할 수 있는 것에 대해 보다 잘 이해하도록 도와주고, 그럼으로써 그가 자신의 학습을 계속 진행할 수 있도록 교육적으로 도와주는 일을 주목적으로 한다. 또한 훈련의 질을 개선하기 위해서 훈련을 평가하는 기능을 발휘할 수도 있다(OECD, 1996). 따라서 검정 방법은 다양할 수 있다. 그러나 이들 중 그 어느 것도 교육과 훈련 체제 밖에서 필요한 목적을 수행하지는 않는다.

2 자격의 기능과 요건

가. 자격의 기능

자격의 기능에 대해서는 보는 입장에 따라 차이가 있다. 그간 정부 입장에서는 자격을 우수한 산업인력의 확보를 위한 수단으로, 자격을 취득하려는 개인의 입장에서는 취업 시 유리한 조건의 확보 수단으로 주로 인식해 왔다. 그러나 자격의 구체적 기능은 이보다 훨씬 다양하다. 자격의 기능에 관한 여러 연구자들의 견해를 종합해 보면 다음과 같다(이동임, 2004; 신명훈 외, 1998).

1) 교육과 노동시장의 연계

자격은 교육과 노동시장을 연계시켜 주는 기능을 발휘한다. 자격은 학력과 마찬가지로 근로자가 보유하고 있는 인적 자산의 가치를 알려주는 신호기제(signal)이다. 학력(學歷)도 학력(學力)의 잠재적 생산성을 알려주는 신호기제의 기능을 갖지만 신호기제로서의 효과는 불충분하다. 학력이 학교 등 교육 공급자가 주도적으로 만드는 신호기제라면, 자격은 기업 등 인적 자산의 소비자가 주도적으로 만드는 신호기제라고 할 수 있다. 학교가 다양화되고 특화되며, 학습 방법이 다양화될 때, 학력의 신호기제 효과는 더욱 축소될 수밖에 없다. 그 대신 자격의 효과는 더욱 커지게 된다. 결국 자격은 교육 수요자와 공급자 간에 근로자의 능력을 증명하는 역할을 담당하고 있으며, 노동시장에서 노동능력에 관한 정보의 불완전성을 보충하는 기능을 갖고 있다.

2) 인적 자산 가치의 평가

자격은 인적 자산의 가치를 평가해 주는 기능을 통해 모집 및 채용 비용과 적응훈련 비용을 줄여 준다. 한 사회 내에서 다양하고 전문화된 인적 자산에 대한 가치가 사회적으로 통용될 수 있는 신호기제가 있다면 거래 비용을 대폭 줄일 수 있다. 시장 내에서 재화나 서비스가 거래될 때 제공되는 재화나 서비스의 질을 사전에 정확하게 알기는 쉽지 않다. 개인의 능력을 알려고 할 때, 자격은 노동시장에서 인력상품에 대한 소비자의 판단을 지원하는 기능을 발휘한다.

3) 근로자의 능력개발 촉진과 이익보호

자격은 한 개인의 직업능력의 증명서이기 때문에 근로자의 능력 개발을 촉진시키는 기능을 발휘한다. 자격은 개인들에게 경력 개발의 기회가 되고 승진 및 승급 시 유리한 조건을 제공해 줄 수 있다는 점에서 능력 개발의 촉진 수단이 된다.

한편 자격은 자격취득자의 직업적인 이득을 보호하고 개선하는 기능을 발휘한다. 취업 시나 승진 및 승급 또는 전직 과정에서는 자격 소지자가 유리하기 때문에 근로자들은 자격 취득을 통해 자신이 보유하고 있는 인적 자산의 가치를 보다 객관적으로 보여줄 수 있고, 그에 따른 정당한 대우를 받을 수 있다. 아울러, 자격은 직무수행에 필요한 작업환경의 필요성을 강조함으로써 자격을 소지한 직업인의 근로조건을 향상시키는 데도 기여할 수 있다.

4) 교육 · 훈련 가이드

자격은 직업교육의 질을 관리하고 인적 자원 개발의 방향을 가이드하는 기능을 가진다. 전통적으로 우리의 교육제도는 학력층을 중심으로 정규교육에 비중을 두어 왔다. 이런 체제하에 자격은 그동안 생산현장의 기술 · 기능 인력을 양성하여 공급하는 기능을 적절히 수행하였다. 그러나 이제 평생학습사회에서는 자격은 정규교육뿐만 아니라 계속교육을 유인하여, 학력과 더불어 교육 · 훈련을 이끄는 양대 축으로 발전되어 오고 있다.

나. 자격의 요건

자격이 사회적으로 인정을 받기 위해서는 자격에 대한 일반적 기대를 충족시킬 수 있어야 한다. 즉 위에서 설명한 자격의 기능들이 제대로 발휘되기 위해서는 자격은 기본적으로 다음의 몇 가지 요건을 구비하여야 한다(이정표 외, 1998). 이러한 요건을 갖추지 못한 자격제도는 사회적 유용성을 인정받을 수 없으므로, 유명무실한 것이 될 수도 있다.

1) 투명성

자격은 투명성(transparency)을 확보함으로써 교육과 노동시장을 연계시켜 주는 기능을 발휘해야 한다. 자격은 학력과 마찬가지로 근로자가 보유하고 있는 인적 자산의 가치를 알려 주는 신호기제(signal)이다. 학력(學歷)도 학력(學力)의 잠재적 생산성을 알려 주는 신호기제의 기능을 갖지만 신호기제로서의 효과는 불충분하다. 특히 평생학습사회의 도래에 따라 교육훈련의 유형이 다양화되면서 개인의 능력을 나타내는 신호기제로서 학력의 기능은 더욱 축소될 수밖에 없다. 이런 점에서 자격은 교육 수요자와 공급자 간에 근로자의 능력을 증명하는 역할을 하게 되며, 노동시장에서 노동능력에 관한 정보의 불완전성을 보충하는 기능을 갖는다. 따라서 자격 소지자는 취업 시나 승진 및 승급 또는 전직 과정에서 자신이 보유하고 있는 인적 자산의 가치를 보다 객관적으로 보여줄 수 있고, 그에 따른 정당한 대우를 받을 수 있다.

2) 통용성

자격은 통용성(currency)을 확보함으로써 인적 자산의 가치를 평가하는 기준으로서 모집 및 채용 비용과 적응훈련비용을 줄여 준다. 한 사회 내에서 다양하고 전문화된 인적 자산에 대한 가치에 대해 사회적으로 통용될 수 있는 신호기제가 있다면 거래비용을 대폭 줄일 수 있을 것이다. 이런 점에서 자격은 국내뿐만 아니라 외국에서도 통용되고, 인접 직종에서도 통용되도록 하는 것이 바람직하다. 최근 EC 자격증 상호인정에 관한 제안서(한국산업인력관리공단, 1996)나 APEC 국가 간의 전문기술자격의 승인, 인정 및 개발에 대한 추진 노력과 함께 전문직 서비스 자격인정에 관한 방안이 구체적으로 거론되고 있는 것은 자격의 통용 범위를 국내뿐만 아니라 국가 간에 확대해 나가는 노력의 일환이라고 할 수 있다.

3) 공평성

자격은 모든 국민이 원하면 자격을 취득할 수 있도록 접근이 가능해야 한다는 점에서 공평성(access and equity)을 유지해야 한다. 특히 학교교육을 통해서 학습 기회를 갖지 못한 취약계층이 자격 취득을 통해 직업능력을 갖출 수 있도록 지원되어야 한다. 즉 자격제도의 운영에 있어서 학력, 연령, 성별에 상관없이 자격 취득 기회가 개방되고, 거리, 지역 등으로 인한 불이익이 없도록 해야 한다. 특히 성인들을 위한 교육훈련 기회와 이에 따른 자격 취득 기회의 제공이 우선적으로 고려되어야 한다.

4) 호환성

자격은 호환성(transferability)을 갖추어야 한다. 자격은 자격 간에 상호 호환이 가능하고 그에 따라 부분적 혹은 전면적으로 대체될 수 있어야 한다. 호환성은 학습된 인간의 능력이 전이될 수 있다는 이론에 그 근거를 두고 있다. 특히 자격과 학위 및 학점 간의 호환성 제고는 직업교육과 직업훈련의 연계, 인문교육과 직업교육 간의 연계를 통해 직업교육에 대한 사회적 인식을 높이고 인력개발을 보다 효과적으로 추진할 수 있다는 점에서 의미를 갖는다.

5) 경제성

자격은 경제성(economy)을 갖추어야 한다. 자격제도는 자격 간의 호환성을 제고시키거나 인력개발에 대한 투자비용을 절감함으로써 우수한 인력을 보다 효율적으로 추진하는 차원에서 이루어져야 한다. 또한 자격제도를 유지·운영하는 비용이 사회·경제적 편익보다 더 커서는 안 된다. 교육·훈련에 대한 평가나 자격검정에 소요되는 시간이나 비용의 부담이 크면 안 된다. 투명성을 최대한 확보하는 방향으로 나아가되 보다 단순화함으로써 보다 효율적으로 자격검정 체계나 운영 방식을 수립해 나가야 한다.

6) 탄력성

자격은 기술변화나 사회적 요구에 탄력성(flexibility) 있게 대응해 나가야 한다. 특히 자격은 현장의 수요를 적극 반영해야 한다는 점에서 신속하고 탄력적으로 대응해 나가지 않으면 안 된다. 자격이 사회적 필요나 요구에 탄력적으로 대응하지 못하게 되면 신뢰성을 잃게 되며, 결국 자격의 효용성이 떨어지게 된다. 산업구조의 변화 속도가 빠른 현시점에서 자격의 탄력성 제고는 그 어느 요건보다 중요하다고 할 수 있다.

3 자격의 유형

자격의 유형은 분류기준에 따라 여러 가지로 구분할 수 있다. 우선 자격이 발휘하는 기능을 기준으로 업무독점형 자격과 능력인정형 자격으로 구분할 수 있다. 자격의 내용을 기준으로는 전문자격과 일반자격으로, 자격제도의 관리주체에 따라서는 국가자격, 민간자격으로 분류해 볼 수도 있다.

가. 기능별 유형

자격이 발휘하는 기능을 직업상 어떠한 기능을 필요로 하는가와 누가 인정하는가를 기준으로 보면 '업무독점형 자격'과 '능력인정형 자격'으로 구분할 수 있다.

1) 업무독점형

업무독점형 자격은 해당 자격이 없으면 당해 업무에 종사할 수 없는 자격소지자에게 배타적 이익이 부여되는 자격이다. 기능을 중심으로 '직종형'과 '직무형'으로 세분화할 수 있다. 직종형 자격은 자격 취득자가 일정한 업무를 독점적으로 수행하는 데 요구되는 것이며, 직무형 자격은 취득자의 실제 업무 중에서 업무독점 범위가 제한되어 있는 것을 말한다. 대개 이러한 자격은 공인회계사법, 변호사법 등과 같이 독립된 법규에 의해서 자격부여와 업무범위 등에 관한 내용이 규정되어 있다.

2) 능력인정형

능력인정형 자격은 '일정한 기능이나 지식을 소유하고 있음을 인정하는 자격'이다. 자격이 없다고 해서 특정 업무를 수행할 수 없는 것은 아니다. 자격소지자에게 배타적 이익이 부여되는 것이 아니지만, 자격 관련 분야에 취업 시 자신의 능력을 객관적으로 입증해 보일 수 있는 유용한 수단으로서의 기능을 한다. 최근 자격의 시행 주체가 민간화되면서, 그리고 평생학습사회의 실현을 위한 노력이 추진되면서 능력인정형 자격이 강조되는 추세에 있다.

나. 내용별 유형

자격은 내용에 따라 크게 전문자격과 일반자격으로 구분할 수 있다.

1) 전문자격

전문자격은 특정 직종의 직무를 수행하는 데 필요한 지식과 기술의 습득 정도를 보여주는 자격이다. 전문자격은 다시 산업과 관련이 있는 기술분야의 기술자격과 기타 기술자격이 아닌 특수자격으로 구별할 수 있다.

2) 일반자격

일반자격은 여러 직종에 걸쳐 직무수행의 효율성을 높일 수 있는 지식과 기술의 습득 정도를 증명해 주는 자격이라고 할 수 있다. 예를 들면 언어능력, 수리·통계능력, 문제해결능력, 협상능력, 의사소통능력 등은 일반자격의 대상으로 고려될 수 있다.

최근에는 세계적으로 급속한 기술 변화 및 산업구조의 변화에 보다 잘 대비하기 위하여 직업인들은 특정한 지식이나 기술보다는 기초 직무능력을 습득할 것이 강조되고 있다. 이와 관련하여 독일의 Schlusselqualfkation, 미국과 캐나다의 Generic skills, 영국의 Key qualifications 혹은 Core skills, 프랑스의 Cle pour qualifications 등이 기초 직무능력으로 규정되고 있다. 우리나라의 경우에는 직업기초능력(occupational key competency)이 여기에 해당된다고 할 수 있다.

다. 관리주체별 유형

자격은 누가 주체가 되어 시행하는가에 따라 크게 국가자격과 민간자격으로 구분할 수 있다(이동임, 2004).

1) 국가자격

국가자격은 국가가 법률에 따라 부여하는 자격으로, 국가기술자격법에 의한 국가기술자격과 개별법령에 의한 국가자격으로 분류된다.

2) 민간자격

민간자격은 자격기본법에 근거한 공인민간자격과 민간단체가 임의로 부여하는 민간자격으로 분류된다. 순수민간자격에는 사업주가 근로자를 대상으로 검정을 하는 사내자격이 포함된다. 사내자격 중에서는 우수한 사내자격을 노동부가 일정한 절차를 거쳐 인정하는 노동부 인정 사내자격이 있다.

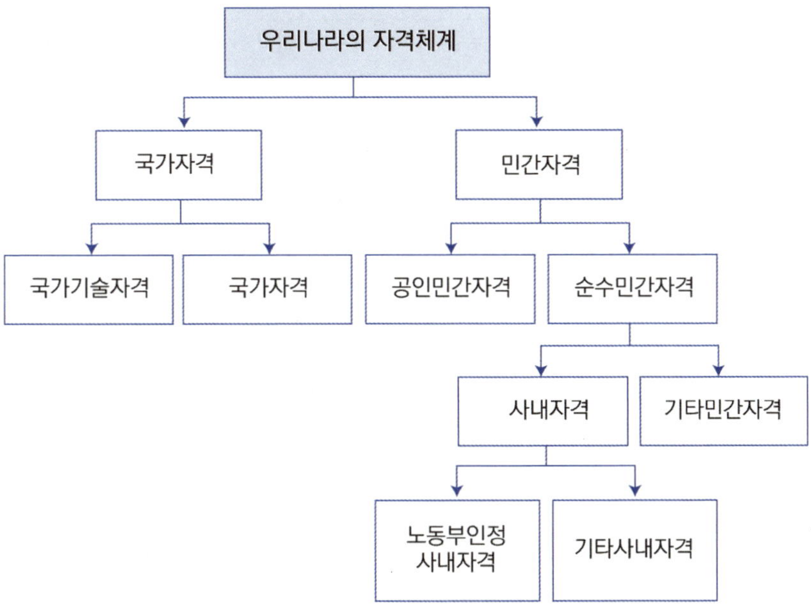

[그림 13-2] 우리나라의 자격체계

3) 국제공인자격

국제공인자격은 국제적으로 권위를 인정받고 있는 민간단체 또는 협회가 직접 검정을 시행하거나, 국제단체로부터 위임을 받은 국내의 민간단체 및 기관이 시행하는 자격으로서, 국가 간 해당 노동시장에서 통용되는 자격을 말한다.

국제공인자격의 예로는 MCSE(Microsoft Certified System Engineer), 비파괴검사자격(ASNT), 선물거래중개자(AP), ISO 인증심사원 등이 있다.

이상의 유형별 자격의 특징을 요약하면 〈표 13-1〉과 같고 우리나라 자격의 일반 현황을 요약하면 〈표 13-2〉와 같다.

〈표 13-1〉 유형별 자격의 특징

<table>
<tr><th>구 분</th><th>자격 유형</th><th>자 격 내 용</th></tr>
<tr><td rowspan="2">기능별</td><td>업무독점형</td><td>자격이 없으면 당해 업무에 종사할 수 없음.</td></tr>
<tr><td>능력인정형</td><td>일정한 기능과 지식을 소유하고 있음을 나타냄.</td></tr>
<tr><td rowspan="2">내용별</td><td>전문자격</td><td>특정 직종의 직무를 수행하는 데 필요한 지식과 기술의 습득 정도를 나타내는 자격</td></tr>
<tr><td>일반자격</td><td>여러 직종에 걸쳐 직무수행의 효율성을 높일 수 있는 지식과 기술의 습득 정도를 증명해 주는 자격</td></tr>
<tr><td rowspan="3">관 리
주체별</td><td>국가자격</td><td>국가가 신설하여 관리・운영하는 자격
• 국가가 법률로써 검정을 직접 주관 시행
• 국가가 법률로써 정하고 특별법에 의해 설립한 공공기관에 위탁 검정 시행
• 국가가 법률로써 정하고, 검정은 민간에 위탁시행</td></tr>
<tr><td>민간자격</td><td>국가 외의 법인, 단체 또는 개인이 신설하여 운영・관리하는 자격
• 민간부문에서 자격 등록을 통해 자율적 시행
• 우수한 민간자격에 대해 국가가 공식적으로 인정</td></tr>
<tr><td>국제공인
자 격</td><td>국제민간단체・협회 또는 위임받은 국내 민간단체・협회가 운영・관리하는 자격</td></tr>
</table>

〈표 13-2〉 우리나라 자격의 일반 현황(2017. 12. 31.)

<table>
<tr><th colspan="2">구 분</th><th>종목수</th><th>관련법</th><th>관계부처</th><th>자격종류(예)</th></tr>
<tr><td rowspan="2">국가
자격</td><td>국가
기술자격</td><td>525개</td><td>국가기술자격법
(고용노동부)</td><td>부・처・
청위원회</td><td>기술사・기능장・기사・산업기사・기능사, (서비스) 1・2・3 등급</td></tr>
<tr><td>기타
국가자격</td><td>174개
(직종)</td><td>개별법령
(부・처・청위원회)</td><td>부・처・
청위원회</td><td>변호사(변호사법)
의사(의료법), 공인노무사 등</td></tr>
<tr><td rowspan="3">민간
자격</td><td>공인자격</td><td>99개
(직종)</td><td>자격기본법
(교육부, 고용노동부)</td><td>부・처・
청위원회</td><td>신용관리사, 실용한자,
인터넷정보검색사, TEPS 등</td></tr>
<tr><td>등록자격</td><td>28,077개</td><td>자격기본법(교육부,
고용노동부)</td><td>부・처・
청위원회</td><td>병원코디네이터, 결혼상담사,
증권분석사 등</td></tr>
<tr><td>사업내자격</td><td>165개</td><td>고용보험법
(고용노동부)</td><td>고용노동부</td><td>디지털마스터, 고객상담사 등</td></tr>
</table>

※ 공인자격과 등록자격은 한국직업능력개발원에 위탁시행

자료: 노동부(2018) 2018년판 고용 노동백서. p.504.

4 자격제도의 현황

가. 국가자격

1) 국가기술자격

현행 국가기술자격의 체계는 크게 기술·기능계 분야와 서비스 분야로 구성되어있다. 기술·기능계는 직무분야별로 기술사, 기능장, 기사, 산업기사, 기능사의 5단계 등급 체계로 구분되어있다. 서비스 분야는 다시 기초사무와 전문사무로 구성되어있다(2018, 노동백서).

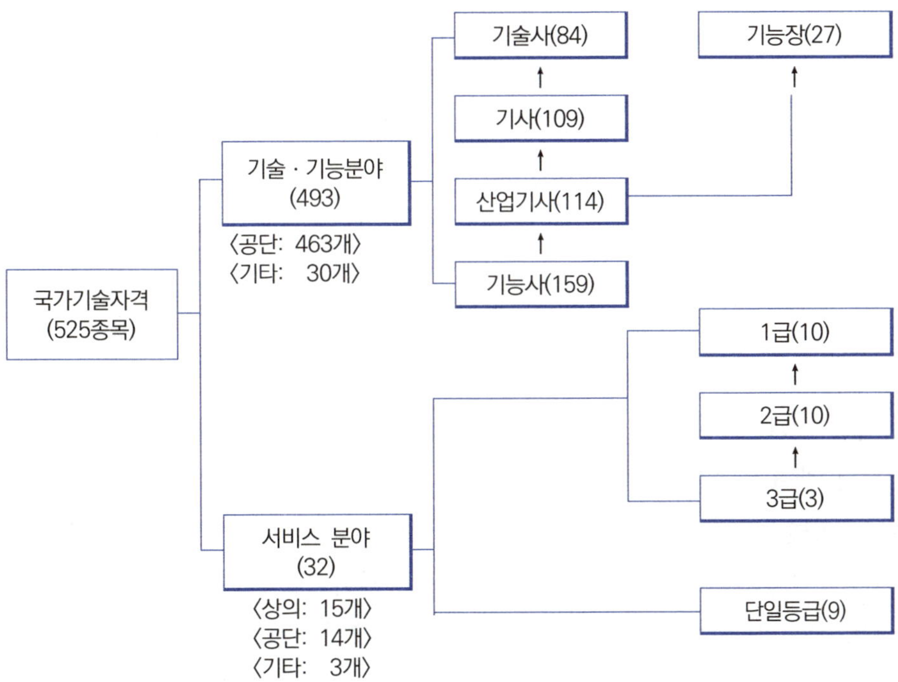

[그림 13-3] 우리나라 국가기술자격 등급 체제(2017년 12월 31일)

자료: 고용노동부(2018). 2018년판 고용노동백서 p.505

자격등급에 의한 검정방법을 보면 〈표 13-3〉과 같다.

〈표 13-3〉 자격등급에 의한 검정방법

자격등급	검정방법	
	필기시험	면접시험 또는 실기시험
기술사	단답형 또는 주관식 논문형 (100점 만점에 60점 이상)	구술형 면접시험 (100점 만점에 60점 이상)
기능장	객관식 4지 택일형 (60문항)(100점 만점에 60점 이상)	주관식 필기시험 또는 작업형 (100점 만점에 60점 이상)
기사	객관식 4지 택일형 －과목당 20문항(100점 만점에 60점 이상) －과목당 40점 이상(전 과목 평균 60점 이상)	주관식 필기시험 또는 작업형 (100점 만점에 60점 이상)
산업기사	객관식 4지 택일형 －과목당 20문항(100점 만점에 60점 이상) －과목당 40점 이상(전 과목 평균 60점 이상)	주관식 필기시험 또는 작업형 (100점 만점에 60점 이상)
기능사	객관식 4지 택일형(60문항) (100점 만점에 60점 이상)	주관식 필기시험 또는 작업형 (100점 만점에 60점 이상)

2) 국가기술자격의 운영체계

국가시술자격제도 관리 체계를 보면 제도 총괄관리(국가기술자격법 등 법령 개정, 제도 설계, 국가기술자격 정책심의회 운영 등)는 고용노동부가 담당하고, 소관 산업 관련 자격활용(의무고용, 채용우대, 면허 등), 종목의 신설・통합・폐지 등은 종목별 소관부처가 담당하고 있다. 국가기술자격의 주요 부처는 고용노동부(109), 국토교통부(119), 산업통상자원부(37), 과학기술정보통신부(64), 해양수산부(22), 식품의약품안전처(22), 환경부(22), 농촌진흥청(15), 농림축산식품부(134), 보건복지부(14) 등이다.

이들 종목별 소관부처는 「국가기술자격법시행령」 제13조와 관련하여 시행령에 제시되어 있으며, 구체적인 내용은 〈표 13-4〉와 같다. 주무부처는 검정시행 계획의 수립, 검정의 시행공고, 합격자 결정, 등록, 자격증 교부, 자격취소 및 정지, 보수교육 등의 권한을 가지고 있으며, 아울러 금품수수 같은 부정한 방법으로 자격을 취득하거나 자격증을 대여하는 행위 등에 대해 자격취득자의 자격을 취소하거나 정지시키는 권한도 갖고 있다.

자격의 검정업무(검정형)는 한국산업인력공단(479종목), 대한상공회의소(15종목), 한국원자력안전기술원 등 8개 기관에 위탁 시행하고 있으며, 2015년부터 시행한 과정평가형 자격은 해당 종목의 과정은 승인받은 기관에서 운영하고 있다.

〈표 13-4〉 **주무 부처별 · 등급별 종목 현황**

등급별 / 직무 분야별	총계	기술 · 기능분야					서비스분야			
		기술사	기능장	기사	산업기사	기능사	1급	2급	3급	단일
총계	525(10)	84(2)	27	109(2)	114(2)	159(2)	10	10	9	9(2)
경찰청	6	1	-	2	2	1	-	-	-	-
고용노동부	109	6	11	13	22	41	5	5	3	3
공정거래위원회	2	-	-	-	-	-	1	1	-	-
행정안전부	13	1	1	4	5	2	-	-	-	-
국방부	3	-	-	1	1	1	-	-	-	-
국토교통부	117	25	5	20	23	44	-	-	-	-
기상청	3	1	-	2	-	-	-	-	-	-
농림축산식품부	13	2	-	4	3	4	-	-	-	-
농촌진흥청	15	3	-	4	3	5	-	-	-	-
문화체육관광부	9(2)	-	-	-	1	2	1	1	-	4(2)
과학기술정보통신부	64	22	1	15	13	12	-	-	-	1
보건복지부	14	-	2	1	1	7	1	1	-	1
산림청	10	1	-	3	2	4	-	-	-	-

직무 분야별 \ 등급별	총계	기술·기능분야					서비스분야			
		기술사	기능장	기사	산업 기사	기능사	1급	2급	3급	단일
산업통상자원부	85(2)	11	5	24	21(2)	22	1	1	-	-
식품의약품안전처	20(2)	2	2	1(1)	6	9(1)	-	-	-	-
통계청	2	-	-	-	-	-	1	1	-	-
해양수산부	20(2)	4(1)	-	7	5	4(1)	-	-	-	-
환경부	20(2)	5(1)	-	8(1)	6	1	-	-	-	-

※( )는 공동소관 종목
- 멀티미디어콘텐츠제작전문가: 미래창조과학부, 문화체육관광부
- 토양환경기술사·기사: 농림축산식품부, 환경부
- 국제의료관광코디네이터: 보건복지부, 문화체육관광부
- 전자계산기제어산업기사, 사무자동화산업기사: 과학기술정보통신부, 산업통상자원부
- 수산제조기술사·기사: 해양수산부, 식품의약품안전처
- 식육처리기능사: 농림축산식품부, 식품의약품안전처
- 컨테이너크레인 운전기능사: 국토교통부(항만구역 외), 해양수산부(항만구역 내)

자료. 고용노동부(2018). 2018년판 고용노동백서 p.507

3) 민간자격 종목수

민간자격 국가공인제도는 「자격기본법」(1997. 3. 27. 법률 제5314호) 제17조에 의거 국가 외의 법인·단체 또는 개인이 운영하는 민간자격 중에서 사회적 수요에 부응하는 우수 민간자격을 동법 제19조 및 동법 시행령 제18조에 의거 한국직업능력개발원이 조사·연구를 수행하고 이에 대한 결과를 직업교육훈련정책심의회 심의를 거쳐 국가가 공인해주는 제도이다.

정부는 민간자격제도를 활성화하는 과정에서 민간자격의 남발을 방지하고, 국가자격과의 역할 분담을 위하여 일부 종목에 대하여 민간자격을 제한하고 있다. ① 「자격기본법」(제16조)에 의한 민간자격대상의 제한 분야는 사회통념에 반하거나 미풍양속을 해할 우려가 있는 분야, 국민의 생명, 건강 및 안전에 직결되는

분야, 고도의 윤리성이 요구되는 분야, ② 「국가기술자격법」상 국가 외의 자가 행할 수 없는 기술자격(총 328종), ③ 개별법령에 의해 국가만이 행할 수 있는 자격으로 규정한 분야 등으로 규정하였다.

2008년 현재 민간자격은 11개 부처의 41개 기관에서 운영하는 70개 자격종목이 있다.

4) 사업내자격

사업내자격이란 사업주 또는 사업주 공동(경우에 따라서는 사업주 단체 또는 그 연합단체도 가능)이 해당 근로자의 직업에 필요한 능력개발과 향상 등을 위해, 근로자가 가지고 있는 직업능력의 정도를 일정한 검정기준과 절차에 의하여 평가한 후 인정하는 자격을 의미한다. 노동부는 이러한 사내자격 중에서 우수한 사내자격을 운영하는 기업을 지원하기 위해 사내자격을 평가·인정하는 제도를 운영한다.

사업내자격은 각 기업의 특수한 직무내용에 맞는 인력의 확보를 위해 현장 직무내용에 적합한 인력을 자체적으로 양성하여 생산성 및 품질향상을 하는 데 그 목적이 있다. 그러므로 구체적인 목적을 보면, 첫째, 근로자의 직업능력개발이다. 지식기반 경제하에서 기업은 핵심역량을 강화하여야 하기 때문에 사업내자격은 근로자의 직업능력을 측정하는 것만 아니라, 기업 특유의 인적자원개발 촉진 차원에서 접근한다. 둘째, 기업의 경쟁력 제고이다. 사업내자격은 기존의 국가자격이 평가할 수 없는 수준의 기술을 평가하여 현장 근로자의 직무수행능력을 향상시키고, 기업의 인적자원관리와 연계되어, 교육훈련의 결과가 직접적으로 성과에 반영되도록 하는 중요한 매체가 될 수 있다. 셋째, 능력중심의 인적자원관리이다. 사업내자격은 기업의 성과에 직접 기여하고, 근로자의 실제 업무 수행능력을 현장에서 평가하게 되므로 능력중심의 적절한 인적자원관리와의 연계가 필수적이다. 임금이나 근로조건이 대부분 기업 단위에서 결정되므로, 사업내자격의 의미는 근로자의 보상 및 처우문제에 있어서 의미가 크다(김병숙, 2009).

표 13-5〉 사업내자격과 국가기술자격 비교

내용	사업내자격	국가기술자격
자격종목명	세부직무 중심	포괄적 직무중심
자격등급	직무수준에 따라 다양	기술사, 기능장, 기사, 산업기사, 기능사
응시자격	현장경력 및 교육이수 등	학력 및 경력중심
검정내용	해당기업의 구체적인 직무내용	포괄적 직무내용 및 일부 교육훈련기관의 교육훈련내용
검정방법	이론, 실기(실적)	이론 및 실기(일부 면접)
자격관리운영체계	다양함	체계적
보수교육	대부분 실시	없음
기업의 활용성	승진, 승급 및 보수산정용	입직용, 재직자용

요약

자격제도는 특정 능력에 대한 사회적 평가시스템이라고 볼 수 있다. 자격기본법에 의하면, 자격이란 '일정한 기준과 절차에 따라 평가, 인정된 지식, 기술의 습득 정도로서, 직무수행에 필요한 능력'을 말한다. 대체로 자격은 지식체계, 노하우, 자질, 기술 등과 같은 하위요소를 가지고 있다. 자격과 유사하거나 관련된 용어로는 면허, 공인/인증/인정, 검정/평가 등과 같은 것들이 있다. 이들 용어는 각기 그 사용되는 맥락에 따라 의미에 차이가 있거나 중복되기도 한다.

자격은 교육과 노동시장의 연계, 인적 자산 가치의 평가, 근로자의 능력개발 촉진과 이익보호 등에 기여하고 있다. 이러한 자격이 사회적으로 인정받기 위해서는 자격에 대한 일반적인 기대를 충족시킬 수 있어야 한다. 즉 자격이 제대로 기능을 발휘하기 위해서는 투명성, 통용성, 공평성, 호환성, 경제성, 탄력성 등과 같은 성질을 가지고 있어야 한다.

자격의 유형은 분류기준에 따라 여러 가지로 구분할 수 있다. 우선 자격이 발휘하는 기능을 기준으로 업무독점형 자격과 능력인정형 자격으로 구분할 수 있다. 자격의 내용을 기준으로는 전문자격과 일반자격으로, 자격제도의 관리주체에 따라서는 국가자격, 민간자격으로 분류해 볼 수도 있다.

기술자격에 관한 기준과 명칭을 통일하여 적정한 자격제도를 확립하고 그 관리와 운영을 효율화함으로써, 기술인력의 자질과 사회적 지위의 향상, 나아가 국가경제발전에 기여함을 목적으로 제정된 국가기술자격제도는 우리나라 자격검정제도의 중심이 되고 있다. 또한 최근에는 산업사회의 발전에 따른 다양한 수요에 부응하기 위하여, 정부는 민간자격을 활성화하면서도 공신력을 높이기 위하여 민간자격 국가공인산업을 엄정한 관리하에 2000년부터 시행하고 있다. 자격제도가 정착되기 위해서는 무엇보다도 산업계가 인정하는 능력을 검정하여 자격증을 부여하고, 일단 자격증을 취득한 인력에게는 그에 상응하는 대우를 해주어야 한다.

토의주제

1. 자격과 학력의 상호 바람직한 협력관계에 대해서 토의해 보자.
2. 자격의 종류에 따라 수요가 증가하는 것과 감소하는 것을 예시하고, 그 이유에 대해 토의해 보자.
3. 국가자격과 민간자격의 현황에 대해 한국산업인력공단과 대한상공회의소 홈페이지를 통해 조사해 보자.
4. 새로운 자격제도를 도입하는 것이 필요한 직업분야를 선정해서 자격제도 설정을 위해 어떤 조치가 필요한지 조사해 보자.
5. 자신이 전공하고 있는 분야에는 어떤 국가자격검정과 민간자격검정이 있는지 조사해 보자.
6. 자신이 전공하고 있는 분야의 국가자격검정과 민간자격검정에 응시하기 위해서는 어떤 교과 또는 NCS 기반 교육과정을 이수하여야 하는지 조사해보자.
7. 자신이 전공하고 있는 분야의 국가자격검정과 민간자격검정에 응시하기 위해서는 어떤 실기능력이 필요한지 조사해보자.

참고문헌

김덕기(2004). 「국가기술자격제도의 현황과 개선방향」. 한국직업능력개발원. working paper 2004-11.

김병숙(2009). 「인간과 직업 I」. ∑시그마프레스.

김태기 외(1996). 「직업교육훈련촉진법, 자격기본법 제정 및 직업능력개발원의 설립에 관한 연구」. 교육부.

고용노동부(2018). 「2018년판 고용 노동백서」. 고용노동부.

서준호(2004). 민간자격제도의 현황과 개선방안. 한국직업능력개발원. working paper 2004-9.

신명훈 외(1998). 「자격제도의 종합적 실태분석과 개선방안」. 한국직업능력개발원.

이동임(2004). 자격제도의 현황과 과제. 한국직업능력개발원. working paper 2004-10.

이무근 외(1997). 「직업능력인증제 도입을 위한 정책연구」. 교육부.

이정표 외(1998). 「주요국의 직업교육훈련과 자격제도의 연계분석 연구」. 한국직업능력개발원.

직업훈련연구소(1989). 「국가기술자격제도의 운영개선에 관한 연구」. 동 연구소.

한국산업인력관리공단(1996). 「EC 자격증 상호인정에 관한 제안서」. 동 공단.

Choppin, B. H.(1985). "Evaluation, Assessment and Measurement." *The Encyclopedia of Education.* Pergamon Press.

OECD(1996). *Assessing and Certifying Occupational Skills and Competencies in Vocational Education and Training.* OECD.

찾아보기

『 ㅇ 』

『 ㅈ 』

◈ 지은이 소개

이 무 근

서울대학교 농과대학 농생물학과 졸업(농학사), 서울대학교 교육대학원 졸업(교육학 석사: 실업교육 전공), 일리노이대학교(UIUC) 졸업(Ph.D: 직업 · 기술교육전공)

서울대학교 농산업교육과 교수, 한국직업능력개발원 초대원장, 경일대학교 총장, 동명대학교 총장, 한국과학기술한림원 이사장 역임

현재: 서울대학교 명예교수

저서: 직업교육학원론, 진로와 직업, 직업교육과정과 평가, 전문대학교육론, 직업교육의 전개(역), 꿈꾸는 진로여행, 교육 정책의 역사적 변동과 전망(공저) 등 다수

김 재 식

국제대학교(서경) 무역학과 졸업, 서울대학교 대학원 졸업(교육학 석사 및 교육학 박사: Business Education 전공), 제4회 관세사시험 수석합격, 한국무역협회 상담관세사, 조세심판원 비상임심판관, 한국관세학회 회장, 학교법인 충청학원 이사, 서원대학교 기획처장, 경영대학장

현재: 서원대학교 경영학부 교수

저서: 무역상품학, 유통관리

김 판 욱

서울대학교 공과대학 공업교육과 졸업, 서울대학교 대학원 졸업(교육학 석사 및 교육학 박사: 공업교육전공), 日本 職業訓練大學 木材加工科 修學, 한국직업훈련관리공단 직업훈련연구소 수석연구원

현재: 충남대학교 공과대학 기술교육과 명예교수

<제5판> 실기교육방법론

2000년 1월 10일 개정판 발행
2005년 11월 20일 제3판 1쇄 발행
2009년 9월 10일 제3판 4쇄 발행
2012년 1월 20일 제4판 1쇄 발행
2015년 2월 25일 제4판 3쇄 발행
2020년 1월 20일 제5판 1쇄 발행
2025년 2월 28일 제5판 3쇄 발행

지은이 : 이무근 김재식 김판욱
펴낸이 : 한 정 주
펴낸곳 : 교 육 과 학 사

지은이와 협의하에 인지생략

경기도 파주시 광인사길 71
전화 (031) 955-6956~8 / FAX (031) 955-6037
Home-page : www.kyoyookbook.co.kr
등록 : 1970년 5월 18일 제2-73호

낙장 · 파본은 교환해 드립니다.
Printed in Korea.

정가 23,000원
ISBN 978-89-254-1425-6